Bestallungsordnung für Ärzte
und
Prüfungsordnung für Zahnärzte

Auf Grund amtlichen Materials
bearbeitet und erläutert von

Kurt Opitz
Amtsrat im Reichs- und Preuß. Ministerium
des Innern in Berlin

Vierte berichtigte Auflage
(der „Prüfungsordnungen
und Zahnärzte

Berlin
Verlag von Julius Springer
1936

ISBN-13:978-3-642-90212-3 e-ISBN-13:978-3-642-92069-1
DOI: 10.1007/978-3-642-92069-1

Vorwort zur vierten Auflage.

Die vielseitigen Bestrebungen, die medizinischen Studien und Prüfungen auf einen möglichst hohen Stand zu bringen, und die Maßnahmen zum Aufbau der Ärzteschaft in nationalsozialistischem Geiste haben die hier bearbeiteten Bestimmungen seit Erscheinen der dritten Auflage (1928) grundlegend geändert und in eine ganz neue Form gebracht. Auch die neue Reichsärzteordnung hat wesentliche Änderungen dieser Vorschriften herbeigeführt, so u. a. die Änderung der Bezeichnung der Approbation in Bestallung und der Prüfungsordnung in Bestallungsordnung, die Regelung einzelner Bedingungen für die Erteilung der Bestallung, die Unterstellung der Kandidaten der Medizin unter die Berufsgerichtsbarkeit des Ärztestandes usw.

So erklärt es sich, daß die 3. Auflage dieses Buches in letzter Zeit größtenteils unbrauchbar geworden war und einer gründlichen Umarbeitung bedurfte. Diese habe ich vorgenommen und dabei die bisherige bewährte Einteilung des Stoffes beibehalten. Leider war es nicht möglich, das Buch in der neuen Auflage wieder in dem bisherigen Umfange herauszugeben, da die Preisgestaltung zu einer wesentlichen Einschränkung zwang.

Durch dankenswertes Entgegenkommen des Verlags ist es zwar gelungen, die Schwierigkeiten soweit zu überwinden, daß in der neuen Auflage wenigstens die unmittelbar auf das Studium und die Prüfungen bezüglichen Teile mit den bis ins einzelne gehenden Erläuterungen in vollem, sogar stark erweiterten Umfange aufgenommen werden konnten. Dazu konnten weitere Kapitel z. B. betr. das Studium in Österreich neu hinzugefügt werden. Abschnitte, die nicht unmittelbar mit dem Studium und den Prüfungen zusammenhängen, so u. a. betr. Doktorpromotion, Titelführung, mußten aber unberücksichtigt bleiben. Auch war ein Abdruck der neuen Reichsärzteordnung mit ihren einschneidenden Vorschriften über die Bedeutung usw. der Bestallung (vgl. S. 96) und des Verzeichnisses der zur Annahme von Medizinalpraktikanten ermächtigten Anstalten wegen des großen Textumfanges nicht möglich.

Trotzdem hoffe ich, daß der neue Kommentar in seiner jetzigen Bearbeitung brauchbar ist und den in Betracht kommenden Kreisen, wie bisher, ein nützlicher und willkommener Berater sein wird.

Berlin, den 1. August 1936.

Kurt Opitz.

Aus dem Vorwort zur ersten Auflage.

Die Fülle der zur Durchführung der Prüfungsordnungen für Ärzte und für Zahnärzte erlassenen Bestimmungen hat das Bedürfnis hervorgerufen und mich bewogen, diese in übersichtlich geordneter Form zusammenzustellen und, soweit nötig, zu erläutern, um den Beteiligten zuverlässige Aufklärung über die geltenden Verwaltungsgrundsätze zu geben.

Da diese Grundsätze, die ich während meiner amtlichen Tätigkeit in der Preußischen Medizinalverwaltung gesammelt habe, größtenteils auf Maßnahmen der Reichsregierung beruhen, so kommt ihre Anwendung nicht nur in Preußen, sondern im wesentlichen auch in den übrigen deutschen Ländern in Frage, ebenso wie die Prüfungsordnungen selbst für das ganze Gebiet des Deutschen Reiches gelten.

In besonderen Abschnitten sind außer den Prüfungsordnungen die dazu erlassenen Ausführungsbestimmungen und sonstigen Vorschriften, die mit der medizinischen und zahnärztlichen Ausbildung im Zusammenhang stehen, systematisch geordnet. Diese Arbeit wird voraussichtlich großen Anklang finden und dazu beitragen, daß der Leitfaden zu einem unentbehrlichen Nachschlagewerk wird und damit seinen Zweck erfüllt.

Berlin-Südende, den 31. Juli 1921.

Kurt Opitz.

Inhaltsverzeichnis.

Abkürzungen.

allg.	=	allgemein.
Ausf.-Best.R.Ä.O.	=	Ausführungsbestimmungen des R.I. vom 2. 7. 1936 zu der R.Ä.O. und der dazu ergangenen I. D.V.O. (R.M.Bl. S. 176).
Anm.	=	Anmerkung.
Abs.	=	Absatz.
Art.	=	Artikel.
B I, II	=	vgl. S. 21 Anm. 1.
B.G.B.	=	Bürgerliches Gesetzbuch.
B.G.Bl.	=	Bundes-Gesetzblatt.
I.D.V.O.R.Ä.O.	=	I. V.O. vom 31. 3. 1936 zur Durchführung und Ergänzung der R.Ä.O. (R.G.Bl. I S. 338).
Erl.	=	Erlaß.
G.S.	=	Preußische Gesetzsammlung.
K.M.	=	Preußisches Kultusministerium[1] (seit 1. 5. 1934 R.Pr.E.).
M.Bl.	=	Preußisches Ministerialblatt für Medizinalangelegenheiten.
M.Bl.i.V.	=	Ministerialblatt für die preußische innere Verwaltung (seit 1. 1. 1936 R.M.Bl.i.V.).
M.Bl.V.	=	Preußisches Ministerialblatt „Volkswohlfahrt".
M.I.	=	Preußisches Ministerium des Innern (seit 1. 11. 1934 R.Pr.I.).
M.V.	=	Preußisches Ministerium für Volkswohlfahrt[2].
R.Ä.O.	=	Reichsärzteordnung vom 13. 12. 1935 (R.G.Bl. I S. 1433).
R.E.Bl.	=	Amtsblatt des R.Pr.E. „Deutsche Wissenschaft, Erziehung und Volksbildung".
R.G.Bl.	=	Reichsgesetzblatt.
R.G.O.	=	Reichsgewerbeordnung (Fassung v. 26. 7. 1900 — R.G.Bl. S. 871).
R.I.	=	Reichsministerium des Innern (seit 1. 11. 1934 R.Pr.I.).

[1] Bezeichnung des Preußischen Kultusministeriums:
bei Errichtung Ministerium der geistlichen, Unterrichts- und Medizinalangelegenheiten gemäß Kabinettsorder v. 3. 11. 1817 (GS. S. 289),
dann Ministerium der geistlichen und Unterrichtsangelegenheiten gemäß VO. v. 30. 11. 1910 (GS. 1911 S. 21),
seit der Staatsumwälzung 1918 Ministerium für Wissenschaft, Kunst und Volksbildung,
durch Erlaß vom 1. 5. 1934 (R.G.Bl. I S. 365) Reichs- und Preuß. Ministerium für Wissenschaft, Erziehung und Volksbildung (Erziehungsministerium), hier abgekürzt R.Pr.E.

[2] Durch VO. v. 29. 10. 1932 (G.S. S. 333) ist vom 1. 12. 1932 das M.V. aufgehoben und die Gesundheitsabteilung auf das M.I. übergegangen.

R.K.	=	Reichskanzler (Reichsamt des Innern).
R.M.Bl.	=	Reichsministerialblatt (Zentralblatt für das Deutsche Reich).
R.M.Bl.i.V.	=	Ministerialblatt des R.Pr.J.
R.Pr.E.	=	Reichs- und Preußisches Ministerium für Wissenschaft, Erziehung und Volksbildung (Erziehungsministerium)[1].
R.Pr.J.	=	Reichs- und Preußisches Ministerium des Innern.
S.	=	Seite.
s.	=	siehe.
usw.	=	und so weiter.
v.	=	vom.
vgl.	=	vergleiche.
V.O.	=	Verordnung.
Z.Bl.U.V	=	Zentralblatt für die gesamte Unterrichtsverwaltung in Preußen (seit 1. 1. 1935 R.E.Bl.).

[1] Vgl. vorige S. Anm. 1.

I. Bestallungsordnung für Ärzte.

A. Historisches.

Die an die Medizinalpersonen bei den Prüfungen gestellten Anforderungen hinsichtlich ihrer Vorbildung und Fachkenntnisse waren zu allen Zeiten je nach dem Stande der medizinischen Wissenschaft und Forschung verschieden. Um den Pfuschern das auf Jahrmärkten und im Umherziehen betriebene Handwerk zu legen, wurde als staatlicher Befähigungsnachweis für Medizinalpersonen durch das vom Großen Kurfürsten erlassene Edikt vom 12. November 1685 die Approbation als Medicus oder Chirurgus und die Vereidigung eingeführt. Diese Approbation war vom „Collegium medicum" nach Erfüllung der vorgeschriebenen Bedingungen zu erteilen und sollte allein zur Ausübung der Heilkunde mit dem entsprechenden Titel berechtigen. Durch das spätere „Allgemeine und neueingeschärfte Medizinal-Edikt" des Königs Friedrich Wilhelms I vom 27. September 1725, das als erste ausführliche Medizinalordnung in Preußen anzusehen ist, wurden die Verhältnisse der Medici und Chirurgi eingehend geregelt. Danach bestanden folgende Arten von Medizinalpersonen: 1. promovierte praktische Ärzte (für die innere Behandlung), 2. promovierte praktische Ärzte und Operateure (für innere und äußere Heilkunde), 3. ärztliche Lizentiaten (nichtpromovierte praktische Ärzte), 4. Stadtwundärzte (für die reine kleinchirurgische Stadtpraxis), 5. Landwundärzte (für die reine kleinchirurgische Landpraxis, für interne jedoch nur, soweit sie eine entsprechende Prüfung abgelegt hatten und am Niederlassungsorte kein praktischer Arzt wohnte) und 6. Militärärzte. Außerdem gab es für einzelne Zweige der operativen Heilkunde besonders geprüfte und konzessionierte Personen, z. B. Zahnärzte, Okulisten, Bruch- und Steinschneider usw. Erst in späterer Zeit wurden Personen für solche einzelnen Gegenstände der operativen Heilkunde nicht mehr geprüft und approbiert, doch erteilte man noch ausnahmsweise an ausgediente Militärchirurgen, aber auch an Außenstehende Konzessionen zur Ausübung einzelner chirurgischer Hilfeleistungen, namentlich zur Heilung von Beinbrüchen, Verrenkungen, Geschwüren u. dgl.

Bis zum Jahre 1789 war die Befähigung der vorgebildeten und geprüften Heilpersonen nur von der Teilnahme an einem anatomischen Kursus und der Ausarbeitung eines ärztlichen Kasus in lateinischer Sprache abhängig. Durch die Kabinettsorder vom 15. Dezember 1789 und 4. Februar 1791 wurde bestimmt, daß nach Zurücklegung des anatomischen Kursus eine Prüfung über die wichtigsten Teile der Medizin in deutscher Sprache abgehalten und danach die Approbation erteilt werden sollte.

In dem Reglement, wie es künftig mit der Prüfung der angehenden Ärzte, Wundärzte und Apotheker, gehalten werden soll, vom 1. Februar 1798 wurde vorgeschrieben, daß „jeder Arzt, welcher das Recht zu praktizieren gewinnen will, schuldig ist, den anatomischen und klinischen Kursus zu machen, auch sich nachher der öffentlichen mündlichen Prüfung zu unterwerfen. Des Endes müsse er mit Überreichung seines Doktordiploms und seiner Inaugural-Dissertation, wovon er mehrere Exemplarien zu übergeben habe, bei dem Ober-Kollegium medicum die Erlaubnis zu allen diesen Prüfungen nachsuchen, da dann, wenn er qualifiziert befunden werde, an das Collegium medico-chirurgicum das Erforderliche, mittels Anschreibens, erlassen werden solle. Nur wenn er den anatomischen Kursus wenigstens gut gemacht und nachweise, daß er drei Monate lang die Berlinische, Hallische oder ähnliche klinische Lehrübungen frequentiert habe, könne er zum klinischen Kursus zugelassen werden, da er sich dann zuletzt, wenn er auch hier wenigstens gut bestanden, der mündlichen Prüfung vor der Examinationsdeputation unterwerfen müsse. Die Pensionärs und andere auf die Armee Kursierende sollten außer dem anatomisch-chirurgischen Kursus, gleich den Ärzten, auch den klinischen machen, und sich gleich denselben dem öffentlichen mündlichen Examen unterwerfen." Gleichzeitig wurde eine nicht mehr wechselnde, sondern beständige, aus einem Direktor und 4 Mitgliedern bestehende Examinationsdeputation in Berlin eingeführt.

Damals durften übrigens nur Personen, welche die vorgeschriebenen Prüfungen abgelegt und die entsprechende Approbation erworben hatten, die Heilkunst ausüben. Eine Ausnahme war jedoch durch Ministerialerlaß vom 8. Dezember 1809 zugelassen, wonach „jeder Arzt, den der Staat für würdig hält, zur Lehre oder zur Ausübung der Heilkunst selbst, in das Land zu rufen, ohne weitere Anfrage von jeder Prüfung befreit und berechtigt sein sollte, seine Kunst auszuüben".

Schon das Medizinaledikt vom 27. September 1725/22. April 1727 und später das Gewerbeedikt vom 2. November 1810 untersagte den Ärzten das Dispensieren von Arzneien, dagegen gestattete ihnen die Apothekerordnung vom 11. Oktober 1801 im § 14 das heute noch erlaubte Halten einer Hausapotheke unter gewissen Bedingungen.

Die heute gleichfalls noch bestehende Verpflichtung, sich vor der Approbation die nötigen Kenntnisse „über die Impfmethode und den Verlauf der echten Schutzblattern" zu verschaffen, ist für Ärzte und Wundärzte durch die Ministerialverordnung vom 12. Mai 1820 eingeführt worden.

Gemäß Kabinettsorder vom 26. November 1825 wurde durch das Prüfungsreglement vom 1. Dezember 1825, das je eine besondere Prüfung für Ärzte, Wundärzte und Geburtshelfer vorsah und dessen Fassung für die späteren Prüfungsordnungen mustergültig wurde, das medizinische Studium für angehende promovierte Ärzte auf acht Halbjahre verlängert. Die letzten beiden Halbjahre sollten besonders zum Besuch der praktischen Institute benutzt werden. Gleichzeitig wurde eine ärztliche Vorprüfung, das Tentamen philosophicum, eingeführt, bei der in Logik, Psychologie, Physik, Chemie, Botanik, Mineralogie (später weggefallen) und Zoologie geprüft wurde. Voraussetzung für die Zulassung angehender promovierter Ärzte zur Staatsprüfung war damals: das Zeugnis der Reife eines humanistischen Gymnasiums, acht Halbjahre Studium, das Bestehen der ärztlichen Vorprüfung und der Nachweis, daß der Kandidat rite zum Dr. med. promoviert war. Zur Promotion gehörte das Reifezeugnis eines Gymnasiums, das achthalbjährige medizinische Hochschulstudium, das tentamen philosophicum, das examen rigorosum und eine in lateinischer Sprache selbst abgefaßte Inaugural-Dissertation.

Nach der Umgestaltung der preußischen Gesundheitsgesetzgebung und Klassifikation des Heilpersonals durch Kabinettsorder vom 28. Juni 1825 (abgedruckt in dem Buche Gesundheitswesen von Pistor, Band I S. 67 ff.) gab es in Preußen entsprechend der damals noch scharf gezogenen Grenze zwischen Medizin und Chirurgie außer den praktischen promovierten Ärzten, die sich in promovierte Medico-Chirurgen (für Medizin und Chirurgie zugleich) und medici puri (für innere Leiden ohne operativer Tätigkeit) teilten, Wundärzte erster Klasse (nicht promovierte Medico-Chirurgen), die ihrer ursprünglichen Bestimmung entsprechend als Landärzte in erster Linie Chirurgie betreiben durften, innere Praxis jedoch nur, wenn an ihrem Niederlassungsorte kein promovierter Arzt wohnte, und Wundärzte zweiter Klasse für die kleine Chirurgie und chirurgische Hilfsleistungen (z. B. Aderlassen, Blutigelsetzen, Verbändemachen). Die Wundärzte waren von größeren Operationen und der inneren Praxis ganz ausgeschlossen. Auch durften ihnen von den medizinischen Fakultäten ohne vorherige besondere ministerielle Genehmigung die Doktorwürde nicht erteilt werden. Sie durften auch nicht einen bei einer inländischen oder ausländischen Philosophischen Fakultät etwa erlangten Doktortitel führen. Alle Kategorien von Ärzten mit Ausnahme der Wundärzte zweiter Klasse konnten auch durch eine besondere Prüfung die Approbation als Geburtshelfer erwerben (§§ 58, 59 des Prüfungsreglements vom 1. Dezember 1825). Einer besonderen Prüfung und Approbation bedurften auch diejenigen Ärzte, die die Augenheilkunde ausüben wollten und nicht die zur Ausübung der Augenheilkunst berechtigende Approbation als Medico-Chirurgen erhalten hatten. Für die Wundärzte erster Klasse war die Reife für Sekunda und für die Wundärzte zweiter Klasse die Reife für Tertia vorgeschrieben. Das Studium wurde an den besonderen medizinisch-chirurgischen Lehranstalten durchgeführt und umfaßte drei Jahre. Die medizinischen Prüfungen waren für beide Arten verschieden geregelt (Kabinettsorder vom 28. Juni 1825) entsprechend den an sie gestellten Anforderungen. Die Prüfung der promovierten Ärzte unterschied sich von der der Wundärzte I. Klasse aber nur durch ein tieferes Eingehen in die wissenschaftlichen Theorien. Den Abschluß jeder Prüfung bildete eine mündliche Schlußprüfung. Den Wundärzten war der Übertritt zum Beruf des promovierten Arztes im allgemeinen nicht erlaubt.

Während vorher die Prüfungen aller Medizinalpersonen von der Prüfungskommission beim Gesundheitsministerium in Berlin abgehalten wurden, wurden dieser Kommission im Jahre 1825 nur noch die Prüfungen der promovierten Ärzte und der Wundärzte I. Klasse belassen, die Prüfungen der Wundärzte II. Klasse und der Geburtshelfer aber den Medizinalkollegien in den Provinzen übertragen. Für die Erteilung der Approbation war nach wie vor das Gesundheitsministerium zuständig.

Für die Stellung des ärztlichen und wundärztlichen Personals war das Reglement über die Einteilung und Prüfung dieses Personals vom 24. August 1825 nebst Ergänzungen (abgedruckt in dem Buche Medizinalwesen von Horn Band II Seite 105) maßgebend. Seit Einführung der Approbation hatte jeder Approbierte nach dieser einen Eid abzulegen, wobei er nach der letztmaligen Vereidigungsformel vom 18. Juli 1840 schwören mußte, daß er dem König „untertänig, treu und gehorsam sein und alle ihm vermöge seines Berufs obliegenden Pflichten nach den darüber bestehenden oder noch ergehenden Verordnungen, auch sonst nach seinem besten Wissen und Gewissen genau erfüllen will".

Durch Ministerialerlaß vom 15. Dezember 1841 (Min.-Bl. S. 327) wurde bestimmt, daß in der Promotionsprüfung auch die erforderlichen Kenntnisse in der gerichtlichen Medizin und medizinischen Polizei nachgewiesen werden mußten. Im Jahre 1849 kam die Erteilung von Approbation für Wundärzte in Fortfall. Dadurch wurden die medizinisch-chirurgischen Lehranstalten entbehrlich. Sie hatten sich inzwischen auch schon teilweise zu Hochschulen fortentwickelt.

Gemäß Ministerialerlaß vom 8. Oktober 1852, der die Wundärzte I. und II. Klasse nicht mehr berücksichtigte, konnten nur solche Kandidaten zu praktischen Ärzten approbiert werden, welche zugleich die Prüfung als Wundarzt und diejenige als Geburtshelfer bestanden hatten. Sie führten den Titel Arzt, Wundarzt und Geburtshelfer. Die Prüfung bestand nach diesem Erlaß aus vier Abschnitten: dem anatomischen, medizinischen, chirurgischen und geburtshilflichen. Durch Ministerialerlaß vom 1. Februar 1856 wurde noch ein weiteres Prüfungsgebiet hinzugefügt, und zwar als Unterabschnitt des anatomischen Abschnittes die Prüfung in Physiologie. Durch Ministerialerlaß vom 19. Februar 1862 wurde das Tentamen philosophicum in ein Tentamen physicum umgewandelt, in dem die Fächer der Logik und Psychologie durch diejenigen der Anatomie und Physiologie ersetzt wurden.

Nach Einführung der Gewerbeordnung für den Norddeutschen Bund vom 21. Juni 1869, durch die übrigens die Ausübung der Heilkunde freigegeben, eine einheitliche Approbation als Arzt eingeführt und die Führung des Arzttitels geschützt wurde, wurde eine neue Prüfungsordnung für die Medizinalpersonen vom 25. September 1869 (BGB. S. 635) für das Gebiet des Norddeutschen Bundes erlassen. Dadurch wurde, abgesehen von dem bereits in der Gewerbeordnung für den Norddeutschen Bund vorgeschriebenen Wegfall der Doktorpromotion als Bedingung für die Zulassung zur Prüfung, diese durch eine pathologisch-anatomische und ophthalmiatrische Prüfung erweitert und in der mündlichen Schlußprüfung die Prüfung in den medizinischen Naturwissenschaften durch eine Prüfung in der Staatsarzneikunde oder Hygiene ersetzt. Gleichzeitig wurde im Anschluß an den vorgenannten Ministerialerlaß vom 8. Dezember 1809 durch Bekanntmachung des Bundeskanzlers vom 9. Dezember 1869 (B.G.Bl. S. 687) bestimmt, daß hervorragende Ärzte aus dem Auslande, die wissenschaftlich erprobte Leistungen nachweisen und in den Staats- oder Gemeindedienst eintreten wollen, die Approbation als Arzt unter Befreiung von den ärztlichen Prüfungen und der Ableistung des Praktischen Jahres erhalten können. Die Wundärzte I. Klasse erhielten das Recht, sich als praktische Ärzte zu bezeichnen (Erkenntnis des Obertribunals vom 30. November 1870). Die Wundärzte II. Klasse starben allmählich aus. Die Approbationen wurden seitdem nicht mehr für jedes Land besonders, sondern für das Bundesgebiet von den Zentralbehörden derjenigen Bundesstaaten, die eine oder mehrere Landesuniversitäten besaßen, erteilt. Gleichzeitig wurde die Vereidigung der Ärzte abgeschafft.

Die Prüfungsordnung vom 25. September 1869 wurde durch die Bekanntmachung des Reichskanzlers vom 28. Juni 1872 auf das Deutsche Reich ausgedehnt, brachte aber für die ärztliche Prüfung keine wesentlichen Abänderungen. Nur wurde die Approbation auf das Reichsgebiet ausgedehnt und sollte die Zulassung zur Prüfung nicht mehr von der vorherigen Promotion abhängig gemacht werden. An Prüfungen waren wie bisher vorgeschrieben das tentamen physicum (Anatomie, Physiologie, Physik, Chemie, Zoologie und Botanik) und die ärztliche Prüfung bestehend aus folgenden 5 Abschnitten: I. die anatomisch-physiologische und pathologisch-anatomische, II. die chirurgische und ophthalmiatrische, III. die medizinische, IV. die geburtshilfliche und gynäkologische, V. die mündliche Schlußprüfung.

Durch die Vorschriften betr. die Prüfung als Arzt und die ärztliche Vorprüfung vom 2. Juni 1883, die den jetzigen Prüfungsvorschriften in Form und Fassung nahestehen, wurde die Gesamtdauer des Studiums von acht auf neun Halbjahre verlängert. Für die Zulassung zur ärztlichen Vorprüfung wurde ein viersemestriges Studium gefordert; nach vollständig bestandener ärztlicher Vorprüfung mußten fünf klinische Halbjahre nachgewiesen werden. Prüfungsgegenstände in der Vorprüfung waren: Anatomie, Physiologie, Physik, Chemie, Botanik und Zoologie. Die ärztliche Prüfung bestand aus sieben Abschnitten: Anatomie, Physiologie, pathologische Anatomie, Chirurgie und Augenheilkunde, innere Medizin, Geburtshilfe und Frauenheilkunde sowie Hygiene. Durch Bundesratsbeschluß vom 31. März/25. April 1887 wurde die Ausdehnung der ärztlichen Prüfung auf die Schutzpockenimpfung vorgeschrieben.

Durch die Prüfungsordnung vom 28. Mai 1901 ist neben dem Zeugnis der Reife eines Gymnasiums auch das Reifezeugnis eines Realgymnasiums zugelassen worden, weiterhin gemäß dem Beschluß des Bundesrats vom 31. 1. 1907 auch das Reifezeugnis einer Oberrealschule mit dem Nachweis von Kenntnissen in der lateinischen Sprache, der bei der Meldung zur Vorprüfung beizubringen ist. Für die Zulassung zur ärztlichen Vorprüfung wurde ein fünfhalbjähriges medizinisches Studium verlangt. Die Gesamtdauer des medizinischen Studiums wurde von neun auf zehn Halbjahre verlängert, dem sich noch eine zwölfmonatige praktische Ausbildung (Praktisches Jahr) an Universitätskliniken oder Krankenanstalten anschließt. Das Praktische Jahr ist im vollen Umfange erst am 1. Oktober 1908 in Kraft getreten, weil bis dahin noch Ausnahmen zugelassen werden konnten (wegen der Bestimmungen über die Art der Ausbildung vgl. S. 75). Geprüft wird bei der ärztlichen Vorprüfung in Anatomie, Physiologie, Physik, Chemie,

Zoologie und Botanik, bei der ärztlichen Prüfung in pathologischer Anatomie und allgemeiner Pathologie, innerer Medizin, Pharmakologie, Chirurgie, topographischer Anatomie, Geburtshilfe und Gynäkologie, Augenheilkunde, Irrenheilkunde sowie Hygiene. Hinzugekommen ist durch Beschluß des Bundesrats vom 8. Mai 1918 die Prüfung in Kinderheilkunde sowie Haut- und Geschlechtskrankheiten, ferner durch Beschluß des Staatenausschusses vom 1. August 1919 die Prüfung in Hals-, Nasen- und Ohrenheilkunde.

Die Prüfungsordnung vom 5. Juli 1924 ist der bisherigen Fassung angepaßt worden und hat als Neuerungen hauptsächlich vorgesehen: die Herabsetzung der vorklinischen Studienzeit von fünf auf vier Halbjahre, die Verlängerung des klinischen Studiums von fünf auf sechs Halbjahre mit einer Erweiterung der Pflichtvorlesungen und -kurse und die Beschränkung der ärztlichen Vorprüfung und Prüfung auf eine einmalige Wiederholung (bisher zwei Wiederholungsprüfungen), wobei die Wiederholung der Vorprüfung als Kollegialprüfung abzuhalten ist. Ferner sind als besondere neue Prüfungsgegenstände bei der ärztlichen Prüfung die pathologische Physiologie und gerichtliche Medizin und die Bearbeitung eines Probegutachtens über einen Krankheitsfall aus dem Gebiete der Versicherungsmedizin oder des Versorgungswesens während des Praktischen Jahres eingeführt worden. Dieses ist im übrigen unverändert geblieben.

Durch Beschluß des Reichsrats vom 21. Dezember 1927 ist unter Beibehaltung des sechshalbjährigen klinischen Studiums das vorklinische Studium wieder von vier auf fünf Halbjahre verlängert und die Gesamtstudienzeit von zehn auf elf Halbjahre (darunter mindestens 5 klinische) erhöht worden, so daß entweder fünf vorklinische und sechs klinische oder sechs vorklinische und fünf klinische Halbjahre nachzuweisen sind.

Die Verordnung vom 13. Mai 1932 hat das vorklinische Studium und die ärztliche Vorprüfung neu geregelt und unter Neufassung des hierauf bezüglichen ersten Teils der Prüfungsordnung und Beibehaltung der bisherigen Gesamtstudienzeit von elf Halbjahren, von denen in der Regel fünf auf den vorklinischen und sechs auf den klinischen Teil entfallen, vor allem eine Zweiteilung der ärztlichen Vorprüfung in den naturwissenschaftlichen Abschnitt (Chemie, Physik, Zoologie und Botanik oder anstelle der letztgenannten beiden Fächer Biologie) und den anatomisch-physiologischen Abschnitt (Anatomie, allgemeine Physiologie und physiologische Chemie) eingeführt, während die übrigen Bestimmungen der Prüfungsordnung nicht geändert wurden. Nach der nationalsozialistischen Umwälzung wurden durch die Verordnung vom 5. April 1934 die Vorschriften über Erteilung und Versagung der Approbation besonders beim Vorliegen berechtigter Zweifel an der nationalen oder moralischen Zuverlässigkeit des Antragstellers neu geregelt und durch die Verordnung vom 5. Februar 1935 die Zulassung zu den Prüfungen und die Erteilung der Approbation von dem Nachweis der arischen Abstammung abhängig gemacht. Weiterhin wurden die Prüfungsvorschriften durch die Verordnung vom 25. März 1936 der inzwischen erlassenen Reichsärzteordnung vom 13. Dezember 1935 angepaßt und demgemäß der Prüfungsordnung für Ärzte die Bezeichnung „Bestallungsordnung für Ärzte“ gegeben und die Bezeichnung „Approbation" durch „Bestallung" ersetzt. Außerdem wurden darin die neuzeitlichen Bestimmungen der Reichsärzteordnung über die Versagung der Bestallung übernommen und noch andere, durch den politischen Umschwung notwendig gewordenen Neuerungen, besonders als neues Fach bei der ärztlichen Prüfung die Prüfung in Rassenhygiene, eingeführt.

B. Bestallungsordnung für Ärzte[1] vom 25. März 1936.

A. Behörden, die Bestallungen erteilen.

§ 1. Zur Erteilung der Bestallung als Arzt für das Reichsgebiet sind die obersten Landesbehörden der Länder befugt, die eine Landesuniversität haben[2], mithin zur Zeit der zuständigen obersten Landesbehörden von Preußen[3], Bayern, Sachsen, Württemberg, Baden, Thüringen, Hessen, Hamburg und Mecklenburg[4].

---

[1] Die oben abgedruckte Fassung geht hinsichtlich der Vorschriften über die ärztliche Vorprüfung (§§ 3 bis 29) auf die V.O. des R.J. vom 13. 5. 32 (R.M.Bl. S. 257) — s. unten Ziff. 2 —, im übrigen auf die Prüfungsordnung für Ärzte vom 5. 7. 24 (R.M.Bl. S. 240, M.Bl.V. S. 290) zurück. Der Wortlaut dieser beiden Vorschriften ist durch folgende V.O. abgeändert worden, und zwar sind durch

1. V.O. des R.J. vom 22. 12. 27 — (R.M.Bl. S. 605) — Reichsratsbeschluß vom 21. 12. 27 — (M.V. 28. 12. 27 — I M III 3962 — M.Bl.V. 28 S. 94) § 7 Abs. 1 (Fassung von 1924), § 24 Abs. 1 abgeändert, § 25 Abs. 1 neu gefaßt,
2. V.O. des R.J. vom 13. 5. 32 (R.M.Bl. S. 257) — Reichsratsbeschluß vom 4. 5. 32 — (M.V. 11. 6. 32 — I M V 973 II — M.Bl.V. S. 493) außer der vorgenannten vollständigen Neufassung der auf die ärztliche Vorprüfung bezüglichen §§ 3 bis 29 (s. oben), wonach insbesondere die Vorprüfung in 2 Abschnitte geteilt ist, noch § 2 Abs. 3, § 69 Abs. 1 ergänzt, ferner neue Muster beigegeben für die vorklinischen Praktikantenscheine und die Vorprüfungszeugnisse,
3. V.O. des R.J. vom 5. 4. 34 (R.M.Bl. S. 300), (M.V. 28. 4. 34 — III a V 67 — M.Bl.i.V. S. 694), § 2 Abs. 1, § 2 Abs. 3 Satz 1 neu gefaßt, § 66 Abs. 1 Satz 2 abgeändert,
4. V.O. des R.J. vom 5. 2. 35 (R.M.Bl. S. 65), (R.PrJ. 6. 2. 35 — IV e 83 — im M.Bl.i.V. nicht veröffentlicht), § 2 durch Abs. 4 ergänzt, § 68 abgeändert,
5. V.O. des R.J. vom 25. 3. 36 (R.M.Bl. S. 75), (RPrJ. 31. 3. 36 — IV B 8793/3565 — M.Bl.i.V. S. 488), § 2, § 7 Abs. 2 (Fassung von 1932), § 65 neu gefaßt, § 6 (Fassung von 1932) durch Abs. 5, § 58 durch Abs. 2, § 64 durch Abs. 3, § 66 durch Abs. 4 ergänzt, § 1, 29 (B II), 66, 67, 68 abgeändert, § 50 a hinzugefügt, ferner neue Muster beigegeben für das Zeugnis über die Ableistung des Praktischen Jahres, die Bestallungsurkunde und den Fragebogen für den Abstammungsnachweis.

Die V.O zu 5 ist auf Grund des § 3 der R.A.O. (S. 96) erlassen worden und am 1. 4. 36 in Kraft getreten, auch ist hierdurch an die Stelle der Prüfungsordnung für Ärzte die Bezeichnung Bestallungsordnung für Ärzte getreten. Mit Rücksicht hierauf führt die jetzige Fassung die amtliche Bezeichnung Bestallungsordnung für Ärzte vom 25. 3. 36. Sie gilt, wie die bisherigen Prüfungsordnungen, für das Gebiet des Deutschen Reiches. Sämtliche Änderungen sind in der oben abgedruckten Fassung berücksichtigt worden. Wegen der Übergangsbestimmungen vgl. S. 40 Anm. 2.

[2] Für die Erteilung der Bestallung und für die Bewilligung von Ausnahmen hinsichtlich der Ableistung des Praktischen Jahres ist die oberste Behörde desjenigen Landes zuständig, welchem der Prüfungsausschuß angehört, vor dem der Studierende die ärztliche Prüfung abgelegt hat (§ 66 Abs. 2). Wegen der Zuständigkeit für alle Angelegenheiten, welche die Bestallungsordnung berühren. z. B. Anrechnung von anderweitigen Studien, Prüfungen usw., Ausnahmen für die Zulassung zu den Prüfungen vgl. S. 39 Anm. 3.

[3] In Preußen ist oberste Landesbehörde (Medizinalverwaltung) das Reichs- und Preuß. Ministerium des Innern (seit 1. 11. 34 durch Erl. R.Pr.J. vom 25. 10. 34 — M.Bl.i.V. S. 1343). Vordem war das Preuß. Ministerium des Innern (seit 1. 12. 32 durch V.O. vom 29. 10. 32 — G.S. S. 333) und vorher das Ministerium für Volkswohlfahrt in Berlin zuständig (Beschluß der Preußischen Staatsregierung vom 7. 11. 1919 — G.S. S. 173). Vorher war diese Verwaltung dem Ministerium des Innern (Verordnung vom 30. 11. 1910 — G.S. 1911 S. 21 —) und vordem dem Ministerium der geistlichen, Unterrichts- und Medizinalangelegenheiten zugewiesen.

Folgende Universitäten bestehen in Preußen: Berlin, Bonn a. Rh., Breslau, Frankfurt a. M. Göttingen, Greifswald, Halle a. S., Kiel, Köln a. Rh., Königsberg i. Pr., Marburg und Münster i. W. sowie die Medizinische Akademie in Düsseldorf.

[4] Die zuständigen obersten Landesbehörden

1. für Ausnahmebewilligung usw. betr. die ärztliche Vorprüfung,
2. für Ausnahmebewilligungen usw. betr. die ärztliche Prüfung,
3. für Ausnahmebewilligungen usw. betr. das Praktische Jahr,

B. Vorschriften über den Nachweis der Befähigung als Arzt.

§ 2. (1) Die Bestallung als Arzt wird dem Reichsangehörigen erteilt, der die ärztliche Prüfung vollständig bestanden und den Bestimmungen über das Praktische Jahr entsprochen hat[1]. Ausnahmen hiervon können nur aus besonderen Gründen nach Anhörung der Reichsärztekammer[2] gestattet werden (§ 68).

(2) Der ärztlichen Prüfung hat die ärztliche Vorprüfung voranzugehen.

(3) Die Zulassung zu den Prüfungen und zum Praktischen Jahr ist zu versagen[3]:

1. wenn der Antragsteller die bürgerlichen Ehrenrechte nicht besitzt;
2. wenn sich aus Tatsachen ergibt, daß dem Antragsteller die nationale oder sittliche Zuverlässigkeit fehlt, insbesondere wenn schwere strafrechtliche oder sittliche Verfehlungen vorliegen;
3. wenn dem Antragsteller infolge eines körperlichen Gebrechens oder wegen Schwäche seiner geistigen Kräfte oder wegen einer Sucht die für die Ausübung des künftigen ärztlichen Berufs erforderliche Eignung oder Zuverlässigkeit fehlt;
4. wenn der Antragsteller wegen seiner oder seines Ehegatten Abstammung nicht Beamter werden könnte. Ausnahmen hiervon können nur aus besonderen Gründen gestattet werden (§ 68).

(4) Für die Versagung der Bestallung als Arzt gilt § 3 Absatz 2 bis 4 der Reichsärzteordnung[4], der folgendes bestimmt:

„*(2) Die Bestallung ist zu versagen,*

1. wenn der Bewerber die bürgerlichen Ehrenrechte nicht besitzt;

2. wenn sich aus Tatsachen ergibt, daß dem Bewerber die nationale oder sittliche Zuverlässigkeit fehlt, insbesondere wenn schwere strafrechtliche oder sittliche Verfehlungen vorliegen;

---

4. für Erteilung der Bestallung als Arzt sind in den Ländern (wegen Preußen vgl. S. 7 Anm. 3)

a) Bayern (Univ. München, Würzburg, Erlangen): zu 1—4 Staatsministerium für Unterricht und Kultus in München,
b) Sachsen (Univ. Leipzig): zu 1—4 Ministerium für Volksbildung in Dresden,
c) Württemberg (Univ. Tübingen): zu 1—4 Ministerium des Innern in Stuttgart,
d) Baden (Univ. Freiburg i.B., Heidelberg): zu 1—4 Ministerium des Innern in Karlsruhe,
e) Thüringen (Univ. Jena): zu 1—4 Ministerium für Volksbildung in Weimar,
f) Hessen (Univ. Gießen): zu 1 und 2 Reichsstatthalter, Landesregierung, Abt. II (Bildungswesen, Kultus, Kunst und Volkstum) in Darmstadt, zu 3 und 4 Reichsstatthalter, Landesregierung, Abt. I b (Gesundheitspflege) in Darmstadt,
g) Hamburg (Univ. Hamburg): Zu 1—4 Landesunterrichtsbehörde, Hochschulwesen in Hamburg 13,
h) Mecklenburg (Univ. Rostock): zu 1—4 Ministerium für Medizinalangelegenheiten in Schwerin.

Zu 1 und 2 sind die Gesuche um Ausnahmebewilligungen grundsätzlich an die Vorsitzenden der örtlichen Prüfungsausschüsse zu senden, die sie mit ihrer Stellungnahme weiterleiten.

[1] Die Bestallung wird männlichen und weiblichen Personen, jedoch nur Inländern, nicht Ausländern, erteilt. Besondere Bestallungen für Fachärzte werden nicht erteilt.

[2] Vgl. R.Ä.O. S. 96.

[3] Die oberste Landesbehörde entscheidet hier nach eigenem pflichtmäßigen Ermessen. Bestimmungen darüber, unter welchen Voraussetzungen Verfehlungen als schwer im Sinne dieser Vorschrift anzusehen sind, und ein Rechtsmittel gibt es ebenso wie bei anderen nach der Bestallungsordnung erfolgenden Entscheidungen nicht. Ein weiterer Grund zur Versagung der Approbation in § 65 Abs. 3.

In den Abgangszeugnissen der Studierenden sind neben den von den akademischen Behörden ausgesprochenen Disziplinarstrafen auch die von den Gerichten wegen Verbrechen und Vergehen erkannten Strafen einzutragen (K.M. 19. 10. 1903 — U I 1732).

[4] Vgl. S. 96.

3. wenn der Bewerber durch berufsgerichtliches Urteil für unwürdig erklärt ist, den ärztlichen Beruf auszuüben;

4. wenn dem Bewerber infolge eines körperlichen Gebrechens oder wegen Schwäche seiner geistigen oder körperlichen Kräfte oder wegen einer Sucht die für die Ausübung des ärztlichen Berufs erforderliche Eignung oder Zuverlässigkeit fehlt;

5. wenn der Bewerber wegen seiner oder seines Ehegatten Abstammung[1] nicht Beamter werden könnte und zur Zeit der Bewerbung der Anteil der nicht deutschblütigen Ärzte an der Gesamtzahl der Ärzte im Deutschen Reich den Anteil der Nichtdeutschblütigen an der Bevölkerung des Deutschen Reichs übersteigt. Der Reichsminister des Innern kann in Härtefällen im Einvernehmen mit der Reichsärztekammer Ausnahmen zulassen.

(3) In den Fällen des Absatzes 2 Nr. 2 und 4 ist vor der Entscheidung die Reichsärztekammer zu hören.

(4) Ist gegen den Bewerber wegen einer strafbaren Handlung der im Abs. 2 Nr. 2 bezeichneten Art die öffentliche Klage im strafgerichtlichen Verfahren erhoben, oder ist gegen ihn das berufsgerichtliche Verfahren eröffnet, so ist die Entscheidung über den Antrag auf Erteilung der Bestallung bis zur Beendigung des strafgerichtlichen oder berufsgerichtlichen Verfahrens auszusetzen.“

I. Ärztliche Vorprüfung[2].

a) Allgemeine Bestimmungen.

§ 3. (1) Die ärztliche Vorprüfung kann nur vor dem Prüfungsausschusse derjenigen Universität[3] des Deutschen Reichs abgelegt werden, an der der Studierende dem medizinischen Studium obliegt[4]. Ausnahmen hiervon können nur aus besonderen Gründen gestattet werden (§ 68).

(2) Der Prüfungsausschuß wird für jedes Prüfungsjahr, das vom 1. Oktober bis 30. September dauert, von der obersten Landesbehörde (§ 1) nach Anhörung der Medizinischen Fakultät[5] berufen. In der Regel sind der

---

[1] Die Abstammung ist gemäß § 6 Abs. 5, § 23 Abs. 1 B II und § 66 Abs. 1 nachzuweisen. — Die Ausstellung von Bescheinigungen über die Abstammung ist allein dem Sachverständigen für Rasseforschung beim Reichsministerium des Innern vorbehalten (R.M. 19. 5. 34 — U II C 11886/33). Diese Behörde führt jetzt die Bezeichnung „Reichsstelle für Sippenforschung“ (R.Pr.J. 5. 3. 35 — I A 1514/5018 b) und hat ihren Sitz in Berlin NW 6, Schiffbauerdamm 26.

[2] Vgl. hierzu S. 64.

[3] Angabe der Universitäten S. 7 Anm. 3 S. 7 Anm. 4. Wegen des beschränkten Unterrichts vgl. S. 44.

[4] D. h. vollimmatrikuliert (evtl. auch ordnungsmäßig beurlaubt) und bei der Medizinischen Fakultät eingeschrieben ist. Hiernach besteht bei einem Universitätswechsel die Möglichkeit, die Vorprüfung, falls die Bedingungen für die Zulassung erfüllt sind, auch zu Beginn eines Studienhalbjahres an der Universität abzulegen oder zu beenden, an der das Studium fortgesetzt wird, wenn der Studierende vorher immatrikuliert worden ist. Abweichungen wären nur mit ministerieller Genehmigung gestattet. Die Zurücklegung einer bestimmten Zahl von Studienhalbjahren an derjenigen Universität, an der die Vorprüfung abgelegt wird, ist nicht vorgeschrieben (vgl. auch S. 12 Anm. 5. Wegen des beschränkten Unterrichts vgl. S. 44.

Die nach § 3 der Vorschriften für die Studierenden (S. 41) mögliche Zulassung zum Studium in der Philosophischen (Naturwissenschaftlichen, Wirtschafts- und Sozialwissenschaftlichen) Fakultät auf vier Halbjahre (mit der kleinen Matrikel) und die Zulassung als Gasthörer gewährt kein Anrecht, zu den ärztlichen und zahnärztlichen Prüfungen zugelassen zu werden (vgl. S. 58).

[5] Als Medizinische Fakultät im Sinne der Bestallungsordnung gilt auch der Akademische Rat der Medizinischen Akademie in Düsseldorf (Beschluß des Reichsrats vom 7. 12. 1922). Ärztliche Vorprüfungen werden dort aber nicht abgehalten (vgl. auch S. 44).

Vorsitzende und sein Stellvertreter den ordentlichen Professoren der Medizinischen Fakultät [1], die Mitglieder den Universitätslehrern der Fächer, die Gegenstand der Prüfung sind (§ 5), zu entnehmen [2].

§ 4. (1) Der Vorsitzende leitet die Prüfung, ist berechtigt, ihr in allen Fächern beizuwohnen, achtet darauf, daß die Bestimmungen der Prüfungsordnung genau befolgt werden, ordnet bei vorübergehender Behinderung eines Mitglieds des Prüfungsausschusses seine Stellvertretung an [3], berichtet unmittelbar nach dem Schlusse jedes Prüfungsjahrs der vorgesetzten Behörde über die Tätigkeit des Ausschusses und legt Rechnung über die Gebühren. Er setzt die Prüfungstermine fest [4] und ladet hierzu die Mitglieder.

(2) Von einem Prüfer dürfen nicht mehr als vier Kandidaten gleichzeitig geprüft werden [5].

§ 5. (1) Die ärztliche Vorprüfung [6] besteht aus einem naturwissenschaftlichen und einem anatomisch-physiologischen Abschnitt, von denen

a) der naturwissenschaftliche Abschnitt
Chemie, Physik, Zoologie und Botanik [7],

b) der anatomisch-physiologische Abschnitt
Anatomie, allgemeine Physiologie und physiologische Chemie [8]

als Prüfer umfaßt.

(2) Der naturwissenschaftliche Abschnitt muß vor dem anatomisch-physiologischen erledigt werden [9].

---

[1] Als Medizinische Fakultät im Sinne der Bestallungsordnung gilt auch der Akademische Rat der Medizinischen Akademie in Düsseldorf (Beschluß des Reichsrats vom 7. 12. 1922). Ärztliche Vorprüfungen werden dort aber nicht abgehalten (vgl. auch S. 44).

[2] Wegen Auswahl der Prüfer bei der Teilung der Vorprüfung in Anatomie und Physiologie vgl. K.M. 20. 1. 1925 — U I 2391 — S. 68.

[3] Hiernach regelt der Vorsitzende die Stellvertretung der Prüfer bei deren vorübergehender Behinderung selbständig (vgl. S. 154). Ist ein Prüfer versetzt, ausgeschieden oder voraussichtlich längere Zeit behindert und finden bis zum Ablauf des Prüfungsjahres (Ende September j. Js.) noch Prüfungen statt, so wird die Stellvertretung nach Anhörung des Vorsitzenden des Prüfungsausschusses vom Ministerium geregelt.

Für den Vorsitzenden wird für das ganze Prüfungsjahr ein Stellvertreter ernannt. Falls dieser verhindert sein sollte, den Vorsitzenden während seiner Abwesenheit zu vertreten, kommt als Stellvertreter nur einer der ordentlichen Prüfer in Betracht.

[4] Vgl. § 10 Abs. 1. Die Meldung der Prüflinge (§§ 17, 22) und die Ansetzung der Prüfungstermine müssen rechtzeitig erfolgen, damit die Frist für die Beendigung der Prüfung nicht überschritten wird, weil sonst das Halbjahr, in dem die ärztliche Vorprüfung bestanden ist, nicht auf die klinische Studienzeit angerechnet werden darf (§ 25 Abs. 2 B II, K.M. 5. 6. 1907 — U I 892 M).

[5] Dadurch soll nicht ausgeschlossen sein, daß an einem Tage mehrere Prüfungstermine mit je vier Kandidaten von einem Prüfer abgehalten werden. Die Gesamtzahl der Prüflinge, die täglich zur Prüfung herangezogen werden können, ist nicht beschränkt.

Bei der Einteilung der Prüfungstermine soll darauf Bedacht genommen werden, daß die Prüfungszeit auf einen möglichst kurzen Zeitraum beschränkt wird, und versucht werden, die Prüfungen nach Möglichkeit zu beschleunigen. Es ist deshalb nichts dagegen einzuwenden, daß bereits zu Beginn der Prüfungszeit jedem Prüfungsfach Gruppen von Prüflingen zugewiesen werden, die Prüfung also in allen Fächern gleichzeitig beginnt.

[6] Hierdurch sollte nicht eine Bestimmung darüber getroffen werden, daß die Prüfungen auch in der genannten Reihenfolge der Fächer abzuhalten sind. Über die Reihenfolge der Fächer bestimmt die Bestallungsordnung nichts. Die Regelung muß dem Vorsitzenden des Prüfungsausschusses überlassen bleiben, der auch die Prüfungstermine festzusetzen hat (§ 4 Abs. 1, § 10 Abs. 1). Wegen Anrechnung von Teilprüfungen vgl. S. 51.

[7] Wegen der Durchführung des I. Prüfungsabschnittes vgl. §§ 17 bis 20, 26 bis 29 B I, wegen der Prüfung in Zoologie und Botanik vgl. § 18 Abs. 2, § 19 Abs. 2, § 69 Abs. 1.

[8] Wegen der Durchführung des II. Prüfungsabschnitts vgl. §§ 21 bis 29 B I, wegen der Prüfung in Anatomie vgl. allg. Erl. K.M. 20. 1. 25 — U I 2391 — S. 68, in Physiologie desgl. und § 24 Abs. 1.

[9] Wegen der nachzuweisenden Studienzeit vgl. § 7.

§ 6. (1) Die Gesuche[1] um Zulassung zur Prüfung sind an den Vorsitzenden zu richten.

(2) Der Meldung ist beizufügen das Zeugnis der Reife eines Gymnasiums, eines Realgymnasiums[2] oder einer Oberrealschule innerhalb des Deutschen Reichs[3].

(3) Das Zeugnis der Reife eines Gymnasiums, eines Realgymnasiums oder einer Oberrealschule außerhalb des Deutschen Reichs darf nur ausnahmsweise als genügend erachtet werden (§ 68)[4].

(4) Inhaber des Reifezeugnisses einer Oberrealschule haben nachzuweisen, daß sie in der lateinischen Sprache die Kenntnisse besitzen, die für die Versetzung nach Obersekunda eines Realgymnasiums erforderlich sind[5]. Als Nachweis hierfür dient entweder ein mindestens genügendes Urteil im Lateinischen im Reifezeugnis einer Oberrealschule mit wahlfreiem Lateinunterricht oder ein auf Grund einer Prüfung[6] ausgestelltes Zeugnis des Leiters eines Gymnasiums oder Realgymnasiums innerhalb des Deutschen Reichs. Andere Nachweise über Kenntnisse in der lateinischen Sprache dürfen ausnahmsweise als genügend erachtet werden (§ 68)[7].

(5) Der Meldung ist ferner ein Staatsangehörigkeitsausweis[8] beizufügen. Reichsangehörige haben außerdem einen ausgefüllten Fragebogen nach dem beigefügten Muster 7[9], dazu die eigene Geburtsurkunde und die Geburts-

---

[1] Muster S. 156—159.

[2] Als gleichwertig den Reifezeugnissen der Gymnasien und Realgymnasien im Sinne dieser Vorschrift gelten die Reifezeugnisse der Reformgymnasien und Reformrealgymnasien.

[3] Vgl. die Ausführungen über Hochschulreife S. 44.

Ein etwaiger Vermerk des R.P.E. (früher Ministerium für Wissenschaft, Kunst und Volksbildung) auf einem nicht vollgültigen Reifezeugnis, wonach dieses einem reichsdeutschen Reifezeugnis gleichgestellt ist, gilt nur für die Zulassung zur Immatrikulation, gibt aber keinen Anspruch auf die Zulassung zu den Prüfungen und auf die Erteilung der Bestallung.

[4] Wegen der österreichischen Reifezeugnisse vgl. S. 126, wegen der sonstigen ausländischen Reifezeugnisse vgl. S. 122.

[5] Bei Inhabern von Reifezeugnissen der Gymnasien und Realgymnasien (auch Reform-Gymnasien und Reform-Realgymnasien) werden die erworbenen Lateinkenntnisse ohne weiteres als hinreichend angesehen, selbst wenn in den Reifezeugnissen ein nicht genügendes Urteil in Latein enthalten ist. Als genügender Lateinnachweis gilt auch ein Zeugnis eines Gymnasiums oder Realgymnasiums über die Versetzung nach Obersekunda mit einem mindestens genügenden Urteil im Lateinischen, auch ein Zeugnis eines Gymnasiums über eine solche Versetzung mit einem nicht genügenden Urteil im Lateinischen, dagegen nicht ein derartiges Zeugnis eines Realgymnasiums. Als ausreichender Lateinnachweis kann auch ein Abgangs- bzw. Versetzungszeugnis von einer höheren Klasse der genannten Anstalten ohne weiteres angesehen werden, auch wenn dort nicht ein mindestens genügendes Urteil im Latein nachgewiesen ist.

Die Einschreibung in der Medizinischen Fakultät ist auch auf Grund des Zeugnisses einer reichsdeutschen Oberrealschule zulässig. Der Nachweis lateinischer Sprachkenntnisse ist von den Oberrealschülern erst bei der Meldung zur ärztlichen Vorprüfung beizubringen, er ist nicht Voraussetzung für den Beginn des medizinischen Studiums (K.M. 5. 3. 1097 — U I 330).

Wegen des Lateinnachweises bei Reifezeugnissen der deutschen Oberschulen und Aufbauschulen vgl. S. 45.

[6] Es handelt sich hier nur um eine Prüfung in Latein. Die Prüfung ist in einem öffentlichen Gymnasium oder Realgymnasium (nicht Oberrealschule oder Privatschule) abzulegen. Die „Ordnung einer Prüfung im Lateinischen" vom 17. 8. 1917 findet auf diese Fälle keine Anwendung. Die Zulassung ist in Preußen beim Oberpräsidenten zu beantragen. Die Prüfung muß grundsätzlich bis zur Meldung zur Vorprüfung abgelegt sein.

[7] Von dieser Ausnahmebewilligung wird in der Regel nur bei Kriegsteilnehmern Gebrauch gemacht (vgl. auch S. 126). Im übrigen ist der Lateinnachweis grundsätzlich bei der Meldung zur Vorprüfung beizubringen und wird in Preußen nicht gestundet. Auch ein Zeugnis über die Teilnahme am Lateinunterricht in den oberen drei Klassen einer Oberrealschule wird nicht als genügender Lateinnachweis anerkannt, wenn nicht bei der Reifeprüfung auch eine Prüfung in Latein mit mindestens genügendem Erfolge abgelegt worden ist. Ebensowenig wird ein von Nichtkriegsteilnehmern erworbenes Zeugnis über die Teilnahme an Lateinkursen an einer Universität und über die Ablegung einer anschließenden, von dem Kursusleiter abgehaltenen Prüfung als ausreichender Lateinnachweis angesehen.

[8] Vgl. hierzu S. 133 Anm. 3.

[9] Hier nicht abgedruckt. Vgl. S. 133 Anm. 4.

oder Heiratsurkunden der Eltern und beiderseitigen Großeltern [1] oder an Stelle dieser Urkunden den Ahnenpaß [2] vorzulegen. Die Urkunden müssen den Tag der Geburt, die Abstammung und die Religionszugehörigkeit nachweisen. Verheiratete haben auch für den Ehegatten die für den Abstammungsnachweis erforderlichen Unterlagen beizubringen.

§ 7. (1) Für die Zulassung zum naturwissenschaftlichen Abschnitt der Vorprüfung hat der Studierende nachzuweisen [3], daß er nach Erlangung des Reifezeugnisses (§ 6) mindestens zwei Halbjahre [4] dem medizinischen Studium [5] an Universitäten des Deutschen Reichs obgelegen und dabei an einem chemischen Praktikum regelmäßig und mit Erfolg teilgenommen hat und daß er je eine Vorlesung [6] über Chemie in beiden Hauptteilen sowie über Physik, Zoologie und Botanik [7] gehört hat.

(2) Für die Zulassung zum anatomisch-physiologischen Abschnitt der Vorprüfung hat der Studierende nachzuweisen [8], daß er nach Erlangung des Reifezeugnisses (§ 6) fünf Halbjahre [9] dem medizinischen Studium [5] an Universitäten des Deutschen Reichs obgelegen hat. Von diesem Studium müssen mindestens zwei Halbjahre [9] auf die Zeit nach der vollständig bestandenen Prüfung im naturwissenschaftlichen Abschnitt entfallen.

---

[1] Die Urkunden müssen den Tag der Geburt, die Abstammung und die Religionszugehörigkeit nachweisen. Verheiratete haben auch für den Ehegatten die für den Abstammungsnachweis erforderlichen Unterlagen beizubringen. Vgl. Muster für das Zulassungsgesuch S. 156—159 und S. 13 Anm. 9.

[2] Die Richtigkeit der Eintragungen im Ahnenpaß muß durch einen Standesbeamten oder einen Kirchenbuchführer bescheinigt sein.

[3] Der Nachweis des Studiums ist durch das Studienbuch und, wenn der Studierende bereits eine andere Universität besucht hat, durch das Abgangszeugnis der Letzteren in Urschrift zu führen. (vgl. § 9 Abs. 2). Dieses ist auch deshalb einzureichen, weil zu prüfen ist, ob sich aus der Führung des Prüflings während der Studienzeit Bedenken gegen seine Zulassung zur Prüfung ergeben. Im übrigen sind die Nachweise, soweit es sich nicht um Vorlesungen handelt, durch besondere Praktikantenscheine (Muster 1 S. 160) zu erbringen (vgl. § 9 Abs. 2). Sie müssen während des medizinischen Studiums erworben sein. Falls sie zu anderer Zeit, z. B. während eines naturwissenschaftlichen Studiums erlangt sind, müssen sie zur ministeriellen Entscheidung vorgelegt werden. Vgl. S. 49, 125 und 129.

[4] Vgl. S. 12 Anm. 9.

[5] Als medizinisches Studium gilt formell nur das nach Einschreibung bei der Medizinischen Fakultät zurückgelegte Fachstudium als Studierender der Medizin (nicht etwa auch der Zahnheilkunde). Aus welchem Gebiete die Vorlesungen (medizinisch oder juristisch usw.) gewählt worden sind, ist belanglos. (Vgl. im übrgen § 8 Abs. a).

Die Studierenden können den Gang ihrer Studien selbst bestimmen und die Vorlesungen unter verständiger Würdigung ihres inneren Zusammenhangs nach eigenem Ermessen auf die Studienzeit verteilen (vgl. den Studienplan S. 62).

Als Studienhalbjahr gilt jedes Semester, in dem ein mindestens einstündiges Privatkolleg belegt ist.

Wegen Anrechnung von Gasthörsemestern oder eines Studiums mit der kleinen Matrikel auf die medizinische Studienzeit vgl. S. 57.

[6] d. h. eine einsemestrige Vorlesung. Falls bei einzelnen dieser Vorlesungen der gesamte Lehrstoff auf mehrere Halbjahre verteilt ist, wird dieser Vorschrift auch genügt, wenn der Prüfling diese Vorlesungen nur für ein Studienhalbjahr belegt, also nur einen Teil des fraglichen Stoffes gehört hat (M.B. 29. 4. 25 — I M III 1109). Andererseits muß es eine (einsemestrige) Vorlesung sein, die hauptsächlich das Gebiet umfaßt, auf das sich die Vorprüfung in dem betr. Fache erstrecken soll, nicht etwa nur ein Teilgebiet (z. B. als Botanik die Vorlesung „Systematik der Kryptogamen"). Diesen Anforderungen sollen auch die an sich sehr erwünschten Sondervorlesungen für Mediziner in den naturwissenschaftlichen Fächern entsprechen. Danach könnte z. B. in Botanik nur eine (einsemestrige) Vorlesung als genügend gelten, die die Grundzüge der allgemeinen Biologie und der Vererbungslehre berücksichtigt.

[7] Wegen der Vorlesungen über Biologie anstatt Zoologie und Botanik vgl. § 69 Abs. 1.

[8] Vgl. S. 12 Anm. 3.

[9] Da nach dieser Vorschrift mindestens zwei Halbjahre auf die Zeit nach dem vollständig bestandenen I. Prüfungsabschnitt entfallen müssen, und die Mindestfrist für die Meldung zum II. Prüfungsabschnitt fünf Halbjahre beträgt, kann der I. Prüfungsabschnitt ohne Zeitverlust nach zwei oder drei Halbjahren abgelegt werden. Auch wenn er nach zwei Halbjahren begonnen und nicht bestanden und die Wiederholungsprüfung am Ende des dritten Halbjahrs abgelegt und bestanden

(3) Ferner hat der Studierende bei der Zulassung zum anatomisch-physiologischen Abschnitt den Nachweis [1] zu erbringen, daß er an den anatomischen Präparierübungen während zweier Halbjahre [2] sowie an den mikroskopisch-anatomischen Übungen, an einem allgemein-physiologischen und an einem physiologisch-chemischen Praktikum regelmäßig und mit Erfolg teilgenommen und daß er je eine Vorlesung [3] über Anatomie und allgemeine Physiologie während zweier Halbjahre sowie über physiologische Chemie während eines Halbjahrs gehört hat.

(4) Das Halbjahr, in dem der naturwissenschaftliche Abschnitt der Vorprüfung bestanden ist, wird nur angerechnet [4], wenn dieser bis Ende Mai und Ende November jedes Jahres vollständig bestanden ist.

(5) Ausnahmen von einzelnen der in den Abs. 1 und 3 enthaltenen Voraussetzungen dürfen nur aus besonderen Gründen gestattet werden (§ 68).

§ 8. Ausnahmsweise darf diejenige Studienzeit ganz oder teilweise angerechnet werden [5] (§ 68), die

a) vor oder nach Erlangung des Reifezeugnisses (§ 6) einem dem medizinischen verwandten Universitätsstudium oder gleichwertigen [6] Hochschulstudium gewidmet [7],

b) an einer ausländischen Universität zurückgelegt ist [8].

§ 9. (1) Die in den §§ 6 bis 8 bezeichneten Nachweise sind in Urschrift vorzulegen [9].

ist, entsteht kein Zeitverlust. Ebenso verhält es sich mit der Ablegung und Beendigung des II. Prüfungsabschnitts; denn die Frist hierzu läuft ohne Zeitverlust bis Ende des sechsten Studienhalbjahrs, weil die klinische Mindeststudienzeit fünf Halbjahre beträgt (vgl. § 25 B II). In allen Fällen muß zwischen Beendigung des I. und Beginn des II. Prüfungsabschnitts ein medizinisches Studium von mindestens zwei Halbjahren nachgewiesen werden.

1 Vgl. S. 12 Anm. 3.

2 Die zwei Präparierkurse dürfen nicht etwa hintereinander in einem Halbjahre, sondern müssen in zwei Halbjahren erledigt werden. Die Präparierkurse werden in der Regel nur im Winter abgehalten. Drei in einem Halbjahr belegte Übungen werden in der Regel nicht als mit Erfolg besucht angesehen.

3 Vgl. S. 12 Anm. 6.

4 Gemeint ist die Anrechnung auf die zwischen dem I. und II. Prüfungsabschnitt zurückzulegende Mindeststudienzeit von zwei Halbjahren (§ 7 Abs. 2).

5 Für die Entscheidung solcher Gesuche ist wesentlich, wie das Studium während der auf deutschen Universitäten zurückgelegten Halbjahre geregelt worden ist. Solche Gesuche um Ausnahmebewilligungen sind deshalb erst vor Ablegung der Prüfung zur Entscheidung vorzulegen (vgl. auch S. 49).

6 Gemeint ist damit ein Studium an einer der Universität gleichwertigen Hochschule.

7 Die Anrechnung kommt nur in Frage, wenn während eines nichtmedizinischen Studiums Vorlesungen oder Übungen aus dem Gebiete des medizinischen Studiums, z. B. Naturwissenschaften, belegt worden sind. Dabei gilt allgemein folgendes:

Wer in der Medizinischen Fakultät eingetragen ist und Physik, Chemie, Zologie oder Botanik hört, betreibt, obwohl diese Fächer zur Philosophischen Fakultät gehören, ein medizinisches Studium und erfüllt die Voraussetzungen des § 8 Abs. a der Prüfungsordnung. Dagegen gilt das gleiche nicht von einem in der Philosophischen Fakultät eingeschriebenen Studierenden, welcher dieselben Vorlesungen besucht. Diesem kann die betreffende Studienzeit nur ausnahmsweise gemäß § 8 Absatz a angerechnet werden.

Falls ein Studium, das vor Erlangung des für die Eintragung bei der Medizinischen Fakultät vorgeschriebenen Reifezeugnisses zurückgelegt ist, auf die medizinische Studienzeit angerechnet wird, so wird durch diese Genehmigung ein Anrecht auf vorzeitige Erteilung der Bestallung nicht erworben. Diese wird in der Regel frühestens erst sechs Jahre nach Erlangung des für die Eintragung bei der Medizinischen Fakultät vorgeschriebenen Reifezeugnisses erteilt.

Wegen Anrechnung nichtmedizinischer Studien auf die medizinische Studienzeit vgl. auch S. 49.

8 Wegen Anrechnung der österreichischen Studien vgl. S. 126 und der sonstigen ausländischen Studien vgl. S. 124.

9 Amtlich beglaubigte Abschriften der Abstammungsurkunden können ausnahmsweise als genügend anerkannt werden.

Die Nachweise werden nach der Vorprüfung den Prüflingen zurückgegeben und sind von ihnen

(2) Der Nachweis des Studiums und der Studiendauer werden durch das Anmeldebuch oder durch Abgangszeugnisse, die sonstigen im § 7 geforderten Nachweise durch besondere, nach dem beigefügten Muster 1[1] auszustellende Zeugnisse geführt[2].

§ 10[3]. (1) Ist der Studierende zugelassen[4], so wird er durch den Vorsitzenden nach Entrichtung der Gebühren[5] zur Prüfung mindestens zwei Tage vor ihrem Beginne schriftlich unter Angabe der für die einzelnen Fächer festgesetzten Prüfungszeiten geladen[6].

(2) Wer ohne genügende Entschuldigung in einem Prüfungstermin nicht rechtzeitig oder gar nicht erscheint[7], geht des auf das betreffende Prüfungsfach entfallenden Gebührenanteils verlustig[8].

(3) Wer mit genügender Entschuldigung von der begonnenen Prüfung zurücktritt[7], erhält die Gebührenanteile für die noch nicht begonnen Fächer zurück. Der Gebührenanteil für sächliche und Verwaltungskosten ist dagegen verfallen[8].

(4) Liegt im Falle des Abs. 3 eine genügende Entschuldigung nicht vor[7], so wird nur die Hälfte der Gebührenanteile für die noch nicht begonnenen Fächer zurückerstattet. Auch kann je nach Umständen durch einen mit Zustimmung des Vorsitzenden gefaßten Beschluß des Prüfungsausschusses der ganze Gebührenbetrag für verfallen[8] und die Prüfung in allen oder in einzelnen Fächern für nicht bestanden erklärt werden[9]. Gegen den Beschluß ist binnen zweier Wochen Beschwerde bei der obersten Landesbehörde (§ 3 Abs. 2) zulässig.

§ 11. (1) Der Reichsminister des Innern und die oberste Landesbehörde (§ 3 Abs. 2) können zu den Prüfungen Vertreter entsenden.

---

aufzubewahren, da sie bei der Meldung zur ärztlichen Prüfung wieder beizubringen sind (§ 23 Abs. 1 B II).

[1] S. 160. [2] Vgl. S. 12 Anm. 3.

[3] § 10 Abs. 1 Satz 2 der Prüfungsordnung für Ärzte vom 28. 5. 01 („der Ladung ist ein Abdruck der gegenwärtigen Bekanntmachung beizufügen") ist fortgefallen. Die Prüfungsordnung wird bei jedem Prüfungsausschuß in einem geeigneten Raum in genügender Zahl zur Einsicht ausgelegt oder ausgehängt (M.V. 30. 7. 21 — I M V gen. 301).

Die Studierenden sind zwar nicht verpflichtet, sich die Bestallungsordnung anzuschaffen. Deren Beschaffung kann ihnen aber in ihrem eigenen Interesse nur empfohlen werden. Falls ein Prüfungsausschuß den Sammelbezug der Bestallungsordnungen für die Studierenden übernimmt, dürfen die entstehenden Kosten nicht aus den Prüfungsgebühren gedeckt, sondern müssen von den Studierenden getragen werden (M.V. 7. 3. 31 — I M V 182). Vgl. S. 143 Anm. 2.

[4] Die Zulassung zur Vorprüfung ist in den Fällen des § 2 Abs. 3 zu versagen.

[5] Prüfungsgebühren S. 139. [6] Vgl. § 4 Abs. 2.

[7] Vgl. § 12 Abs. 5. Wegen Berücksichtigung eines solchen Rücktritts S. 66.

[8] Vgl. § 28 Abs. 2 B I.

[9] Unentschuldigtes Fernbleiben von Prüfungen wird im allgemeinen dem Nichtbestehen gleichgeachtet. In der Regel wird das Nichterscheinen zu einem Prüfungstermin als unentschuldigt zu gelten haben, wenn dem Vorsitzenden oder dem Prüfer nicht rechtzeitig vor oder zu dem Termin, ein von einem beamteten Arzte oder einem Arzte der akademischen Krankenkasse ausgestelltes Zeugnis über eine ernste Erkrankung zugestellt wird. Nachträglich vorgelegte Zeugnisse über Kopfschmerzen, Überarbeitung, Schlaflosigkeit, Nervenschwäche, und ähnliche allgemeine Beschwerden genügen im allgemeinen nicht.

Auch darf der Prüfling die Prüfung nicht nach Erledigung eines oder mehrerer Fächer nach Belieben abbrechen. Wenn der Ausschuß beschlossen hat, daß sämtliche oder nur die Fächer, in denen der Prüfling während der Prüfung zurückgetreten ist, als nicht bestanden gelten sollen, so sind für diese Fächer entsprechende Urteile festzusetzen und solche Fächer als Wiederholungsfächer zu betrachten. Vgl. hierzu die Ausführungen S. 66, den Erlaß K.M. 2. 3. 06 — U I 142 M — (S. 69) und § 13 Abs. 2. Wegen Mitteilung des Ergebnisses der Prüfung und der getroffenen Entscheidung an die Universitätsbehörde vgl. § 16.

Die folgende Wiederholung gilt nicht als neu begonnene Vorprüfung, sondern als Fortsetzung der Vorprüfung, muß also innerhalb der Gesamtfrist (§ 22 Abs. 6) beendet sein.

(2) Die Prüfungen sind, soweit sie vorwiegend mündlich sind, öffentlich. Sie finden nach Möglichkeit unter Anwesenheit des Vorsitzenden statt.

§ 12. (1) Für jedes Fach wird von dem Prüfer ein Urteil abgegeben, für das nur die Bezeichnungen „sehr gut" (1), „gut" (2), „genügend" (3), „ungenügend" (4), „schlecht" (5) zulässig sind[1].

(2) In den Fächern, in denen das Urteil „ungenügend" oder „schlecht" abgegeben wird, ist die Prüfung nicht bestanden und muß wiederholt[2] werden.

(3) Die Frist, nach deren Ablauf die Wiederholungsprüfung frühestens erfolgen kann, wird vom Vorsitzenden des Ausschusses nach Anhörung der in Betracht kommenden Prüfer bestimmt. Die Festsetzung dieser Frist erfolgt erst, wenn der Studierende in sämtlichen Fächern des Abschnitts geprüft ist. Zwischen dem ersten Versuch und der Wiederholung muß mindestens ein Studienhalbjahr[3] liegen.

(4) Ferner wird unter Beachtung der Vorschrift des Abs. 6 durch den Vorsitzenden der Zeitpunkt festgelegt, bis zu dem spätestens die Meldung zur Ablegung der Prüfung in den zu wiederholenden Fächern erfolgen muß[4].

(5) Wer sich ohne genügende Entschuldigung nicht vor Ablauf der Endfrist[5] zur Wiederholung der Prüfung meldet, hat nach Ermessen des Ausschusses die Prüfung von Anfang an zu wiederholen[6], wobei auch die bereits erledigten Fächer als nicht bestanden und der nichtverwendete Gebührenrest als verfallen gelten[7]. Gegen den Beschluß ist binnen zweier Wochen Beschwerde bei der obersten Landesbehörde (§ 3 Abs. 2) zulässig.

(6) Wird ein Prüfungsabschnitt in einem Zeitraum von zwölf Monaten[8] nach dem Beginne[9] der Prüfung nicht vollständig bestanden[10], so gilt er in

---

[1] Die wiederholt gestellte Frage, ob eine bereits bestandene Prüfung zwecks Erlangung eines besseren Urteils noch einmal abgelegt werden darf, ist grundsätzlich verneint worden, da nach den bestehenden Prüfungsvorschriften die Wiederholung bereits erledigter Prüfungsfächer ausgeschlossen ist. Vgl. auch S. 67.

Wegen Eintragung eines Vermerks in dem Anmeldebuch oder Abgangszeugnis vgl. § 26 Abs. 2 B I.

[2] Die Wiederholungsprüfung hat nach denselben Grundsätzen zu erfolgen, die in der Bestallungsordnung für die erstmalige Vornahme der Prüfung vorgeschrieben sind (K.M. 12. 8. 95 — U I 827, M 2918). Wenn der Studierende auch bei der Wiederholungsprüfung versagt hat, darf ihm eine Frist zu einer erneuten Prüfung in den anderen Fächern, in denen er z. B. zurückgetreten ist, nicht mehr gesetzt werden (vgl. § 15).

Wiederholungsprüfungen müssen grundsätzlich in den für die erste Prüfung angelegten Prüfungsübersichten eingetragen werden. Dazu dürfen nicht neue Vordrucke benutzt werden (vgl. § 14). Vgl. hierzu §§ 19 und 24. Wegen der Prüfungsgebühren bei Wiederholungsprüfungen vgl. S. 139.

[3] Ein Studienhalbjahr ist Mindestfrist. Während dieses Halbjahrs muß der Studierende das medizinische Studium fortsetzen und darf sich nicht etwa beurlauben lassen. Höchstfrist für die Ablegung der Prüfung zwölf Monate (§ 12 Abs. 6). Diese Frist darf nicht überschritten werden.

[4] Die Mindest- und Höchstfrist wird vom Vorsitzenden für alle rückständigen Fächer einheitlich bestimmt. Vgl. auch § 16.

[5] Gemeint ist die Endfrist, die nach Abs. 4 vom Vorsitzenden des Prüfungsausschusses für die Ablegung der Wiederholungsprüfung festgesetzt ist (vgl. auch S. 15 Anm. 3).

[6] Die folgende Wiederholung gilt nicht als neu begonnene Prüfung, sondern als Fortsetzung der Prüfung, muß also innerhalb der Gesamtfrist (§ 12 Abs. 6) beendet sein.

[7] Vgl. § 28 Abs. 2 B I.

[8] Als Monat gilt ein Kalendermonat, nicht etwa eine Zeit von 30 Tagen. — Für die Berechnung der Gesamtfrist kommt nicht die Meldung zur Wiederholung, sondern das Bestehen der Wiederholungsprüfung in Betracht (K.M. 9. 7. 07 — U I 1101 M).

[9] Als Beginn gilt der Zeitpunkt, an dem der Studierende in die Prüfung tatsächlich eintritt, also irgendein Prüfungsfach (mit oder ohne Erfolg) ablegt.

[10] Solange die Prüfung noch in diesem Zeitraum fortgesetzt oder beendet werden soll, ist die ministerielle Genehmigung nicht erforderlich. Wenn ein Prüfling bis zum Ablauf der Gesamtfrist von zwölf Monaten die Prüfung insofern noch nicht vollständig bestanden hat, als er die zugelas-

allen Fächern als nicht bestanden[1] und der nichtverwendete Gebührenrest als verfallen[2]. Ausnahmen können nur aus besonderen Gründen gestattet werden (§ 68)[3].

§ 13. (1) Hat der Studierende die Prüfung vor ihrer Beendigung unterbrochen[4], so darf er sie nur da fortsetzen, wo er sie begonnen hat[5].

(2) Auch die Wiederholungsprüfung muß vor dem Ausschuß abgelegt werden, vor dem die erste Prüfung erfolgt ist[5].

(3) Ausnahmen von den Bestimmungen der Abs. 1 und 2 dürfen aus besonderen Gründen gestattet werden (§ 68)[6].

§ 14. Die Wiederholungsprüfung findet in Anwesenheit des Vorsitzenden statt[7]. Sofern der Prüfende oder der Studierende es beantragt, ist ein Beisitzer hinzuzuziehen. Der Beisitzer wird aus den Mitgliedern des Prüfungsausschusses durch den Vorsitzenden bestimmt[8]. Bei der Wiederholungsprüfung ist eine genaue Niederschrift aufzunehmen, aus welcher der Gang der Prüfung zu ersehen ist. Sie ist außer von dem Prüfenden auch von dem Vorsitzenden und gegebenenfalls von dem Beisitzer zu unterzeichnen[9].

§ 15. Wer auch bei der Wiederholungsprüfung nicht besteht, wird zu einer nochmaligen Prüfung nicht zugelassen[10].

---

senen zwei Versuche noch nicht endgültig ohne Erfolg erledigt hat, d. h. ohne weiteres noch eine Wiederholungs- oder Nachprüfung ablegen könnte, darf die Prüfung nicht fortgesetzt, kann aber ohne weiteres in allen Fächern von neuem begonnen werden (mit der Aussicht auf eine Wiederholungsmöglichkeit). Neue Studiennachweise brauchen dazu nicht erworben zu werden. — Die Fortsetzung der Prüfung ist auch ausgeschlossen im Falle des § 15 (Nichtbestehen bei der Wiederholungsprüfung), dabei jedoch mit der Folge, daß der Prüfling zu einer neuen Prüfung nicht zugelassen wird, da er endgültig versagt hat.

[1] In diesem Falle hat der Vorsitzende des Prüfungsausschusses die Prüfungsakten zu schließen und aufzubewahren. Ein Vermerk in den Zeugnissen oder dergl. (vgl. § 16, § 20 Abs. 3, § 26 Abs. 2) ist für diesen Fall nicht vorgesehen.

[2] Vgl. § 28 Abs. 2 B I.

[3] Eine Ausnahme (d. h. die Verlängerung der Gesamtfrist für die Ablegung der Vorprüfung) kommt nur in Frage, wenn das medizinische Studium nicht unterbrochen ist und die Ausnahmebewilligung durch besondere Verhältnisse gerechtfertigt erscheint.

Über Ausnahmebewilligungen betr. den Verfall des nichtverwendeten Gebührenrestes entscheidet der Vorsitzende des Prüfungsausschusses selbständig (M.V. 30. 11. 32 — I M IV 2675).

[4] Dies gilt auch beim entschuldigten Rücktritt von der Prüfung.

[5] Der Prüfling muß bei dieser Universität immatrikuliert sein.

[6] Ein Wechsel des Prüfungsausschusses kommt grundsätzlich nicht in Frage, wenn der Studierende nach teilweiser Ablegung der Prüfung von deren Fortsetzung zurückgetreten ist (K.M. 2. 3. 06 — U I 142 M). Bei einem in einem andern Fall ausnahmsweise zugelassenen Wechsel des Prüfungsausschusses wird die Vorprüfung in den Fächern, die noch nicht erledigt sind, fortgesetzt. Der neue Prüfungsausschuß tritt dabei an die Stelle des bisherigen Ausschusses und hat bei diesem die entstandenen Prüfungsakten einzufordern.

[7] Ist der Vorsitzende selbst Prüfer, so ist die Prüfung in Gegenwart des Stellvertreters des Vorsitzenden zu wiederholen (vgl. auch wegen der Gebühren S. 139 und wegen der Mitwirkung S. 67 — Erl. vom 29. 4. 25 — I M III 1109).

[8] Vgl. auch § 24 Abs. 3 B I.

[9] Diese Niederschrift ist in der Prüfungsübersicht vorgesehen. (Vgl. S. 15 Anm. 2).

[10] Dies gilt bei der Wiederholung auch für die Fächer, in denen der Prüfling bei der Vorprüfung nicht erschienen ist und tatsächlich erst bei der Wiederholung zum erstenmal geprüft wird bzw. etwa wieder nicht erscheint (§ 10). Wenn jemand z. B. bei der Vorprüfung nur in Physik nicht bestanden hat, und zur Prüfung in Chemie nicht erschienen ist, bei der Wiederholung in Physik wieder nicht besteht und in Chemie von neuem nicht erscheint, wird er zu einer weiteren Prüfung in Chemie nicht mehr zugelassen. Es wird auch keine Frist zur Wiederholung dieses Faches festgesetzt. Falls der Studierende in diesem Falle aber bei der Wiederholung in Physik bestanden hat, und nur in Chemie mit genügender Entschuldigung nicht erschienen ist, darf die Prüfung in Chemie innerhalb der Gesamtfrist (§ 12 Abs. 6) ohne Einholung der ministeriellen Genehmigung fortgesetzt werden (Nachprüfung). Vgl. auch den allg. Erlaß M.V. 5. 10. 26 — I M III 2854 — Die Benachrichtigung des Studierenden erfolgt durch Aushändigung des Prüfungszeugnisses nach dem Muster 3 (S. 161) mit dem vorgeschriebenen Vermerk. Die Prüfungsakten werden aufbewahrt.

Wegen des Unterschiedes des § 15 gegenüber dem § 12 Abs. 6 vgl. S. 15 Anm. 10.

§ 16. Nach Abschluß jeder Prüfung und Wiederholungsprüfung hat der Vorsitzende binnen drei Tagen das Ergebnis der Prüfung und die gemäß § 10 Abs. 4 und § 12 Abs. 3, 4 und 5 getroffenen Entscheidungen der Universitätsbehörde mitzuteilen. Verläßt der Studierende vor vollständig bestandener Prüfung die Universität, so ist ein entsprechender Vermerk in das Abgangszeugnis einzutragen[1].

b) Naturwissenschaftlicher Abschnitt der Vorprüfung.

§ 17. Die Prüfungen im naturwissenschaftlichen Abschnitt werden in der Zeit vom 10. April[2] und 10. Oktober[2] an abgehalten und müssen bis Ende Mai und Ende November jedes Jahres beendet sein. Zulassungsgesuche[3] (§ 6 Abs. 1) sind nach dem amtlichen Schlusse der Vorlesungen, spätestens bis zum 15. März und 15. August einzureichen. Später eingehende Gesuche werden nur bei hinreichender Begründung berücksichtigt[4].

§ 18. (1) Die Prüfung ist eine einheitliche und ist in allen Fächern abzulegen[5]. Sie ist in der Regel an einem Wochentage[6] zu erledigen.

(2) Die Prüfung in der Chemie und in der Physik ist eingehend zu gestalten und hat besonders die Bedürfnisse des künftigen Arztes zu berücksichtigen. In Zoologie und Botanik hat sich die Prüfung auf die Grundzüge der allgemeinen Biologie[7] unter besonderer Berücksichtigung der Vererbungslehre zu erstrecken.

(3) Wer an einer Universität[8] des Deutschen Reichs auf Grund einer Prüfung in den Naturwissenschaften die Doktorwürde erworben hat, wird in dem naturwissenschaftlichen Abschnitt der ärztlichen Vorprüfung nur in den Fächern geprüft, die nicht Gegenstand der Promotionsprüfung gewesen sind[9].

(4) Die Anrechnung einer anderweitigen, an Universitäten oder Hochschulen des Deutschen Reichs vollständig bestandenen Prüfung in den Fächern

---

[1] Wegen Eintragung eines Vermerks in das Anmeldebuch oder Abgangszeugnis beim Bestehen der Vorprüfung vgl. § 20 Abs. 3, § 26 Abs. 2 B I und S. 65 und 67 (Vermerke im Studienbuch).

[2] Diese Termine sind in den letzten Jahren allgemein vorverlegt worden, so ist z. B. durch Erl. R.Pr.J. vom 7. 5. 36 — IV B 9815/36/3560 — gestattet worden, daß die Ende des Sommerhalbjahrs 1936 und Anfang des Winterhalbjahrs 1936/37 abzuhaltenden oder ihren Anfang nehmenden Prüfungen ausnahmsweise früher als vorgeschrieben, und zwar bis zu sieben Wochen vor den vorgeschriebenen Zeitpunkten beginnen. Aus dieser Vorverlegung der Prüfungstermine soll für die Studierenden kein Nachteil entstehen. Die vorgeschriebenen Schlußtermine für die Anmeldung zu den Prüfungen bleiben daher bestehen. Vor dem in der Bestallungsordnung vorgesehenen Prüfungsbeginn dürfen nur die Studierenden geprüft werden, die sich freiwillig zu dem früheren Zeitpunkt melden.

[3] Muster S. 156.

[4] Dies gilt auch für Gesuche um Zulassung zur Wiederholungsprüfung, die nach demselben Muster einzureichen sind.

[5] Vgl. hierzu die Ausführungen S. 65 ff..

[6] In der Regel also nicht an Sonn- und Feiertagen.

[7] Vgl. auch § 5, § 19 Abs. 2, § 69 Abs. 1.

[8] Nicht Hochschule z. B. Landwirtschaftliche Hochschule (Doktor der Landwirtschaft), (vgl. auch S. 51).

[9] Hierüber entscheiden die Vorsitzenden der Prüfungsausschüsse selbständig (vgl. S. 52). Dazu haben ihnen die Prüflinge eine entsprechende Bescheinigung der Fakultät, bei der sie die Promotionsprüfung bestanden haben, beizubringen. — Die Befreiung erstreckt sich nicht auf Anatomie oder Physiologie, auch wenn diese Fächer Gegenstand der Promotionsprüfung gewesen sind.

des naturwissenschaftlichen Abschnitts der ärztlichen Vorprüfung auf diese Prüfung kann ausnahmsweise gestattet werden (§ 68)[1].

§ 19. (1) Wer nicht in allen Fächern[2] mindestens das Urteil „genügend" erhält, hat die Prüfung nicht bestanden. Erhält er nur in einem Fache das Urteil „ungenügend" oder „schlecht", so kann ihm die Wiederholung der Fächer, in denen er ein mindestens genügendes Urteil erhalten hat, ganz oder teilweise nachgelassen werden[3].

(2) Zoologie und Botanik werden getrennt geprüft, gelten aber als ein Fach[4], in dem das Urteil wie folgt zu berechnen ist: Die nach § 12 Abs. 1 sich ergebenden Zahlen werden zusammengezählt. Ihre Summe, durch zwei geteilt, ergibt das zusammengefaßte Urteil dieses Faches, wobei ein etwa verbleibender Bruch als Ganzes gerechnet wird.

§ 20. (1) Über das Ergebnis der Prüfung ist dem Studierenden eine vorläufige Bescheinigung nach dem beigefügten Muster 2[5] zu erteilen. Über eine Wiederholung der Prüfung ist eine vorläufige Bescheinigung nach Muster 3[6] auszustellen.

(2) Nach vollständig bestandener Prüfung im naturwissenschaftlichen Abschnitt werden dem Studierenden die mit dem Zulassungsgesuch eingereichten Zeugnisse (§§ 6 bis 8) wieder ausgehändigt[7].

(3) Über das Bestehen der Prüfung ist ein Vermerk in das Anmeldebuch oder in das Abgangszeugnis aufzunehmen[8].

c) Anatomisch-physiologischer Abschnitt der Vorprüfung.

§ 21. (1) Der anatomisch-physiologische Abschnitt muß, sofern der Studierende nach Bestehen des naturwissenschaftlichen Abschnitts das Studium an einer anderen Universität fortsetzt, vor dem Ausschuß dieser Universität[9] erledigt werden. Dieser hat die Akten von dem bisherigen Prüfungsausschuß einzufordern.

(2) Der Meldung sind außer den in §§ 6 und 7 Abs. 2 und 3 aufgeführten Nachweisen eine Bescheinigung über das Bestehen der Prüfung im naturwissenschaftlichen Abschnitt (§ 20) oder die nach § 18 Abs. 3 und 4 zulässigen anderweitigen Nachweise beizufügen.

§ 22. Die Prüfungen werden in der Zeit vom 1. März[10] oder 1. August[10] an abgehalten und müssen bis Mitte Mai[11] und Mitte November[11] jedes

---

[1] Physik und Chemie der zahnärztlichen Vorprüfung werden auf die ärztliche Vorprüfung nicht angerechnet. Wegen dieser und weiterer Prüfungsfächer vgl. S. 51 ff.

[2] Der I. Prüfungsabschnitt besteht aus drei Fächern und zwar Fach 1 Chemie, Fach 2 Physik, Fach 3 Zoologie und Botanik (§ 19 Abs. 2). Hierzu vgl. Erlaß M.J. 18. 3. 33 – III a IV 556 – S. 68. Wegen der Prüfung in Biologie anstatt Zoologie und Botanik vgl. § 18 Abs. 2, § 69 Abs. 1.

[3] Die Entscheidung hierüber trifft der Vorsitzende des Prüfungsausschusses, bei dem die Prüfung abgelegt ist, nach Anhörung der Prüfer (M.V. 11. 6. 32 – I M V 973). Vgl. auch §§ 12 bis 16.

[4] Vgl. die vorstehende Anm. 2. [5] Vgl. S. 160. [6] Vgl. S. 161.

[7] Die Zeugnisse sind bei der Meldung zum II. Prüfungsabschnitt wieder einzureichen (§ 21 Abs. 2 B I) und deshalb bis dahin aufzubewahren.

[8] Vgl. § 16 und § 26 Abs. 2 B I.

[9] Der Prüfling muß bei dieser Universität immatrikuliert sein.

[10] Wegen des Prüfungsbeginns vgl. S. 17 Anm. 2.

[11] Vgl. § 25 Abs. 2 B II.

Jahres beendet sein. Zulassungsgesuche [1] (§ 6 Abs. 1) sind spätestens acht Tage vor dem amtlichen Schlusse der Vorlesungen einzureichen. Später eingehende Gesuche werden nur bei hinreichender Begründung berücksichtigt[2].

§ 23. (1) Die Prüfung ist eine einheitliche und ist in allen Fächern abzulegen[3]. Sie ist in der Regel an drei aufeinanderfolgenden Wochentagen[4] zu erledigen, und zwar so, daß auf die anatomische Prüfung zwei Tage entfallen, während ein Tag für die allgemeine Physiologie und die physiologische Chemie bestimmt ist.

(2) In der anatomischen Prüfung[5] hat der Studierende

a) die in einer der Haupthöhlen des Körpers befindlichen Teile nach Form, Lage und Verbindung (Situs) oder eine Gegend des Stammes oder der Gliedmaßen an der Leiche zu erläutern;

b) ein einfaches anatomisches Präparat regelrecht anzufertigen und zu erläutern und im Anschluß daran in einer mündlichen Prüfung seine Vertrautheit mit den verschiedenen Teilen der beschreibenden Anatomie nachzuweisen;

c) zwei mikroskopisch-anatomische Präparate anzufertigen und zu erklären und im Anschluß daran in einer mündlichen Prüfung gründliche Kenntnisse in der Gewebelehre darzutun sowie zu zeigen, daß ihm die Grundzüge der Entwicklungsgeschichte bekannt sind.

(3) Bei der Prüfung in der allgemeinen Physiologie und in der physiologischen Chemie[6] hat der Studierende den Nachweis zu führen, daß er sich mit der gesamten Physiologie vertraut gemacht sowie die wichtigeren Apparate und Untersuchungsmethoden kennengelernt hat.

§ 24. (1) Allgemeine Physiologie und physiologische Chemie gelten als ein Fach[7], in dem das Urteil wie folgt berechnet wird: Die nach § 12 Abs. 1 sich ergebenden Zahlenwerte werden zusammengezählt. Ihre Summe, durch 2 geteilt, ergibt das zusammengefaßte Urteil dieses Faches, wobei ein etwa verbleibender Bruch als Ganzes berechnet wird.

(2) Wer bei der Prüfung in einem Fache[7] versagt, hat beide Fächer zu wiederholen. Hat er in dem anderen Fache mindestens das Urteil „gut" erhalten, so wird er von der Wiederholung in diesem Fache befreit.

(3) Bei der Wiederholungsprüfung ist als Beisitzer (§ 14) der Vertreter des Faches hinzuzuziehen, das nicht Gegenstand der Wiederholungsprüfung ist.

§ 25. Das Ergebnis der Prüfung ist dem Vorsitzenden von dem Prüfenden binnen drei Tagen mitzuteilen.

---

[1] Muster S. 158.

[2] Dies gilt auch für Gesuche um Zulassung zur Wiederholungsprüfung, die nach demselben Muster einzureichen sind.

[3] Vgl. hierzu die Ausführungen S. 65 ff.

[4] In der Regel also nicht an Sonn- und Feiertagen.

[5] Wegen Teilung der Prüfung in Anatomie vgl. Erlaß K.M. 20. 1. 25 — U I 2391 — S. 68.

[6] Vgl. § 24 B I.

[7] Der II. Prüfungsabschnitt besteht aus zwei Fächern und zwar Fach 1 Anatomie, Fach 2 Physiologie und physiologische Chemie. Vgl. hierzu die Erlasse M.J. 18. 3. 33 — III a IV 556 — und R.Pr.J. 23. 9. 35 — IV e 176 — S. 68.

d) Feststellung des Gesamtergebnisses der ärztlichen Vorprüfung und Gebühren.

§ 26. (1) Hat der Studierende in beiden Fächern des anatomisch-physiologischen Abschnitts mindestens das Urteil „genügend" erhalten, so wird von dem Vorsitzenden das Gesamtergebnis[1] der ärztlichen Vorprüfung ermittelt. Dabei wird für die Anatomie sowie für die allgemeine Physiologie einschließlich der physiologischen Chemie (zusammengefaßtes Urteil vgl. § 24 Abs. 1) je das Fünffache, für die Chemie und die Physik je das Zweifache, für die Zoologie und Botanik (zusammengefaßtes Urteil vgl. § 19 Abs. 2) das Einfache der Zahl eingesetzt, die dem Urteil für jedes Fach nach der Abstufung im § 12 Abs. 1 entspricht. Die so gewonnenen Zahlen werden zusammengezählt, ihre Summe wird durch 15 geteilt,[2] wobei Brüche über 0,25 als Ganzes gerechnet werden, andernfalls unberücksichtigt bleiben.

(2) Über das Bestehen der ärztlichen Vorprüfung wird ein entsprechender Vermerk in das Anmeldebuch oder in das Abgangszeugnis gemacht[3].

§ 27. (1) Über das Ergebnis der ärztlichen Vorprüfung ist dem Studierenden ein Zeugnis nach dem beigefügten Muster 4[4] auszustellen. Über eine Wiederholungsprüfung erhält der Studierende ein Zeugnis nach Muster 5[5].

(2) Die mit dem Zulassungsgesuch eingereichten Zeugnisse (§ 21) sind nach endgültiger Erledigung der Vorprüfung dem Studierenden wieder auszuhändigen[6].

§ 28. (1) Die Gebühren für die Prüfungen werden vom Reichsminister des Innern im Einvernehmen mit der obersten Landesbehörde (§ 2 Abs. 2) festgesetzt und bekanntgegeben[7].

(2) Über die Verwendung der bei den Gebührenanteilen für sächliche und Verwaltungskosten etwa entstandenen Ersparnisse sowie der verfallenen Gebühren (§ 10 Abs. 2, 3 und 4, § 12 Abs. 5 und 6)[8] befindet die oberste Landesbehörde (§ 3 Abs. 2).

§ 29. Dem Reichsminister des Innern werden von der obersten Landesbehörde (§ 3 Abs. 2) Verzeichnisse[9] der Kandidaten, welche die Vorprüfung in dem abgelaufenen Prüfungsjahr bestanden haben, und auf Ersuchen auch die Prüfungsakten[10] über beide Prüfungsabschnitte eingereicht. Die letzteren werden der obersten Landesbehörde zurückgesandt.

---

[1] Der Vorsitzende des Prüfungsausschusses hat den Prüflingen das Ergebnis der Prüfung oder einer etwa erforderlichen Wiederholungsprüfung ohne Verzug und in einer jeden Zweifel ausschließenden Weise bekanntzugeben (K.M. 18. 9. 90 — U I 1887, M 6558). Vgl. § 27 Abs. 1 B I.

[2] Wegen der Berechnung des Gesamturteils bei Vorprüfungen, in denen einzelne Fächer von früheren Prüfungen angerechnet werden, vgl. S. 51 Anm. 3.

[3] Vgl. auch § 20 Abs. 3. [4] S. 161. [5] S. 162.

[6] Die Zeugnisse sind bei der Meldung zur ärztlichen Prüfung wieder einzureichen (§ 23 Abs. 1 B II) und deshalb bis dahin aufzubewahren.

[7] Gebührenordnung S. 139.

[8] In Preußen sind sämtliche verfallenen und einbehaltenen Gebühren nicht den Prüfern auszuzahlen, sondern zur Deckung der allgemeinen Kosten des Prüfungsausschusses zu verwenden. Der Rest ist in der Abrechnung dadurch, daß diese Gebühren zwar voll vereinnahmt, aber gar nicht oder nicht voll verausgabt sind, in dem etwaigen Bestande nachzuweisen.

[9] Wegen der Verzeichnisse vgl. S. 152.

[10] Wegen der Prüfungsakten vgl. S. 153.

II. Ärztliche Prüfung[1].

§ 21. (1) Die ärztliche Prüfung kann vor jedem ärztlichen Prüfungsausschuß bei einer Universität[2] des Deutschen Reichs oder vor dem Prüfungsausschuß bei der Medizinischen Akademie in Düsseldorf abgelegt werden.

(2) Der Ausschuß, einschließlich des Vorsitzenden und seines Stellvertreters, wird von der obersten Landesbehörde (§ 1) für jedes Prüfungsjahr, das vom 1. Oktober bis 30. September dauert, nach Anhörung der Medizinischen Fakultät der betreffenden Universität oder des Akademischen Rates der Medizinischen Akademie in Düsseldorf aus geeigneten Fachvertretern ernannt.

(3) Der Vorsitzende leitet die Prüfung, ist berechtigt, ihr in allen Abschnitten beizuwohnen, achtet darauf, daß die Bestimmungen der Prüfungsordnung genau befolgt werden, ordnet bei vorübergehender Behinderung eines Mitglieds dessen Stellvertretung[3] an, berichtet unmittelbar nach dem Schlusse jedes Prüfungsjahres der vorgesetzten Behörde über die Tätigkeit des Ausschusses und legt Rechnung über die Gebühren.

§ 22. (1) In jedem Jahre finden zwei Prüfungsperioden statt. Sie beginnen am 15. Oktober[4] und 1. April[4] und sollen nicht über den 15. August ausgedehnt werden[5].

(2) Die Gesuche[6] um Zulassung zur Prüfung sind bei der obersten Landesbehörde (§ 21 Abs. 2[7]) oder bei einer von dieser bezeichneten anderen Dienststelle[7] unter Angabe des Prüfungsausschusses, vor dem der Kandidat die Prüfung abzulegen wünscht, bis zum 1. Oktober oder 15. März jedes Jahres einzureichen. Verspätete Gesuche können nur aus besonderen Gründen berücksichtigt werden.

---

[1] Vgl. hierzu S. 70 ff.

Während der vorangehende Abschnitt B I betr. die ärztliche Vorprüfung mit den Paragraphenbezeichnungen 3 bis 29 durch die V.O. vom 13. 5. 32 über die Änderung der Prüfungsordnung für Ärzte bestimmt ist, beruht der hier beginnende Abschnitt B II betr. die ärztliche Prüfung mit den Paragraphenbezeichnungen 21 ff. auf der Prüfungsordnung für Ärzte vom 5. 7. 24, die mit den nachträglich vorgeschriebenen, hier berücksichtigten Fassungsänderungen in beschränktem Umfange noch jetzt gilt (vgl. S. 7 Anm. 1). So erklärt es sich, daß in der gegenwärtigen Fassung der Bestallungsordnung für Ärzte die §§ 21 bis 29 doppelt vertreten sind. Zur Vermeidung von Irrtümern werden in diesem Buch die die ärztliche Vorprüfung betreffenden §§ 21 bis 29 durch den Zusatz B I und die auf die ärztliche Prüfung bezüglichen §§ 21 bis 29 durch den Zusatz B II (so heißen die entsprechenden Abschnitte der Bestallungsordnung) gekennzeichnet. — Doppelt vertreten sind auch die Bezeichnungen für Muster 4 (zu § 27 Abs. 1 Satz 1 B I und zu § 26 B II) sowie Muster 5 (zu § 27 Abs. 1 Satz 2 B I und zu § 65). Die jeweils in Betracht kommenden Muster sind hier durch Seitenzahlen näher bezeichnet.

[2] Die Prüfung braucht nicht, wie bei der Vorprüfung (vgl. § 3 Abs. 1) an der Universität abgelegt zu werden, an der der Kandidat immatrikuliert ist. Wegen des beschränkten Unterrichts vgl. S. 44.

[3] Vgl. S. 10 Anm. 3.

[4] Wegen des Prüfungsbeginns vgl. S. 17 Anm. 2.

[5] Zur Vermeidung von Härten kann der Vorsitzende in einzelnen Fällen, z. B. wenn ein Kandidat am 15. August nur noch einen Prüfungsteil (Station) zu erledigen hat und damit seine Prüfung beendet ist, ausnahmsweise gestatten, diesen Teil während der Ferien zu erledigen, vorausgesetzt, daß die Prüfer zur Abnahme der Prüfung in der Lage und bereit sind.

[6] Muster S. 163.

[7] d. h. § 21 Abs. 2 B II der Bestallungsordnung.

In Preußen sind die Gesuche im Laufe des letzten Studienhalbjahres nach Belegung der Vorlesungen und Übungen beim Vorsitzenden des Prüfungsausschusses einzureichen. Diesem ist die selbständige Entscheidung über alle Meldungen von deutschen Reichsangehörigen mit regelmäßigem Studienverlauf übertragen worden. Nur die anderen Zulassungsgesuche sind vom Vorsitzenden des Prüfungsausschusses mit einer gutachtlichen Äußerung dem Ministerium zur Entscheidung vorzulegen. Vgl. S. 133 ff.

§ 23. (1) Der Meldung sind die nach §§ 6 bis 8 für die Zulassung zur ärztlichen Vorprüfung erforderlichen Nachweise sowie das Zeugnis über die vollständig bestandene ärztliche Vorprüfung (§ 18 Abs. 2)[1] beizufügen[2].

(2) Die gemäß §§ 6 bis 8 bewilligten Ausnahmen gelten auch für die ärztliche Prüfung[3].

(3) Eine außerhalb des Deutschen Reichs vollständig bestandene Prüfung darf nur ausnahmsweise an Stelle der ärztlichen Vorprüfung als genügend erachtet werden (§ 68)[4].

§ 24. (1) Der Meldung ist der Nachweis beizufügen[5], daß der Kandidat nach Erlangung des Reifezeugnisses (§ 6 Abs. 1 und 2)[6] einschließlich der für die ärztliche Vorprüfung nachgewiesenen medizinischen Studienzeit mindestens elf Halbjahre[7] dem medizinischen Studium[8] an Universitäten des Deutschen Reichs obgelegen hat. Der Nachweis ist durch Universitäts-Abgangszeugnisse[9] zu führen. Als Nachweis der Studienzeit an der zuletzt besuchten Universität gelten, falls die Prüfung vor dem Ausschuß dieser Universität abgelegt wird, je nach der Bestimmung der zuständigen obersten Landesbehörde (§ 21 Abs. 2)[10] auch das letzte Anmeldebuch oder eine besondere von der Universitätsbehörde auszustellende Bescheinigung[9].

(2) Die Bestimmung des § 7 Abs. 2[11] wird entsprechend angewendet.

§ 25. (1) Von der nachzuweisenden Studienzeit müssen mindestens fünf Halbjahre[12] nach vollständig bestandener Vorprüfung zurückgelegt sein.

[1] Jetzt § 27 Abs. 1 B I der Bestallungsordnung (vgl. S. 21 Anm. 1 Abs. 2).

[2] Dazu gehören auch die im § 6 Abs. 5 genannten Unterlagen über Staatsangehörigkeit und Abstammung. Wegen Rückgabe der Nachweise vgl. § 60 Abs. 2.

[3] Bewilligungen von Ausnahmen von der Bestallungsordnung sind nicht nur für diejenige oberste Landesbehörde, die sie erteilt hat, sondern für alle obersten Landesbehörden bindend und den Zulassungsgesuchen in Urschrift beizufügen.

[4] Die ausländische Prüfung muß den Fächern und Anforderungen der deutschen Vorprüfung entsprechen und vollständig bestanden sein. Eine ausländische Vorprüfung wird in der Regel aber nur solchen Studierenden auf die deutsche Vorprüfung angerechnet, die keinen Anspruch auf die deutsche Bestallung haben (vgl. S. 125). Von den übrigen Studierenden wird die Ablegung der deutschen Vorprüfung verlangt.

Zur Anrechnung einzelner Fächer einer außerhalb des Deutschen Reiches bestandenen Prüfung auf die ärztliche Vorprüfung ist ein Dispens nicht vorgesehen (R.J. 19. 3. 21 — II A 2787). Wegen Zulassung zum klinischen Studium vgl. S. 70 und wegen Behandlung der Ausländer usw. vgl S. 121 ff.

[5] Wegen Rückgabe der Nachweise vgl. § 60 Abs. 2.

[6] Jetzt § 6 Abs. 2 und 3 der Bestallungsordnung (vgl. S. 21 Anm. 1 Abs. 2).

[7] Diese Studienzeit kann mit fünf vor und sechs nach der Vorprüfung oder mit sechs vor und fünf nach dieser zurückgelegt werden (vgl. § 7 Abs. 2 und § 25 Abs. 1 B II).

[8] Vgl. S. 12 Anm. 5.

[9] In Preußen braucht sich der Kandidat für die Ablegung der Prüfung nicht exmatrikulieren zu lassen und bleibt im Besitz des akademischen Bürgerrechts. Er kann also auch während der Prüfungszeit die Vergünstigungen der Studierenden (akademische Krankenkasse, Studentenspeisung, Stipendien usw.) genießen und wird während dieser Zeit nicht aus der Liste der Studierenden gestrichen, wenn er keine Vorlesungen belegt. Vgl. S. 136.

[10] d. h. § 21 Abs. 2 Abschnitt B II der Bestallungsordnung (vgl. S. 21 Anm. 1 Abs. 2).

[11] Jetzt § 8 der Bestallungsordnung (vgl. S. 21 Anm. 1 Abs. 2).

Hier kommt in der Regel nur die Anrechnung medizinisch-klinischer Studien an ausländischen Universitäten in Betracht. Sonstige Studien z. B. naturwissenschaftliche, auch zahnärztlich-klinische können eventuell nur auf die Gesamtstudienzeit (§ 24 Abs. 1 B II) angerechnet werden. Die im § 25 Abs. 1 B II vorgeschriebene medizinisch-klinische Studienzeit muß auf alle Fälle voll erledigt werden. Näheres hierüber S. 49. Vgl. jedoch S. 71 Anm. 1.

[12] Diese Bestimmung soll die Studierenden, die die Vorprüfung erst während des klinischen Studiums vollständig beendet haben, veranlassen, sich nach vollständig bestandener Vorprüfung noch eine bestimmte Zeit dem klinischen Studium zu widmen. Auf diese Mindestfrist zwischen Vorprüfung und Prüfung darf ein anderweitiges Studium nicht angerechnet werden (vgl. vorstehende Anm. 11). Auf sie werden aber auch medizinische Halbjahre gerechnet, in denen nur eine Vorlesung (nicht Übungen) belegt worden sind. Wegen der Studieneinteilung vgl. auch § 7 Abs. 2 und § 24 Abs. 1 B II.

(2) Das Halbjahr, in dem die ärztliche Vorprüfung bestanden ist, wird nur angerechnet, wenn die Vorprüfung bis Ende Mai oder Ende November jedes Jahres vollständig bestanden ist[1]. Ausnahmen dürfen nur aus besonderen Gründen gestattet werden (§ 68)[2].

§ 26. (1) Der Meldung ist der Nachweis beizufügen[3], daß der Kandidat nach vollständig bestandener ärztlicher Vorprüfung[4] mindestens

1. je zwei Halbjahre[5] hindurch an der medizinischen, chirurgischen und geburtshilflichen Klinik als Praktikant[6] regelmäßig und mit Erfolg teilgenommen, vier Kreißende in Gegenwart des Lehrers oder Assistenzarztes selbständig entbunden,

2. je ein Halbjahr als Praktikant[6] die Klinik für Augenkrankheiten, die medizinische Poliklinik, die chirurgische Poliklinik, die Kinderklinik oder -poliklinik, die psychiatrische Klinik sowie die Spezialkliniken oder -polikliniken[7] für Hals- und Nasen-, für Ohren- und für Haut- und syphilitische Krankheiten regelmäßig und mit Erfolg besucht sowie am praktischen Unterricht in der Impftechnik teilgenommen und die zur Ausübung der Impfung erforderlichen technischen Fähigkeiten und Kenntnisse über Gewinnung und Erhaltung der Lymphe erworben[8],

3. je eine Vorlesung[9] über allgemeine Pathologie und pathologische Anatomie, spezielle Pathologie, topographische Anatomie, Pharmakologie der organischen und anorganischen Heilmittel, Hygiene, Orthopädie, gerichtliche Medizin gehört,

4. an einem pathologisch-anatomischen Demonstrationskursus, einem

---

[1] Vgl. auch § 22 B I.

[2] Hierbei wird mit ministerieller Genehmigung ausnahmsweise auch ein Studienhalbjahr auf die nach vollständig bestandener Vorprüfung nachzuweisende Studienzeit angerechnet, während dessen zwischen Beginn und Beendigung der Vorprüfung bereits klinische Vorlesungen und Übungen belegt worden sind. Hierdurch sollen Härten vermieden werden, besonders wenn ein Prüfling sich nur in einem Prüfungsfache der Vorprüfung einer Wiederholungsprüfung unterziehen mußte, oder wenn sich die Vorprüfung durch außerhalb seines Willens liegende Umstände verzögert hat (Beschluß des Staatenausschusses vom 8. 7. 19). Vgl. S. 71 Anm. 1.

[3] Nachweise, die erst am Schlusse des letzten Studienhalbjahrs erworben werden, sind, falls der Kandidat sich vorher zur Prüfung meldet (vgl. S. 22 Anm. 9), vor Beginn der Prüfung nachträglich dem Vorsitzenden des Prüfungsausschusses vorzulegen. Vgl. S. 135. Wegen Rückgabe der Nachweise vgl. § 60 Abs. 2.

[4] Vgl. K.M. 22. 8. 96 — U I 1211 M — S. 70.

[5] Diese Zeugnisse dürfen nicht in je einem Halbjahr (auch nicht in demselben Halbjahr an verschiedenen gleichartigen Kliniken) erworben werden.

[6] Nach den gegenwärtigen Bestimmungen der Bestallungsordnung kann von den Kandidaten nicht verlangt werden, daß sie vor dem Belegen einer Klinik als Praktikanten diese Klinik als Auskultanten besuchen oder bestimmte Vorlesungen belegen. Auch ist nur vorgeschrieben, welche Vorlesungen und Übungen bei der Meldung zur ärztlichen Prüfung nachzuweisen sind, es ist jedoch eine Anweisung darüber nicht gegeben, in welchen Studienhalbjahren sie belegt werden sollen. Über die Voraussetzungen für die Zulassung von Kandidaten als Praktikanten vgl. S. 70. Die Teilnahme an den Übungen und Kursen ist durch besondere Praktikantenscheine nachzuweisen. Muster 4 S. 166.

[7] Die Studierenden derjenigen Universitäten, an welchen eine Kinderklinik oder Spezialkliniken für Hals- usw. Krankheiten vorhanden sind, haben den Nachweis über den Besuch dieser Kliniken zu führen. Der Nachweis über den Besuch einer Poliklinik dagegen genügt nur an denjenigen Universitäten, an welchen keine gleichartigen Kliniken vorhanden sind (K.M. 5. 5. 05 — M 17355 U I).

[8] Die Bescheinigung muß wörtlich mit dieser Vorschrift übereinstimmen (K.M. 28. 9. 08 — U 19352).

[9] Diese Vorlesungen dürfen nur nach bestandener Vorprüfung gehört werden (K.M. 25. 11. 09 — M 19582 U I — S. 63 Anm. 2). Vgl. S. 12 Anm. 6. Für diese Vorlesungen genügt Belegen im Studienbuch. Wegen der Einteilung des Vorlesungsstoffs vgl. Erl. M.V. 1. 7. 29 — I M V 1359 — S. 72.

Sektionskursus sowie einem bakteriologischen Kursus regelmäßig und mit Erfolg teilgenommen hat[1] [2].

(2) Soweit am Universitätsort eine besondere Kinderklinik oder -poliklinik oder eine besondere Klinik oder Poliklinik für die zu 2 genannten Spezialfächer nicht besteht, genügt die regelmäßige und erfolgreiche Teilnahme an einem Kursus für diese Fächer in der entsprechenden Abteilung eines von der obersten Landesbehörde ermächtigten größeren Krankenhauses.

(3) Der Nachweis zu Ziffer 3 wird durch das Abgangszeugnis usw. (§ 24 Abs. 1)[3] erbracht, im übrigen wird er durch besondere Zeugnisse der klinischen oder poliklinischen Dirigenten oder des Institutsleiters nach Muster 4[4] oder durch das entsprechende Zeugnis eines von der Behörde mit der Erteilung des Unterrichts in der Impftechnik beauftragten Lehrers geführt.

(4) Ausnahmen dürfen nur aus besonderen Gründen gestattet werden (§ 68).

§ 27. (1) Außerdem sind der Meldung beizufügen:

1. die Geburtsurkunde,

2. ein eigenhändig geschriebener Lebenslauf, in dem der Gang der Universitätsstudien darzulegen ist, sowie,

3. falls der Kandidat sich nicht alsbald nach dem Abgang von der Universität meldet, ein amtliches Zeugnis über seine Führung in der Zwischenzeit.

(2) Sämtliche in §§ 23, 24 und 26 sowie die vorstehend zu 1 und 3 bezeichneten Nachweise sind in Urschrift[5] vorzulegen.

§ 28[6]. Der Kandidat hat sich binnen einer Woche[7] nach Empfang der Zulassungsverfügung[8], unter Vorzeigung derselben sowie der Quittung über die eingezahlten Gebühren (§ 61)[9], bei dem Vorsitzenden des Prüfungsausschusses ohne besondere Aufforderung persönlich zu melden.

§ 29. (1) Die Prüfung umfaßt folgende Abschnitte[10]: I. Pathologische Anatomie und allgemeine Pathologie, II. Topographische Anatomie, III. Pathologische Physiologie, IV. Pharmakologie, V. Innere Medizin, VI. Chirurgie, VII. Geburtshilfe und Frauenheilkunde, VIII. Augenheilkunde, IX. Ohren-, Hals- und Nasenkrankheiten, X. Kinderheilkunde, XI. Haut- und Geschlechtskrankheiten, XII. Irrenheilkunde, XIII. Hygiene, XIIIa. Rassenhygiene, XIV. Gerichtliche Medizin.

---

[1] Die Teilnahme ist durch besondere Praktikantenscheine nachzuweisen. Gültig sind nur solche des Fachordinarius, nicht auch die anderer Dozenten.

[2] Wegen Rückgabe der Nachweise vgl. § 60 Abs. 2.

[3] d. h. § 24 Abs. 1 B II der Bestallungsordnung (vgl. S. 21 Anm. 1 Abs. 2).

[4] Vgl. S. 166. [5] Vgl. S. 13 Anm. 9.

[6] Der entsprechende § 27 Abs. 1 der Prüfungsordnung für Ärzte vom 28. 5. 01 („der Zulassungsverfügung ist ein Abdruck der gegenwärtigen Bekanntmachung beizulegen") ist fortgefallen. Vgl. hierzu S. 14 Anm. 3 Abs. 2.

[7] Die einwöchige Meldungsfrist läuft nicht während der Ferien (K.M. — M 3805/04).

[8] Die Zulassung zur Prüfung ist in den Fällen des § 2 Abs. 3 zu versagen. Die Zeugnisse werden mit der Zulassungsverfügung nicht zurückgesandt, sondern erst später dem Kandidaten ausgehändigt (M.B. 11. 2. 20 — I M V 848).

[9] Gebührenordnung S. 140.

[10] Eine Anrechnung anderweitiger Prüfungen auf einzelne Abschnitte ist nicht angängig. Die Prüfung ist vielmehr grundsätzlich in allen Abschnitten vollständig abzulegen. Vgl. auch § 54 Abs. 2.

(2) Die Prüfer in den einzelnen Prüfungsabschnitten sind, auch abgesehen von der Vorschrift der §§ 33 und 34, verpflichtet, soweit der Gegenstand dazu Gelegenheit bietet, festzustellen, daß der Kandidat in den mit dem betreffenden Abschnitt in Zusammenhang stehenden Gebieten der Anatomie und Physiologie die in der Vorprüfung nachzuweisenden Kenntnisse festgehalten und während des klinischen Studiums verwerten gelernt hat. Die Prüfer in den Abschnitten V bis IX sowie XI und XII haben ferner, soweit der Gegenstand dazu Gelegenheit bietet, auch abgesehen von der Vorschrift des § 51 festzustellen, daß der Kandidat über die Grundsätze unterrichtet ist, nach denen die versicherungsmedizinische Beurteilung von körperlichen oder geistigen Zuständen (Arbeitsfähigkeit, Erwerbsfähigkeit, Berufsfähigkeit, Invalidität, Hilflosigkeit, Unfallfolgen usw.) zu erfolgen hat. Auch haben die Prüfer ihr Augenmerk darauf zu richten, daß der Kandidat auf eine wirtschaftliche Behandlungsweise Rücksicht zu nehmen weiß. Desgleichen sind bei den einzelnen Prüfungsgegenständen ihre Geschichte und ihre Beziehungen zu dem wichtigen Gebiete der Vererbungslehre zu berücksichtigen. Endlich ist auch darauf zu achten, daß der Kandidat sprachliches Verständnis für die medizinischen Fachausdrücke besitzt.

§ 30. (1) Der Reichsminister des Innern und die oberste Landesbehörde (21 Abs. 2) können zu den Prüfungen Vertreter entsenden.

(2) Zu den klinischen Prüfungen ist den Studierenden der Medizin der Zutritt gestattet, die als Auskultanten[1] oder Praktikanten[1] an der betreffenden Klinik teilnehmen. Den übrigen Prüfungen dürfen Studierende beiwohnen, die die ärztliche Vorprüfung bestanden haben.

(3) Außerdem steht jedem Lehrer der Medizin an einer Universität des Deutschen Reichs oder an der Medizinischen Akademie in Düsseldorf der Zutritt frei.

§ 31. Von einem Prüfer dürfen nicht mehr als vier Kandidaten gleichzeitig geprüft werden[2], mit Ausnahme der Prüfungen nach §§ 33, 39 und 40, bei denen die doppelte Zahl zulässig ist.

§ 32. Die Prüfung in der pathologischen Anatomie und in der allgemeinen Pathologie (I) umfaßt zwei Teile, wird von einem Prüfer abgehalten und ist tunlichst in zwei Tagen zu erledigen. Der Kandidat muß sich befähigt zeigen:

1. an der Leiche die vollständige Sektion mindestens einer der drei Haupthöhlen auszuführen und den Befund sofort niederzuschreiben;
2. zwei bis drei pathologisch-anatomische Präparate, von denen jedenfalls eins für die mikroskopische Untersuchung herzustellen ist, zu erläutern und demnächst in einer eingehenden mündlichen Prüfung seine Kenntnisse in der pathologischen Anatomie und in der allgemeinen Pathologie darzutun.

§ 33. Die Prüfung in der topographischen Anatomie (II) ist an einem Tage zu erledigen. Der Kandidat hat dabei vor zwei Prüfern[3], und zwar

---

[1] Vgl. S. 71 Anm. 1.
[2] Die Anm. 5 S. 10 findet sinngemäß Anwendung.
[3] Vgl. § 55 Abs. 2.

dem Fachvertreter und dem Vertreter der inneren oder der chirurgischen oder der Frauenklinik, in einer mündlichen Prüfung seine Vertrautheit mit dem topographischen Teil der Anatomie unter Berücksichtigung der Anatomie am Lebenden darzutun. Die Prüfung hat sich in der Regel auf eine Körpergegend zu beschränken.

§ 34. Die Prüfung in der pathologischen Physiologie (III) erfolgt mündlich und ist an einem Tage zu erledigen. Der Kandidat hat vor zwei Prüfern[1, 2], darunter einem Vertreter der inneren Medizin, nachzuweisen, daß er mit den wichtigsten physiologischen Grundlagen der klinischen Erscheinungen vertraut ist.

§ 35. Die Prüfung in der Pharmakologie (IV) ist an einem Tage von einem Prüfer abzunehmen. Der Kandidat hat einige Aufgaben über Arzneiverordnungen schriftlich zu lösen und mündlich darzutun, daß er in der Pharmakologie und Toxikologie die für einen praktischen Arzt erforderlichen Kenntnisse besitzt und sich auch mit der wirtschaftlichen Verordnungsweise vertraut gemacht hat.

§ 36. (1) Die Prüfung in der inneren Medizin (V) ist in der Regel in vier aufeinanderfolgenden Tagen zu erledigen und von zwei Prüfern[2] in einer Universitätsklinik oder Universitätspoliklinik oder in der medizinischen Abteilung eines größeren Krankenhauses abzuhalten. Der Kandidat hat

a) an zwei aufeinanderfolgenden Tagen je einen Kranken in Gegenwart des Prüfers zu untersuchen, die Anamnese, Diagnose und Prognose des Falles sowie den Heilplan festzustellen, den Befund sofort unter Gegenzeichnung des Prüfers niederzuschreiben und noch an demselben Tage zu Hause über den Krankheitsfall einen kritischen Bericht anzufertigen, der, mit Datum und Namensunterschrift versehen, am nächsten Morgen dem Prüfer zu übergeben ist,

b) die beiden ihm überwiesenen Kranken an jedem der nächsten zwei Tage wenigstens einmal, auf Erfordern des Prüfers, auch öfter zu besuchen, im Anschluß an den ihm vom Prüfer zurückgegebenen Bericht den Verlauf der Krankheit mit Angabe der Behandlung in Form eines Krankenblatts zu beschreiben und im Falle des vor Ablauf der zwei Tage erfolgenden Todes des Kranken eine schriftliche Epikrise unter Berücksichtigung des Sektionsbefundes zu geben. Scheidet einer der dem Kandidaten überwiesenen Kranken vor Ablauf der zwei Tage aus der Behandlung aus, so bestimmt der Prüfer, ob der Kandidat einen anderen Kranken zu übernehmen hat.

(2) Jeder Prüfer hat den Krankenbesuchen zu b mindestens zweimal beizuwohnen, hierbei den Krankheitsbericht mit dem Kandidaten durchzugehen und ihn nötigenfalls zu Nachträgen zu veranlassen.

(3) Gelegentlich der Krankenbesuche (zu a und b) hat der Kandidat noch an anderen Kranken seine Fähigkeit in der Diagnose und Prognose der inneren Krankheiten und seine Vertrautheit mit der gesamten Heilmittellehre, soweit sie nicht Gegenstand der Prüfung zu § 35 ist, nachzuweisen.

---

[1] Wegen Auswahl der Prüfer vgl. Erl. M.B. 12. 2. 25 — I M III 3212/24 — S. 74.
[2] Vgl. § 55 Abs. 2.

§ 37. Die Prüfung in der Chirurgie (VI) umfaßt drei Teile und ist in der Regel in fünf aufeinanderfolgenden Wochentagen zu erledigen. Sie wird von zwei Prüfern[1], die im zweiten und dritten Teile gleichzeitig zu prüfen haben, in einer Universitätsklinik oder Universitätspoliklinik oder in der chirurgischen Abteilung eines größeren Krankenhauses, erforderlichenfalls im Anatomischen Institut, abgehalten.

§ 38. (1) Im ersten Teil der Prüfung in der Chirurgie hat der Kandidat

a) an zwei aufeinanderfolgenden Tagen je einen Kranken in Gegenwart des Prüfers zu untersuchen, die Anamnese, Diagnose und Prognose des Falles sowie den Heilplan festzustellen, den Befund sofort unter Gegenzeichnung des Prüfers niederzuschreiben und noch an demselben Tage zu Hause über den Krankheitsfall einen kritischen Bericht anzufertigen, der, mit Datum und Namensunterschrift versehen, am nächsten Morgen dem Prüfer zu übergeben ist;

b) die beiden ihm überwiesenen Kranken an jedem der nächsten zwei Tage wenigstens einmal, auf Erfordern des Prüfers auch öfter zu besuchen, im Anschluß an den ihm vom Prüfer zurückgegebenen Bericht den Verlauf der Krankheit mit Angabe der Behandlung in Form eines Krankenblatts zu beschreiben und im Falle des vor Ablauf der zwei Tage erfolgenden Todes eine schriftliche Epikrise unter Berücksichtigung des Sektionsbefundes zu geben. Schneidet einer der dem Kandidaten überwiesenen Kranken vor Ablauf der zwei Tage aus der Behandlung aus, so bestimmt der Prüfer, ob der Kandidat einen anderen Kranken zu übernehmen hat.

(2) Jeder der beiden Prüfer hat den Krankenbesuchen zu b mindestens zweimal beizuwohnen, hierbei den Krankheitsbericht mit dem Kandidaten durchzugehen und ihn nötigenfalls zu Nachträgen zu veranlassen.

(3) Gelegentlich der Krankenbesuche (zu a und b) hat der Kandidat noch an anderen Kranken seine Fähigkeit in der Diagnose und Prognose der chirurgischen Krankheiten, seine Vertrautheit mit den verschiedenen Methoden ihrer Behandlung unter besonderer Berücksichtigung der Asepsis und Antisepsis sowie seine Fertigkeit in der Ausführung kleiner chirurgischer Operationen nachzuweisen.

§ 39. Im zweiten Teil der Prüfung in der Chirurgie hat der Kandidat in der Operationslehre und in der Würdigung der bezüglichen Methoden sich einer mündlichen Prüfung zu unterziehen, zwei Operationen, darunter eine Arterienunterbindung, an der Leiche zu verrichten und die für einen praktischen Arzt erforderlichen Kenntnisse in der Instrumentenlehre darzulegen.

§ 40. (1) Im dritten Teil der Prüfung in der Chirurgie hat der Kandidat auf Fragen aus der Lehre von den Knochenbrüchen und Verrenkungen ebenfalls mündlich Auskunft zu geben, in einem Falle das angezeigte Verfahren am Phantom oder an Kranken auszuführen und den Verband kunstgerecht anzulegen.

(2) Er hat ferner seine Vertrautheit mit den Lehren der Orthopädie nachzuweisen, soweit deren Kenntnis für den praktischen Arzt erforderlich ist.

---

[1] Vgl. § 55 Abs. 2.

§ 41. Die Prüfung in der Geburtshilfe und Frauenheilkunde (VII) umfaßt zwei Teile; sie wird von zwei Prüfern[1] in einer Universitätsklinik oder in einer öffentlichen Gebäranstalt, mit der eine gynäkologische Abteilung verbunden ist, abgehalten und ist in der Regel in fünf aufeinanderfolgenden Wochentagen zu erledigen.

§ 42. (1) Im ersten Teil der Prüfung in der Geburtshilfe und Frauenheilkunde hat der Kandidat

a) eine Gebärende in Gegenwart eines der Prüfer oder eines von diesem damit beauftragten Assistenzarztes der Anstalt zu untersuchen, die Geburtsperiode und Kindeslage, die Prognose und das einzuschlagende Verfahren zu bestimmen und auf Erfordern sich an den geburtshilflichen Maßnahmen zu beteiligen, sowie auch nach Beendigung der Geburt im Laufe der nächsten 24 Stunden zu Hause einen kritischen Bericht anzufertigen und diesen, mit Datum und Namensunterschrift versehen, am anderen Tage dem betreffenden Prüfer zu übergeben,

b) die Wöchnerin an jedem der nächsten vier Tage zweimal zu besuchen, dabei den Bericht in Beziehung auf die Pflege der Wöchnerin und des Neugeborenen sowie auf die etwaigen Krankheiten beider zu vervollständigen und im Falle des vor Ablauf der vier Tage erfolgenden Todes der Entbundenen eine schriftliche Epikrise unter Berücksichtigung des Sektionsbefundes zu geben. Scheidet die dem Kandidaten überwiesene Wöchnerin vor Ablauf der vier Tage aus der Behandlung aus, so bestimmt der Prüfer, ob der Kandidat eine andere Wöchnerin zu übernehmen hat.

(2) Während dieser Zeit hat der Kandidat vor demselben Prüfer noch seine Fähigkeit in der Diagnose, Prognose und Behandlung der Schwangerschaft und des Wochenbetts zu bekunden und in einer mündlichen Prüfung an Kranken nachzuweisen, daß er die für einen praktischen Arzt erforderlichen Kenntnisse in der Erkennung und Behandlung der Frauenkrankheiten besitzt.

§ 43. Im zweiten Teil der Prüfung in der Geburtshilfe und Frauenheilkunde hat der Kandidat in einem besonderen Termin in Gegenwart beider Prüfer[1] seine Bekanntschaft mit den Operationen nachzuweisen, die wissenschaftlich anerkannt sind; auch hat er am Phantom die Diagnose verschiedener regelwidriger Kindeslagen zu stellen, die Entbindung durch die Wendung auszuführen und seine Fertigkeit im Gebrauche der Zange darzulegen.

§ 44. Dem dirigierenden Arzte steht es beim Mangel an Gebärenden oder Kranken in der Anstalt frei, solche aus der poliklinischen Praxis zur Prüfung heranzuziehen. Die Überweisung derselben Gebärenden zur Prüfung (zu § 42 Abs. 1 a) für zwei oder mehrere Kandidaten ist in keinem Falle gestattet.

§ 45. (1) Die Prüfung in der Augenheilkunde (VIII) wird von einem Prüfer in einer Universitätsklinik oder Universitätspoliklinik oder in der Augenabteilung eines größeren Krankenhauses abgehalten und ist in zwei Tagen zu erledigen.

[1] Vgl. § 55 Abs. 2.

(2) In Gegenwart des Prüfers hat der Kandidat einen Augenkranken zu untersuchen, die Anamnese, Diagnose und Prognose des Falles sowie den Heilplan festzustellen, den Befund sofort unter Gegenzeichnung des Prüfers niederzuschreiben und noch an demselben Tage zu Hause über den Krankheitsfall einen Bericht anzufertigen, der, mit Datum und Namensunterschrift versehen, am nächsten Morgen dem Prüfer zu übergeben ist. Sodann hat er den Kranken am nächsten Tage unter Aufsicht des Prüfers zu behandeln und in einer mündlichen Prüfung auch an anderen Fällen nachzuweisen, daß er die für einen praktischen Arzt erforderlichen Kenntnisse in der Augen heilkunde besitzt sowie sich mit dem Gebrauche des Augenspiegels vertraut gemacht hat.

§ 46. (1) Die Prüfung über Ohren-, Hals- und Nasenkrankheiten (IX) ist an einem Tage von einem Prüfer in einer Universitätsklinik oder Universitätspoliklinik oder in der Abteilung für Ohren-, Hals- und Nasenkrankheiten eines größeren Krankenhauses abzunehmen.

(2) Der Kandidat hat in Gegenwart des Prüfers einen Kranken zu untersuchen, den Befund und den Heilplan kurz niederzuschreiben und sodann mündlich darzutun, daß er über die Ohren-, Hals- und Nasenkrankheiten sowie ihre Behandlung die für einen praktischen Arzt erforderlichen Kenntnisse besitzt.

§ 47. (1) Die Prüfung in der Kinderheilkunde (X) wird von einem Prüfer in einer Universitätsklinik oder Universitätspoliklinik oder in der Kinderabteilung eines größeren Krankenhauses abgehalten und ist an einem Tage zu erledigen.

(2) Der Kandidat hat in Gegenwart des Prüfers einen Kranken zu untersuchen, den Befund und den Heilplan kurz niederzuschreiben und sodann mündlich darzutun, daß er in der Kinderheilkunde die für einen praktischen Arzt erforderlichen Kenntnisse besitzt.

§ 48. (1) Die Prüfung über Haut- und Geschlechtskrankheiten (XI) ist an einem Tage von einem Prüfer in einer Universitätsklinik oder Universitätspoliklinik oder in der Abteilung für Haut- und Geschlechtskrankheiten eines größeren Krankenhauses abzunehmen.

(2) Der Kandidat hat in Gegenwart des Prüfers einen Kranken zu untersuchen, den Befund und den Heilplan kurz niederzuschreiben und sodann mündlich darzutun, daß er über die Haut- und Geschlechtskrankheiten die für einen praktischen Arzt erforderlichen Kenntnisse besitzt.

§ 49. (1) Die Prüfung in der Irrenheilkunde (XII) wird von einem Prüfer in einer Universitätsklinik oder in der Irrenabteilung eines größeren Krankenhauses abgehalten und ist an einem Tage zu erledigen.

(2) In Gegenwart des Prüfers hat der Kandidat einen Geisteskranken zu untersuchen, die Anamnese, Diagnose und Prognose des Falles sowie den Heilplan festzustellen, den Befund sofort unter Gegenzeichnung des Prüfers niederzuschreiben und hierauf in einer mündlichen Prüfung auch an anderen Kranken nachzuweisen, daß er die für einen praktischen Arzt erforderlichen Kenntnisse in der Irrenheilkunde besitzt.

§ 50. (1) Die Prüfung in der Hygiene (XIII) erfolgt mündlich und ist in einem Tage zu erledigen.

(2) Der Kandidat hat nachzuweisen, daß er sich die für einen praktischen Arzt erforderlichen Kenntnisse in der Hygiene erworben, sich mit den wichtigeren hygienischen und insbesondere auch bakteriologischen Untersuchungsmethoden sowie mit den Grundsätzen und der Technik der Schutzpockenimpfung vertraut gemacht hat, auch die erforderlichen Kenntnisse über Gewinnung und Erhaltung der Lymphe besitzt.

(3) Bei der Prüfung in der allgemeinen Hygiene sind die praktisch wichtigen Gebiete der sozialen Hygiene besonders zu berücksichtigen.

§ 50 a. (1) An den Universitäten, an denen Prüfer für Rassenhygiene ernannt sind, wird auch Rassenhygiene (XIII a) geprüft.

(2) Die Prüfung in der Rassenhygiene erfolgt mündlich. Sie ist an einem Tage zu erledigen.

(3) Der Kandidat hat nachzuweisen, daß er die für einen praktischen Arzt erforderlichen Kenntnisse in der Rassenhygiene besitzt.

§ 51. Die Prüfung in der gerichtlichen Medizin (XIV) erfolgt mündlich; sie ist in einem Tage von einem Prüfer abzunehmen. Der Kandidat hat nachzuweisen, daß er über die für einen praktischen Arzt wichtigen Lehren der gerichtlichen Medizin sowie der Versicherungsmedizin, ferner über die Grundregeln der Gutachtenerstattung, endlich auch über die Rechte und Pflichten des Arztes unterrichtet ist.

§ 52. Die zu den klinischen Prüfungen erforderlichen Kranken und Schwangeren (§ 36 Abs. 1a und b, § 38 Abs. 1a und b, § 42 Abs. 1a und b, §§ 45 bis 49) werden von der Leitung der betreffenden Anstalt dem Prüfer zugewiesen und sind von diesem dem Kandidaten für jeden Abschnitt erst bei dessen Beginn zu überweisen. Die Überweisung desselben Kranken für mehrere Kandidaten im Laufe der Prüfungsperiode ist nur ausnahmsweise gestattet (unbeschadet der gänzlichen Ausschließung im § 44 Satz 2).

§ 53. Für jeden Kandidaten wird über die Prüfung eine Übersicht unter Anführung der Prüfungsfächer und Prüfungstage sowie der abgegebenen Urteile, bei dem Urteil „ungenügend“ oder „schlecht“ unter kurzer Angabe der Gründe, geführt.

§ 54. (1) Nach Beendigung eines jeden Prüfungsabschnitts sind die Prüfer verpflichtet, dem Vorsitzenden die Prüfungsakten sofort zuzusenden. Der Kandidat hat sich nach Beendigung des Abschnitts zur Entgegennahme der Mitteilung des Ergebnisses ohne besondere Aufforderung binnen zwei Tagen bei dem Vorsitzenden des Prüfungsausschusses oder gemäß dessen Bestimmung im Geschäftszimmer des Ausschusses und, sofern er bestanden hat, binnen 24 Stunden bei dem Prüfer (oder den Prüfern) für den nächstfolgenden Prüfungsabschnitt zur Anberaumung des Termins persönlich zu melden. Hierbei ist darauf zu achten, daß in der Regel zwischen den einzelnen Prüfungsabschnitten ein Zeitraum von höchstens acht Tagen liegt.

(2) Die Reihenfolge, in der die einzelnen Abschnitte zurückzulegen sind, bestimmt der Vorsitzende.

(3) Ist ein Abschnitt nicht vollständig bestanden, so entscheidet der Vorsitzende nach Anhörung des Kandidaten, ob dieser sich der Prüfung in einem anderen Abschnitt unterziehen darf, oder ob er erst den begonnenen Abschnitt zu erledigen hat. Ist die Prüfung fortzusetzen, so gilt wegen der Meldung zur Anberaumung des Termins die Bestimmung des Abs. 1.

§ 55. (1) Für die Abschnitte II bis V und VIII bis XIV sowie für jeden Teil der übrigen Abschnitte wird ein Urteil abgegeben, für das nur die Bezeichnungen „sehr gut" (1), „gut" (2), „genügend" (3), „ungenügend" (4) und „schlecht" (5) zulässig sind[1].

(2) Wenn von zwei an einer Prüfung beteiligten Prüfern[2] einer das Urteil „ungenügend" oder „schlecht" abgibt, so entscheidet seine Stimme[3]. Andernfalls wird die Summe der Zahlenwerte der beiden Einzelurteile durch 2 geteilt. Ergibt sich bei der Teilung ein Bruch, so wird er als Ganzes gerechnet.

§ 56. Ist einer der Prüfungsabschnitte I, VI und VII vollständig bestanden, so wird von dem Vorsitzenden das Gesamturteil für den ganzen Abschnitt ermittelt. Hierbei werden die Zahlenwerte der für den einzelnen Prüfungsteil abgegebenen Urteile[4]

a) für Abschnitt I je einfach,

b) für Abschnitt VI Teil 1 zweifach, Teil 2 und 3 je einfach,

c) für Abschnitt VII Teil 1 dreifach, Teil 2 einfach

gerechnet und die für die einzelnen Abschnitte sich ergebende Summe der Zahlenwerte zu a) durch zwei, zu b) und c) durch vier geteilt. Ergeben sich bei der Teilung Brüche, so werden sie, wenn sie über 0,25 betragen, als ein Ganzes gerechnet, andernfalls bleiben sie unberücksichtigt[5].

§ 57. (1) Ist in einem Prüfungsabschnitt oder in einem Teile eines Prüfungsabschnitts das Urteil „ungenügend" oder „schlecht" abgegeben, so gilt er als nicht bestanden[6] und muß wiederholt werden[7].

(2) Die Frist, nach deren Ablauf die Wiederholungsprüfung erfolgen

---

[1] Wegen nochmaliger Erledigung bereits bestandener Teile oder auch nur eines Teils der Prüfung zur Erlangung eines besseren Urteils vgl. S. 15 Anm. 1. Gegebenenfalls müßte der Kandidat seine Zeugnisse zurückverlangen und die im § 60 Abs. 2 der Bestallungsordnung angegebenen Folgen auf sich nehmen. In diesem Falle steht es jedoch dahin, unter welchen Voraussetzungen überhaupt eine neue Zulassung zur Prüfung gewährt werden würde.

Wegen Eintragung eines Vermerks in dem Abgangszeugnis usw. vgl. § 60 Abs. 2, und wegen Mitteilung des Ergebnisses der Prüfung an die Kandidaten vgl. S. 20 Anm. 1.

[2] d. h. in den Abschnitten II, III, V, VI und VII. Bei der Berechnung der Urteile für Abschnitte VI und VII ist § 56 zu beachten.

[3] In jedem Prüfungsabschnitt oder -Teil, der von 2 Prüfern abgehalten werden soll, haben beide Prüfer selbständig zu prüfen und ein besonderes Urteil abzugeben (M.V. 11. 9. 31 — I M V 1682/31). Die bei zwei Prüfern abzulegenden Prüfungen müssen, soweit sie aus besonderen Gründen nicht gleichzeitig abgehalten werden können, möglichst zusammenhängend und nicht durch größere Zeiträume getrennt erledigt werden. Ein Nichtbestehen bei einem der beiden Prüfer hat eine Wiederholung der Prüfung bei beiden Prüfern zur Folge, auch wenn sie bei dem anderen Prüfer bestanden ist. Wer bei einem Prüfer versagt, braucht die Prüfung bei dem anderen Prüfer nicht erst fortzusetzen. Dieser erhält trotzdem die festgesetzte Gebühr. Der Prüfling hat dagegen für die Wiederholungsprüfung die volle Gebühr für beide Prüfer zu entrichten (vgl. auch § 57 Abs. 1).

[4] Diese Zahlenwerte sind bei den Abschnitten VI und VII so zu ermitteln, daß in jedem Teil die einzelnen Urteile zusammenzuzählen und die Summen durch zwei zu teilen sind. Der sich bei der Teilung ergebende Bruch ist als Ganzes zu rechnen (vgl. § 55 Abs. 2).

[5] Wegen weiterer Berechnung des Gesamturteils für die Abschnitte I, VI und VII vgl. § 58.

[6] Vgl. § 55 Abs. 2. [7] Vgl. S. 15 Anm. 2.

kann, beträgt je nach den abgegebenen Urteilen zwei bis sechs Monate[1]. Sie wird von dem Vorsitzenden nach Benehmen mit den betreffenden Prüfern für jeden Abschnitt einheitlich bestimmt[2]. In gleicher Weise wird unter Beachtung der Vorschrift im § 59 Abs. 6 der Zeitpunkt festgesetzt, bis zu dem spätestens die Meldung zur Wiederholungsprüfung in dem Abschnitt, soweit er nicht bestanden ist, erfolgen muß. Wiederholungsfristen verschiedener Abschnitte oder ihrer Teile laufen gleichzeitig nebeneinander.

(3) Die Wiederholung eines Prüfungsabschnitts oder -teiles findet in Gegenwart des Vorsitzenden statt[3]. Dieser kann noch ein Mitglied des Prüfungsausschusses zur Wiederholungsprüfung heranziehen. Stellt der Kandidat einen dahingehenden Antrag, so ist ihm stattzugeben; auch hierbei bestimmt der Vorsitzende, welches Mitglied des Prüfungsausschusses außerdem an der Prüfung teilnimmt.

(4) Wer auch bei der Wiederholung nicht besteht, wird zu einer nochmaligen Prüfung nicht zugelassen[4]. Ausnahmen dürfen nur aus besonderen Gründen gestattet werden (§ 68)[5].

§ 58. (1) Hat der Kandidat sämtliche Prüfungsabschnitte bestanden[6], so wird aus den Urteilen für die einzelnen Prüfungsabschnitte[7] das Gesamturteil ermittelt, indem die Urteile für die Abschnitte V, VI und VII je mit 4, für die Abschnitte I und XIII je mit 2 vervielfacht, die Urteile für die übrigen Abschnitte je einfach gerechnet werden und die sich ergebende Summe durch 25 geteilt wird. Mit den sich hierbei ergebenden Brüchen wird in der im § 56 Abs. 2 angegebenen Weise verfahren.

(2) Ist auch in Rassenhygiene (XIII a) geprüft worden, so werden die Urteile für die Abschnitte XIII und XIII a je einfach gerechnet.

§ 59. (1) Wer sich nicht rechtzeitig gemäß § 28 und § 54 Abs. 1 und 3 persönlich meldet, kann auf Antrag des Vorsitzenden von der obersten Landesbehörde (§ 21 Abs. 2) bis zur folgenden Prüfungsperiode zurückgestellt werden. In diesem Falle ist der volle Gebührenanteil für sächliche und Verwaltungs-Kosten verfallen[8].

---

[1] Die Frist, nach deren Ablauf die Wiederholungsprüfung erfolgen kann, läuft vom letzten Tage des nicht bestandenen Teiles. Vgl. § 59 Abs. 5.

[2] Vom Vorsitzenden wird eine früheste und späteste Frist für die Wiederholung festgesetzt. Die späteste Frist darf die Gesamtfrist (§ 59 Abs. 6) nicht überschreiten. Bis dahin kann der Vorsitzende des Prüfungsausschusses die Frist für die Wiederholung ohne ministerielle Genehmigung verlängern.

[3] Ist der Vorsitzende selbst Prüfer, so ist die Prüfung in Gegenwart des Stellvertreters des Vorsitzenden zu wiederholen (hierzu und wegen der Gebühren vgl. S. 140 und wegen der Mitwirkung S. 67 — Erl. vom 29. 4. 1925 — I M III 1109).

[4] Wegen des Unterschiedes des § 57 Abs. 4 gegenüber dem § 59 Abs. 6 vgl. S. 33 Anm. 8.

[5] Gesuche um Zulassung zu einer derartigen weiteren Wiederholungsprüfung sind von den Kandidaten durch die Hand des Vorsitzenden des Prüfungsausschusses mit dessen gutachtlicher Äußerung, der Prüfungsübersicht und, soweit die Kandidaten von dem Vorsitzenden selbständig zur Prüfung zugelassen worden sind (vgl. S. 135), mit der Meldung zur Prüfung nebst den dazu gehörigen Unterlagen der vorgesetzten obersten Landesbehörde einzureichen.

Wenn ein Kandidat wegen Nichtbestehens in einem Prüfungsabschnitt oder -teil von der Fortsetzung der Prüfung ausgeschlossen ist, gelten auch die übrigen Fächer als nicht bestanden und das bisherige Studium verliert seine Gültigkeit im Sinne der Bestallungsordnung. Die Wiederzulassung des Kandidaten zur Prüfung ist erst nach Zurücklegung eines erneuten Studiums, dessen Umfang von der obersten Landesbehörde bestimmt wird, möglich. Vergleiche jedoch S. 33 Anm. 10.

[6] Zu der Frage, wann Teile von Prüfungsabschnitten als bestanden gelten, vgl. § 57 Abs. 1 und wie gegebenenfalls das Urteil zu berechnen ist, vgl. § 55 Abs. 2.

[7] Wegen Berechnung des zusammenfassenden Urteils für jeden der Abschnitte I, VI und VII vgl. § 56.

[8] Vgl. § 61 Abs. 2 und die Ausführungsanweisung K.M. 28. 1. 07 — M 19696 — S. 146.

(2) Wer in einem Prüfungstermin nicht rechtzeitig oder gar nicht erscheint[1], geht des auf den betreffenden Prüfungsabschnitt entfallenden Gebührenanteils verlustig[2].

(3) Wer mit genügender Entschuldigung von der begonnenen Prüfung zurücktritt[1], erhält den Gebührenanteil für die noch nicht begonnenen Prüfungsabschnitte zurück; der Gebührenanteil für sächliche und Verwaltungs-Kosten ist dagegen verfallen[2].

(4) Liegt im Falle des Abs. 3 eine genügende Entschuldigung nicht vor[1], so sind die vollen Gebührenanteile für sächliche und Verwaltungs-Kosten sowie für den begonnenen Prüfungsabschnitt oder -teil verfallen[2]; auch kann je nach Umständen durch einen mit Zustimmung des Vorsitzenden gefaßten Beschluß des Prüfungsausschusses der ganze eingezahlte Betrag für verfallen[2] und in besonderen Fällen die Prüfung in allen oder in einzelnen Abschnitten für nicht bestanden erklärt werden[3]. Gegen den Beschluß ist binnen zwei Wochen Beschwerde bei der obersten Landesbehörde (§ 21 Abs. 2) zulässig.

(5) Wer sich ohne genügende Entschuldigung nicht vor Ablauf der Endfrist (§ 57 Abs. 2)[4] zur Wiederholungsprüfung meldet, hat die Prüfung nach Ermessen des Prüfungsausschusses von Anfang an zu wiederholen[5], wobei auch die bereits erledigten Abschnitte oder Teile als nicht bestanden gelten. Gegen den Beschluß ist binnen zwei Wochen Beschwerde bei der obersten Landesbehörde (§ 21 Abs. 2) zulässig.

(6) Wird die Prüfung in einem Zeitraum von zwei Jahren[6] nach ihrem Beginne[7] nicht vollständig beendet[8], so gilt sie in allen Abschnitten als nicht bestanden[9] und der nicht verwendete Gebührenrest als verfallen[2]. Ausnahmen hiervon können nur aus besonderen Gründen gestattet werden (§ 68)[10].

---

1 Vgl. § 59 Abs. 5. Die Ausführungen S. 66 finden sinngemäß Anwendung.

2 Vergl. § 61 Abs. 2 und die Ausführungsanweisung K. M. 28. 1. 07. — U 19696 — S. 146.

3 Die Anm. 9 S. 14 findet sinngemäß Anwendung.

Der Prüfling darf die Prüfung nicht nach Erledigung eines oder mehrerer Abschnitte oder Teile nach Belieben abbrechen. Wenn der Ausschuß beschlossen hat, daß sämtliche oder nur die Abschnitte oder Teile, in denen der Prüfling während der Prüfung zurückgetreten ist, als nicht bestanden gelten sollen, so sind für diese Abschnitte oder Teile entsprechende Urteile festzusetzen und solche Abschnitte oder Teile als Wiederholungsfächer zu betrachten.

4 Gemeint ist die Endfrist, die nach § 57 Abs. 2 vom Vorsitzenden des Prüfungsausschusses für die Ablegung der Wiederholungsprüfung festgesetzt ist (vgl. auch S. 32 Anm. 2).

5 Die folgende Wiederholung gilt nicht als neubegonnene Prüfung, sondern als Fortsetzung der Prüfung, muß also innerhalb der Gesamtfrist (§ 59 Abs. 6) beendet sein.

6 S. 15 Anm. 8 findet sinngemäß Anwendung.

7 Gemeint ist der Zeitpunkt, an dem der Kandidat in die Prüfung tatsächlich eintritt, also irgendeinen der Prüfungsabschnitte oder -Teile (mit oder ohne Erfolg) ablegt.

8 Gemeint ist, daß der Kandidat, der bei der Prüfung in einem oder mehreren Prüfungsabschnitten oder -Teilen binnen zwei Jahren noch nicht endgültig versagt hat, d. h. ohne weiteres noch eine Wiederholungs- oder Nachprüfung ablegen könnte, die Prüfung bei Ablauf dieser Gesamtfrist abbrechen muß. In diesem Falle findet § 59 Abs. 6 Anwendung, der Kandidat kann jedoch ohne neues Studium auf Grund der bisherigen Studiennachweise jederzeit zu einer neuen Prüfung (neuer Beginn in allen Abschnitten mit der Aussicht auf eine Wiederholungsmöglichkeit) zugelassen werden. Für die Zulassung zu einer neuen Prüfung (in allen Fächern) ein ganz neues Studium zu verlangen, ist im vorliegenden Falle nicht angängig, da der Prüfling innerhalb der Gesamtfrist nicht endgültig versagt hat. — Anders verhält es sich bei § 57 Abs. 4 (Nichtbestehen bei der Wiederholungsprüfung). In diesem Falle darf der Prüfling zu einer neuen Prüfung nicht zugelassen werden, da er endgültig versagt hat.

9 In solchen Fällen hat der Vorsitzende des Prüfungsausschusses dem Ministerium die Prüfungsakten mit einem entsprechenden Bericht vorzulegen (vgl. auch S. 34 Anm. 8). Ein Vermerk in den Zeugnissen, wie in den Fällen des § 60 Abs. 3 vorgeschrieben ist, wird nicht eingetragen.

10 Eine Verlängerung der Gesamtfrist kommt nur in besonderen Ausnahmefällen z. B. bei längerer andauernder Erkrankung in Betracht.

Über Ausnahmebewilligungen betr. den Verfall des nicht verwendeten Gebührenrestes entscheidet der Vorsitzende des Prüfungsausschusses selbständig (M.B. 30. 11. 32 — I M IV 2675).

§ 60. (1) Die Prüfung darf nur bei dem Ausschuß fortgesetzt oder wiederholt werden, bei dem sie begonnen ist[1]. Ausnahmen können nur aus besonderen Gründen gestattet werden (§ 68). Mit dem Gesuch um Ausnahmebewilligung ist zugleich eine Erklärung des bisherigen Prüfungsausschusses vorzulegen, ob dem Wechsel des Ausschusses Bedenken entgegenstehen[2].

(2) Die mit dem Zulassungsgesuch eingereichten Zeugnisse (§§ 23, 24, 26, § 27 Ziffer 1 und 3) sind dem Kandidaten erst nach Beendigung der Prüfung von der obersten Landesbehörde (§ 21 Abs. 2) zurückzugeben[3]. Verlangt er sie früher zurück, so sind sämtliche obersten Landesbehörden (§ 1) durch Vermittlung des Reichsministers des Innern zu benachrichtigen, daß der Kandidat die Prüfung begonnen, aber nicht beendigt hat, und daß ihm auf seinen Antrag die Zeugnisse zurückgegeben worden sind. In die Urschrift des Universitäts-Abgangszeugnisses oder des an seiner Stelle vorgesehenen sonstigen Nachweises (§ 24 Abs. 1) ist ein Vermerk über den Ausfall der bisherigen Prüfung einzutragen[4].

(3) In den Fällen des § 57 Abs. 4 kann die oberste Landesbehörde (§ 21 Abs. 2) die Rückgabe der Zeugnisse anordnen[5]. In diesem Falle werden die Vorschriften im Abs. 2 Satz 2 und 3 entsprechend angewendet.

§ 61. (1) Die Gebühren für die Prüfung[6] werden vom Reichsminister des Innern im Einvernehmen mit den zuständigen obersten Landesbehörden (§ 1) festgesetzt und bekanntgegeben.

(2) Über die Verwendung der bei den Gebührenanteilen für sächliche und Verwaltungskosten etwa entstandenen Ersparnisse sowie der verfallenen Gebühren (§ 59)[7] entscheidet die oberste Landesbehörde (§ 21 Abs. 2).

§ 62. Hat ein Kandidat die Prüfung vollständig bestanden, so reicht der Vorsitzende des Prüfungsausschusses binnen einer Woche die Prüfungsakten[8] bei der obersten Landesbehörde (§ 21 Abs. 2) ein. Diese oder eine

---

[1] Dies gilt auch beim entschuldigten Rücktritt von der Prüfung.

[2] Die Erklärung des bisherigen Prüfungsausschusses ist von dem Prüfling zu beschaffen und seinem Gesuch um Ausnahmebewilligung beizulegen (K.M. 24. 1. 1891 — M 172). Bei einem ausnahmsweise zugelassenen Wechsel des Prüfungsausschusses wird die Prüfung in den Abschnitten oder Teilen, die noch nicht erledigt sind, fortgesetzt. Der neue Prüfungsausschuß tritt dabei an die Stelle des bisherigen Ausschusses.

[3] Über das Verfahren in Preußen vgl. S. 74.

[4] Hierdurch soll verhütet werden, daß ein Kandidat die Tatsache bereits stattgefundener Prüfungen unterdrückt, und daß es einem Kandidaten, welcher sich der Prüfung wiederholt ohne Erfolg unterzogen hat, durch einen Wechsel des Prüfungsausschusses ermöglicht würde, den ohne diesen Wechsel eintretenden Ausschluß von der Prüfung abzuwenden.

Wenn der Kandidat die Prüfung von neuem beginnen will, hat er ein neues Zulassungsgesuch einzureichen.

[5] Zu diesem Zweck hat der Vorsitzende des Prüfungsausschusses der obersten Landesbehörde entsprechend zu berichten und die Prüfungsübersicht nebst sämtlichen vorhandenen Vorgängen (Zulassungsgesuch nebst Unterlagen usw.) einzureichen. Die von dem Kandidaten bei der Meldung zur Prüfung vorgelegten Zeugnisse werden diesem alsdann vom Ministerium mit einer entsprechenden Mitteilung zurückgegeben. Der Prüfungsausschuß erhält vom Ministerium Abschrift der Entscheidung und zahlt alsdann dem Kandidaten bei dessen Ausschluß von der Prüfung die nichtverwendeten Prüfungsgebühren zurück.

[6] Gebührenordnung S. 140. [7] Es gilt S. 20 Anm. 8.

[8] Unter Prüfungsakten im Sinne dieser Bestimmung sind die Prüfungsübersicht, die beim Prüfungsausschuß einlaufenden Schriftstücke und, falls der Vorsitzende den Kandidaten nach den geltenden Vorschriften selbständig zur Prüfung zugelassen hat (vgl. S. 136), das Gesuch um Zulassung zur Prüfung nebst sämtlichen Zeugnissen zu verstehen.

Dem Ministerium sind auch die Prüfungsakten der Kandidaten, bei denen die Gesamtfrist für die Ablegung der Prüfung abgelaufen ist (§ 59 Abs. 6), oder die verstorben sind, mit einem kurzen Bericht über die Sachlage — für jeden Kandidaten besonders — einzureichen.

von ihr bezeichnete andere Dienststelle erteilt dem Kandidaten eine Bescheinigung darüber, daß er die Prüfung bestanden hat und gegebenenfalls, daß er zum Praktischen Jahre zugelassen wird[1] [2], der Bescheinigung werden die Bestimmungen der §§ 63 bis 66 als Anmerkung beigegeben.

III. Praktisches Jahr[3].

§ 63. (1) Nach vollständig bestandener ärztlicher Prüfung und in der Regel im unmittelbaren Anschluß[4] an diese hat der Kandidat sich ein Jahr lang an einer Universitätsklinik, Universitätspoliklinik[5] oder an einem dazu besonders ermächtigten Krankenhaus[6] innerhalb des Deutschen Reichs unter Aufsicht und Anleitung des Direktors oder ärztlichen Leiters als Praktikant zu beschäftigen[7] und von dieser Zeit mindestens ein drittel Jahr vorzugsweise der Behandlung von inneren Krankheiten zu widmen[8].

(2) Die Ermächtigung des Krankenhauses erfolgt durch den Reichsminister des Innern in Übereinstimmung mit der obersten Landesbehörde (§ 1) des Landes, in dessen Gebiet das Krankenhaus liegt. Ein Verzeichnis der ermächtigten Krankenhäuser wird alljährlich vom Reichsminister des Innern veröffentlicht[9].

(3) Die Wahl der Anstalt steht dem Kandidaten frei[10]. Ein mehr als

---

1 Die Zulassung zum Praktischen Jahr ist in den Fällen des § 2 Abs. 3 zu versagen.

2 In Preußen ist der Vorsitzende des Prüfungsausschusses ermächtigt, reichsdeutschen Kandidaten, die er nach den geltenden Bestimmungen selbständig zur ärztlichen Prüfung zugelassen hat (vgl. S. 136), nach vollständig bestandener Prüfung die förmliche Genehmigung zum Eintritt in das Praktische Jahr zu erteilen (vgl. S. 137 Muster k S. 167). Dies ist auf den Prüfungsübersichten, die von den Prüfungsausschüssen mit den Zulassungsgesuchen und sämtlichen Zeugnissen dem Ministerium einzureichen sind, zu vermerken. Alle anderen Reichsangehörigen erhalten vom Prüfungsausschuß eine Bescheinigung über die bestandene Prüfung (Muster S. 77 Anm. 1) und später vom Ministerium die förmliche Genehmigung zum Eintritt in das Praktische Jahr (Muster l S. 167). Diese Kandidaten dürfen aber schon auf Grund der Bescheinigung des Prüfungsausschusses über die bestandene Prüfung das Praktische Jahr antreten. Dieses rechnet ohne Rücksicht darauf, wann der Kandidat die ministerielle Genehmigung zum Eintritt in das Praktische Jahr erhält, vom tatsächlichen Beginn ab.

Ausländern wird nach vollständig bestandener Prüfung in der Regel vom Ministerium eine Prüfungsbescheinigung (vgl. S. 124) ausgehändigt.

3 Vgl. hierzu S. 74, die Anweisung über das Praktische Jahr S. 75 und die folgenden Ausführungen.

4 Vgl. § 7 der Anweisung über das Praktische Jahr S. 77. Der Beginn des Praktischen Jahres rechnet von dem Tage des Eintritts in eine Medizinalpraktikantenstelle nach vollständig bestandener ärztlicher Prüfung ab.

5 Außerdem können sechs Monate des Praktischen Jahres an einem medizinischnichtklinischen Universitätsinstitut — dieses bedarf zur Annahme von Medizinalpraktikanten keiner besonderen allgemeinen Ermächtigung — und einem besonders dazu ermächtigten selbständigen medizinisch-wissenschaftlichen Institut abgeleistet werden (vgl. § 64 Abs. 1 der Bestallungsordnung, §§ 1, 2 der Anweisung über das Praktische Jahr).

6 d. h. Anstalten mit stationärer Krankenbehandlung. Private Polikliniken kommen nicht in Betracht (K.M. 17. 6. 08 — M 17689). Die Zahl der ermächtigten Anstalten ist eine so große, daß die Praktikanten genügend Auswahl haben. Dem Praktikanten ist deshalb auch kein Anrecht auf Zuweisung einer Praktikantenstelle seitens der obersten Landesbehörde eingeräumt worden.

7 Wegen der polizeilichen Führungszeugnisse für die Zeit des Praktischen Jahres vgl. § 66.

8 Die Anstalten, an denen die der Behandlung innerer Krankheiten zu widmende Zeit des Praktischen Jahres abgeleistet werden kann, sind in dem Verzeichnis der ermächtigten Krankenhäuser usw. (nächste Anm. 9) mit einem Stern bezeichnet. Die vorzugsweise der Behandlung von inneren Krankheiten gewidmete Zeit muß in dem Zeugnis (Muster S. 76) genau angegeben werden. Vgl. auch § 6 der Anweisung über das Praktische Jahr S. 168.

9 Die Veröffentlichung erfolgt alljährlich im R.M.Bl. i. V. (vgl. S. 91).

10 Ebenso wie den Praktikanten die Wahl unter den Krankenanstalten freisteht, steht jeder Anstalt das gleiche Recht in bezug auf deren Annahme zu, d. h. die Anstaltsleiter können Medizinalpraktikanten annehmen oder unter Umständen auch ablehnen. Hierbei wird zweckentsprechend nach sachlichen, ausschließlich im Interesse der Anstalt gelegenen Gründen verfahren werden.

zweimaliger Wechsel[1] ist jedoch nur mit Genehmigung der für die Bestallung zuständigen obersten Landesbehörde (§ 66 Abs. 2) zulässig.

§ 64. (1) Die Zeit, während derer der Kandidat nach vollständig bestandener ärztlicher Prüfung an einem medizinischen nichtklinischen Universitätsinstitut innerhalb des Deutschen Reichs mit Erfolg tätig gewesen ist, ist nach dem Ermessen der obersten Landesbehörde (§ 66 Abs. 2) ganz oder teilweise auf das Praktische Jahr anzurechnen. Universitätsinstituten dieser Art stehen selbständige medizinisch-wissenschaftliche Institute gleich, sofern sie unter entsprechender Anwendung des § 63 Abs. 2 ermächtigt worden sind[2].

(2) Die an Anstalten der in §§ 63 und 64 bezeichneten Art außerhalb des Deutschen Reichs ausgeübte Tätigkeit kann nur ausnahmsweise als ausreichend erachtet werden (§ 68)[3].

(3) Die Beschäftigung des Kandidaten als Praktikant an einem von dem Reichsminister des Innern dazu besonders ermächtigten, auf Grund des Reichsgesetzes über die Vereinheitlichung des Gesundheitswesens vom 3. Juli 1934 (Reichsgesetzbl. I S. 531) errichteten oder anerkannten Gesundheitsamt ist bis zur Dauer von vier Monaten auf das Praktische Jahr anzurechnen.

§ 65. (1) Während des Praktischen Jahres, das in der Regel ohne Unterbrechung[4] zu erledigen ist, untersteht der Kandidat nach § 83 der Reichsärzteordnung der Reichsärztekammer und der ärztlichen Berufsgerichtsbarkeit[5]. Er hat in dieser Zeit seine praktischen Kenntnisse und Fähigkeiten zu ver-

---

[1] Die Beschäftigung in verschiedenen Abteilungen eines Krankenhauses bedeutet keinen Wechsel der Anstalt im Sinne dieser Bestimmung.

[2] Die Beschäftigung an einem medizinisch-nichtklinischen Universitäts-Institut oder an einem dazu besonders ermächtigten selbständigen medizinisch-wissenschaftlichen Institut wird nur bis zur Dauer von sechs Monaten ohne weiteres auf das Praktische Jahr angerechnet. Für eine längere Beschäftigung, die nur in besonderen Ausnahmefällen bis zur Gesamtdauer von acht Monaten auf das Praktische Jahr angerechnet wird, ist die ministerielle Genehmigung einzuholen. Dasselbe gilt für eine Beschäftigung an einem medizinisch-wissenschaftlichen Institut, das zu einem ermächtigten Krankenhause gehört und in dem Verzeichnis der ermächtigten Anstalten besonders aufgeführt ist (vgl. auch § 63 Abs. 1).

Wegen der weiteren Beschäftigungsmöglichkeiten (Gesundheitsämter usw.) vgl. § 64 Abs. 3 und S. 81.

[3] Eine Anrechnung der Zeit, die ein Kandidat an einer Anstalt außerhalb des Deutschen Reiches tätig gewesen ist, soll nur ausnahmsweise von Fall zu Fall auf vorherigen Antrag jedes einzelnen Kandidaten erfolgen. Auf diese Weise soll die Prüfung der Verhältnisse des einzelnen Falles ermöglicht und z. B. verhindert werden, daß ein Kandidat etwa das ganze Praktische Jahr im Auslande zubrachte, wodurch die Erlangung einer ausreichenden Kenntnis der heimischen Verhältnisse erschwert werden würde. — Vereinzelt haben ausländische Anstalten auch die allgemeine Ermächtigung zur Annahme von Medizinalpraktikanten erhalten (vgl. S. 91). Vgl. hierzu die Ausführungen S. 92. Wegen der Ableistung eines Teils des Praktischen Jahres in Österreich vgl. S. 130.

[4] In Krankheitsfällen wird auf Antrag des Kandidaten und bei Vorlage einer ärztlichen Bescheinigung eine Unterbrechung des Praktischen Jahres bis zur Höchstdauer von vier Wochen angerechnet. Eine weitere Anrechnung von Krankheitszeit ist nur in besonders gearteten Fällen mit Genehmigung der zuständigen obersten Landesbehörde angängig. Urlaub, der den Kandidaten nur innerhalb der Beschäftigungszeit von den Anstaltsleitern zur Erholung oder zu besonderen Gelegenheiten erteilt, aber nicht etwa von den Kandidaten selbst beim Stellenwechsel usw. eigenmächtig genommen werden darf, wird nur bis zu höchstens vierzehn Tagen auf das Praktische Jahr angerechnet. In allen Fällen muß die Dauer (Beginn und Beendigung) und der Grund der Unterbrechung in dem ärztlichen Attest oder im Medizinal-Praktikantenzeugnis bescheinigt werden. Die Anrechnung kommt sowohl bei Erkrankungen als auch bei Beurlaubungen nur in Betracht, wenn die Tätigkeit des Kandidaten zu Anständen keine Veranlassung gegeben und sich ordnungsgemäß vollzogen hat. Eine Abkürzung der auf die Behandlung von inneren Krankheiten zu verwendenden Zeit des Praktischen Jahres darf nur in besonders gearteten Fällen erfolgen. (Vgl. §§ 22, 23 der Anweisung über das Praktische Jahr S. 79).

[5] Jeder Medizinalpraktikant ist verpflichtet, sich bei der zuständigen ärztlichen Bezirksvereinigung anzumelden (Meldeordnung der Reichsärztekammer vom 27. 3. 36, Deutsches Ärzteblatt S. 379). Vgl. auch R.Ä.O. S. 96.

tiefen und fortzubilden sowie auch ausreichendes Verständnis für die Aufgaben und Pflichten des ärztlichen Berufs zu zeigen[1]. Nach Ableistung des Praktischen Jahres erhält der Kandidat darüber ein Zeugnis nach dem beigefügten Muster 5[1]. In dem Zeugnis ist die Art der Beschäftigung des Kandidaten eingehend zu würdigen und ausdrücklich anzugeben, ob sich ein Anhaltspunkt dafür ergeben hat, daß dem Kandidaten die nationale oder sittliche Zuverlässigkeit oder infolge eines körperlichen Gebrechens oder wegen Schwäche seiner geistigen und körperlichen Kräfte oder wegen einer Sucht die für die Ausübung des ärztlichen Berufs erforderliche Eignung und Zuverlässigkeit fehlt[1]. Scheidet der Kandidat vor Beendigung des Praktischen Jahres aus der Anstalt aus, so ist ihm über seine bisherige Beschäftigung in entsprechender Weise ein Abgangszeugnis zu erteilen. In beiden Fällen sind die Zeugnisse von dem Direktor der Klinik oder Poliklinik, bei den Krankenhäusern von dem ärztlichen Leiter der Anstalt, bei den Gesundheitsämtern von dem Amtsarzt zu unterzeichnen[2].

(2) Gegen die Versagung des Zeugnisses ist binnen zwei Wochen Beschwerde an die der Klinik, der Poliklinik oder dem Gesundheitsamt vorgesetzte Behörde, bei Krankenhäusern an die im § 63 Abs. 2 bezeichnete oberste Landesbehörde zulässig[3].

(3) Gewinnt die für die Bestallung zuständige oberste Landesbehörde (§ 66 Abs. 2) nach Ablauf des Praktischen Jahres nicht die Überzeugung, daß der Kandidat durch seine Beschäftigung während des Praktischen Jahres den nach Abs. 1 zu stellenden Anforderungen[4] entsprochen hat, so kann sie dem Kandidaten vor der Erteilung der Bestallung aufgeben, die Beschäftigung als Praktikant für einen bestimmten Zeitraum fortzusetzen[5].

C. Erteilung der Bestallung als Arzt.[6]

§ 66. (1) Nach Ablauf des Praktischen Jahres hat der Kandidat bei der zuständigen obersten Landesbehörde (Abs. 2) die Erteilung der Bestallung

[1] Das Zeugnis muß dieser Fassung entsprechen, insbesondere auch eine eingehende Würdigung der Art der Beschäftigung des Praktikanten enthalten, wobei anzugeben ist, welchen Teil der bezeichneten Zeit der Kandidat vorzugsweise der Behandlung von inneren Krankheiten gewidmet hat, sowie inwieweit er in ihr seine praktischen Kenntnisse und Fähigkeiten vertieft und fortgebildet und ausreichendes Verständnis für die Aufgaben und Pflichten des ärztlichen Berufs gezeigt hat. (M.J. 4. 1. 1913 — M 20834/12 II). Ferner ist in dem Zeugnis anzugeben, ob ein Anhaltspunkt dafür, daß dem Kandidaten die nationale oder sittliche Zuverlässigkeit oder infolge eines körperlichen Gebrechens oder wegen Schwäche seiner geistigen oder körperlichen Kräfte oder wegen einer Sucht die für die Ausübung des ärztlichen Berufs erforderliche Eignung und Zuverlässigkeit fehlt, sich ergeben hat (V.O. des R.J. vom 25. 3. 36). Vgl. das Muster S. 168. Die Beschäftigungszeugnisse sollen nach diesem Muster ausgestellt werden (R.Pr.J. 31. 3. 36 — IV B 8793/3565). Vgl. §§ 17 bis 19 der Anweisung über das Praktische Jahr der Mediziner vom 7. 7. 1908 S. 78.

[2] Die Zeugnisse müssen nicht nur von dem Leiter der Anstalt oder der selbständigen Abteilung eigenhändig unterschrieben, sondern auch mit dem Anstalts- bzw. Amtssiegel versehen sein. In Ermangelung eines solchen Siegels ist die polizeiliche Beglaubigung der Unterschrift erforderlich. Vordrucke für diese Zeugnisse sind durch die Hirschwaldsche Buchhandlung in Berlin NW 7, Unter den Linden 68, zu beziehen.

[3] Vgl. §§ 21 und 27 der Anweisung über das Praktische Jahr S. 79.

[4] Dies bezieht sich auch auf das persönliche Verhalten und etwaige Verfehlungen der Kandidaten (vgl. § 2 Abs. 3).

[5] Die Entscheidung erfolgt seitens der obersten Landesbehörde nach eigenem pflichtmäßigen Ermessen. Bestimmungen darüber, wann die Anforderungen nicht als erfüllt anzusehen sind, und ein Rechtsmittel gibt es nicht. Weitere Gründe zur Versagung der Bestallung in § 2 Abs. 4.

[6] Vgl. hierzu S. 95.

als Arzt zu beantragen[1]. Dem Antrag sind ein Nachweis über den Besitz der Reichsangehörigkeit, der Abstammungsnachweis (§ 6 Abs. 5), die Zeugnisse über die Ableistung des Praktischen Jahres[2], ein selbstgeschriebener Bericht über die Betätigung während der Praktikantenzeit und ein polizeiliches Führungszeugnis[3] für die Zeit seit Ablegung der ärztlichen Prüfung beizufügen. Auch hat der Kandidat nachzuweisen, daß er nach vollständig bestandener ärztlicher Prüfung mindestens zwei öffentlichen Impf- und ebenso vielen Wiederimpfterminen beigewohnt hat[4]; er hat ferner den Nachweis zu erbringen, daß er während des Praktischen Jahres über einen Krankheitsfall aus dem Gebiete der Versicherungsmedizin oder des Versorgungswesens ein schriftliches, von dem Direktor oder Leiter (§ 63 Abs. 1) oder von einem beamteten Arzt als genügend befundenes Probegutachten ausgearbeitet hat, in dem der von dem Kranken erhobene Rechtsanspruch (Unfallrente, Invalidenrente, Versorgungsrente usw.) gewürdigt wird[5]; Ausnahmen dürfen nur aus besonderen Gründen gestattet werden (§ 68)[6].

(2) Zuständig für die Erteilung der Bestallung ist die oberste Landesbehörde (§ 21 Abs. 2), in deren Bezirk der Kandidat die ärztliche Prüfung bestanden hat.

(3) Die Bestallung wird nach dem beigefügten Muster 6[7] ausgestellt[8].

(4) Weist der Kandidat bei Beantragung der Bestallung als Arzt nach,

---

[1] Bestallungsgesuche sind an die oberste Landesbehörde, in Preußen an den Herrn Reichs- und Preußischen Minister des Innern in Berlin NW 40 zu richten. Entsprechende Vordrucke sind bei der Hirschwaldschen Buchhandlung in Berlin NW 7, Unter den Linden 68, erhältlich. Muster S. 169.

[2] Die Zeugnisse über die Ableistung des Praktischen Jahres sind genau nach dem neuen Muster 5 zu § 65 der Bestallungsordnung (S. 168) auszustellen (R.Pr.J. 31. 3. 36 — IV B 8793/3565).

Die der obersten Landesbehörde vorgelegten Zeugnisse über die Ableistung des Praktischen Jahres werden von dieser nicht zurückgegeben, auch Abschriften im allgemeinen nicht erteilt, die Kandidaten vielmehr in der Regel an die Leiter derjenigen Anstalten verwiesen, an denen das Praktische Jahr abgeleistet worden ist. Dem Kandidaten wird daher empfohlen, vor Einreichung der Urschrift eine beglaubigte Abschrift der Medizinalpraktikantenzeugnisse für den künftigen Gebrauch zurückzubehalten (K.M. 9. 1. 1909 — M 20193).

Diese Zeugnisse müssen mit dem Siegel der Anstalt usw. versehen sein und in Ermangelung eines solchen polizeilich beglaubigt werden (vgl. auch das Muster S. 168).

Die Wiedereinreichung der bei der Meldung zur ärztlichen Prüfung vorgelegten und nach deren Beendigung zurückgegebenen Unterlagen (einschließlich der Abstammungsurkunden) ist nicht notwendig.

[3] Polizeiliche Führungszeugnisse müssen von allen Orten beigebracht werden, an denen der Kandidat sich nach Ablegung der ärztlichen Prüfung aufgehalten hat und während des Praktischen Jahres tätig gewesen ist (die Zeiten im polizeilichen Führungszeugnis und im Beschäftigungszeugnis müssen möglichst übereinstimmen).

[4] Die vorgeschriebene Beteiligung an mindestens zwei öffentlichen Impf- und ebenso vielen Wiederimpfterminen (einschließlich der zugehörenden Nachschautermine) hat nach vollständig bestandener ärztlicher Prüfung zu erfolgen. Der während der Studienzeit erworbene Impfnachweis genügt in diesem Falle nicht. (K.M. 30. 1. 1906 — M 16241 U I). Die Ausstellung von Zeugnissen über die Teilnahme an den vorgeschriebenen Impfterminen kann durch jeden Arzt erfolgen, der öffentliche Impfungen vornimmt (K.M. 11. 6. 1906 — M 18034). Aus den Zeugnissen muß die Wahrnehmung aller vorgeschriebenen Impf-, Wiederimpf- und Nachschautermine einwandfrei zu ersehen sein. Öffentliche Impftermine finden im allgemeinen nur im Frühjahr statt.

[5] Die Urschrift des Probegutachtens und das Zeugnis des leitenden Arztes darüber, daß er das Gutachten als genügend befunden hat, sind dem Bestallungsgesuch beizufügen (R.J. 23. 7. 24 — II 4827 A — M.V. 30. 9. 24 — I M III 2382).

[6] Befreiungen von den Erfordernissen zuzulassen, welche die Bestallungsordnung für Ärzte an die Ableistung des Praktischen Jahres knüpft, ist im allgemeinen sowohl im Hinblick auf den hohen Wert dieser Ausbildungszeit, als auch mit Rücksicht auf die Neigung mancher Medizinalpraktikanten, gerade hier sich in anderer als der vorgeschriebenen Weise zu betätigen, nicht angängig. Lediglich insoweit wird die Bewilligung einer Ausnahme unbedenklich sein, als der Nachweis der Teilnahme an zwei öffentlichen Impfterminen und ebenso vielen Wiederimpfterminen in Betracht kommen (Beschluß des Staatenausschusses vom 8. 7. 1919).

[7] S. 170.

[8] Die Bestallung wird nur deutschen Reichsangehörigen erteilt (§ 2 Abs. 1) und in den Fällen des § 2 Abs. 4 versagt.

daß er mindestens ein Jahr Heeresdienst[1] geleistet hat, so ist der Termin, von dem ab die Bestallung gilt, um ein halbes Jahr vorzudatieren.

§ 67. Dem Reichsminister des Innern werden von der obersten Landesbehörde (§ 66 Abs. 2) Verzeichnisse der in dem abgelaufenen Prüfungsjahr als Ärzte Bestallten und auf Ersuchen auch die auf die ärztliche Prüfung und das Praktische Jahr bezüglichen Akten eingereicht. Die letzteren werden der obersten Landesbehörde zurückgesandt.

D. Ausnahmen und Abweichungen.

§ 68. Über die Zulassung der in § 2 Abs. 1 und 3, § 3 Abs. 1, § 6 Abs. 3, § 6 Abs. 4, § 7 Abs. 5, § 8, § 12 Abs. 6, § 13 Abs. 3, § 18 Abs. 4, § 23 Abs. 3 (alte Ordnung)[2], § 25 Abs. 2 a. O., § 26 Abs. 4 a. O., § 57 Abs. 4 a. O., § 59 Abs. 6 a. O., § 60 Abs. 1 a. O., § 64 Abs. 2 a. O. und § 66 Abs. 1 Satz 3 a. O. vorgesehenen Ausnahmen[3] entscheidet der Reichsminister des Innern in Übereinstimmung mit der zuständigen obersten Landesbehörde (§ 1, § 3 Abs. 2, § 21 Abs. 2 a. O. § 66 Abs. 2 a. O.)[4].

§ 69. (1) Unter Berücksichtigung der verschiedenen Verhältnisse an den einzelnen Universitäten bleibt es der zuständigen obersten Landesbehörde (§ 3 Abs. 2, § 21 Abs. 2) nach Anhörung des Prüfungsausschusses und im Einvernehmen mit dem Reichsminister des Innern überlassen, zu bestimmen, ob bei den Prüfungsgegenständen, für deren Abnahme die Anwesenheit des Vertreters eines Sonderfaches nicht ausdrücklich vorgeschrieben ist, dieser außerdem zur Prüfung heranzuziehen ist. Auch kann die oberste Landesbehörde im Einvernehmen mit dem Reichsminister des Innern bestimmen, daß an einer Universität, an der ein Lehrauftrag in Biologie besteht, die Vorlesungen über Zoologie und Botanik (§ 7 Abs. 1) durch eine Vorlesung in Biologie und die Prüfungen in Zoologie und Botanik (§ 5 Abs. 1, § 18 Abs. 2) durch eine Prüfung in Biologie ersetzt werden. Ferner können von der zuständigen obersten Landesbehörde (§ 3 Abs. 2, § 21 Abs. 2) im Einvernehmen mit dem Reichsminister des Innern formale Abweichungen von der Handhabung des Prüfungsgeschäfts zugelassen werden.

(2) Durch die in Abs. 1 vorgesehene Regelung darf jedoch weder eine Erschwerung noch eine Erleichterung der Prüfung eintreten. Namentlich müssen die Vorschriften über die Zulassung zu den Prüfungen (§§ 6 bis 8, §§ 23 bis 27), ferner die im § 12 Abs. 3 bis 5, in den §§ 32 bis 36, §§ 38 bis 40, §§ 42 und 43, §§ 45 bis 51 enthaltenen Vorschriften über den Inhalt der Prüfung in den einzelnen Fächern sowie die Bestimmungen über die für die

---

[1] Dies gilt sinngemäß auch für den Dienst bei der Luftwaffe und Kriegsmarine.

[2] Alte Ordnung (a. O.) d. h. Prüfungsordnung für Ärzte vom 5. 7. 24.

[3] Die Gesuche um Ausnahmebewilligungen sind nicht bei dem Reichsminister des Innern, sondern bei der Zentralbehörde desjenigen Landes einzureichen, welchem der Prüfungsausschuß, bei dem die Prüfung abgelegt werden wird, angehört, soweit nicht die zuständige Zentralbehörde eine andere Landesstelle als zur Annahme der Gesuche um Ausnahmebewilligungen berufen bezeichnet (R.K. 15. 4. 1884 — Zentralbl. für d. Dtsch. Reich S. 123).
Die Entscheidungen der Zentralbehörde sind endgültig und unanfechtbar, d. h. einen Rechtsweg gibt es nicht. Wegen der Zuständigkeit vgl. S. 7 Anm. 3 und S. 7 Anm. 4.

[4] Die übrigen Bestimmungen haben den Charakter einer zwingenden Rechtsnorm. Auf deren strenge Durchführung muß von allen zuständigen Organen sorgfältig geachtet werden.

Wiederholung einer Prüfung festgesetzten Fristen (§ 14 Abs. 4, § 57 Abs. 2) hiervon unberührt bleiben[1].

(3) Von einer gemäß Abs. 1 getroffenen Entschließung werden sämtliche obersten Landesbehörden (§ 3 Abs. 2, § 21 Abs. 2) vom Reichsminister des Innern in Kenntnis gesetzt.

E. Schluß- und Übergangsbestimmungen[2].

§ 70. Vorstehende Bestimmungen treten am 1. Oktober 1924 in Kraft.

§ 71. Studierende, die vor dem 1. Oktober 1922 das medizinische Studium begonnen und die ärztliche Vorprüfung nach den bisherigen Bestimmungen bis zum 1. Juni 1925 vollständig bestanden haben, dürfen die ärztliche Prüfung (einschl. etwaiger Wiederholungsprüfungen) auf ihren Antrag unbeschadet der Bestimmung des § 72 nach den bisherigen Vorschriften ablegen, sofern sie sich spätestens bis zum 1. April 1927 zur ärztlichen Prüfung melden.

§ 72. Die Bestimmungen des § 14 Abs. 6, § 17, § 57 Abs. 4 und des § 59 Abs. 6 gelten für alle seit dem 1. Oktober 1924 begonnenen Prüfungen.

§ 73. Die Vorschriften wegen der Abgabe eines Probegutachtens während des Praktischen Jahres (§ 66 Abs. 1) werden auf alle Kandidaten angewendet, die die ärztliche Prüfung nicht vor dem 1. Oktober 1925 vollständig bestanden haben.

---

[1] Die Paragraphenbezeichnungen in diesem Absatz beziehen sich auf die Prüfungsordnung für Ärzte vom 5. 7. 24.

[2] Vorstehende Schluß- und Übergangsbestimmungen regeln das Inkrafttreten der Prüfungsordnung für Ärzte vom 5. 7. 24 in der ursprünglichen Fassung (R.M.Bl. S. 240, M.Bl.V. S. 290), die 4 vorklinische und 6 klinische, zusammen 10 medizinische Studienhalbjahre, vorsah, und sind durch die Übergangsbestimmungen für die Änderungen durch die V.O. des R.J. vom 22. 12. 27 (R.M.Bl. S. 605) — Reichsratsbeschluß vom 21. 12. 27 — (M.V. 28. 12. 27 — I M III 3962 — M.Bl.V. 28 S. 94) überholt, die 5 vorklinische und 6 klinische oder 6 vorklinische und 5 klinische, im ganzen 11 medizinische Halbjahre, verlangte (letztere Einteilung ist noch jetzt giltig).

Zur ärztlichen Prüfung nach dieser abgeänderten Fassung von 1927 sollten die Kandidaten der Medizin zugelassen werden,

a) die erst nach dem 31. 5. 28 zur ärztlichen Vorprüfung zugelassen worden sind,

b) die die ärztliche Vorprüfung zwar schon früher begonnen, aber erst nach dem 31. 5. 28 vollständig bestanden haben,

c) die die ärztliche Vorprüfung zwar bis zum 31. 5. 28 vollständig bestanden haben, sich aber nicht bis zum 15. 3. 31 zur ärztlichen Prüfung nach den bisherigen Bestimmungen gemeldet haben oder melden konnten.

Zulassungen zur ärztlichen Prüfung nach den Bestimmungen von 1924 sollen nach den Frühjahrstermin 1931 nicht mehr stattfinden (M.V. 30. 5. 31 — I M V 1211 — M.Bl.V. S. 575).

Die V.O. des R.J. vom 13. 5. 32 (R.M.Bl. S. 257) — Reichsratsbeschluß vom 4. 5. 32 — (M.V. 11. 6. 32 — I M V 973 II — M.Bl.V. S. 493), durch die insbesondere die ärztliche Vorprüfung in die noch jetzt bestehenden beiden Abschnitte geteilt und die Bedingungen für die Zulassung zu diesen neu geregelt wurden, sah vor unter Beibehaltung der bisherigen Gesamtstudienzeit von 11 Halbjahren (darunter mindestens 5 klinischen)

a) im Abschnitt I Ziffer 2 § 7 Abs. 1 und 2 folgende Vorschrift:

„(1) Für die Zulassung zum naturwissenschaftlichen Abschnitt der Vorprüfung hat der Studierende nachzuweisen, daß er nach Erlangung des Reifezeugnisses (§ 6) mindestens zwei Halbjahre dem medizinischen Studium an Universitäten des Deutschen Reiches obgelegen . . . hat.

(2) Für die Zulassung zum anatomisch-physiologischen Abschnitt der Vorprüfung hat der Studierende nachzuweisen, daß er nach Erlangung des Reifezeugnisses (§ 6) und nach vollständig bestandener Prüfung im naturwissenschaftlichen Abschnitt drei weitere Halbjahre dem medizinischen Studium an Universitäten des Deutschen Reiches obgelegen hat."

b) im Abschnitt II Abs. 1, 2 und 3 folgende Übergangsbestimmung:

„(1) Diese Vorschriften treten sofort in Kraft.

(2) Bis zum 1. 4. 35 können Studierende zum anatomisch-physiologischen Abschnitt der Vorprüfung auch dann zugelassen werden, wenn sie nach vollständig bestandener Prüfung im naturwissenschaftlichen Abschnitt zwei weitere Halbjahre (im ganzen jedoch mindestens fünf Halbjahre) dem medizinischen Studium an Universitäten des Deutschen Reichs obgelegen haben.

(3) Studierende, die das Studium der Medizin bereits im Sommerhalbjahr 32 aufgenommen haben, können die ärztlichen Prüfungen einschließlich etwaiger Wiederholungsprüfungen bis auf weiteres noch nach den Vorschriften der Prüfungsordnung von 1924/27 ablegen."

(Ausführungserlasse M.V. 11. 6. 32 — I M V 973 II — M.Bl.V. S. 543 — und 20. 8. 32 — I M V 1404 — M.Bl.V. S. 777).

Nach vorstehendem Abs. 3 konnten die Studierenden, die das medizinische Studium bereits im Sommerhalbjahr 32 oder vorher begonnen haben, wählen, ob sie die ärztliche Vorprüfung

II. Studium.

A. Vorschriften für die Studierenden der Preuß. Landesuniversitäten vom 1. Oktober 1914.

Vorschriften für die Studierenden der preuß. Universitäten.

— Auszug —

§ 2. Zum Nachweise der wissenschaftlichen Vorbildung für das akademische Studium haben Angehörige des Deutschen Reiches dasjenige Reifezeugnis einer deutschen neunstufigen höheren Lehranstalt beizubringen, welches für die Zulassung zu den ihrem Studienfach entsprechenden Berufsprüfungen in ihrem Heimatstaate vorgeschrieben ist; auf Grund ausländischer Reifezeugnisse dürfen Reichsangehörige nur dann immatrikuliert werden, wenn daraufhin ihre Zulassung zu den ihrem Studienfach entsprechenden Berufsprüfungen in ihrem Heimatstaate gesichert erscheint.

Die Fakultät, bei welcher der Studierende einzutragen ist, bestimmt sich durch das von ihm gewählte Studienfach.

§ 3. Mit besonderer Erlaubnis der Immatrikulationskommission können Angehörige des Deutschen Reiches, welche ein nach § 2 Abs. 1 genügendes Reifezeugnis nicht erworben, jedoch wenigstens dasjenige Maß der Schulbildung erreicht haben, welches für die Erlangung der Berechtigung zum Einjährig-Freiwilligen-Dienst vorgeschrieben ist, auf vier Semester immatrikuliert und bei der Philosophischen Fakultät eingetragen werden.

Die Immatrikulationskommission ist ermächtigt, nach Ablauf dieser vier Semester die Verlängerung des Studiums um zwei Semester aus besonderen Gründen zu gestatten. Eine weitere Verlängerung ist nur mit Genehmigung des Kurators zulässig[1].

§ 4. Ausländer können, soweit darüber nicht besondere Bestimmungen erlassen sind, immatrikuliert werden[2], wenn sie sich über den Besitz einer Schulbildung ausweisen, welche der in § 2 bezeichneten im wesentlichen gleichwertig ist.

§ 5. Reichs-, Staats-, Gemeinde- oder Kirchenbeamte sowie Personen, die dem Gewerbestand angehören, können zum Studium zugelassen werden, wenn nachgewiesen ist, daß sie durch Beurlaubung vom Dienst oder durch Befreiung von ihrer beruflichen

---

nach den bisherigen Bestimmungen (im ganzen) oder nach den neuen Vorschriften (geteilt) ablegen wollten. Wer das medizinische Studium erst im Herbst 32 oder später beginnt, soll das Studium und die Prüfungen nach der VO. von 32 erledigen.

Der Termin 1. 4. 35 im vorstehenden Abs. 2 wurde in der Folgezeit zweimal geändert, und zwar durch die Worte

a) „bis auf weiteres" durch V.O. des R.J. vom 12. 2. 34 (R.M.Bl. S. 76), M.J. 14. 4. 34 — III a IV 676 — (M.Bl.i.V. S. 651),

b) „bis Ende November 35" durch V.O. des R.J. vom 6. 4. 35 — IV e 123 — (R.M.Bl. S. 427).

Dazu wurde durch allg. Erl. R.Pr.J. vom 8. 7. 35 — IV e 157 (M.Bl.i.V. S. 888 h) folgendes bestimmt:

„1. Studierende der Medizin, die die ärztliche Vorprüfung nach den Vorschriften der Prüfungsordnung von 1924/27 abgelegt, aber bis Ende November 35 nicht vollständig bestanden haben, können ausnahmsweise mit Zustimmung der obersten Landesbehörde auch zur Wiederholungsprüfung nach der gleichen Prüfungsordnung zugelassen werden.

2. Eine erstmalige Zulassung zur ärztlichen Vorprüfung nach der Prüfungsordnung von 1924/27 nach Ende November 35 kann nur in besonders begründeten Einzelfällen, über die ich mir die Entscheidung vorbehalte, ausnahmsweise erfolgen."

Die Bestallungsordnung für Ärzte in der oben abgedruckten jetzigen Fassung vom 25. 3. 36 (vgl. S. 7 Anm. 1) ist am 1. 4. 36 in Kraft getreten. Darin ist die Gesamtstudienzeit von 11 Halbjahren und deren Verteilung auf den vorklinischen und klinischen Teil nicht geändert, dagegen für den vorklinischen Teil abweichend von der Fassung von 32 im § 7 Abs. 2 vorgeschrieben worden, daß von den 5 oder 6 vorklinischen Halbjahren mindestens zwei auf die Zeit nach der vollständig bestandenen Prüfung im naturwissenschaftlichen Abschnitt entfallen (vgl. S. 12 Anm. 9). Besondere Übergangsbestimmungen sind dort nicht vorgesehen.

[1] Zur Ablegung der ärztlichen und zahnärztlichen Prüfungen bedarf es der Vollimmatrikulation und Einschreibung bei der Medizinischen Fakultät (§ 3 Abs. 1 der Prüfungsordnungen für Ärzte und Zahnärzte vgl. S. 83).

[2] Das frühere „Amt für Prüfungs- und Immatrikulationsangelegenheiten im Preuß. Ministerium für Wissenschaft, Kunst und Volksbildung" ist aufgehoben (K.M. 24. 2. 1934 — B 227). Wegen der Immatrikulation von Ausländern vgl. S. 121.

Tätigkeit über so viel freie Zeit verfügen, daß die Durchführung eines gründlichen Studiums gesichert ist. Bei Beamten gilt der Nachweis als erbracht, wenn sie durch ihre Dienstbehörde mindestens von der halben Dienstzeit befreit sind[1].

§ 6. Die Meldung zur Aufnahme soll innerhalb der ersten drei Wochen nach dem vorgeschriebenen Anfang des Semesters erfolgen.

Spätere Meldungen dürfen nur, wenn die Verzögerung durch besonders nachzuweisende Gründe gerechtfertigt wird, ausnahmsweise mit Genehmigung des Kurators zugelassen werden.

§ 9. Will ein Student von einer Fakultät zur anderen übergehen, so hat er dies zunächst dem Dekan seiner bisherigen Fakultät zu melden und sodann unter Vorlegung der Bescheinigung des letzteren den Dekan der neu erwählten Fakultät um die Einschreibung bei ihr zu ersuchen[2].

Ein solcher Übertritt von einer Fakultät zur anderen ist nur am Anfang und am Schluß eines Semesters zulässig[3].

Von dem vollzogenen Übertritt hat der Studierende sofort dem Universitätssekretariat Anzeige zu machen.

§ 10. Ein Studierender kann von den ihm in dieser Eigenschaft zustehenden Rechten durch Entscheidung des Senats ausgeschlossen werden, solange gegen ihn ein gerichtliches Strafverfahren wegen eines Verbrechens oder Vergehens schwebt, wegen dessen auf den Verlust der bürgerlichen Ehrenrechte erkannt werden kann. Für die Dauer der Ausschließung sind seine akademischen Legitimationspapiere in Beschlag zu nehmen.

Die rechtskräftige Aberkennung der bürgerlichen Ehrenrechte hat den Ausschluß von dem Universitätsstudium ohne weiteres zur Folge.

§ 11. Abgangszeugnisse[4] dürfen den Studierenden erst in der letzten Woche vor dem gesetzlichen Schluß des Semesters ausgehändigt werden, sofern nicht dem Rektor besonders nachzuweisende Gründe den früheren Abgang des Studierenden ausnahmsweise rechtfertigen.

§ 12. Die Annahme von Vorlesungen (Belegen) soll inerhalb der ersten fünf[5] (in Berlin sechs[5]) Wochen erfolgen. (Immatrikulationsfrist vier Wochen[5]). Die Fristen beginnen jeweils 14 Tage vor dem vorgeschriebenen Anfang der Vorlesungen[5].

Für spätere Annahme ist die nur auf nachgewiesene ausreichende Entschuldigungsgründe zu erteilende Erlaubnis des Rektors erforderlich. Diese Erlaubnis ist in das Anmeldebuch einzutragen.

§ 13. Wer nicht innerhalb der vorgeschriebenen Frist (§ 12) mindestens eine Privatvorlesung gehörig angenommen hat, kann entweder aus dem Verzeichnis der Studierenden gestrichen oder im Wege des Disziplinarverfahrens wegen Unfleißes mit Nichtanrechnung des laufenden Halbjahres auf die vorgeschriebene Studienzeit und im Wiederholungsfalle mit Entfernung von der Universität bestraft werden.

§ 14. Binnen der in § 12 vorgeschriebenen Frist haben sich ferner die Studierenden bei den betreffenden akademischen Lehrern persönlich zu melden und sie um Eintragung ihres Namens und des Datums der Meldung in die dazu bestimmte Spalte des Anmeldebuches zu ersuchen. Wer durch besondere Gründe an der rechtzeitigen Meldung verhindert worden ist, hat diese dem Rektor nachzuweisen, welcher, wenn er die Verspätung entschuldigt findet, darüber einen Vermerk in das Anmeldebuch einträgt.

---

[1] Fassung vom 19. 10. 1923 — U I 2725.

[2] Auch beim Übertritt vom medizinischen zum zahnärztlichen Studium oder umgekehrt ist eine Umschreibung bei der Medizinischen Fakultät erforderlich und zu beantragen.

Die Umschreibung ist von der Universitätsbehörde im Anmeldebuch zu vermerken.

[3] Zu anderer Zeit wird der Übertritt grundsätzlich nicht gestattet. Als Anfang und Schluß des Semesters gelten in der Regel die ersten bzw. letzten vier (in Berlin sechs) Wochen (vgl. § 12 Abs. 1).

[4] An Stelle der früheren besonderen Exmatrikulationsurkunde wird an allen preußischen Hochschulen ein Abgangsvermerk durch Stempelung im Testierbuch (Studienbuch) angebracht (K.M. 15. 12. 1928 — U I 1719). Für jeden Studierenden wird während seiner ganzen Studienzeit nur ein Studienbuch geführt (K.M. 19. 9. 1933 — U I 1881).

[5] Bestimmung vom 28. 3. 1930 — U I 5805.

Fehlt die Eintragung des Lehrers oder fehlt bei einer verspätet erfolgten Eintragung der Vermerk des Rektors, so wird die Vorlesung in das Abgangszeugnis nicht aufgenommen.

§ 15. Soweit es sich um Übungsvorlesungen handelt, haben die Studierenden außerdem die Pflicht, sich bei den Lehrern innerhalb der letzten 14 Tage vor dem vorgeschriebenen Schlusse des Semesters abermals persönlich zu melden und sie um Eintragung ihres Namens und des Datums in die für die Abmeldung bestimmte Spalte des Anmeldebuchs zu ersuchen[1].

Zu einem früheren Termin darf diese Abmeldung nur erfolgen, wenn in das Anmeldebuch die besondere Erlaubnis des Rektors eingetragen ist oder die Bescheinigung über die erfolgte Meldung zum Abgange von der Universität und über die Zahlung der Abgangszeugnisgebühren vorgelegt wird.

Wenn die Abmeldung einer Übungsvorlesung wegen Abwesenheit, Krankheit oder Tod eines Lehrers nicht rechtzeitig vorgenommen werden kann, so ist sie innerhalb der oben bezeichneten Frist bei dem Dekan der betreffenden Fakultät zu bewirken.

Ist der Studierende ohne sein Verschulden an der Innehaltung der Abmeldungsfrist verhindert worden, so hat er dies dem Rektor nachzuweisen und ihn um Eintragung eines die nachträgliche Abmeldung gestattenden Vermerks in das Anmeldebuch zu ersuchen.

Ist die Abmeldung unterblieben oder nach Maßgabe der vorstehenden Vorschriften zu früh oder zu spät erfolgt, so wird über die Übungsvorlesung kein Vermerk in das Abgangszeugnis aufgenommen.

Strafordnung

für Studenten, Hörer und studentische Vereinigungen an den deutschen Hochschulen vom 1. April 1935. Strafordnung

— Auszug —

Stück 4 Folgende Strafen[2] können verhängt werden:

a) mündliche Verwarnung,

b) schriftlicher Verweis, erforderlichenfalls unter Androhung der Entfernung von der Hochschule,

c) Nichtanrechnung des laufenden Semesters,

d) Entfernung von der Hochschule, verbunden mit Nichtanrechnung des Semesters,

e) dauernder Ausschluß vom Studium an allen deutschen Hochschulen.

Stück 5. Wer mit Nichtanrechnung oder Entfernung bestraft ist, kann sich erst nach Ablauf des Semesters an einer anderen Hochschule einschreiben.

Stück 10. Verwarnungen und Verweise verhängt der Rektor allein, nachdem der Beschuldigte gehört worden ist.

Stück 11. Nichtanrechnung, Entfernung und Ausschluß verhängt der Rektor nach mündlicher Verhandlung auf einhelligen Beschluß des Dreier-Ausschusses.

Stück 12. Dem Dreier-Ausschuß gehören an:

der Rektor,
der Leiter der Dozentenschaft,
der Leiter der Studentenschaft.

Zur Immatrikulation haben die reichsdeutschen Abiturienten nach den bestehenden Vorschriften außer den bisher üblichen Unterlagen folgende Nachweise beizubringen: Nachweise.

---

1 Die Abmeldung der Übungsvorlesungen am Schlusse des Halbjahres ist in den Fällen fortgefallen, in denen besondere Zeugnisse über die Teilnahme an den Übungen ausgestellt werden (K.M. 7. 1. 1920 — U I 20275).

2 In dem Abgangszeugnis sind alle Disziplinarstrafen und alle von den Gerichten wegen Verbrechen oder Vergehen erkannten Strafen zu vermerken (K.M. 19. 10. 03 — U I 1732).
Wegen Mitteilung der gerichtlichen Strafen an die Universitäten vgl. die Verf. des Just.Min. vom 12. 12. 27.

1. Nachweis über die Teilnahme am Arbeitsdienst[1] oder am Ausgleichsdienst (Sonderdienst),

2. Ahnennachweis und Vorlegung aller dazu erforderlichen Urkunden,

3. für S.A.-Angehörige: Bescheinigung der für sie zuständigen Standarte am Hochschulort, aus der hervorgeht, daß sie ordnungsmäßig gemeldet und einer S.A.-Formation zur Dienstleistung zugewiesen sind.

Semestereinteilung. Beginn und Schluß der Studienhalbjahre werden zurzeit jeweils besonders festgesetzt.

Beschränkter medizin. und zahnärztl. Unterricht. Beschränkter Unterricht wird abgehalten an folgenden Universitäten:

1. Kiel nur vorklinischer und klinischer ärztlicher, nicht auch zahnärztlicher,

2. Düsseldorf (Medizinische Akademie) nur klinischer ärztlicher und zahnärztlicher, aber nicht vorklinischer[2],

3. Gießen nur vorklinischer und klinischer ärztlicher, nicht auch zahnärztlicher.

An diesen Hochschulen werden deshalb auch nur entsprechende Prüfungen abgehalten.

Gleichzeitiges Studium in Bonn u. Köln. Den an der Universität in Bonn a. Rh. und an der Landwirtschaftlichen Hochschule in Bonn-Poppelsdorf immatrikulierten Studierenden ist es gestattet, an der Universität in Köln a. Rh. Vorlesungen und Übungen zu besuchen. Ebenso dürfen umgekehrt die an der Universität in Köln a. Rh. immatrikulierten Studierenden an der Universität in Bonn a. Rh. und Bonn-Poppelsdorf Vorlesungen und Übungen besuchen. Die Aufnahmegebühr und die Studiengebühr sind nur einmal zu entrichten, während die Vorlesungshonorare an derjenigen Hochschule zu zahlen sind, an der die betreffenden Vorlesungen und Übungen belegt werden (K.M. 8. 10. 20 — U I 20 429).

B. Hochschulreife auf Grund reichsdeutscher Schulzeugnisse.

Reifezeugnisse. Allgemeine Voraussetzung für die Zulassung Reichsdeutscher zum Hochschulstudium mit dem Ziele der Ablegung von Abschlußprüfungen ist die bestandene Reifeprüfung, die man an einer zur Hochschulreife führenden Schule innerhalb des Reichsgebiets nach regelrechtem Schulbesuch oder als Nichtschüler ablegen kann (§ 2 der Vorschriften für die Studierenden S. 41)[3].

---

[1] Für den Eintritt reichsdeutscher Abiturienten (innen) arischer Abstammung in eine Universität oder Hochschule ist der Nachweis der Teilnahme am Arbeitsdienst verbindlich (K.M.7. /22. 3. 1935 — K I 1120. 1. W I. Wegen des Arbeitsdienstes haben sich die Universitäten darauf eingerichtet, daß das Studium jetzt mit dem Winterhalbjahr beginnt.

[2] An der Medizinischen Akademie in Düsseldorf ist nach § 1 der Satzung dieser Akademie die Immatrikulation von Studierenden, die die ärztliche Vorprüfung noch nicht bestanden haben, unzulässig. Dort soll daher von einer Immatrikulation derjenigen Studierenden, die den Nachweis über die Ablegung der Vorprüfung bis zum Ablauf der Immatrikulationsfrist nicht vorlegen können, ausnahmslos abgesehen und die Zulassung nicht etwa unter Vorbehalt ausgesprochen werden (K.M. 13. 5. 1932 — U I 26002).

[3] Für Personen, die nicht im Besitz des Reifezeugnisses einer höheren Lehranstalt sind, gibt es in Preußen noch Sonde reifeprüfungen, deren Bestehen dem Inhaber für bestimmte Hochschulen, Fakultäten und Studien alle mit dem Reifezeugnis verbundenen Rechte verleihen (z. B. für Kaufleute usw.). Solche Sonde.reifeprüfungen gelten aber nicht für die Zulassung zum medizinischen oder zahnmedizinischen Studium und zu den ärztlichen oder zahnärztlichen Prüfungen.

Zum Studium ohne Reifezeugnis werden ausnahmsweise hervorragend Begabte (vgl. S. 47) zugelassen.

Die nach § 3 der Vorschriften für die Studierenden (S. 41) gestattete Zulassung zum Studium in der Philosophischen (Naturwissenschaftlichen, Wirtschafts- und Sozialwissenschaftlichen) Fakultät

Der Reichsrat hat am 10. 11. 27 folgendes beschlossen: Reifezeugnisse der Oberschulen usw.

A. Die Reifezeugnisse

1. der Deutschen Oberschulen[1],
2. der Aufbauschulen[1] mit dem Ziele der Deutschen Oberschule,
3. der Aufbauschulen[1] mit dem Ziele der Oberrealschule,
4. der preußischen Oberlyzeen nach den Richtlinien vom 21. 3. 23 sowie des diesen Richtlinien entsprechenden mecklenburg-schwerinschen Oberlyzeums und oldenburgischen Oberlyzeums und der diesen Richtlinien entsprechenden braunschweigischen Oberlyzeen,
5. der preußischen Oberlyzeen der Oberrealschulrichtung[2] als Ersatz der Studienanstalt gleicher Richtung[3],
6. diejenigen Reifezeugnisse von preußischen Oberlyzeen, die bis zu einer mit Ostern 1931 ablaufenden Übergangsfrist vom Preußischen Ministerium für Wissenschaft Kunst und Volksbildung mit einem Vermerke versehen werden, wonach das Reifezeugnis als gleichwertig dem Reifezeugnis einer Studienanstalt der Oberrealschulrichtung anzusehen ist[4],

werden als ausreichende Nachweise im Sinne des § 6 Abs. 1 der Prüfungsordnung für Ärzte und des § 6 Abs. 1 der Prüfungsordnung für Zahnärzte anerkannt.

B. Der in diesen Prüfungsordnungen vorgeschriebene Nachweis der Kenntnisse in der lateinischen Sprache ist von den Inhabern der unter A Ziffer 1 und 2 genannten Reifezeugnisse als erbracht anzusehen, wenn Lateinisch an der betreffenden Anstalt Pflichtfach war[5]. Im übrigen[6] ist er von den Inhabern von Reifezeugnissen der unter A Ziffer 1 bis 6 genannten Anstalten zu erbringen entweder durch ein mindestens genügendes Urteil im Lateinischen in den Reifezeugnissen dieser Anstalten oder durch ein auf Grund einer Prüfung ausgestelltes Zeugnis des Leiters eines Gymnasiums oder Realgymnasiums innerhalb des Deutschen Reichs über Lateinkenntnisse, die für die Versetzung nach Obersekunda eines Realgymnasiums erforderlich sind.

---

auf vier Halbjahre (mit der kleinen Matrikel) und die Zulassung als Gasthörer gewährt keinen Anspruch, zu den Abschlußprüfungen zugelassen zu werden (vgl. S. 57).

Die höheren Schulen, an denen das Reifezeugnis erworben werden kann, sind nach Art und Aufbau verschieden. Abgesehen von der Aufbauschule (vgl. hierüber nächste Anm. 1) ist allen aber der Unterbau — vier Klassen Volksschule (Grundschule) — und ein daran anschließender neunjähriger Lehrgang gemeinsam. Der Eintritt in die Grundschule erfolgt mit 6 Jahren, die Schulausbildung dauert 13 Jahre, der Übergang zur Universität erfolgt also in der Regel mit 19 Jahren.

Die Inhaber des Reifezeugnisses der Oberrealschule sind durch Beschluß des Bundesrats vom 31. 7. 1907 zu den ärztlichen und durch die Prüfungsordnung für Zahnärzte vom 15. 3. 1909 zu den zahnärztlichen Prüfungen und die Inhaber des Reifezeugnisses der Deutschen Oberschulen, der Aufbauschulen und der Oberlyzeen durch Beschluß des Reichsrats vom 10. 11. 1927 (s. oben) zu diesen Prüfungen zugelassen worden. Wegen des Lateinnachweises für die Meldung zur ärztlichen oder zahnärztlichen Vorprüfung vgl. § 6 der Bestallungsordnung für Ärzte und der Prüfungsordnung für Zahnärzte (S. 11, 102).

[1] Während die Deutsche Oberschule eine neue Art einer neunstufigen höheren Lehranstalt ist, baut die Aufbauschule auf dem Lehrplan des siebenten Volksschuljahres eine sechsjährige höhere Schule mit dem Ziele der Deutschen Oberschule oder der Oberrealschule auf.

[2] Die Oberlyzeen der Oberrealschulrichtung sind an die Stelle der früheren Studienanstalten dieser Richtung getreten. Ihre Reifezeugnisse sind von sämtlichen deutschen Ländern anerkannt worden.

[3] Die Reifezeugnisse der Studienanstalten in der gymnasialen, realgymnasialen und Oberrealschulrichtung sind durch Beschluß des Bundesrats vom 5. 12. 1912 den Reifezeugnissen der Gymnasien, Realgymnasien und Oberrealschulen gleichgestellt worden (J.M. 13. 3. 1913 — M 20892).

[4] Nach den Erlassen K.M. vom 26. 1. 1929 — U II 65 — und 4. 3. 1930 — U II 333 — sind inzwischen die nach den Richtlinien vom 21. 3. 1923 umgewandelten Lyzeen und Oberlyzeen anerkannt. Gleichzeitig ist der Berechtigungsvermerk in den Reifezeugnissen dieser Lehranstalten in Fortfall gekommen. Derartige Reifezeugnisse entsprechen hiernach dem oben abgedruckten Erlaß vom 12. 1. 1928 Abschnitt A Ziffer 4. Reifezeugnisse der in diesem Erlaß unter Abschnitt A Ziffer 6 genannten Art werden jetzt nicht mehr ausgestellt (M.V. 28. 4. 1931 — I U V 791).

[5] In diesem Falle muß im Reifezeugnis ein Urteil in Latein aufgeführt sein, das auch als hinreichend gilt, wenn es nicht mindestens genügend ist. Darüber, daß Latein Pflichtfach (nicht wahlfrei) war, ist, falls dies nicht aus dem Reifezeugnis ersichtlich ist, eine Bescheinigung der Lehranstalt beizubringen.

[6] d. h. wenn Latein an der Anstalt nicht Pflichtfach, sondern wahlfrei war.

Hinsichtlich der Art der Reifezeugnisse der verschiedenen Anstalten bemerke ich folgendes:

Für die Zeugnisse wird das durch die Ordnung der Reifeprüfung an den höheren Schulen Preußens vom 22. 7. 26 (K.M. 22. 7. 26 — U II 100 II, U I — ZBlUV 1926 S. 283) vorgeschriebenen Muster verwendet. Am Kopfe ist die Schulart (Gymnasium, Realgymnasium, Oberlyzeum usw.) und der Schulort angegeben, so daß sofort die Art der Berechtigung zu erkennen ist. Zweifel können nur entstehen bei den Reifezeugnissen der Oberlyzeen, von denen es zurzeit zwei Arten gibt: Reifezeugnisse der Oberlyzeen nach dem Lehrplan vom 18. 8. 08, die nur nach Ablegung einer Ergänzungsprüfung Hochschulreife gewähren, und auf die sich der Beschluß des Reichsrats vom 10. 11. 27 nicht bezieht, und Reifezeugnisse der Oberlyzeen nach den Richtlinien vom 21. 3. 23. Die Reifezeugnisse der Oberlyzeen nach dem Lehrplan vom 18. 8. 08 sind daran zu erkennen, daß sie eine Note in Pädagogik aufweisen und keinen Vermerk über die Berechtigung enthalten. Ostern 1927 sind Zeugnisse dieser Art zum letzten Mal ausgestellt worden. In den Reifezeugnissen der Oberlyzeen nach den Richtlinien vom 21. 3. 23 fehlt die Note in Pädagogik; außerdem tragen sie am Schluß den Vermerk des Ministers für Wissenschaft, Kunst und Volksbildung, wonach das Zeugnis als gleichwertig dem Reifezeugnis einer Studienanstalt mit Kursen der Oberrealschulrichtung anzusehen ist.

Berlin, den 12. Januar 1928.

Der Preußische Minister für Volkswohlfahrt.

I M III 3756/27 I.

Reifezeugnis der Oberlyzeen.

Vereinzelt tauchen noch Reifezeugnisse der Oberlyzeen vorerwähnten alten Stils, d. h. derjenigen Oberlyzeen, die noch nach dem Lehrplan vom 18. 8. 1908 weitergeführt worden sind und nicht unter die Vergünstigungen des Erl. K.M. 9. 12. 1924 — U II 1250[1] — fallen, und Reifezeugnisse der Oberlyzeen, die vor der Umwandlung[2] erteilt worden sind, auf. Für solche Zeugnisse gilt folgendes:

Frauen[3], die das Reifezeugnis eines *Oberlyzeums* alten Stils oder ein *Zeugnis der Lehrbefähigung* für Lyzeen, Mittelschulen und Volksschulen besitzen, können zum Studium der Medizin und der Zahnheilkunde nur zugelassen werden, wenn sie frühestens nach Ablauf eines Jahres nach Bestehen der Reifeprüfung des Oberlyzeums alten Stils eine Nachprüfung gemäß dem Erlaß K.M. vom 11. 10. 1913 — U II 17138 — in *folgenden Fächern mit den Anforderungen wie bei der Reifeprüfung der betreffenden Schulart* ablegen, und zwar

---

[1] Den Reifezeugnissen derjenigen preußischen Oberlyzeen, die zu einer Deutschen Oberschule umgewandelt werden, sollen während einer von Ostern 1924 bis einschließlich Ostern 1931 laufenden Übergangszeit für Preußen alle Rechte der Reifezeugnisse von Oberrealschulstudienanstalten (vgl. S. 45 Anm. 2) verliehen werden. Die gleiche Vergünstigung soll den Reifezeugnissen der Oberlyzeen gewährt werden, die nach den Richtlinien vom 21. 3. 1923 (betr. Umwandlung der Oberlyzeen alten Stils in eine Schulform mit neuen Lehrplänen — hier nicht abgedruckt) umgestaltet werden. Die Unterrichtsverwaltungen der Länder, in denen Hochschulen vorhanden sind, haben sich bereit erklärt, während der Übergangszeit die Reifezeugnisse anzuerkennen (K.M. 9. 12. 1924 — U II 1250).

Diese Zeugnisse wurden hiernach mit einem Anerkennungsvermerk versehen (in Preußen vom K.M., gemäß Erlaß K.M. vom 26. 1. 1929 — U II 65 — von den Provinzial-Schulkollegien (jetzt Oberpräsidenten).

[2] Nachdem durch die Richtlinien vom 21. 3. 1923 eine Umgestaltung der früheren Oberlyzeen erfolgt ist und denjenigen Oberlyzeen, die nach dem neuen Lehrplan unterrichten, weitergehende Berechtigungen verliehen worden sind, ist es nicht mehr zulässig, daß sich Frauenschulen, die mit Lyzeen verbunden sind, als Oberlyzeen bezeichnen. Diese Anstalten haben die Bezeichnung „Frauenschule verbunden mit dem Lyzeum usw." zu führen (K.M. 12. 4. 1926 — U II 686).

[3] Frauen werden als Studierende der preuß. Landesuniversitäten vom Winterhalbjahr 1908/09 ab zugelassen (K.M. 18. 8. 1908 — U I 2064). Die weiblichen sind den männlichen Studierenden im wesentlichen gleichgestellt.

a) für die Oberrealschulreife in Mathematik, Physik und Chemie[1],

b) für die Realgymnasialreife in Latein und Mathematik,

c) für die Gymnasialreife in Latein und Griechisch.

Eine solche Nachprüfung muß auch vor der Einschreibung bei der Medizinischen Fakultät abgelegt werden, wenn ein genügendes Urteil in einzelnen der vorgenannten Fächer im Reifezeugnis des Oberlyzeums alten Stils oder im Zeugnis der Lehrbefähigung für Lyzeen, Mittelschulen und Volksschulen bereits vorliegt (M.V. 19. 6. 1924 — I M Pr. 2695 — K.M. 8. 7. 1924 — U I Schul. 15).

Reifezeugnisse der Frauenoberschulen.

Reifezeugnisse einer Frauenoberschule berechtigen nicht zum Hochschulstudium, also auch nicht zur Ablegung ärztlicher und zahnärztlicher Prüfungen. Diese Zeugnisse sind daran zu erkennen, daß am Kopf die Schulart (Frauenoberschule) angegeben ist und am Schluß eine Berechtigung nicht vermerkt ist. Außerdem weisen sie überwiegend technische Unterrichtsfächer (Hauswirtschaft, Nadelarbeit usw.) auf. Für solche Reifezeugnisse ist auch eine Ergänzungsprüfung zur Erlangung der Hochschulreife nicht vorgesehen (M.F. 24. 2. 1933 — III a IV 23).

Reifeprüfung von Nichtschülerinnen.

Zur Ablegung der Reifeprüfung dürfen Nichtschülerinnen außer anerkannten Knabenanstalten nur Studienanstalten, Oberlyzeen der Oberrealschulrichtung, Oberlyzeen, die nach den Richtlinien vom 21. 3. 1923 umgewandelt worden sind, und Deutschen Oberschulen überwiesen werden (K.M. 5. 7. 1926 — U II 6740 und 2. 8. 1928 — U II 1170).

C. Zulassung Begabter ohne Reifezeugnis zum Hochschulstudium.

Begabtenprüfung.

Gemäß einer Bestimmung des Reichs- und Preußischen Ministers für Wissenschaft, Erziehung und Volksbildung können besonders begabte Personen auch ohne Reifezeugnis zum Studium an Universitäten und Hochschulen zugelassen werden[2].

Allgemeine Voraussetzung ist, daß die Bewerber ihrer ganzen Persönlichkeit und ihren geistigen Fähigkeiten nach die sichere Gewähr dafür bieten, daß sie dem akademischen Unterricht auf dem gewählten Studiengebiet folgen können und nach einem ausgiebigen Studium in ihrem alten oder in einem neuen Beruf Ausgezeichnetes leisten werden. Es müssen deshalb neben einem bestimmten Grad allgemeinen Wissens die fachlichen Grundlagen des erstrebten wissenschaftlichen Studiums vorausgesetzt werden. Als besonderes Kennzeichen für Charakter und Tüchtigkeit soll gewertet werden, daß die Bewerber in ihrem jetzigen Beruf bereits anerkannte Leistungen aufzuweisen haben.

---

[1] Wegen des Lateinnachweises für die Zulassung zur ärztlichen oder zahnärztlichen Vorprüfung vgl. § 6 der Bestallungsordnung für Ärzte und Prüfungsordnung für Zahnärzte.

[2] Die Begabtenprüfungen sind in Preußen, Bayern, Sachsen, Württemberg, Baden, Thüringen, Braunschweig und Hamburg eingeführt. Sie werden von den zuständigen Verwaltungen gegenseitig anerkannt, d. h. eine Begabtenprüfung, die in einem Lande bestanden ist, gilt auch in den anderen Ländern ohne weiteres als genügend für die Zulassung zum Hochschulstudium ohne Reifezeugnis. In den übrigen deutschen Hochschulländern (Hessen und Mecklenburg-Schwerin) werden Begabtenprüfungen nicht abgehalten. Dort gelten nach den zwischen Preußen und diesen Ländern getroffenen Vereinbarungen die in Preußen bestandenen Begabtenprüfungen für die

Die Zulassung kann hiernach nur in besonderen Ausnahmefällen in Frage kommen, auch soll die gebotene Möglichkeit nicht dazu dienen, lediglich dem Wunsch nach einem Berufswechsel zu genügen. Gesuchsteller, die nach ihrem bisherigen Entwicklungsgang in der Lage wären, auf dem normalen Wege (durch Reifeprüfung, Ersatzreifeprüfung usw.) die Fähigkeit zum Studium zu erlangen, müssen außer Betracht gelassen werden.

Der Antrag soll nicht von dem Bewerber selbst, sondern von urteilsfähigen Persönlichkeiten gestellt werden, die mit den Voraussetzungen und dem Wesen wissenschaftlicher Arbeit vertraut sind und den Bewerber nach seinen bisherigen Leistungen bereits kennen. Der Antrag ist an die Prüfungsstelle für die Zulassung zum Studium ohne Reifezeugnis, Berlin NW 40, Kronprinzenufer 13, zu richten; er muß ersehen lassen, daß dem Antragsteller die grundlegenden Bestimmungen der Zulassung im einzelnen bekannt sind. Aus dem Gesuch und seiner Befürwortung muß sich ein klares Bild der ganzen Persönlichkeit des Bewerbers gewinnen lassen. Beizufügen sind: ein ausführlicher Lebenslauf, Nachweise über Berufsvorbildung und Berufsleistungen, eine Darlegung der bisherigen allgemeinen Weiterbildung und der wissenschaftlichen Beschäftigung, eine Angabe über das Ziel des Studiums, ein polizeiliches Führungszeugnis, das Zeugnis über den Abschluß der Schulbildung, eine eidesstattliche Erklärung über die arische Abstammung und ein Lichtbild (Paßformat).

Der Antrag kann jederzeit eingereicht werden. Das Mindestalter für die Zulassung zur Prüfung ist 25 Jahre.

Mit der Absendung des Antrages ist gleichzeitig eine Gebühr von RM. 10— auf das Postscheckkonto Berlin Nr. 34070 einzuzahlen. Die Prüfungsgebühr beträgt RM. 100.—.

Die Prüfungsstelle prüft die Anträge, weist ungeeignete Anträge ab und fordert die ihr geeignet erscheinenden Bewerber zur Anfertigung einiger Ausarbeitungen und zur Teilnahme am Kolloquium auf. Die Zentralbehörde entscheidet sodann über die Zulassung.

Die Prüfungen für die Zulassung zum Sommersemester finden in den Monaten Januar bis Mai, für die Zulassung zum Wintersemester in den Monaten September bis Dezember statt.

Die Zulassung zum Studium erfolgt nach Erfüllung der Bedingungen durch eine Bescheinigung der Zentralbehörde. Durch diese werden für das Fach der Medizin oder der Zahnheilkunde dieselben Berechtigungen erworben, die durch das Reifezeugnis einer Deutschen Oberschule erlangt werden. Eine solche Bescheinigung berechtigt also zum Studium als vollimmatrikulierter Studierender an sämtlichen deutschen Universitäten und Hochschulen sowie zur Zulassung zu den ärztlichen, zahnärztlichen und Promotions-Prüfungen.

Zulassung zum Hochschulstudium. — Für die Zulassung von Studierenden zur ärztlichen oder zahnärztlichen Vorprüfung auf Grund einer bestandenen Begabtenprüfung ist in Preußen die Genehmigung des Reichs- und Preuß. Ministeriums des Innern erforderlich. Diese ist auch bei der Zulassung zur ärztlichen oder zahnärztlichen Prüfung einzuholen. Die ärztlichen und zahnärztlichen Prüfungsausschüsse haben dabei die ministerielle Bescheinigung über die Zulassung zum Studium ohne Reifezeugnis, den Lateinnachweis, die Studien- usw. Zeugnisse und eine gutachtliche Äußerung über die Persönlichkeit und die Leistungen des Antragstellers einzureichen (M.V. 16. 8. 1929 — I M V 1771).

Die Zulassung zu diesen Prüfungen und die Erteilung der Bestallung als Arzt oder der Approbation als Zahnarzt kommt erst nach einem ordnungsmäßigen Studium der Medizin oder der Zahnheilkunde und nach Erfüllung der übrigen Bestimmungen der Prüfungsvorschriften, insbesondere auch der Vorschriften über den Nachweis der erforderlichen Kenntnisse in der lateinischen Sprache, in Frage.

D. Anrechnung inländischer Studien und Prüfungen im Reich.

Allgemeines über Semeste anrechnung.

Ob und inwieweit ein dem medizinischen oder zahnärztlichen verwandtes reichsdeutsches Universitätsstudium oder gleichwertiges Hochschulstudium[1] (§ 8 der Bestallungsordnung für Ärzte, § 7 Abs. 2 Ziff. 1 der Prüfungsordnung für Zahnärzte) teilweise oder ganz auf die für die Zulassung zum I. Abschnitt der ärztlichen Vorprüfung oder zur zahnärztlichen Vorprüfung nachzuweisende Studienzeit angerechnet werden kann, wird sich nach Lage des einzelnen Falles richten. Voraussetzung ist grundsätzlich, daß der Studierende während dieses Studiums dem medizinischen oder zahnärztlichen Universitätsstudium verwandte Vorlesungen oder Übungen belegt hat. Nur solche aus dem Gebiete des vorklinischen Studiums können auf die vorklinische Zeit angerechnet werden, wenn sie nach Art und Umfang denen, die für Studierende der Medizin bzw. der Zahnheilkunde vorgesehen sind, entsprechen und das anzurechnende Studium mit gleichwertiger schulwissenschaftlicher Vorbildung erledigt ist. Dabei können auf die vorklinische Zeit solche Vorlesungen oder Übungen ohne Rücksicht darauf, ob sie an inländischen oder ausländischen[2] Universitäten oder Hochschulen zurückgelegt, oder bei welcher Fakultät sie gehört sind, ausnahmsweise angerechnet werden. Wegen der gegenseitigen Anrechnung des medizinischen und zahnärztlichen Studiums vgl. S. 54.

Anders verhält es sich mit der Semesteranrechnung auf die klinische Studienzeit. Hier kommt nur die Anrechnung eines gleichartigen (medizinisch- oder zahnärztlich-klinischen) Studiums an ausländischen Universitäten oder Hochschulen in Betracht[3] (vgl. auch S. 125).

Längere naturwissenschaftliche oder andere Studien, in denen medizinische oder zahnärztliche Vorlesungen oder Übungen belegt worden sind, und die

---

1 Außer Kriegs-(Heeres-)Dienst bis 31. 3. 1920 (M.B. 16. 4. 1920 — I M V 1375) — vgl. auch S. 60 — werden Betätigungen, z. B. Dienst bei der Landespolizei, in Laboratorien usw. nicht auf die für die Zulassung zu den ärztlichen oder zahnärztlichen Prüfungen nachzuweisende Studienzeit angerechnet (M.B. I M Pr. 4594/26, 293/27).

Auch kommt für die Anrechnung nur ein regelrechtes Hochschulstudium, nicht etwa eine besondere Ausbildung, z. B. als Krankenschwester, Technische Assistentin, Massör oder dergl. in Betracht. Ebenso werden die — besonders während des philosophischen Studiums — an der Universität erledigten Kurse für Turn-, Sport-, Schwimm-, Ruder- usw. Lehrer nicht angerechnet, weil sie in den medizinischen Fächern im allgemeinen zu wenig umfassend und gründlich sind (vgl. M.B. I M Pr. 4047/29). Dies gilt auch von den an der Deutschen Hochschule für Leibesübungen in Berlin besuchten Kursen (vgl. M.B. I M Pr. 5598/31).

Ebensowenig wird ein nicht nachgewiesenes Studium oder ein Halbjahr, während dessen der Studierende garnicht belegt hat, sondern beurlaubt war, angerechnet.

2 Vgl. hierzu auch die Ausführungen S. 125.

3 Eine während des juristischen Studiums belegte Vorlesung über gerichtliche Medizin für Juristen wird allein nicht als nach Art und Umfang den medizinischen Vorlesungen gleichwertig angesehen (R.J. 9. 7. 31 — II A 2120 Z. 2. 7. —).

zunächst als ein Halbjahr auf die für die Zulassung zum I. Abschnitt der ärztlichen Vorprüfung nachzuweisende Studienzeit angerechnet worden sind, können noch als ein weiteres Halbjahr auf die für die Zulassung zum II. Abschnitt vorgeschriebene Studienzeit angerechnet werden, wenn der I. Abschnitt der Vorprüfung ohne Semesterverlust erledigt ist (d. h. wenn der I. Abschnitt nach dem ersten Studienhalbjahr vollständig bestanden ist und die Bedingungen für die Zulassung zum II. Abschnitt in zwei weiteren Halbjahren erfüllt werden, sodaß das frühere Studium als fünftes Halbjahr angerechnet werden kann). Anderweite Studien, in denen medizinische oder zahnärztliche Vorlesungen oder Übungen belegt worden sind, können auch noch auf die medizinische oder zahnärztliche Gesamtstudienzeit angerechnet werden, wenn die Vorprüfung in der vorgeschriebenen Zeit und ohne Semesterverlust vollständig bestanden worden ist (d. h. die ärztliche nach 5, die zahnärztliche nach 3 Halbjahren), so daß bis zur Erreichung der Gesamtstudienzeit von 11 medizinischen oder 7 zahnärztlichen Halbjahren noch 6 medizinische bzw. 4 zahnärztliche Halbjahre verbleiben. Auf diese Zeit kann jenes andere Studium als je ein Halbjahr angerechnet werden, da nach § 25 Abs. 1 B II der Bestallungsordnung für Ärzte mindestens nur 5 und nach § 25 Abs. 1 der Prüfungsordnung für Zahnärzte mindestens nur 3 Halbjahre (klinische Mindeststudienzeit) nach vollständig bestandener Vorprüfung nachgewiesen zu werden brauchen[1]. Entsprechende Anträge sind dem Ministerium jeweils erst im letzten Halbjahr vor der Meldung zu der betr. Prüfung vorzulegen, wenn also übersehen werden kann, daß der Antragsteller mit dem fraglichen Studium rechtzeitig fertig wird.

Bei dieser und den anderen Studienformen kann übrigens nur dasjenige Halbjahr, das durch ein Versagen bei der Vorprüfung bis zum vollständigen Bestehen der Vorprüfung zurückgelegt werden muß, auf die vorerwähnte klinische Mindeststudienzeit angerechnet werden, falls während dieser Zeit klinische Vorlesungen belegt gewesen sind[2].

Bei jeder Semesteranrechnung sind zwar die während des angerechneten Studiums belegten Vorlesungen, soweit deren Nachweis in den Prüfungsvorschriften vorgeschrieben ist, mitangerechnet, aber nicht ohne weiteres auch die nach diesen Prüfungsvorschriften erforderlichen Übungen, die evtl. während eines anderweitigen Studiums bereits erledigt worden sind. Die Anrechnung solcher Übungen ist mit dem Gesuch um Semesteranrechnung ausdrücklich zu beantragen. Zu diesem Zweck sind Praktikantenscheine hierüber nach dem vorgeschriebenen Muster einzureichen.

Über Semesteranrechnungen pflegt erst dann, wenn sich der Verlauf des medizinischen oder zahnärztlichen Studiums übersehen läßt, und durch Studiennachweise ein geregeltes Studium nachgewiesen werden kann, also erst kurz vor der Meldung zur Prüfung, entschieden zu werden[3].

---

[1] Diese klinische Mindeststudienzeit ist voll zu erledigen. Hierauf wird also ein nichtmedizinisches oder nichtzahnärztliches Studium grundsätzlich nicht angerechnet.

[2] Wegen Belegung klinischer Vorlesungen und Übungen als Praktikant oder als Auskultant vgl. S. 71 Anm. 1.

[3] Es empfiehlt sich, die Semesteranrechnung erst zu Beginn des letzten Studienhalbjahres vor der Meldung zur Prüfung nach Belegung der Vorlesungen und Übungen für dieses Halbjahr zu beantragen.

Solchen Gesuchen[1] sind beizufügen: Schulreifezeugnis nebst Lateinnachweis, Nachweise über die früheren und gegenwärtigen Studien (Universitätsabgangszeugnisse, Anmeldebuch) mit dem Zeugnis über die Umschreibung zur Medizinischen Fakultät[2] und die bisher erworbenen medizinischen oder zahnärztlichen Praktikantenscheine.

Allgemeines über die Anrechnung von Prüfungen.

Anderweitige an reichsdeutschen Universitäten oder Hochschulen bestandene Prüfungen werden auf die ärztliche oder zahnärztliche Vorprüfung ausnahmsweise nur angerechnet[3], wenn die Anforderungen in diesen Fächern denen bei der ärztlichen oder zahnärztlichen Vorprüfung gleichwertig und die anzurechnenden Prüfungen vollständig, d. h. in sämtlichen vorgeschriebenen Fächern, bestanden sind. In Betracht kommen nur naturwissenschaftliche Fächer. Auf die ärztliche Vorprüfung können Anatomie, allgemeine Physiologie und physiologische Chemie und auf die zahnärztliche Vorprüfung Anatomie, Physiologie und Zahnersatzkunde grundsätzlich nicht angerechnet werden. Diese Fächer sind in allen Fällen abzulegen. Die Anrechnung anderweitiger Prüfungen auf die ärztliche oder zahnärztliche Prüfung kommt nicht in Frage (vgl. auch S. 24 Anm. 10 und S. 110 Anm. 3). Wegen der Anrechnung ausländischer Prüfungen vgl. S. 125).

Von den Prüfungsfächern, die den Studierenden auf die Vorprüfung angerechnet werden, brauchen weder Vorlesungen noch Übungen (§ 7 Bestallungsordnung für Ärzte, § 8 Prüfungsordnung für Zahnärzte) neu belegt zu werden, falls solche aus dem früheren Studium nachgewiesen werden können.

Mit Gesuchen[4] um Anrechnung bestandener Prüfungen sind einzureichen: Schulreifezeugnis nebst Lateinnachweis, Nachweise über die früheren und gegenwärtigen Studien (Universitätsabgangszeugnisse, Anmeldebuch) bisher erworbene medizinische oder zahnärztliche Praktikantenscheine und Zeugnisse über die anzurechnenden Prüfungen.

Naturwissenschaften.

Ein anderweitiges Hochschulstudium, in welchem naturwissenschaftliche Vorlesungen oder Übungen belegt worden sind, wird in der Regel als ein Halbjahr auf die für die Zulassung zum I. Abschnitt der ärztlichen Vorprüfung nachzuweisende Studienzeit angerechnet. Auf die zahnärztlich-vorklinische Studienzeit kann ein solches Studium in der Regel nur als ein Halbjahr angerechnet werden, da die beiden anderen bis zur Ablegung der zahnärztlichen Vorprüfung nachzuweisenden Halbjahre besonders für die in § 8 der Prüfungsordnung für Zahnärzte vorgeschriebenen beiden Kurse in der Zahn-

1 Die Gesuche sind in Preußen durch die Hand des Prüfungsausschusses an den R.Pr.J. zu richten.

2 Bei einem Studienwechsel innerhalb der Medizinischen Fakultät (Medizin — Zahnheilkunde oder umgekehrt) ist auch eine Umschreibung zu beantragen und eine entsprechende Bescheinigung beizubringen.

3 Das Gesamturteil ist bei Vorprüfungen, in denen einzelne Fächer von früheren Prüfungen angerechnet werden, ähnlich wie bei einer vollständigen Vorprüfung (vgl. § 26 Abs. 1 B I der Bestallungsordnung für Ärzte, § 15 Abs. 2 der Prüfungsordnung für Zahnärzte) zu ermitteln, dabei sind nur diejenigen Fächer zu berücksichtigen, in denen die Vorprüfung tatsächlich abgehalten worden ist. Die Zahl, durch die die Summe der ermittelten Zahlenwerte zu teilen ist, ist also nicht 15 (Bestallungsordnung für Ärzte) oder 12 (Prüfungsordnung für Zahnärzte), sondern entsprechend niedriger.

4 Vgl. S. 51 Anm. 1.

ersatzkunde bestimmt sind, und diese Kurse in nicht weniger als zwei Halbjahren erledigt werden können. Hierzu bedarf es der ministeriellen Genehmigung.

Wer an einer Universität des Deutschen Reichs auf Grund einer Prüfung in den Naturwissenschaften die Doktorwürde erworben hat, wird in dem I. (naturwissenschaftlichen) Abschnitt der ärztlichen Vorprüfung und bei der zahnärztlichen Vorprüfung nur in den Fächern geprüft, die nicht Gegenstand der Promotionsprüfung gewesen sind (§ 18 Abs. 3 der Bestallungsordnung für Ärzte, § 13 Abs. 1 der Prüfungsordnung für Zahnärzte). Hierüber entscheidet der Vorsitzende des Prüfungsausschusses selbständig, nachdem ihm eine diesbezügliche Bescheinigung der betreffenden Fakultät beigebracht worden ist.

Von einer anderweitigen an Universitäten oder Hochschulen des Deutschen Reichs vollständig bestandenen Prüfung können naturwissenschaftliche Fächer auf den naturwissenschaftlichen Abschnitt der ärztlichen oder auf die zahnärztliche Vorprüfung ausnahmsweise angerechnet werden (§ 18 Abs. 4 der Bestallungsordnung für Ärzte, § 13 Abs. 3 der Prüfungsordnung für Zahnärzte). Hierzu bedarf es der ministeriellen Genehmigung.

Medizin und Zahnheilkunde. Wegen gegenseitiger Anrechnung des Studiums der Medizin und der Zahnheilkunde vgl. S. 54.

Tierheilkunde. Das Studium der Tierheilkunde kann bis zu zwei Halbjahren auf die für die Zulassung zur ärztlichen Vorprüfung vorgeschriebene Studienzeit angerechnet werden (R.J. 20. 11. 1919. — II 11014). Wieweit vorgeschriebene Vorlesungen und Übungen von dem tierärztlichen Studium auf das medizinische Studium, ferner ob und welche Prüfungsfächer der tierärztlichen Vorprüfung auf die ärztliche Vorprüfung angerechnet werden können, wird von Fall zu Fall bestimmt. Die Anrechnung der Fächer Anatomie und Physiologie der tierärztlichen Vorprüfung auf die ärztliche Vorprüfung kommt nicht in Frage.

Pharmazie. Von der pharmazeutischen Prüfung können die Fächer Chemie und Botanik auf die ärztliche Vorprüfung angerechnet werden, vorausgesetzt, daß in diesen Fächern ein mindestens genügendes Urteil erzielt worden ist. Hierüber hat der Prüfling evtl. eine entsprechende Bescheinigung des betr. pharmazeutischen Prüfungsausschusses beizubringen. Die pharmazeutische Prüfung in Physik wird aber auf die ärztliche Vorprüfung nicht angerechnet, da die Ansprüche an physikalische Kenntnisse beim Apotheker und beim Arzt verschieden sind. Von der pharmazeutischen Vorprüfung, der ein Hochschulstudium nicht vorhergeht, und die nicht an Hochschulen abgelegt wird, werden Prüfungsfächer auf den I. Abschnitt der ärztlichen Vorprüfung nicht angerechnet.

Landwirtschaft. Von den Prüfungen für Studierende der Landwirtschaft und für Landwirtschaftslehrer können nur Zoologie und Botanik, dagegen nicht Physik und Chemie auf die ärztliche Vorprüfung angerechnet werden.

Bergbau. Von den Prüfungen für die Fachrichtung des Bergbaues kann Physik, dagegen nicht Chemie auf die ärztliche Vorprüfung angerechnet werden.

Technische Hochschulprüfungen.

Von den Prüfungen, die an einer Technischen Hochschule abgelegt sind, können in der Regel Physik, Chemie und Botanik auf die ärztliche Vorprüfung angerechnet werden, vorausgesetzt, daß das Studium und die Prüfungen in diesen Fächern nicht von untergeordneter Bedeutung waren z. B. Chemie beim Studium des Maschinenbaues sowie des Schiffs- und Schiffsmaschinenbaues.

Chemische Verbandsprüfung.

Die sogenannte chemische Verbandsprüfung wird grundsätzlich nicht auf die ärztliche Vorprüfung angerechnet.

Österr. Studien u. Prüfungen.

Wegen Anrechnung österreichischer Studien und Prüfungen vgl. S. 126, sonstiger ausländischer Studien und Prüfungen vgl. S. 121.

Medizinstudium und Ausbildung als Apotheker.

Die Feststellung, daß Apothekerpraktikanten während ihrer praktischen Ausbildung in Apotheken Medizin studiert haben, hat zu folgenden Erlaß M.B. 26. 7. 1927 — I M Pr. 2181 — Veranlassung gegeben:

Die Apothekerpraktikanten müssen in der üblichen und herkömmlichen Weise in den Apotheken tätig sein und an dem regelmäßigen Dienstbetrieb der Apotheken teilnehmen, um die erforderliche praktische Ausbildung zu erwerben. Es wird zwar zu dulden sein, daß die Praktikanten nicht nur während der üblichen Freistunden (etwa zweistündige Mittagspause, ein bis zwei freie Nachmittage in der Woche oder in jeder Woche ein freier Tag) und während der üblichen Urlaubszeiten (3 bis 4 Wochen jährlich) von der Apotheke abwesend sind, sondern daß sie auch täglich etwa 1 bis 2 Stunden ihrer wissenschaftlichen Fortbildung widmen, soweit dies für die Ablegung der pharmazeutischen Vorprüfung erforderlich ist. Wenn jedoch ein Praktikant während der vorgeschriebenen Ausbildungszeit von 2 Jahren insgesamt länger als 8 Wochen (vgl. § 6 Ziff. 2 der Prüfungsordnung für Apotheker vom 18. 5. 1904[1]) überhaupt nicht am Orte der Apotheke, für die er beim Kreisarzte angemeldet ist, anwesend ist, so kann ihm die 8 Wochen übersteigende Zeit seiner Abwesenheit keinesfalls als vorschriftsmäßige Ausbildungszeit gerechnet werden. Eine nur zeitweise Tätigkeit in einer Apotheke kann in der Regel überhaupt nicht auf die Praktikantenzeit angerechnet werden, da eine solche Ausbildung nicht als geregelt angesehen wird.

Vorstehendes gilt sinngemäß auch für die Ausbildung als Apothekerassistent, und für die Anrechnung von Teilen eines Doppelstudiums (gleichzeitige Einschreibung bei der Hochschule für verschiedene Fachstudien), was an sich grundsätzlich nicht gestattet ist[2].

---

[1] Jetzt § 6 Abs. 1 Buchst. b der Prüfungsordnung für Apotheker vom 8. 12. 34 (R.M.Bl. S. 769).

[2] Wegen der Einschreibung der Studierenden bei zwei Fakultäten hat der K.M. folgenden Erlaß vom 3. 12. 31 — U I 2072 — an die akademischen Behörden gerichtet (vgl. auch M.B. 28. 12. 31 — I M V 2639):

Der Preußische Minister für Volkswohlfahrt weist auf Mißstände hin, die bei Prüfungen durch das gleichzeitige Studium in der Medizinischen und Philosophischen Fakultät für Mediziner und Pharmazeuten hervorgetreten seien. Mit Rücksicht darauf, daß bei der Meldung zu den vorgeschriebenen medizinischen und pharmazeutischen Prüfungen eine beschränkte Anrechnung der einem verwandten Studium gewidmeten Zeiten auf Grund der Prüfungsordnungen möglich ist, empfiehlt es sich, die Erlaubnis zur Einschreibung von Studenten, die gleichzeitig Medizin und Pharmazie studieren wollen, bei zwei Fakultäten grundsätzlich zu versagen.

E. Gegenseitige Anrechnung des Studiums der Medizin und der Zahnheilkunde.

Das Studium der Zahnheilkunde ist im Deutschen Reiche so geordnet, daß es unabhängig vom Studium der Medizin als besonderes Studienfach betrieben werden muß. Beide Studienfächer können auch nebeneinander erledigt werden. Wie das Studium und die Prüfungen dann am zweckmäßigsten einzuteilen sind, um die Bestallung als Arzt und Approbation als Zahnarzt in möglichst kurzer Zeit zu erwerben, dafür gibt es verschiedene Möglichkeiten, je nach dem, wann das eine oder andere Studiengebiet hinzugenommen wird.

Grundsätzlich müssen die Studierenden bei der Medizinischen Fakultät für jedes Fach (Medizin, Zahnheilkunde), in dem sie Prüfungen ablegen wollen, eingeschrieben sein. Wer seine Studien noch nicht beendigt, und die Absicht hat, die Prüfungen in beiden Fächern abzulegen, kann sich für das gleichzeitige Studium der Medizin und der Zahnheilkunde bei der Medizinischen Fakultät einschreiben lassen (stud. med. et stud. med. dent.). In solchen Fällen gelten von diesem Zeitpunkte ab die Studienhalbjahre ohne weiteres als medizinische und zahnärztliche im Sinne der Bestallungsordnung für Ärzte und Prüfungsordnung für Zahnärzte, es bedarf also für diese Zeit nicht einer besonderen ministeriellen Anrechnung der Studienzeit. Diese kann beantragt werden, wenn und soweit eine solche gleichzeitige Einschreibung für beide Studien nicht erfolgt ist[1]. Letztere ist schon von Beginn der Studien ab möglich. Sie erfolgt am Anfang und am Ende jeden Halbjahres, ist bei der Medizinischen Fakultät zu beantragen und wird im Studienbuch vermerkt (vgl. S. 42 — § 9 der Vorschriften für Studierende).

Wer diese Einschreibung bewirkt hat, muß, um das medizinische und zahnärztliche Studium durchzuführen und die vorgeschriebenen ärztlichen und zahnärztlichen Prüfungen abzulegen, die medizinischen und zahnärztlichen Gesamtstudien auf 13 Halbjahre verlängern, von denen 5 Halbjahre dem medizinischen Studium nach vollständig bestandener ärztlicher Vorprüfung zu widmen sind (R.J. 8. 3. 21 — II A 2287 — 6. 6. 34 — II 2111. 25. 4.).

Das gleichzeitige Studium der Medizin und Zahnheilkunde wird dadurch erleichtert, daß die für beide Fächer zu erledigenden Vorlesungen, Übungen und Prüfungen zu einem großen Teil übereinstimmen. Dies trifft besonders beim vorklinischen medizinischen und zahnärztlichen Studium zu.

Zur Frage, ob und inwieweit die von einem Studierenden der Medizin erworbenen Nachweise über die Teilnahme an den in der Bestallungsordnung für Ärzte vorgeschriebenen Übungen auch als genügend im Sinne der Prüfungsordnung für Zahnärzte gelten, wird bemerkt, daß die Nachweise nicht ohne weiteres gültig sind, zu einer Anrechnung vielmehr in jedem Einzelfalle

[1] Die Anrechnung eines medizinischen Studiums auf die für die Zulassung zur zahnärztlichen Vorprüfung vorgeschriebene dreihalbjährige Studienzeit erfolgt immer nur mit einem Halbjahr, weil zwei Halbjahre für die Erwerbung der Zeugnisse über die Teilnahme an den beiden Kursen in der Zahnersatzkunde notwendig sind und diese Kurse in nicht weniger als zwei Halbjahren erledigt werden können. In dieser Zeit kann das medizinische Studium fortgesetzt werden.

die ministerielle Genehmigung nachzusuchen ist[1]. Diese wird in der Regel abgelehnt, wenn die ärztliche Vorprüfung (einschl. Wiederholung) nicht bestanden ist. Das gleiche gilt sinngemäß für die Anrechnung der von einem Studierenden der Zahnheilkunde erworbenen Nachweise für das medizinische Studium. Anders liegt der Fall, wenn der Studierende bei der Medizinischen Fakultät gleichzeitig für das Studium der Medizin und der Zahnheilkunde eingeschrieben ist. Gegebenenfalls gelten von diesem Zeitpunkte ab nicht nur die Studienhalbjahre ohne weiteres als medizinische und zahnärztliche im Sinne der Bestallungsordnung für Ärzte und der Prüfungsordnung für Zahnärzte (siehe oben), sondern auch die während dieses gleichzeitigen Studiums der Medizin und Zahnheilkunde belegten Vorlesungen und Übungen ohne weiteres als genügend im Sinne dieser Prüfungsbestimmungen. (M.J. 20. 3. 33 — III a IV 673).

Wer erst die ärztliche Vorprüfung vollständig ablegt und sich dann zur zahnärztlichen Vorprüfung meldet, braucht sich dieser nur in dem Fach Zahnersatzkunde zu unterziehen (§ 13 Abs. 2 der Prüfungsordnung für Zahnärzte). Diese Vergünstigung gilt auch für die ärztliche Vorprüfung nach der Bestallungsordnung für Ärzte, kommt aber nur in Frage, wenn beide Abschnitte vollständig bestanden sind. Von einer nicht vollständig bestandenen ärztlichen Vorprüfung können nicht etwa einzelne Fächer (auch nicht etwa die Fächer Chemie und Physik des vollständig bestandenen naturwissenschaftlichen Abschnitts) auf die zahnärztliche Vorprüfung angerechnet werden. Für die Meldung zu dieser zahnärztlichen Vorprüfung in Zahnersatzkunde bedarf es nur der Erwerbung und Beibringung der Zeugnisse über die regelmäßige Teilnahme an den vorgeschriebenen beiden Kursen in der vorklinischen Zahnersatzkunde.

Wer umgekehrt erst die zahnärztliche Vorprüfung ablegt und sich dann der ärztlichen Vorprüfung unterziehen will, muß letztere in allen Fächern erledigen; denn von der zahnärztlichen Vorprüfung werden Fächer auf die ärztliche Vorprüfung nicht angerechnet, weil bei dieser höhere Anforderungen gestellt werden sollen als bei der zahnärztlichen Vorprüfung (M.V. 6. 9. 22 — I M V gen. 118). Die für die zahnärztliche Vorprüfung nachgewiesenen Übungen werden im allgemeinen auf das für die Meldung zur ärztlichen Vorprüfung vorgeschriebene Studium angerechnet, sofern der erste Präparierkursus in dem für Mediziner verlangten Umfange erledigt oder entsprechend ergänzt und das chemische Praktikum in den beiden Hauptteilen absolviert ist. Studierende, die zuerst die zahnärztliche Vorprüfung ablegen,

[1] 1. Über die Anrechnung eines von reichsdeutschen Studierenden bei der Medizinischen Fakultät einer deutschen Universität ordnungsmäßig zurückgelegten
a) medizinischen Studiums auf die für die Zulassung zur zahnärztlichen Vorprüfung nachzuweisenden Studienzeit,
b) zahnärztlichen Studiums auf die für die Zulassung zur ärztlichen Vorprüfung nachzuweisenden Studienzeit

bis zu einem Halbjahr,

2. über die Anerkennung der während dieses Studiums erworbenen, nach § 7 der Bestallungsordnung für Ärzte und § 8 der Prüfungsordnung für Zahnärzte erforderlichen Nachweise entscheiden in Preußen die Vorsitzenden der Ausschüsse für die ärztliche und die zahnärztliche Vorprüfung selbständig (M.V. 23. 7. 1920 I M V 5336).

Die weitergehenden Ausnahmen nach dieser Richtung bedürfen der ministeriellen Genehmigung.

haben den Vorteil, daß sie danach sofort mit dem zahnärztlich-klinischen Studium beginnen, auf die Erlangung der Approbation als Zahnarzt hinarbeiten, und während dieser Zeit versuchen können, die Lücken für die Meldung zur ärztlichen Vorprüfung auszufüllen und diese zu erledigen. Für die Ablegung der ärztlichen Vorprüfung ist zu beachten, daß nach dem 1. Abschnitt noch die im § 7 Abs. 2 der Bestallungsordnung für Ärzte vorgeschriebenen weiteren medizinischen Studienhalbjahre für die Meldung zum 2. Abschnitt nachzuweisen sind.

Im klinischen Studium wird, wenn bereits das medizinische und zahnärztliche Studium begonnen und die eine oder andere Vorprüfung oder beide Vorprüfungen beendet sind, in der Regel zunächst das zahnärztlich-klinische Studium wegen der kürzeren Studienzeit zu Ende geführt und die zahnärztliche vor der ärztlichen Prüfung abgelegt werden. Von der zahnärztlichen Prüfung werden Prüfungsabschnitte bzw. -teile auf die spätere ärztliche Prüfung grundsätzlich nicht angerechnet. Diese ist also in allen Abschnitten vollständig abzulegen.

Wer die ärztliche Prüfung abgelegt oder die Bestallung als Arzt erworben hat[1], braucht nach § 53 der Prüfungsordnung für Zahnärzte vom 15. 3. 1909 nur ein abgekürztes zahnärztliches Studium zu erledigen. Die Studiennachweise können schon vor oder während der ärztlichen Prüfung oder vor Erlangung der Bestallung als Arzt während des medizinischen Studiums erworben werden. Ist dies nicht geschehen, so können die Kurse nebst Poliklinik nach der ärztlichen Prüfung oder nach Erlangung der Bestallung als Arzt in demselben Studienhalbjahr abgeleistet werden, sodaß bei dieser Erledigung im ganzen zwei Studienhalbjahre genügen. Diese sind möglichst mit voller Matrikel zurückzulegen, können aber ausnahmsweise auch mit kleiner Matrikel oder als Gasthörer erledigt werden. Wer aber, obwohl er die Möglichkeit hatte, sich voll immatrikulieren zu lassen, hiervon keinen Gebrauch macht, kann auf Anrechnung von Gasthörsemestern oder eines Studiums mit der kleinen Matrikel nicht rechnen. — Die zahnärztliche Prüfung beginnt in solchen Fällen frühestens nach vollständig bestandener ärztlicher Prüfung (nicht etwa schon, falls obige Praktikantenscheine früher erworben sind, nach deren Erlangung) und erstreckt sich auf die rein zahnärztlich-klinischen Fächer (vgl. § 53 der Prüfungsordnung für Zahnärzte). Außerdem ist noch die für die zahnärztliche Vorprüfung vorgeschriebene Prüfung in der Zahnersatzkunde abzulegen[2]. Die Prüfung in der (vorklinischen) Zahnersatzkunde kann bereits nach der ärztlichen Vorprüfung und vor der ärztlichen Prüfung als besondere zahnärztliche Vorprüfung im Sinne des § 13 Abs. 2 der Prüfungsordnung für Zahnärzte abgelegt werden (siehe oben). Gegebenenfalls fällt die Prüfung in diesem Fach bei Ablegung der zahnärztlichen Prüfung im Sinne des § 53 der Prüfungsordnung für Zahnärzte fort.

---

[1] Die ärztliche Prüfung und die Bestallung als Arzt einerseits sowie die zahnärztliche Ausbildung im Sinne des § 53 der Prüfungsordnung für Zahnärzte anderseits brauchen nicht etwa zeitlich unmittelbar aufeinander zu folgen.

[2] Die Prüfung in diesem Fache wird in solchen Fällen beim Ausschuß für die zahnärztliche Prüfung vor dem bei der zahnärztlichen Vorprüfung bestellten Prüfer abgelegt und der Prüfling zur Ablegung dieses Faches nicht etwa dem Ausschuß für die zahnärztliche Vorprüfung überwiesen.

Das Praktische Jahr der Mediziner darf zum zahnärztlichen Studium nicht benutzt werden. Dem Medizinalpraktikanten, der bereits das zahnärztliche Studium abgeschlossen, die zahnärztliche Prüfung vollständig bestanden und die Approbation als Zahnarzt erhalten hat, kann jedoch auf Antrag vom Ministerium gestattet werden, sechs Monate des Praktischen Jahres an einem zahnärztlichen Universitätsinstitut abzuleisten.

F. Anrechnung von Gasthörsemestern oder eines Studiums mit der kleinen Matrikel.

Auf Grund der Bestimmungen im § 29 der Gewerbeordnung für das Deutsche Reich hat der Bundesrat beschlossen, daß den Prüfungsordnungen für Ärzte und Zahnärzte fortan folgende Auslegung gegeben werde:

1. Als Universitätsstudium im Sinne
   des § 3 Abs. 2 b und Abs. 3 der Bekanntmachung, betreffend die ärztliche Vorprüfung, vom 2. 6. 1883 (Zentral-Blatt für das Deutsche Reich S. 198)[1],
   des § 4 Abs. 4 Ziff. 2 und 3 der Bekanntmachung, betreffend die ärztliche Prüfung, vom 2. 6. 1883 (Zentral-Blatt für das Deutsche Reich S. 191)[2],
   des § 4 Abs. 1 Ziff. 3 der Bekanntmachung, betreffend die Prüfung der Zahnärzte, vom 5. 7. 1889 (Zentral-Blatt für das Deutsche Reich S. 417)[3],
   gilt auch die Zeit, in welcher die zur Prüfung sich Meldenden gastweise (als Hospitanten oder Hospitantinnen) an einer Universität Vorlesungen besucht haben, sofern sie ungeachtet des Nachweises der für die Zulassung zur Prüfung vorgeschriebenen schulwissenschaftlichen Vorbildung sowie der erforderlichen sittlichen Führung aus Gründen der Universitätsverwaltung von der Immatrikulation ausgeschlossen waren, und die Einhaltung eines ordnungsmäßigen akademischen Studienganges dargetan wird.
2. Als Universitäts-Abgangszeugnis im Sinne
   des § 3 Abs. 4 und des § 9 Abs. 1 der Bekanntmachung, betreffend die ärztliche Vorprüfung[4],
   des § 4 Abs. 4 Ziff. 2 und des § 23 Abs. 2 der Bekanntmachung, betreffend die ärztliche Prüfung[5],
   des § 11 Abs. 2 der Bekanntmachung, betreffend die Prüfung der Zahnärzte[6],
   gilt in den unter 1 bezeichneten Fällen jede Bescheinigung der Universitätsbehörde über die vollständige Erledigung des Studiums.
3. Als Anmeldebuch im Sinne des § 3 Abs. 4 der Bekanntmachung, betreffend die ärztliche Vorprüfung[7], gilt in den unter 1 bezeichneten Fällen jede Bescheinigung der Universitätsbehörde über die Annahme von Vorlesungen.
4. Der Immatrikulation im Sinne des § 1 Abs. 1 und des § 8 der Bekanntmachung, betreffend die ärztliche Vorprüfung[8], wird in den unter 1 bezeichneten Fällen die Zulassung zum gastweisen Besuche der Vorlesungen gleichgeachtet.

Berlin, den 24. April 1899.

Der Reichskanzler.

Als Studium im Sinne der Bestallungsordnung für Ärzte und der Prüfungsordnung für Zahnärzte gilt grundsätzlich die von Studierenden der Medizin und der

[1] Jetzt § 7 Abs. 1, 2 und § 8 der Bestallungsordnung für Ärzte.
[2] Jetzt §§ 24 und 25 Abs. 1 B II der Bestallungsordnung für Ärzte.
[3] Jetzt § 7 Abs. 1 und § 24 der Prüfungsordnung für Zahnärzte vom 15. 3. 1909.
[4] Jetzt § 9 Abs. 2 und § 18 Abs. 1 der Bestallungsordnung für Ärzte.
[5] Jetzt §§ 24 B II und 60 Abs. 2 der Bestallungsordnung für Ärzte.
[6] Jetzt § 51 Abs. 2 der Prüfungsordnung für Zahnärzte vom 15. 3. 1909.
[7] Jetzt § 9 Abs. 2 der Bestallungsordnung für Ärzte.
[8] Jetzt § 3 Abs. 1 der Bestallungsordnung für Ärzte.

Zahnheilkunde bei der Medizinischen Fakultät zurückgelegte Studienzeit nach der Vollimmatrikulation. Nur diese Zeit wird ohne weiteres auf das betreffende Studium angerechnet. Ausnahmen sind durch § 8 Abs. a der Bestallungsordnung für Ärzte und § 7 Abs. 2 Ziff. 1 der Prüfungsordnung für Zahnärzte vom 15. 3. 1909 zugelassen. Hiernach darf mit Genehmigung der obersten Landesbehörde (im Einvernehmen mit dem Reichsminister des Innern) diejenige Studienzeit ganz oder teilweise ausnahmsweise angerechnet werden, die vor Erlangung des Reifezeugnisses einem verwandten Universitätsstudium oder gleichwertigen Hochschulstudium gewidmet ist. Dabei handelt es sich nur um Gasthörsemester oder um ein Studium mit der kleinen Matrikel (auf vier Halbjahre bei der Philosophischen Fakultät).

Nach dem an die Universitätskuratoren usw. gerichteten allg. Erlasse des Ministers der geistlichen Unterricht- und Medizinalangelegenheiten vom 30. 5. 1899 — U I 1143 M — (Zentralblatt für die gesamte preußische Unterrichtsverwaltung 99 S. 654) ist auf Grund eines Beschlusses des Bundesrats vom 20. 4. 1899 durch Bekanntmachung des Reichskanzlers vom 24. 4. 1899 (Zentralblatt für das Deutsche Reich 99 S. 124) bestimmt worden, daß als Universitätsstudium im Sinne der Prüfungsordnungen für Ärzte und Zahlärzte „auch die Zeit gilt, in welcher die zur Prüfung sich Meldenden gastweise (als Hospitanten oder Hospitantinnen) an einer Universität Vorlesungen besucht haben, sofern sie — ungeachtet des Nachweises der für die Zulassung zur Prüfung vorgeschriebenen schulwissenschaftlichen Vorbildung sowie der erforderlichen sittlichen Führung — aus Gründen der Universitätsverwaltung von der Immatrikulation ausgeschlossen waren und die Einhaltung eines ordnungsmäßigen akademischen Studienganges dargetan wird". Hiernach werden Gasthörsemester in der Regel nur in den seltenen Fällen anerkannt, wo der Vollimmatrikulation besondere in den Universitätsstatuten usw. begründete Hindernisse entgegenstehen, z. B. bei einem Staatsbeamten oder der Zugehörigkeit zu einer anderen (Technischen, Tierärztlichen, Landwirtschaftlichen usw.) Hochschule. Die Anrechnung wird mithin auf diejenigen Fälle beschränkt, in denen dem Betreffenden nach den Universitätsstatuten usw. die förmliche Vollimmatrikulation — ungeachtet des Nachweises genügender Vorbildung — aus Gründen versagt wird, welche außerhalb seiner freien Willensbestimmung liegen.

Wer demnach, obwohl er die Möglichkeit hatte, sich nach Erlangung des Reifezeugnisses[1] vollimmatrikulieren zu lassen, hiervon keinen Gebrauch macht, kann auf Anrechnung von Gasthörsemestern oder eines Studiums mit der kleinen Matrikel nicht rechnen. Die Vollimmatrikulation ist auch durch die neue Fassung des § 5 der Vorschriften für die Studierenden der Preußischen Landesuniversitäten vom 1. 10. 1914 insofern erleichtert worden, als Reichs-, Staats-, Gemeinde- oder Kirchenbeamte sowie Personen, die dem Gewerbestand angehören, zum Studium zugelassen werden können, wenn nachgewiesen ist, daß sie durch Beurlaubung vom Dienst oder durch Befreiung von ihrer beruflichen Tätigkeit über so viel freie Zeit verfügen, daß die Durchführung eines gründlichen Studiums gesichert ist. Bei Beamten gilt der Nachweis als erbracht, wenn sie durch ihre Dienstbehörde mindestens von der halben Dienstzeit befreit sind.

Ich behalte mir in jedem Falle die Entscheidung vor, ob Gasthörsemester oder ein Studium mit der kleinen Matrikel auf die nach der Bestallungsordnung für Ärzte und der Prüfungsordnung für Zahnärzte nachzuweisende Studienzeit angerechnet werden sollen oder nicht, und ersuche ergebenst, mir die entsprechend begründeten Gesuche unter Beifügung des Reifezeugnisses nebst Lateinnachweis und sämtlicher bisher erworbener Studiennachweise (Universitätsabgangszeugnis, Anmeldebuch, Praktikantenscheine) zur Entscheidung einzureichen.

Berlin, den 8. April 1927.

Der Preuß. Minister für Volkswohlfahrt.

I M III 298/27.

[1] Ein Studium als Gasthörer, das vor Erlangung des Reifezeugnisses während der Schulzeit belegt ist, wird nicht auf die für die Zulassung zu den ärztlichen und zahnärztlichen Prüfungen vorgeschriebene Studienzeit angerechnet.

Wie ich festgestellt habe, nehmen die preußischen Hochschulen Gasthörer nach verschiedenen und teilweise von einander abweichenden Bestimmungen auf. Es ist infolgedessen vorgekommen, daß Personen an einer Hochschule als Gasthörer nicht zugelassen worden sind, während gegen ihre Aufnahme an anderen Hochschulen keine Einwendung erhoben wurde. Diese Tatsache hat bereits verschiedentlich zu Beschwerden und Anfragen Anlaß gegeben. Wenn auch nicht zu verkennen ist, daß für die Hochschulen eine gewisse Beweglichkeit bei der Zulassung von Gasthörern wünschenswert ist, so ist doch eine wenigstens grundsätzliche und im allgemeinen einheitliche Regelung dieser Frage notwendig.

Ich ersuche aus diesem Grunde, in Zukunft bei der Zulassung von Gasthörern folgende Richtlinien zugrunde zu legen:

I. Als Gasthörer können zugelassen werden:

1. Berufstätige Personen, denen die Immatrikulation nicht möglich ist, die mindestens das Zeugnis der Reife für Obersekunda einer neunstufigen höheren Lehranstalt, das Zeugnis über die bestandene Lehrerprüfung oder das Zeugnis über die erfolgreiche Absolvierung einer höheren Mädchenschule besitzen und die ein planmäßiges Fach- oder Berufsstudium betreiben oder sich in einzelnen Wissensgebieten weiter bilden wollen. Von dem Erfordernis der Obersekundareife können im Einzelfall Ausnahmen zugelassen werden, wenn der Aufzunehmende ein berufliches Interesse an dem Hören einzelner Vorlesungen nachweist und feststeht, daß er nach seiner Vorbildung und Allgemeinbildung in der Lage ist, den Vorlesungen mit Verständnis und Teilnahme zu folgen.

Ausländer haben eine gleichwertige Vorbildung nachzuweisen.

Die an der Universität Frankfurt-Main getroffene Regelung bezüglich der „Besucher" bleibt bestehen.

2. Personen mit abgeschlossener Hochschulbildung, die lediglich beabsichtigen, sich in einzelnen Disziplinen ihres Faches weiter zu bilden.

3. In allen Fällen kann die Zulassung zu den einzelnen Vorlesungen von der Erlaubnis des betr. Dozenten abhängig gemacht werden.

II. Ich ersuche daher in Zukunft solche Personen als Gasthörer nicht mehr zuzulassen, deren Immatrikulation keine Bedenken entgegen stehen, und die das Studium vorwiegend im Interesse einer beruflichen Ausbildung zwecks Abschluß eines Staatsexamens oder einer akademischen Prüfung betreiben. Die an einzelnen Hochschulen durch Vereinbarung mit den zuständigen Prüfungsämtern entstandene Übung, immatrikulationsfähige Studenten, die die vorgeschriebene Semesterzahl absolviert, aber ihr Examen nicht bestanden haben, und denen ein weiteres Studium aufgegeben ist, als Gasthörer zuzulassen, ist alsbald einzustellen und den betr. Studierenden die Immatrikulation zur Pflicht zu machen.

III. Es ist schließlich daran festzuhalten, daß der Besuch von Vorlesungen usw. nur solchen Personen gestattet ist, die entweder immatrikuliert oder als Gasthörer oder als Besucher ausdrücklich zugelassen sind bzw. dem Lehrkörper der Hochschule angehören. Danach ist es unzulässig, daß die Dozenten — wie es vielfach vorkommt — von sich aus einzelnen nicht zum Hochschulbesuch zugelassenen und nicht zum Lehrkörper gehörenden Personen den Besuch ihrer Vorlesungen gestatten.

IV. Bei der Verteilung der Arbeitsplätze ist darauf Bedacht zu nehmen, daß zunächst die immatrikulierten Studierenden und danach die Gasthörer einen Platz erhalten.

Berlin, den 16. Januar 1934.

Der Preuß. Minister für Wissenschaft, Kunst und Volksbildung.

U I 2840.

G. Anrechnung von Heeres- und Kriegsdienst.

Heeresdienst. Die Anrechnung von Heeresdienst auf die medizinische Ausbildung ist im § 66 Abs. 4 der Bestallungsordnung für Ärzte wie folgt vorgesehen:

„Weist der Kandidat bei Beantragung der Bestallung als Arzt nach, daß er mindestens ein Jahr Heeresdienst[1] geleistet hat, so ist der Termin, von dem ab die Bestallung gilt, um ein halbes Jahr vorzudatieren".

Eine entsprechende Regelung ist für die Anrechnung von Heeresdienst auf die zahnärztliche Ausbildung nicht getroffen worden.

Weiterhin sind noch folgende Vorschriften erlassen worden:

Anrechnung freiwilligen Dienstes in der Wehrmacht auf die Studienzeit.

Nachstehende Runderlasse vom 12. 2. 1936 und vom 8. 4. 1936 finden auch auf Studierende der Medizin und der Zahnheilkunde Anwendung, mit der Maßgabe, daß diesen der mindestens einjährige freiwillige Truppendienst mit einem Halbjahr auf das Studium angerechnet werden kann. Die Anrechnung darf nur nach Prüfung des Einzelfalles und nur mit meiner Zustimmung erfolgen. Sie kommt nur dann in Betracht, wenn keine Bedenken gegen die Verkürzung der Studienzeit bestehen. Sie ist insbesondere dann abzulehnen, wenn bereits andere Studien auf die medizinische oder zahnmedizinische Studienzeit angerechnet worden sind oder durch die Anrechnung der I. oder II. Abschn. des medizinisch-vorklinischen Studiums auf weniger als 2 Halbjahre oder das medizinisch-klinische Studium auf weniger als 5 Halbjahre bzw. das zahnmedizinisch-vorklinische und -klinische Studium auf weniger als je 3 Halbjahre verkürzt werden würde.

Berlin, den 12. Juni 1936.

Der Reichs- und Preuß. Minister des Innern.

IV B 10591/36/3507.

Anlage 1.

(1) In Ergänzung der Erl. v. 27. 7. und 13. 10. 1934 — R UJ[2] und vom 10. 8. 1935 — W Ii 2889, W Ib[2] bestimme ich, daß Studenten oder Abiturienten, die vor dem 1. 1. 1914 geboren sind und ein Jahr Militärdienst freiwillig ableisten, immatrikuliert bleiben können oder, sofern sie noch nicht immatrikuliert waren, die Immatrikulation beantragen können. Sie haben sich dann zur Ableistung des Dienstes in der Wehrmacht beurlauben zu lassen. Ein Belegen von Vorlesungen während der militärischen Dienstzeit ist nicht möglich.

(2) Alle übrigen Studenten, die ihrer Wehrpflicht genügen, haben, soweit die Dienstzeit länger als 8 Wochen dauert, entsprechend dem Erl. vom 10. 8. 1935 — W Ii 2889, W Ib[2] Exmatrikel zu nehmen.

(3) Studenten, die vor dem 1. 1. 1914 geboren und von der Hochschule zur Ableistung des militärischen Dienstes beurlaubt sind, können auf Antrag 1—2 auf freiwilligen Dienst in der Wehrmacht verwandte Urlaubssemester auf die für die Prüfungen vorgeschriebene Studienzeit angerechnet bekommen. Eine Herabsetzung der wissenschaftlichen Examensanforderungen für die Teilnehmer am Wehrdienst kann keinesfalls stattfinden.

Berlin, den 12. Februar 1936.

Der Reichs- und Preuß. Minister für Wissenschaft, Erziehung und Volksbildung.

W I i 4138/35, V a K I E III c M.

[1] Dies gilt gleichmäßig für den Dienst in den bestehenden 3 Wehrmachtteilen: Heer, Kriegsmarine und Luftwaffe, ohne Rücksicht darauf, ob der Dienst freiwillig oder pflichtgemäß geleistet ist.

[2] Hier nicht abgedruckt.

Anlage 2.

(1) Durch RdErl. vom 12. 2. 1936 — W Ii 4138, Va K I E IIIc M[1] — habe ich entschieden, daß Studenten, die vor dem 1. 1. 1914 geboren und von der Hochschule zur Ableistung des militärischen Dienstes beurlaubt sind, auf Antrag ein bis zwei auf freiwilligen Dienst in der Wehrmacht verwandte Urlaubssemester auf die für die Prüfungen vorgeschriebene Studienzeit angerechnet werden können.

(2) Darüber hinaus bin ich bereit, in besonders gelagerten Fällen zu prüfen, ob nicht auch Studierende, welche vor dem 1. 1. 1914 geboren sind und 1 oder 1½ Jahre Militärdienst freiwillig geleistet haben, ohne während dieser Zeit immatrikuliert gewesen zu sein, ausnahmsweise früher als vorgeschrieben zur Prüfung zugelassen werden können.

(3) Derartige Anträge sind auf dem vorgeschriebenen Dienstweg einzureichen, mir aber nur dann vorzulegen, wenn es sich um den Ausgleich besonderer Härten handelt. Da eine Entscheidung erst getroffen werden kann, wenn sich der Studienverlauf bis zur Prüfung übersehen läßt, ist die Einreichung der Anträge, denen die erforderlichen Unterlagen über den Studiengang beizufügen sind, erst kurz vor der Meldung zur Prüfung zulässig.

Berlin, den 8. April 1936.

Der Reichs- und Preuß. Minister für Wissenschaft, Erziehung und Volksbildung.

W Ii 827 Va K I E IIIc M.

Beschleunigung der ärztlichen Vorprüfung und Prüfung von Sanitätsoffizieranwärtern.

Auf Wunsch des Reichswehrministers ersuche ich, die Sanitätsoffizieranwärter, die sich zur ärztlichen Vorprüfung und Prüfung melden, jeweils zum erstmöglichen Prüfungstermin zuzulassen, damit für den Sanitätsdienst in der Reichswehr und Marine durch eine Verzögerung der Prüfungen nicht dienstliche Nachteile entstehen. Da mit der Einstellung der Anwärter in den Sanitätsdienst zu einem bestimmten Zeitpunkt gerechnet wird, kann bei verzögerten Prüfungen nicht nur die ordnungsmäßige Regelung des Sanitätsdienstes erschwert werden, sonder es können durch die Notwendigkeit der vorübergehenden Übertragung dieses Dienstes an andere Ärzte auch Mehrkosten für das Reich entstehen. Durch die bevorzugte Heranziehung der Sanitätsoffizieranwärter zu den Prüfungen wird eine Benachteiligung der übrigen Kandidaten praktisch kaum eintreten, da die Zahl der in Frage kommenden Prüflinge nur verhältnismäßig gering ist (in jedem Studienhalbjahr zur Zeit höchstens 11 im Reichsgebiet).

Berlin, den 31. Januar 1933.

Der Preuß. Minister des Innern.

IIIa IV 2794/32.

Auch für Kandidaten, die zur Ableistung des Heeresdienstes einberufen sind, werden durch Sondererlasse Ausnahmen zugelassen. So hat z. B. der Erlaß R.Pr.J. vom 7. 5. 36 — IV B 9815/36/3560 — folgendes bestimmt: Kandidaten, die durch eine Bescheinigung der Militärbehörde nachweisen, daß sie zum 1. 10. 36 zur Ableistung des Heeresdienstes einberufen sind, können zur ärztlichen bzw. zahnärztlichen Prüfung ausnahmsweise schon vom Ende des Sommerhalbjahrs 1936 (Schluß der Vorlesungen) ab zugelassen werden.

Die Anrechnung von Kriegsdienst[2] ist auch für noch in der medizinischen Ausbildung nach der Bestallungsordnung für Ärzte befindliche Kriegsteilnehmer zulässig. In Frage kommt unter der Voraussetzung einer entsprechen- Kriegsdienst.

[1] s. oben Anlage 1.

[2] Anrechnungsfähig ist nur Kriegsdienst, der bis 31. 3. 1920 abgeleistet ist (M.B. 16. 4. 20 — I M V 1375).

den Zeiteinbuße[1] eine Anrechnung des Kriegsdienstes (einschließlich medizinischer Betätigung als Feldunterarzt oder Feldhilfsarzt) zu je einem Halbjahr auf die medizinische Gesamtstudienzeit und das Praktische Jahr — im Höchstfalle also ein Jahr. Die Entscheidung erfolgt im Einzelfalle von der zuständigen obersten Landesbehörde in Übereinstimmung mit dem Reichsminister des Innern (R.J. 21. 12. 33 — II 2111. 15. 12.).

Für die Studierenden der Zahnheilkunde gelten die bisherigen Kriegsteilnehmervergünstigungen[2].

H. Studienplan für Mediziner.

Besondere Pläne für die Ordnung des Unterrichts sind nicht erlassen worden. Die Studierenden werden lediglich durch die Bestallungsordnung veranlaßt, ihr Studium so einzurichten, daß sie den Anforderungen der Prüfung genügen können. Dazu gehört aber, daß sie neben den Pflichtvorlesungen[3] auch Vorlesungen, die nicht pflichtmäßig sind, hören.

Das vorklinische Studium

ist in 5 Studienhalbjahren zu erledigen, wobei nachzuweisen sind

1. für den naturwissenschaftlichen Abschnitt der ärztlichen Vorprüfung (abzulegen nach mindestens 2 Halbjahren)
   a) Pflichtvorlesungen: anorganische und organische Chemie, Physik, Zoologie, Botanik (an Stelle der beiden letzteren: Biologie),
   b) Pflichtübungen: chemisches Praktikum (Praktikantenschein),
2. für den anatomisch-physiologischen Abschnitt der ärztlichen Vorprüfung (abzulegen nach 3 weiteren Halbjahren[4])
   a) Pflichtvorlesungen: Anatomie (2 Halbjahre), allgemeine Physiologie (2 Halbjahre), physiologische Chemie (1 Halbjahr),
   b) Pflichtübungen: Präparierübungen (2 Halbjahre), mikroskopisch-anatomische Übungen, allgemein-physiologisches Praktikum, physiologisch-chemisches Praktikum (Praktikantenscheine).

Für ein richtiges Belegen hat der Student darauf zu achten, daß er im 1. Halbjahr (Winter) nicht nur naturwissenschaftliche Fächer, sondern auch schon medizinische Vorlesungen (Anatomie) und den ersten Präparierkursus belegt. Das physiologische Praktikum und die mikroskopisch-anatomischen Übungen werden zweckmäßig meistens erst nach den Hauptvorlesungen etwa im 4. Studienhalbjahr zu belegen sein.

[1] Die Anrechnung von Kriegsdienst erfolgt auch in Fällen, in denen der Kandidat erst später sein Studium begonnen und nach dem Kriege zunächst einen anderen Beruf ausgeübt hat, wo also ein eigentlicher Zeitverlust nicht vorliegt (R.J. 3. 8. 34 — II 2120 B 10. 7.).

[2] Gemäß Beschluß des Bundesrats vom 1. 2. 1917 (bisher nicht aufgehoben) kann den Studierenden der Zahnheilkunde der Kriegsdienst bei entsprechender Zeiteinbuße (vgl. vorstehende Anm.) bis zur Dauer eines halben Jahres auf die für die Zulassung zur zahnärztlichen Prüfung nach vollständig bestandener Vorprüfung nachzuweisende Studienzeit angerechnet werden. Die gemäß § 25 der Prüfungsordnung für Zahnärzte nach vollständig bestandener Vorprüfung zurückzulegende Studienzeit von mindestens drei Halbjahren darf durch Anrechnung von Kriegsdienst nicht gekürzt werden.

Auf das vorklinisch-zahnärztliche Studium wird Kriegsdienst nicht angerechnet.

[3] Für die in der Bestallungsordnung vorgeschriebenen Pflichtvorlesungen ist eine bestimmte Mindestzahl von Wochenstunden nicht vorgesehen.

[4] Eventuell nur 2 weitere Halbjahre, wenn die Prüfung im naturwissenschaftlichen Abschnitt erst nach 3 oder mehr medizinischen Halbjahren vollständig bestanden ist.

Das klinische Studium,

für das 6 Studienhalbjahre[1] zur Verfügung stehen, umfaßt folgende Fächer, die nach § 26 der Bestallungsordnung nach vollständig bestandener, ärztlicher Vorprüfung (beide Abschnitte) zu belegen sind:

a) Pflichtübungen als Praktikant:

je zwei Halbjahre Medizinische Klinik, Chirurgische Klinik, Geburtshilfliche Klinik (dabei selbständige Entbindung von mindestens vier Kreißenden), (Praktikantenscheine),

je ein Halbjahr Klinik für Augenkrankheiten, Medizinische Poliklinik, Chirurgische Poliklinik, Kinderklinik oder -poliklinik, Psychiatrische Klinik, Spezialkliniken oder -polikliniken für Hals- und Nasen-, für Ohren- und für Haut- und syphilitische Krankheiten, praktischer Unterricht in der Impftechnik, wobei die zur Ausübung der Impfung erforderlichen technischen Fähigkeiten und Kenntnisse über Gewinnung und Erhaltung der Lymphe zu erwerben sind (Praktikantenscheine),

b) Pflichtvorlesungen: allgemeine Pathologie und pathologische Anatomie, spezielle Pathologie, topographische Anatomie, Pharmakologie der organischen und anorganischen Heilmittel, Hygiene, Orthopädie, gerichtliche Medizin[2],

c) spezielle Pflichtkurse: pathologisch-anatomischer Demonstrationskursus, Sektionskursus, bakteriologischer Kursus (Praktikantenscheine).

Falls ein Studierender zwei auf dieselben Stunden fallende Vorlesungen oder Übungen belegt, oder wenn eine Stunde mit einer anderen zusammenfällt, werden im allgemeinen nicht beide Vorlesungen oder Übungen ohne weiteres als ungültig für die Meldung zu den ärztlichen oder zahnärztlichen Prüfungen angesehen. Es wird vielmehr in jedem Falle besonders zu prüfen und dabei — eventuell unter Hinzuziehung der in Frage kommenden Universitätslehrer — zu erwägen sein, inwieweit eine Anrechnung erfolgen soll. In der Regel wird wohl mindestens eine Vorlesung oder Übung angerechnet werden. Die Entscheidung im Einzelfalle bleibt dem Vorsitzenden des Prüfungsausschusses überlassen. In Zweifelsfällen entscheidet der Minister (M. V. 8. 10. 1925 — I M III 2074).

---

[1] Eventuell nur 5 Halbjahre, wenn die ärztliche Vorprüfung erst nach 6 oder mehr medizinischen Halbjahren vollständig bestanden ist.

[2] Hierzu ist nachstehender allg. Erlaß ergangen:

Unter Bezugnahme auf die Erlasse vom 4. 8. 1906 — M Nr. 18321. U I — und 8. 2. 1907 — M Nr. 19819. U I —

Bei Prüfung der Gesuche um Zulassung zur ärztlichen Prüfung ist in neuerer Zeit wiederum mehrfach bemerkt worden, daß Medizinstudierende die Vorlesungen über topographische Anatomie usw. ganz oder zum Teil schon vor vollständig bestandener ärztlicher Vorprüfung gehört hatten, ohne der Vorschrift nachträglich durch nochmaliges Belegen der Vorlesungen zu genügen. Da in der Prüfungsordnung eine Ausnahme von der Vorschrift des § 26 Absatz 1 Nr. 3 nicht vorgesehen ist, mußten die Gesuche beanstandet werden.

Damit den Kandidaten künftig unliebsame Weiterungen erspart werden, ersuche ich ergebenst Anordnung zu treffen, daß die Studierenden der Medizin durch Aufnahme eines entsprechenden Vermerkes in die Studienpläne auf die genaue Beachtung der erwähnten Bestimmung ausdrücklich hingewiesen werden. Den in den klinischen Semestern stehenden Kandidaten ist die nochmalige Annahme etwaiger vorzeitig gehörter Vorlesungen nahe zu legen.

Einen Abdruck dieses Erlasses ersuche ich in den Kliniken und medizinischen Universitäts-Instituten dauernd aushängen zu lassen.

Berlin, den 25. November 1909.

Der Pr. Minister der geistlichen, Unterrichts- und Medizinal-Angelegenheiten.

M 19582 U I. 2. Ang.

III. Ärztliche Vorprüfung.

Voraussetzung für die Zulassung. Die Meldung zum I. Abschnitt der ärztlichen Vorprüfung kann nach einem mindestens zweihalbjährigen, zum II. Abschnitt nach einem im ganzen mindestens fünfhalbjährigen vorklinischen medizinischen Studium erfolgen. Von letzterem Studium müssen mindestens zwei Halbjahre auf die Zeit nach der vollständig bestandenen Prüfung im I. Abschnitt entfallen.

Die Zulassung erfolgt durch den Vorsitzenden des Ausschusses für die ärztliche Vorprüfung, für die Zulassung der Juden und Mischlinge bestehen besondere Grundsätze. Zu diesem Zweck ist ein zur Vollimmatrikulation an einer deutschen Universität berechtigendes Reifezeugnis (§ 6), der Nachweis eines entsprechenden medizinischen Studiums an deutschen Universitäten (§ 7) und Belege über die Teilnahme an den weiterhin in § 7 bestimmten Vorlesungen und Übungen beizubringen. Im übrigen gelten für die ärztliche Vorprüfung die Vorschriften des § 2 Abs. 3, der §§ 3 bis 29 der Bestallungsordnung für Ärzte. Dabei ist zu beachten, daß der Studierende bei der Ablegung der Vorprüfung oder Wiederholungsprüfung an der Universität, an der er sich dieser Prüfung unterzieht, vollimmatrikuliert oder ordnungsmäßig beurlaubt und bei der Medizinischen Fakultät eingeschrieben ist (§ 3 Abs. 1).

Ausnahmen. Ausnahmen sind für die Vorprüfung zulässig in den Fällen des § 2 Abs. 3. § 3 Abs. 1, § 6 Abs. 3, § 6 Abs. 4, § 7 Abs. 5, § 8, § 12 Abs. 6, § 13 Abs. 3, § 18 Abs. 4. Hierzu bedarf es eines Antrags an die zuständige oberste Landesbehörde (vgl. S. 7 Anm. 3 und 4) und der Zustimmung des R.Pr.J., soweit die Vorsitzenden der Prüfungsausschüsse nicht zur selbständigen Entscheidung zuständig sind (vgl. S. 131).

Zur Prüfung von Gesuchen um Bewilligung von Ausnahmen von der Bestallungsordnung sind jedesmal beizubringen:

1. Reifezeugnis nebst Lateinnachweis (§ 6),
2. sämtliche Studiennachweise (Universitätsabgangszeugnisse, Studienbuch und bisher erworbene Praktikantenscheine) sowie
3. Angabe über die Staatsangehörigkeit.

Die ministeriellen Bewilligungen von Ausnahmen für die Zulassung zum I. oder II. Abschnitt der Vorprüfung werden in Preußen unter Einziehung der vorgeschriebenen Verwaltungsgebühren unmittelbar an die Studierenden gesandt. Diese müssen daher zur Vermeidung von Verzögerungen in jedem Gesuch ihre Anschrift angeben.

Wegen rechtzeitiger Einreichung der Zulassungsgesuche an das Ministerium vgl. allg. Erlaß M.V. 28. 3. 1925 — I M III 779 — S. 134. Wegen der Ausländer und Anrechnung ausländischer Vorbildung wird auf S. 122 ff. verwiesen, wegen Eintragung eines Vermerks in dem Studienbuch über die bestandene Vorprüfung auf S. 65, 67, 71.

Prüfungstermine. Die Vorprüfungen werden abgehalten im I. Abschnitt vom 10. 4. oder 10. 10. bis Ende Mai bzw. Ende November j. Js., im II. Abschnitt vom

1. 3. oder 1. 8. bis Mitte Mai bzw. Mitte November j. Js. (§§ 17, 22)[1]. Beim Nichtbestehen darf die Wiederholungsprüfung erst nach einem weiteren mindestens einhalbjährigen medizinischen Studium abgelegt werden (§ 12 Abs. 3).

Auch die Wiederholungsprüfungen dürfen nur zu den obengenannten Zeiten, nicht etwa am Schlusse eines Halbjahrs, abgehalten werden (M.J. 11. 2. 33 — III a IV 131).

Weiterstudium beim Nichtbestehen.

Der Studierende soll die zwischen dem ersten Versuch und der Wiederholung der ärztlichen Vorprüfung liegende Mindestfrist von einem Studienhalbjahr dazu benutzen, durch erneutes Studium der Fächer, die er bei dem ersten Versuch nicht bestanden hat, sich die ihm fehlenden Kenntnisse zu erwerben. Eine Beurlaubung während dieses Semesters ist daher nicht angängig. Ausnahmen werden nur beim Vorliegen ganz besonderer Gründe gemacht werden können; es entscheidet die zuständige oberste Landesbehörde (R.Pr.J. 28. 11. 35 — IV B 10408/3560).

Vermerk im Studienbuch

Damit die Prüfungsausschüsse in der Lage sind, einwandfrei und leicht festzustellen, ob sich ein Studierender bereits (evtl. an einer anderen Universität) zur Vorprüfung gemeldet hat, ist bei der Meldung der Studierenden zur Vorprüfung einheitlich im Studienbuch unmittelbar unter den Eintragungen des letzten Studienhalbjahres Folgendes zu vermerken:

„Zur ärztlichen-zahnärztlichen Vorprüfung (....Abschnitt) gemeldet

.................., den.............193..

(Unterschrift u. Dienstbezeichnung)."

Gegen die Anschaffung eines entsprechenden Gummistempels ist nichts einzuwenden. Beim Aufdruck ist Nichtzutreffendes durchzustreichen.

Studierende, die sich mit einem solchen Vermerk zur Vorprüfung melden, haben dabei grundsätzlich ein Zeugnis über das bisherige Ergebnis der Vorprüfung oder eine Bescheinigung des Prüfungsausschusses, der diesen Vermerk veranlaßt hat, darüber beizubringen, daß die Vorprüfung noch nicht begonnen worden ist.

(M. J. 6. Dezember 1932 — IIIa V 2013). Wegen weiterer Vermerke vgl. S. 67, 71.

Durchführung der Vorprüfung.

Grundsätzlich hat sich die ärztliche und die zahnärztliche Vorprüfung beim ersten Versuch auf sämtliche Fächer zu erstrecken und ist bei der Wiederholung in den noch nicht erledigten oder nicht bestandenen Fächern hintereinander vollständig zu beenden. Es muß dafür Sorge getragen werden, daß der Prüfling bei der Wiederholung auch nach dem Nichtbestehen eines oder mehrerer Fächer weiter in den übrigen rückständigen Fächern geprüft, die Wiederholungsprüfung somit nicht abgebrochen wird. In dem Zeugnis über die Wiederholungsprüfung ist natürlich eine Frist für eine neue Wiederholung der noch nicht erledigten oder nicht bestandenen Fächer nicht festzusetzen (M.V. 17. 5. 1927 — I M III 1514).

1 Es bestehen keine Bedenken dagegen, diejenigen Studierenden der Medizin, die den I. Abschnitt der ärztlichen Vorprüfung zu Beginn des Semesters ablegen, nach Beendigung der Prüfung noch die Möglichkeit zu geben, das Studium an einer anderen Universität fortzusetzen und zu diesem Zweck den Studenten auf Antrag nach Semesterbeginn Exmatrikel bzw. Abgangsvermerk zu erteilen (R.Pr.E. 21. 8. 34 — R U I 229). Wegen früheren Beginns der Prüfungen vgl. S. 17 Anm. 2.

Verfahren bei einer Unterbrechung der Vorprüfung.

Die Frage, wie der Fall liegt, wenn der Prüfling bei einzelnen Fächern nicht erscheint, ist durch den Erlaß M.V. vom 5. 10. 26 — I M III 2854 — geregelt, der unter sinngemäßer Berücksichtigung der Bestimmungen der jetzigen Bestallungsordnung folgende Auffassung vertritt:

Der Prüfling darf in jedem Abschnitt nur zweimal (d. h. in zwei Terminen) versuchen, die ärztliche Vorprüfung abzulegen[1]. Wenn er im ersten Termin von der begonnenen Prüfung zurücktritt und auch nur in einem Fache das Urteil „ungenügend" oder „schlecht" erhalten hat oder die Prüfung für nicht bestanden erklärt wird (§ 10 der Bestallungsordnung für Ärzte), hat er sie im zweiten Termin (Wiederholung) in den noch nicht erledigten oder nicht bestandenen Fächern hintereinander vollständig zu beenden, ohne Rücksicht darauf, ob die Prüfung mit oder ohne genügende Entschuldigung unterbrochen worden war. Die Frist zur Wiederholung ist dabei für sämtliche noch nicht erledigten oder nicht bestandenen Fächer einheitlich festzusetzen. Wer ebenso bei der Wiederholung die begonnene Prüfung unterbrochen und auch nur in einem Fache versagt oder im Sinne des § 10 der Bestallungsordnung nicht bestanden hat, darf vom Prüfungsausschuß eine Frist zu einer erneuten Prüfung nicht mehr erhalten und zu einer weiteren Prüfung (Fortsetzung) nicht zugelassen werden[2].

Anders verhält es sich, wenn der Prüfling die begonnene Prüfung im ersten Termin oder bei der Wiederholung mit genügender Entschuldigung unterbrochen hat, ohne das Urteil „ungenügend" oder „schlecht" erhalten zu haben, und die Prüfung nicht für nicht bestanden erklärt wird (§ 10 der Bestallungsordnung). In diesem Falle darf die Prüfung ohne Einholung der ministeriellen Genehmigung innerhalb der Gesamtfrist von 12 Monaten fortgesetzt werden[3].

In der Niederschrift über die Vorprüfung (Prüfungsübersicht) und in dem Prüfungszeugnis ist bei einer Unterbrechung der begonnenen Vorprüfung stets anzugeben, ob der Prüfling mit genügender Entschuldigung zurückgetreten ist, oder ob eine genügende Entschuldigung nicht vorgelegen hat. In letzterem Falle ist auch zu vermerken, ob und eventuell in welchen Fächern die Prüfung vom Prüfungsausschuß gemäß § 10 der Bestallungsordnung für nicht bestanden erklärt worden ist, und gegebenenfalls das Urteil „ungenügend" oder „schlecht" einzutragen. Der bloße Vermerk „nicht erschienen" genügt nicht.

---

[1] D. h. die Vorprüfung soll möglichst zusammenhängend, soweit sie beim ersten Versuch in einzelnen Fächern nicht bestanden ist, im zweiten Termin beendet werden, und zwar muß sie sich im ersten Termin auf sämtliche Fächer erstrecken, soweit der Prüfling erscheint, und im zweiten Termine müssen sämtliche Fächer, die vorher nicht bestanden und infolge Unterbrechung nicht erledigt worden sind, abgelegt werden, da sowohl die Vorprüfung als die Wiederholungsprüfung als geschlossenes Ganze gilt.

Es entspricht nicht dem Sinne der Bestallungsordnung, daß Kandidaten, wie es früher vorgekommen ist, die Vorprüfung nach ihrem Beginn in einzelnen Fächern mit oder ohne Entschuldigung abgebrochen, in den auf den Beginn der Vorprüfung folgenden Prüfungsterminen die Prüfung zunächst in den Fächern, die im ersten Termine abgebrochen waren, fortgesetzt (Nachprüfung), die Fächer, die vorher nicht bestanden waren, aber erst in späteren Terminen erledigt haben, so daß die Vorprüfung in mehreren Prüfungsterminen abgelegt und nach Belieben eingeteilt worden ist.

[2] So wird verfahren ohne Rücksicht darauf, ob die Unterbrechung mit oder ohne genügende Entschuldigung erfolgt ist.

[3] Eine Fristverlängerung ist nur mit vorheriger ministerieller Genehmigung angängig.

In jedem Prüfungstermin hat sich übrigens die Vorprüfung nicht auf einzelne, sondern auf sämtliche rückständigen Fächer zu erstrecken[1].

Obiges Verfahren gilt sinngemäß auch für die zahnärztlichen Vorprüfungen. Dabei ist nur zu beachten, daß hier zwei Wiederholungsprüfungen zulässig sind.

Vermerke im Studienbuch.

In das Anmeldebuch der Studierenden der Medizin, die den I. oder den II. Abschnitt der ärztlichen Vorprüfung beim ersten Versuch nicht bestanden haben, ist der Vermerk aufzunehmen: „... Abschnitt der ärztlichen Vorprüfung in dem Fach ...... nicht bestanden."

Versagen die Genannten auch in der Wiederholungsprüfung, so ist in das Anmeldebuch folgendes einzutragen: „Wiederholung des ... Abschnittes der ärztlichen Vorprüfung nicht bestanden. Fortsetzung der Vorprüfung und des medizinischen Studiums nicht gestattet."

Diese Eintragungen sind auf derjenigen Seite des Anmeldebuches anzubringen, die für das Abgangszeugnis oder den Abgangsvermerk bestimmt ist (R.Pr.J. 12. 12. 35 — IV B 10617/3590). Wegen weiterer Vermerke vgl. S. 65, 71.

Freiwillige Wiederholung.

Aus Anlaß eines Einzelfalles ist eine freiwillige Wiederholung einer bestandenen Prüfung sowohl hinsichtlich einzelner Prüfungsabschnitte als auch der Gesamtprüfung zur Erzielung eines besseren Gesamturteils nicht für zulässig angesehen worden (R.J. 4. 7. 30 — II A 2112. 26. 6. — M.V. I M V 1854/30).

Rücktritt von der Prüfung.

Eine bloße schriftliche Mitteilung des Studierenden, die der Vorsitzende des Prüfungsausschusses nach Beginn der Vorprüfung erhält, darüber, daß ersterer plötzlich erkrankt, somit verhindert sei, an der weiteren Vorprüfung teilzunehmen, und deshalb von den weiteren Fächern zurücktrete, kann nicht als genügende Entschuldigung angesehen werden. Eine solche hätte vorgelegen, wenn an demselben Tage vor dem festgesetzten Beginn der Vorprüfung eine ärztliche Bescheinigung beigebracht worden wäre. Durch das erst später vorgelegte ärztliche Zeugnis hat der Studierende kein Anrecht auf eine Änderung der an den Prüfungstagen erfolgten Beurteilung erworben (M.V. 31. 10. 1925 — I M Pr. 4226 II).

Teilnahme des Vorsitzenden usw. an der Wiederholungsprüfung.

Im Sinne der Bestimmungen der §§ 14 und 57 Abs. 3 (Wiederholungsprüfung) liegt es, daß es dem Vorsitzenden und dem außerdem noch herangezogenen Mitglied des Prüfungsausschusses unbenommen bleibt, durch eigene Fragestellung sich ein Urteil über die Fähigkeiten des Prüflings zu bilden. Die Erteilung des Urteils wird im übrigen der freien Vereinbarung unter den bei der Prüfung anwesenden Mitgliedern des Prüfungsausschusses überlassen. Schwierigkeiten werden sich hieraus im allgemeinen nicht ergeben. In denjenigen Fällen, in denen der eigentliche Prüfer trotz entgegengesetzter Ansicht der außerdem an der Wiederholungsprüfung beteiligten Mitglieder des Prüfungsausschusses auf der Erteilung des Urteils „ungenügend" oder „schlecht" besteht, ist die betreffende Prüfung als nicht bestanden anzusehen (M.V. 29. 4. 1925 — I M III 1109).

---

[1] Vgl. S. 66 Anm. 1 Abs. 1.

Prüfung in Anatomie und Physiologie. Nach §§ 23 und 24 der Bestallungsordnung für Ärzte sind die Prüflinge beim II. Abschnitt der ärztlichen Vorprüfung in dem Fach I (Anatomie) in allgemeiner Anatomie, Gewebelehre und Entwicklungsgeschichte sowie in dem Fach II (Physiologie) in Allgemeiner Physiologie und physiologischer Chemie zu prüfen. Soweit für die Teile dieser Fächer je besondere Fachvertreter vorhanden sind und diese Fächer bereits im akademischen Unterricht von einander gesondert vorgetragen werden, wird die Prüfung in diesen Teilen getrennt abgehalten[1]. Von einer Trennung dürfte in den Fällen abgesehen werden, in denen der Anatom oder Physiologe selbst in erster Linie Histologe oder physiologischer Chemiker ist. Die Feststellung des Prüfungsverfahrens im einzelnen (Erteilung des Urteils, Stellung der Aufgaben für die praktische Prüfung, Verteilung der Prüfungsgebühren) im Fach I würde der freiwilligen Vereinbarung der beiden Prüfer überlassen werden[2] (K.M. 20. 1. 1925 — U I 2391). Wegen des Verfahrens im Fach II vgl. § 24 B I der Bestallungsordnung.

Wer in einem der vorgenannten beiden Fächer nicht bestanden hat, muß nach § 24 Abs. 2 der Bestallungsordnung für Ärzte beide Fächer wiederholen, also noch einmal im ganzen zweiten (anatomisch-physiologischen) Abschnitt geprüft werden. Die Wiederholungsprüfung hat sich nur dann auf das bei dem ersten Versuch nicht bestandene Fach (1. Anatomie oder 2. Physiologie und physiologische Chemie) zu beschränken, wenn der Prüfling in dem anderen Fach mindestens das Urteil „Gut" erhalten hat (R.Pr.J. 23. 9. 35 — IV e 176).

Begriff Prüfungsfach. Über die Auslegung des Begriffs „Prüfungsfach" im Sinne der §§ 5 und 12 der Bestallungsordnung für Ärzte gilt folgendes:

Die §§ 3 bis 16 der Bestallungsordnung enthalten allgemeine Bestimmungen, die z. T. durch die Sonderbestimmungen über den I. (naturwissenschaftlichen) Abschn. (§§ 17 bis 20) und über den II. (anatomisch-physiologischen) Abschn. der Vorprüfung (§§ 21 bis 25) ergänzt werden, und bei der Auslegung des fraglichen Begriffs „Prüfungsfach" müssen die §§ 19 Abs. 2 und 24 Abs. 1 a. a. O. berücksichtigt werden. Danach gelten Zoologie und Botanik zusammen als ein Fach, ebenso allgemeine Physiologie und physio-, logische Chemie zusammen als ein Fach im Sinne der Vorschriften in § 12 § 19 Abs. 1 und 2 sowie § 24 Abs. 1 und 2. Hiernach wird z. B. ein Urteil „ungenügend" oder „schlecht" in Zoologie durch ein Urteil „gut" bzw. „sehr gut" in Botanik ausgeglichen. Entsprechendes gilt für die allgemeine Physiologie und physiologische Chemie.

Bei der ärztlichen Vorprüfung gibt es also nur 5 Prüfungsfächer im Sinne der §§ 5 und 12 der Bestallungsordnung, und zwar beim I. Abschn.: 1. Chemie, 2. Physik, 3. Zoologie und Botanik, beim II. Abschn.: 4. Anatomie,

---

[1] Für die getrennte Prüfung im Fach I bedarf es der ministeriellen Genehmigung. Die Trennung des Faches II ist bereits in der Bestallungsordnung vorgesehen, also ohne weiteres zulässig.

[2] Die Prüfung im Fach I ist in beiden Teilen zu wiederholen, wenn in einem Teil das Urteil „ungenügend" oder „schlecht" abgegeben worden ist. Bei Ermittlung des Gesamturteils für beide Teile sind die Zahlenwerte der Einzelurteile für Teil 1 zweifach und für Teil 2 einfach zu rechnen und die sich danach für das ganze Fach ergebende Summe der Zahlenwerte durch drei zu teilen. Im übrigen gilt § 26 Abs. 1 letzter Satz B I der Bestallungsordnung.

5. allgemeine Physiologie und physiologische Chemie. Als Fächer im Sinne des § 19 Abs. 1 gelten also die vorgenannten Fächer 1 bis 3 und als Fächer im Sinne des § 24 Abs. 2 die vorgenannten Fächer 4 und 5.
(M.J. 18. 3. 33 — III a IV 556).

Wechsel des Prüfungsausschusses.

Bei einem auf Grund des § 13 der Bestallungsordnung stattfindenden Wechsel des Prüfungsausschusses soll derjenige Ausschuß, bei welchem der Studierende sich zur Ablegung der Wiederholungsprüfung meldet, von dem Prüfungsausschuß, bei dem der Studierende die Prüfung begonnen bzw. die erste Wiederholungsprüfung nicht bestanden hat, die bereits entstandenen Prüfungsakten erbitten und mit seinen Prüfungsverhandlungen dauernd vereinigt werden. (K.M. 2. 3. 1906. — U I 142 M). Vgl. auch S. 16 Anm. 6.

Praktikantenscheine.

Die Teilnahme an den in der Bestallungsordnung für Ärzte vorgeschriebenen praktischen Übungen soll eine möglichst gleichmäßige Ausbildung der Studierenden ermöglichen und dazu dienen, diese zu einem gründlichen Studium zu veranlassen. Die Studierenden sollen an den Übungen nach den Bestimmungen der §§ 7 und 26 B II „regelmäßig und mit Erfolg" teilnehmen. Als erfolgreich gilt eine Teilnahme, wenn die Leistungen den Anforderungen des Leiters der Übungen genügen. Wie sich der Leiter hierüber Gewißheit verschafft, bleibt ihm überlassen. Bei unregelmäßiger Teilnahme oder schlechten Leistungen eines Studierenden kann der Leiter der Übungen selbstverständlich keine Bescheinigung darüber ausstellen, daß der Studierende an den Übungen regelmäßig und mit Erfolg teilgenommen hat, und die Ausstellung eines Zeugnisses überhaupt verweigern. Wenn ein Studierender über eine der in der Bestallungsordnung vorgeschriebenen Übungen nicht ein Zeugnis des Leiters, das der in der Bestallungsordnung vorgesehenen Fassung entspricht, oder überhaupt kein Zeugnis beibringen kann, wird er zu den Prüfungen nicht zugelassen (M.V. 3. 5. 1926 — I M III 1099).

Von dem Erlaß einer besonderen Bestimmung wegen vorzeitiger Ausstellung der nach §§ 7, 9 der Bestallungsordnung für Ärzte vorgeschriebenen Zeugnisse für Studierende, welche sich zur ärztlichen Vorprüfung melden, ist abgesehen worden. Etwa im Einzelfalle hervortretende Schwierigkeiten werden sich dadurch beheben lassen, daß — wie dies bereits an verschiedenen Universitäten geschieht — die betreffenden Universitätslehrer den Vorsitzenden der ärztlichen Vorprüfungsausschüsse diejenigen Kandidaten rechtzeitig bezeichnen, welche nach Beendigung der bezüglichen Kurse die in Rede stehenden Zeugnisse erhalten werden (K.M. 14. 2. 1906 — U I 2979 —).

Für die Beurteilung, ob die Voraussetzungen für die Erteilung eines Praktikantenscheines erfüllt sind, ist der Übungsleiter verantwortlich.

Die Nachweise, die bei der Meldung zur ärztlichen Vorprüfung beizubringen sind, werden den Studierenden nach der Vorprüfung wieder ausgehändigt und müssen von ihnen aufbewahrt werden, weil sie später der Meldung zur ärztlichen Prüfung wieder beizufügen sind.

IV. Ärztliche Prüfung.

Voraussetzung für die Zulassung.

Nach vollständig bestandener Vorprüfung in beiden Abschnitten soll der Kandidat weitere sechs Halbjahre[1] Medizin studieren. Darauf kann er sich zur ärztlichen Prüfung melden. Von dieser handeln die Vorschriften der Bestallungsordnung für Ärzte § 2 Abs. 2, 3 und B II §§ 21 bis 62. Dem Gesuch um Zulassung sind die in den §§ 23, 24, 26, 27 vorgeschriebenen Nachweise beizufügen[2]. Das Zulassungsgesuch ist nicht erst nach Erlangung des Universitätsabgangszeugnisses, sondern bereits im Laufe des letzten Halbjahrs nach Belegung der Vorlesungen dem Prüfungsausschuß vorzulegen. An Stelle des Universitätsabgangszeugnisses ist bei der Meldung zur ärztlichen Prüfung das letzte Anmeldebuch für die Vorlesungen (Studienbuch) beizubringen (vgl. S. 136). Über fehlende Unterlagen und Praktikantenscheine, die erst am Schluß des letzten Halbjahrs erworben werden, ist ein entsprechender Vermerk im Zulassungsgesuch aufzunehmen. (Vgl. Muster S. 163).

Die Vorsitzenden der Prüfungsausschüsse sind in Preußen in bestimmten Fällen ermächtigt, Kandidaten selbständig zur ärztlichen Prüfung zuzulassen (vgl. S. 135). Für die Zulassung von Juden und Mischlingen zur ärztlichen Prüfung bestehen besondere Grundsätze. Wegen der Erfordernisse für die Meldung zur ärztlichen Prüfung vgl. S. 133, wegen rechtzeitiger Einreichung der Zulassungsgesuche an das Ministerium vgl. allg. Erlaß M.V. 28. 3. 1925 — I M III 779 — S. 134, und wegen der Praktikantenscheine vgl. die Erlasse M.V. 3. 5. 1926 — I M III 1099 — S. 69.

Ausnahmen.

Ausnahmen von der Bestallungsordnung sind für die ärztliche Prüfung in den Fällen des § 23 Abs. 3, § 25 Abs. 2, § 26 Abs. 4, § 57 Abs. 4, § 59 Abs. 6, § 60 Abs. 1, § 64 Abs. 2, § 66 Abs. 1 Satz 3 gestattet. Entsprechende Anträge sind an die oberste Landesbehörde (vgl. S. 7 Anm. 3 und 4 zu richten, die in Übereinstimmung mit dem R.Pr.J. entscheidet, soweit die Vorsitzenden der Prüfungsausschüsse nicht zur selbständigen Entscheidung zuständig sind (vgl. S. 132).

Prüfungsperioden.

Die Prüfungsperioden beginnen am 15. Oktober und 1. April und sollen nicht über den 15. August ausgedehnt werden (§ 22 Abs. 1 B II der Bestallungsordnung)[3].

Zulassung zum klinischen Studium.

Studierende dürfen zum Praktizieren in den Universitäts-Kliniken und Polikliniken von den Direktoren erst dann zugelassen werden, wenn sie die ärztliche Vorprüfung innerhalb des Deutschen Reiches oder eine entsprechende Prüfung im Auslande vollständig[4] bestanden haben (K.M. 22. 8. 96 — U I 1211 M)[5]. Vgl. auch § 26 B II[6].

---

[1] Vgl. S. 22 Anm. 7.

[2] Dazu gehören auch die im § 6 Abs. 5 genannten Unterlagen über die Staatsangehörigkeit und Abstammung (vgl. § 23 Abs. 1 B II).

[3] Wegen früheren Beginns der Prüfungen vgl. S. 17 Anm. 2.

[4] D. h. in Anatomie, Physiologie, Physik, Chemie, Zoologie und Botanik. Vgl. hierzu für die ärztliche Vorprüfung S. 22 Anm. 4.

[5] Dieser Erlaß ist jetzt in Erinnerung gebracht und auf die außerpreußischen Universitäten ausgedehnt worden. In das Zulassungsverbot sind auch die in Abs. 1 Ziff. 3 und 4 des § 26 B II der Bestallungsordnung für Ärzte aufgeführten Vorlesungen und Kurse einbegriffen (R.Pr.E. 29. 1. 36 — W I i 186).

[6] Wenn die Vorprüfung erst in einem der auf den Beginn folgenden Studienhalbjahre vollendet werden kann, empfiehlt es sich, in den Halbjahren zwischen Beginn und Beendigung der

Bei der Bescheinigung des Besuches klinischer und poliklinischer Vorlesungen ist im Anmelde-(Studien-)Buche und im Abgangszeugnisse ausdrücklich hervorzuheben, ob die Zulassung des Studierenden zu der Vorlesung als Praktikanten oder nur als Auskultanten[1] erfolgt ist. Da die Zulassung zum Praktizieren in Gemäßheit des vorstehenden Erlasses vom 22. 8. 96 — U I 1211 — nur erfolgen kann, wenn die Studierenden die ärztliche Vorprüfung innerhalb des Deutschen Reiches oder eine entsprechende Prüfung im Auslande vollständig bestanden haben, so wird das Vorhandensein dieser Voraussetzung beim Belegen und Anmelden der Vorlesungen durch Vorlegung des betreffenden Prüfungszeugnisses nachzuweisen sein, sofern nicht bereits vorher eine bezügliche Eintragung in dem Anmeldebuch erfolgt ist.

Für derartige vorherige Eintragungen[2] empfiehlt sich etwa folgendes Verfahren:

1. Bei Studierenden, welche nach bestandener Vorprüfung an der Universität, an welcher sie abgelegt ist, verbleiben, macht der Dekan bzw. der Vorsitzende des Prüfungsausschusses im Anschluß an die Vorprüfung in dem Anmeldebuch auf der Rückseite des ersten Blattes des Umschlages den Vermerk:

„Vorprüfung am .... bestanden.

N., den .... N. N.

Dekan bzw. Vorsitzender
des Ausschusses für die ärztliche Vorprüfung."

2. Bei Studierenden in klinischen Halbjahren, welche von auswärts kommen, läßt sich der Universitäts-Sekretär bei der Anmeldung das Vorprüfungszeugnis vorlegen und macht im entsprechenden Falle den Vermerk vorn in dem Anmeldebuch:

„Vorprüfung in .... am .... bestanden.

N. den .... N. N.

Universitäts-Sekretär."

(K.M. 4.9.03 – U I 2077/02 M[3]). Wegen weiterer Vermerke vgl. S. 65, 67.

Vorprüfung bereits klinische Übergangsvorlesungen zu belegen und evtl. zu beantragen, daß ein Halbjahr ausnahmsweise auf die nach vollständig bestandener Vorprüfung nachzuweisende Studienzeit (§ 25 Abs. 1 B II der Bestallungsordnung) angerechnet wird (vgl. S. 23 Anm. 2).

1 Als Praktikanten werden Studierende zu klinischen Vorlesungen und Übungen zugelassen, die durch das Prüfungszeugnis oder einen entsprechenden Vermerk im Anmelde-(Studien-)Buch nachweisen können, daß sie die ärztliche Vorprüfung in beiden Abschnitten vollständig abgelegt haben. Soweit sie sie zwar begonnen, aber in einem oder mehreren Fächern noch nicht vollständig bestanden, also einen Vermerk im Anmelde-(Studien-)Buch über die bestandene Vorprüfung noch nicht erhalten haben dürfen, sie nur als Auskultanten (Zuhörer ohne aktive Betätigung) klinische Vorlesungen und Übungen belegen. In diesem Falle soll sowohl beim Belegen in der Universitätskasse, als auch bei der Ausstellung entsprechender Zeugnisse seitens der Übungsleiter darauf geachtet werden, daß in diesen Nachweisen das Belegen bzw. der Besuch nicht als Praktikant, sondern als Auskultant bescheinigt wird. Wer in die Vorprüfung noch nicht eingetreten ist oder die Bedingungen zur Ablegung der Vorprüfung noch garnicht erfüllt hat, darf zu den klinischen Übungen nicht zugelassen werden.

Nachweise über die Teilnahme an klinischen Vorlesungen und Übungen als Auskultanten werden nicht als genügend im Sinne des § 26 B II der Bestallungsordnung angesehen. Wegen der Möglichkeit der Anrechnung von Studienhalbjahren, in denen klinische Vorlesungen und Übungen vor vollständig bestandener Vorprüfung belegt worden sind, vgl. S. 50 und obige Anm. 6 S. 70.

2 Durch diese Eintragung erübrigt sich die ständige Vorlegung des Prüfungszeugnisses beim Belegen von klinischen Vorlesungen und Übungen in den späteren Halbjahren.

3 Diese Bestimmung ist durch die allg. Erlasse K.M. vom 15. 9. 27 — U I 1593 —, M.V. vom 6. 10. 1927 — I M III 3046 — in Erinnerung gebracht worden.

Wegen der Vermerke im Studienbuch bei nicht bestandener Vorprüfung vgl. S. 65, 67 und wegen der Regelung bei ausländischen Vorprüfungen vgl. S. 124.

Daß nichtimmatrikulationsfähige Personen zum Praktizieren an Universitätskliniken und -polikliniken nicht zugelassen werden, weil dadurch der anwachsenden Kurpfuscherei Vorschub geleistet werden würde, darf als selbstverständlich gelten (K.M. 20. 3. 06. — U I 44 M —).

Praktikantenscheine. Nach § 26 Abs. 1 Ziff. 3 B II der Bestallungsordnung für Ärzte haben die Kandidaten der Medizin bei der Meldung zur ärztlichen Prüfung Nachweise darüber beizubringen, daß sie nach vollständig bestandener ärztlicher Vorprüfung mindestens je eine Vorlesung über bestimmte Fächer gehört haben. Soweit diese Fächer an einzelnen Universitäten in mehreren Studienhalbjahren behandelt werden, dürfte es im allgemeinen für die Kandidaten im Interesse ihrer Ausbildung und späteren Prüfung zweckmäßig sein, den gesamten Lehrstoff zu hören. Dies kann aber von ihnen nach den zurzeit geltenden Prüfungsvorschriften nicht verlangt werden, abgesehen davon, daß eine derartige Forderung den Kandidaten beim Wechsel der Universität häufig Schwierigkeiten bereiten würde, und es in der Praxis bei der Verschiedenartigkeit der Verhältnisse an den einzelnen Universitäten doch nicht möglich wäre, bei der Meldung der Kandidaten zur ärztlichen Prüfung einwandfrei festzustellen, ob der vollständige Lehrstoff in den betreffenden Fächern tatsächlich gehört ist. Vielmehr entspricht dem Wortlaut und dem Sinne der vorgenannten Prüfungsbestimmungen der Nachweis darüber, daß die vorgeschriebenen Vorlesungen nur für ein Studienhalbjahr belegt worden sind, auch wenn bei einzelnen Vorlesungen der gesamte Lehrstoff auf mehrere Halbjahre verteilt ist[1].

Soweit jedoch in der Vorschrift des § 26 Abs. 1 Ziff. 3 B II der Bestallungsordnung das betreffende Wissensgebiet in mehrere Zweige eingeteilt ist, und der Lehrstoff dieser Zweige an einzelnen Universitäten nicht zusammenhängend in einer Vorlesung behandelt wird, sondern auf zwei Vorlesungen verteilt ist, ist ein Nachweis über die Teilnahme an jedem dieser Vorlesungszweige notwendig. Hiernach ist bei der Vorlesung über Pharmakologie der organischen und anorganischen Heilmittel, falls der organische und anorganische Teil getrennt behandelt wird, ein Nachweis über das Belegen beider Teile (eventuell in zwei Halbjahren) beizubringen.

(M.V. 1. 7. 29 — I M V 1359).

Zuweisung von Prüfungsabschnitten. Es wird daran festgehalten, daß die in der ärztlichen Prüfung sich befindenden Kandidaten stets nur einem Prüfungsabschnitt gleichzeitig zu-

[1] Eine andere Frage ist, was z. B. als Hygiene-Vorlesung im Sinne der Bestimmung des § 26 Abs. 1 Ziffer 3 B II der Bestallungsordnung für Ärzte gilt, wenn sie in zwei Teilen behandelt wird und zwar im Sommerhalbjahr „Hygiene, I. Teil: Infektionserreger und Infektionskrankheiten" und im Winterhalbjahr „Hygiene, II. Teil: Die gesamte Hygiene mit Ausnahme der Infektionskrankheiten". Nach der Fassung dieser Bezeichnungen genügt es für die Meldung zur ärztlichen Prüfung, wenn nur einer von den beiden Teilen der Hygiene-Vorlesung nachgewiesen wird. Anders würde der Fall jedoch liegen, wenn der erste Teil nur mit der Bezeichnung „Infektionserreger und Infektionskrankheiten" (also ohne den Zusatz „Hygiene, I. Teil") angezeigt worden wäre. Dann würde diese Vorlesung nicht ohne weiteres als Hygiene-Vorlesung im Sinne des § 26 Abs. 1 Ziffer 3 B II der Bestallungsordnung für Ärzte angesehen werden können. Zu deren Anerkennung wäre ein Dispensgesuch notwendig, das dem Ministerium unter Beifügung einer Äußerung des Fachvertreters zur Entscheidung vorzulegen wäre (M.V. I M Pr 2090/31).

gewiesen werden dürfen. Ausnahmen hiervon sind nur in solchen Fällen gemacht worden, welche eine unnötige Verzögerung in dem Fortgange der Prüfung der Kandidaten herbeiführen würden. Hierzu würde vor allem eintretender Mangel an dem zur Prüfung erforderlichen Leichenmaterial zu rechnen sein. Die Überfüllung eines Prüfungsabschnittes mit Kandidaten wird hingegen als ein derartiger Grund nicht anzusehen sein, da dieselbe leicht dadurch vermieden werden kann, daß stets nur eine bestimmte Anzahl von Kandidaten zu den einzelnen Prüfungsabschnitten zugelassen wird (K.M. 1. 3. 01 — M 521 —, 2. 7. 20 — I M V 4846).

Wechsel des Prüfungsausschusses.

Kandidaten, welche die vorgeschriebene Fachprüfung bereits begonnen und die Erlaubnis zur Fortsetzung oder Wiederholung derselben bei einem anderen, als dem ursprünglich damit befaßten Ausschuß nachsuchen wollen, haben sich von dem ersten Prüfungsausschuß ein Zeugnis des Inhalts, daß ihrer Zulassung bei einem anderen Prüfungsausschuß Bedenken nicht entgegenstehen, zu beschaffen und ihrem Gesuche um Ausnahmebewilligung beizulegen. Dieses Zeugnis ist dem Ministerium bei allen derartigen Gesuchen mit den Prüfungsakten einzusenden (K.M. 24. 1. 91 — M 172).

Prüfungsurteile.

Die Ausstellung von Bescheinigungen über die von den Kandidaten der Medizin in den einzelnen Abschnitten der ärztlichen Prüfung erlangten Urteile wird grundsätzlich abgelehnt. Die ärztliche Prüfung ist ein geschlossenes Ganzes und zerfällt nicht in nach außen in Erscheinung tretende Einzelprüfungen. Deshalb ist auch nur das Gesamturteil für die Öffentlichkeit bestimmt, während die Urteile der einzelnen Abschnitte innere Angelegenheiten des Prüfungsausschusses sind. (M.J. 18. 7. 13 — M 18243 —).

Bei der ärztlichen Prüfung haben in jedem Prüfungsabschnitt oder -Teil, der nach der Bestallungsordnung von 2 Prüfern abgehalten werden soll (topographische Anatomie, pathologische Physiologie, innere Medizin usw.) beide Prüfer selbständig zu prüfen und ein besonderes Urteil abzugeben. Die Gesamturteile werden in solchen Fällen nach § 55 Abs. 2 der Bestallungsordnung berechnet (M.V. 11. 9. 31 — I M V 1682).

Wiederholungsprüfung.

Die Wiederholung eines Abschnittes oder eines Teiles der ärztlichen Prüfung hat stets bei demjenigen Prüfer stattzufinden, bei welchem der Kandidat die erste Prüfung abgelegt und nicht bestanden hatte. Dieses Verfahren kommt auch in denjenigen Fällen zur Anwendung, in denen der für die betreffende Prüfung ernannte Prüfer wegen eingetretener Verhinderung durch einen anderen Prüfer hat vertreten werden müssen. In solchen Fällen hat der Vertreter auch die Wiederholungsprüfung zu übernehmen (K.M. 21. 7. 04 — M 2658 U I —).

Wegen der Teilnahme des Vorsitzenden und eines Mitgliedes des Prüfungsausschusses an der Wiederholungsprüfung vgl. M.V. 29. 4. 25 I M III 1109 — und wegen einer freiwilligen Wiederholung einer bestandenen Prüfung vgl. S. 67.

Prüfung in der pathologischen Physiologie.

Nach § 34 der Bestallungsordnung soll die Prüfung in der pathologischen Physiologie von zwei Prüfern, darunter einem Vertreter der inneren Medizin, abgehalten werden. Durch die Hinzuziehung eines Vertreters der inneren Medizin zu dieser Prüfung soll eine etwaige Überspannung der

Anforderungen an den Kandidaten, die durch Ausdehnung der Fragestellung auf rein theoretische Wissensgebiete möglich ist, vermieden oder wenigstens ausgeglichen werden. Die Bestimmung des zweiten Prüfers ist dagegen im Hinblick auf die verschiedenen Verhältnisse an den einzelnen Hochschulen offengelassen worden und soll der Regelung durch die zuständige oberste Landesbehörde im Einvernehmen mit dem Reichsminister des Innern vorbehalten bleiben.

Nach der Zusammensetzung des Lehrkörpers wird nahezu an allen Universitäten ein Vertreter der Physiologie die gegebene Persönlichkeit sein, um bei der Prüfung nach § 34 der Bestallungsordnung mitzuwirken. Immerhin ist der Fall denkbar, daß an Stelle eines Physiologen im Hinblick auf die von ihm etwa eingenommene besondere Stellung gegenüber einem Einzelgebiet seines Faches oder aber auch bei seiner vorübergehenden Behinderung (§ 21 Abs. 3 B II der Bestallungsordnung) für die Abnahme der Prüfung in der pathologischen Physiologie ein anderer Fachvertreter beispielsweise ein Pathologe herangezogen wird. Dort, wo eine ordentliche Professur für pathologische Physiologie besteht, dürfte es im übrigen nahe liegen, diesen Fachvertreter an Stelle des Physiologen an der Prüfung zu beteiligen.

Hieraus geht hervor, daß gerade die gegenwärtige Fassung des § 34 der Bestallungsordnung den praktischen Bedürfnissen am ehesten Rechnung trägt, und daß die Regelung im einzelnen angesichts der verschiedenen Verhältnisse an den Universitäten des Deutschen Reiches den zuständigen obersten Landesbehörden nach Anhörung der Medizinischen Fakultäten überlassen bleiben muß.

(M.V. 12. 2. 25 — I M III 3212/24, U I 124/25).

V. Praktisches Jahr der Mediziner.

A. Allgemeines.

Zweck. Nach vollständig bestandener Prüfung wird die Übersicht über das Prüfungsergebnis von dem Prüfungsausschuß der obersten Landesbehörde überreicht. Von dieser erhält der Kandidat, dem die Bestallung als Arzt zusteht, alsdann die schriftliche Zulassung zum Praktischen Jahr (Muster 1 S. 167), während dessen er den Titel Medizinalpraktikant führt. In bestimmten Fällen sind die Vorsitzenden der ärztlichen Prüfungsausschüsse in Preußen allgemein ermächtigt, Kandidaten selbständig die Erlaubnis zur Ableistung des Praktischen Jahres zu erteilen (vgl. S. 137). Die Kandidaten unterstehen nach bestandener ärztlicher Prüfung der Reichsärztekammer und unterliegen der ärztlichen Berufsgerichtsbarkeit (§ 83 R.Ä.O.[1] und § 27 I. D.V.O.

[1] Diese Vorschrift lautet:
„(1) Personen, welche die ärztliche Prüfung bestanden haben, aber noch nicht als Arzt bestallt sind, unterstehen ebenfalls der Reichsärztekammer, es sei denn, daß sie dieser gegenüber schriftlich erklären, daß sie ihre Ausbildung als Arzt nicht fortsetzen. Der Reichsärztekammer unterstehen jedoch nicht die Unterärzte der Wehrmacht. Für die im Satz 1 bezeichneten Personen ruht die Unterstellung während ihrer Dienstleistung bei der Wehrmacht.
(2) Die für die Ärzte geltenden Bestimmungen finden auf die im Abs. 1 Satz 1 genannten

R.Ä.O.[1]). Für die Zulassung von Juden und Mischlingen zum Praktischen Jahr gelten besondere Grundsätze (vgl. auch die Ausführungen S. 81, 91).

Dieses ist in der Regel im unmittelbaren Anschluß an die Prüfung in einer der in § 63 der Bestallungsordnung für Ärzte bezeichneten Anstalten, deren Wahl dem Kandidaten frei steht, abzuleisten[2] und hat nach § 65 den Zweck, den jungen Mediziner nach bestandener ärztlicher Prüfung für die Bedürfnisse der ärztlichen Praxis vorzubereiten; er soll während dieser Zeit nicht nur seine praktischen Kenntnisse und Fertigkeiten vertiefen und fortbilden, sondern auch ausreichendes Verständnis für die Aufgaben und Pflichten des ärztlichen Berufes erwerben. Ein entsprechendes Medizinalpraktikantenzeugnis nach dem Muster 5 der Bestallungsordnung (abgedruckt S. 168) erhält der Kanditat von dem Leiter der Anstalt, bei der er das Praktische Jahr ableistet. Weiterhin hat er noch die sonstigen im § 66 der Bestallungsordnung vorgeschriebenen Nachweise zu erwerben (vgl. auch S.95).

Im übrigen ist das Praktische Jahr grundsätzlich geregelt in der Bestallungsordnung für Ärzte und zwar in § 2 Abs. 3 bezüglich der Versagung der Zulassung zum Praktischen Jahr und in §§ 63 bis 66 hinsichtlich der Durchführung desselben.

Ausnahmen sind in § 64 Abs. 2 und § 66 Abs. 1 Satz 3 vorgesehen. Hierüber entscheidet die oberste Landesbehörde, welche für die Zulassung des Kandidaten zum Praktischen Jahr zuständig ist, im Einverständnis mit dem R.Pr.J. Entsprechende Gesuche sind an die oberste Landesbehörde zu richten. Ausnahmen.

B. Praktische Ausbildung.

Als Ausführungsvorschrift zu den §§ 63 bis 66 der Bestallungsordnung ist nachstehende Anweisung erlassen worden.

Anweisung über das Praktische Jahr der Mediziner.

I. Anstalten, in denen das Praktische Jahr abgeleistet wird. Anstalten.

§ 1. Die Beschäftigung des Kandidaten während des Praktischen Jahres kann an folgenden Anstalten innerhalb des Deutschen Reichs erfolgen:

a) an einer Universitätsklinik,
b) an einer Universitätspoliklinik,
c) an einem dazu besonders ermächtigten Krankenhause,
d) an einem medizinischen nichtklinischen Universitätsinstitute[3],
e) an einem dazu besonders ermächtigten selbständigen medizinisch-wissenschaftlichen Institute[4].

Personen sinngemäße Anwendung. Sie unterliegen der ärztlichen Berufsgerichtsbarkeit. Im übrigen regelt das Nähere die Reichsärztekammer."

Demgemäß ist die Anordnung im § 65 Abs. 1 Satz 1 der Bestallungsordnung für Ärzte S. 36 getroffen worden.

[1] Diese Bestimmung hat folgenden Wortlaut:
„Die Strafbefugnis der Reichsärztekammer (§ 53 Abs. 2 des Gesetzes) erstreckt sich auch auf die im § 83 Abs. 1 Satz 1 des Gesetzes genannten Personen."

[2] Späterer Antritt des Praktischen Jahres oder dessen Unterbrechung sind nur mit vorheriger Genehmigung der obersten Landesbehörde gestattet (§§ 7 und 23 Abs. 1 der Anweisung über das Praktische Jahr S. 77 und 79).

[3] Z. B. ein Physiologisches Universitätsinstitut.

[4] Hier handelt es sich um medizinisch-wissenschaftliche Institute, die sich nach ihrer Einrichtung und Organisation als selbständige, unter eigener Leitung befindliche Abteilungen der ermächtigten Krankenhäuser darstellen, die aber bei der Bekanntgabe der Ermächtigung des Krankenhauses gleichzeitig als zur Beschäftigung von Praktikanten mit ermächtigt aufgeführt werden müssen. Dazu gehören die Pathologisch-anatomischen Abteilungen der Krankenanstalten. Falls dort Medi-

Die Ableistung des Praktischen Jahres kann auch an den zu Akademien für praktische Medizin[1] vereinigten Krankenanstalten und wissenschaftlichen Instituten erfolgen, insoweit sie besonders ermächtigt sind.

§ 2. Die Beschäftigung an einer der im § 1d und e erwähnten Anstalten wird in der Regel höchstens bis zur Gesamtdauer von 6 Monaten und nur in besonderen Ausnahmefällen bis zur Gesamtdauer von 8 Monaten auf das Praktische Jahr angerechnet[2].

§ 3. Die Beschäftigung an einem medizinisch-wissenschaftlichen Institute, das zu einem ermächtigten Krankenhause gehört, wird auf das Praktische Jahr nicht angerechnet, es sei denn, daß das Institut in der Ermächtigung des betreffenden Krankenhauses besonders aufgeführt ist. Für solche Fälle finden auf die Beschäftigung an dem Institute die Vorschriften des § 2 Anwendung.

§ 4. Das Verzeichnis der im Reichsgebiete zur Beschäftigung von Kandidaten ermächtigten Krankenhäuser und selbständigen medizinisch-wissenschaftlichen Institute (vgl. 1c und e) wird alljährlich im Zentralblatt für das Deutsche Reich veröffentlicht[3].

§ 5. Die Beschäftigung an einer außerhalb des Deutschen Reiches gelegenen Anstalt[4] der in § 1 bezeichneten Art wird nur ausnahmsweise, und zwar höchstens bis zur Gesamtdauer von 6 Monaten auf das Praktische Jahr angerechnet. Gesuche sind vor dem Beginne der Beschäftigung bei der Zentralbehörde, in deren Gebiete der Kandidat die ärztliche Prüfung bestanden hat, einzureichen.

II. Behandlung innerer Krankheiten[5].

Behandlung innerer Krankheiten.

§ 6. Von dem Praktischen Jahre hat der Kandidat mindestens ein Drittel vorzugsweise der Behandlung von inneren Krankheiten zu widmen. Dieser Vorschrift kann nur genügt werden durch Beschäftigung an allgemeinen Krankenanstalten, denen ein reiches Material an inneren Kranken zur Verfügung steht[6], nicht jedoch durch Beschäftigung an Irrenanstalten[7], Lungenheilstätten[7] und sonstigen Spezialkrankenanstalten[7], deren Aufgabe ausschließlich in der Behandlung einer einzelnen inneren Krankheit oder Krankheitsgruppe besteht. Der Kandidat wird dies bei der Auswahl der Anstalt, in der er beschäftigt zu werden wünscht, zu berücksichtigen haben.

---

zinalpraktikanten zugelassen werden sollen, müssen diese Abteilungen besonders ermächtigt und in dem Verzeichnis der zugelassenen Anstalten besonders aufgeführt sein. Wenn dies nicht geschehen ist, muß für eine Anrechnung der Praktikantentätigkeit an einer solchen Abteilung auf das Praktische Jahr rechtzeitig vorher die ministerielle Genehmigung beantragt werden. Vgl. § 64 Abs. 1 der Bestallungsordnung, S. 89 und § 3 der Anweisung. — Eine wissenschaftliche Betätigung oder Ausbildung in der Industrie z. B. in einer pharmazeutisch-chemischen Fabrik kann nicht auf das Praktische Jahr angerechnet werden.

1 Die Medizinische Akademie in Düsseldorf ist in diesem Sinne ermächtigt.

2 In diesen Ausnahmefällen, d. h. wenn die Praktikantentätigkeit an diesen Anstalten 6 Monate übersteigt, bedarf es der Genehmigung der Zentralbehörde, in deren Gebiet der Kandidat die ärztliche Prüfung bestanden hat. Dazu hat er rechtzeitig vor Ablauf der ersten 6 Monate ein Gesuch einzureichen, das von dem Anstaltsleiter befürwortet ist.

3 Wegen des Verzeichnisses (hier nicht abgedruckt) vgl. S. 91.

4 Über die in Frage kommenden Anstalten ist eine Entscheidung der obersten Landesbehörde einzuholen (vgl. auch S. 92).

5 Vgl. § 63 der Bestallungsordnung.

6 Von Kinderkrankenanstalten gilt dies nur, wenn in ihnen Kinder aller Altersstufen aufgenommen und alle inneren Krankheiten einschließlich der übertragbaren Krankheiten behandelt werden. Kinderpolikliniken müssen außerdem Einrichtungen zu stationärer Krankenbehandlung, also Krankenbetten usw., haben. Soweit diese Voraussetzungen nicht erfüllt sind, die Anstalt aber zur Beschäftigung von Medizinalpraktikanten zugelassen ist, wird die dort verbrachte Zeit zwar nicht auf den der Behandlung von inneren Krankheiten zu widmenden Teil, wohl aber auf die übrige Zeit des Praktischen Jahres angerechnet.

7 Auch nicht an entsprechenden Universitätsanstalten. Die Zeit, welche vorwiegend der Behandlung von inneren Krankheiten zu widmen ist, darf selbst dann nicht an Irrenanstalten, Lungenheilstätten und sonstigen Spezialkrankenanstalten, deren Aufgabe ausschließlich in der Behandlung einer einzelnen Krankheit oder Krankheitsgruppe besteht, abgeleistet werden, wenn in diesen Anstalten, wie es bei besonders großen der Fall sein wird, ein eigenes Lazarett für innere Krankheiten eingerichtet ist, weil es selbst dann an genügendem und sachdienlichem Krankenmaterial fehlen wird. Wegen Ableistung des Praktischen Jahres in Tuberkulose-Fürsorgestellen vgl. den Erlaß M.V. 23. 2. 27 — I M III 255 — S. 85 Anm. 2.

III. Annahme des Kandidaten in der Anstalt.

§ 7. Das Praktische Jahr hat sich möglichst unmittelbar an die bestandene Prüfung anzuschließen. Soll es später als 4 Wochen nach Beendigung der Prüfung begonnen werden, so bedarf es der Erlaubnis der Zentralbehörde (§ 5). Annahme des Kandidaten.

§ 8. Das Gesuch des Kandidaten um Beschäftigung an einer im § 1 bezeichneten Anstalt ist, soweit es sich um Universitätskliniken und -polikliniken und um nichtklinische medizinische Universitätsinstitute (§ 1a, b und d) handelt, an deren Direktor, soweit ermächtigte Anstalten (§ 1c und e) in Frage stehen, an die Anstaltsleitung zu richten.

§ 9. Damit der Kandidat das Praktische Jahr in unmittelbarem Anschluß an die ärztliche Prüfung beginnen kann, ist es zweckmäßig, daß er bereits vor Beendigung der Prüfung wegen künftiger Annahme in einer Anstalt mit dieser in Verbindung tritt. Sofort nach dem Bestehen der Prüfung wird ihm seitens des Vorsitzenden des Prüfungsausschusses eine vorläufige Bescheinigung[1] hierüber ausgestellt, auf Grund deren er sogleich die Annahme als Praktikant nachzusuchen hat.

§ 10. Die Anstaltsleitung, an welche sich der Kandidat mit Anfragen oder mit seinem Gesuche wendet, hat alles zu vermeiden, was den Gang der Verhandlungen und den Eintritt des Kandidaten verzögern könnte. Stehen der Annahme Bedenken entgegen, so ist der Kandidat umgehend hiervon zu unterrichten, damit er sich sogleich an eine andere Anstalt wenden kann.

IV. Beschäftigung und Ausbildung des Kandidaten.

§ 11. Für die ordnungsmäßige Ausbildung des Kandidaten ist der Direktor der Universitätsklinik oder -poliklinik oder des Instituts, bei Krankenhäusern der ärztliche Leiter der Anstalt verantwortlich, welcher sich der praktischen Ausbildung des Kandidaten mit Sorgfalt zu widmen hat[2]. Als ärztlicher Leiter gilt in denjenigen Anstalten, in denen mehrere Abteilungen unter selbständiger Leitung besonderer dirigierender Ärzte vorhanden sind, der Leiter derjenigen Krankenhausabteilung, in welcher der Kandidat beschäftigt wird. Beschäftigung und Ausbildung des Kandidaten.

---

1 Muster für die Bescheinigung (K.M. 27. 11. 05 — M 17559 U I) — nur solchen dazu Berechtigten (vgl. Abs. 4) auszuhändigen, die vom Vorsitzenden nicht selbständig zum Praktischen Jahr zugelassen werden:

Ausschuß für die ärztliche Prüfung ...., den............. 19....

Dem Kandidaten der Medizin Herrn .... geb. in .... wird hiermit bescheinigt, daß er die ärztliche Prüfung vor dem hiesigen Prüfungsausschuß bestanden hat und demgemäß dem Herrn Minister behufs Erteilung der Erlaubnis zur Ableistung des Praktischen Jahres in Vorschlag gebracht ist.

Der Vorsitzende
(Unterschrift)

Den Kandidaten soll bei der Aushändigung der Bescheinigung eröffnet werden, daß sie sich auf Grund derselben umgehend um Annahme in einer der hierzu ermächtigten Krankenanstalten bzw. Universitätskliniken oder selbständigen medizinisch-wissenschaftlichen Institute zwecks Ableistung des Praktischen Jahres zu bemühen haben. Auch wird es als zweckmäßig zu empfehlen sein, wenn die Kandidaten bereits vor Beendigung der Prüfung Schritte zur Annahme als Praktikant tun würden. Entsprechenden Wünschen der Kandidaten sollen die Anstaltsleiter nach Möglichkeit entgegenkommen (K.M. 27. 11. 05 — M 17559 U I).

Es empfiehlt sich, durch einen entsprechenden Vermerk auf den Bescheinigungen den Kandidaten nahezulegen, von den Zeugnissen über das Praktische Jahr, die später dem Gesuch um Erteilung der Bestallung als Arzt beizufügen sind, Abschriften zum eigenen Gebrauch zurückzubehalten, da die Zeugnisse bei den Akten der obersten Landesbehörde verbleiben (M.J. 5. 12. 11 — M 20180 II).

Die Vorsitzenden der ärztlichen Prüfungsausschüsse sind in bestimmten Fällen allgemein ermächtigt, Kandidaten selbständig die Erlaubnis zur Ableistung des Praktischen Jahres zu erteilen (vgl. S. 137). Muster für die Zulassung in diesen Fällen S. 167. Gegebenenfalls erübrigt sich die Aushändigung einer Bescheinigug des Prüfungsausschusses nach obigem Muster gemäß Abs. 1 dieser Anm. Diese Bescheinigung ist nur solchen Kandidaten zu erteilen, die vom Prüfungsausschuß nicht die förmliche Zulassung zum Praktischen Jahr erhalten und tatsächlich zum Praktischen Jahr zugelassen werden dürfen.

Die zur Beschäftigung von Medizinalpraktikanten zugelassenen Anstalten dürfen nur solche geprüften Kandidaten der Medizin als Medizinalpraktikanten aufnehmen, die sich im Besitz der „Bescheinigung über die Zulassung zum Praktischen Jahr" (Muster S. 167) befinden. Soweit Kandidaten unmittelbar nach der Prüfung als Medizinalpraktikanten eintreten, haben sie die Bescheinigung nachträglich beizubringen (vgl. auch M.V. 20. 6. 25 — I M III 1361 — K.M. 10. 7. 25 — U I 1382 — S. 80).

2 Vgl. § 26 der Anweisung S. 80.

§ 12. Voraussetzung für eine ordnungsmäßige Beschäftigung und Ausbildung des Kandidaten in einer Krankenanstalt ist, daß die Krankenbehandlung, der Krankenhausbetrieb und die Unterweisung des Pflegepersonals den Anforderungen der medizinischen Wissenschaft und der öffentlichen Gesundheitspflege in vollem Umfang entsprechen und die Einheitlichkeit der ärztlichen Leitung [1] und Krankenversorgung streng gewahrt ist.

§ 13. Dem Direktor der Universitätsanstalt oder bei ermächtigten Anstalten dem Leiter derselben bleibt vorbehalten, dem Kandidaten eine Anweisung über die Art und Ausdehnung seiner Beschäftigung zu erteilen, wobei die in den §§ 14—19 aufgestellten Gesichtpunkte als Richtschnur zu dienen haben.

§ 14. Zur Erreichung des Zieles des Praktischen Jahres genügt es nicht, daß der Kandidat nur die Morgen- und Abendvisite mitmacht, im übrigen aber von der Anstalt fernbleibt. Vielmehr ist es erforderlich, daß er sich während des Tages dauernd in der Anstalt aufhält und sich ganz der Behandlung und Beobachtung der Kranken widmet. Deshalb ist es wünschenswert, daß der Kandidat während seiner praktischen Tätigkeit in einer Krankenanstalt in derselben wohnt und verpflegt wird. Gestatten die Verhältnisse die Unterbringung des Kandidaten in der Krankenanstalt nicht, so sollte ihm wenigstens die Möglichkeit, sich in der Anstalt zu beköstigen, gewährt werden.

§ 15. Die Übertragung einer Hilfsarztstelle in den Krankenanstalten an den Kandidaten ist nicht zulässig [2].

§ 16. Der Ausbildung des Kandidaten in der Krankenanstalt wird am besten dadurch genügt, daß er einer bestimmten Krankenabteilung zugewiesen wird und auf derselben eine bestimmte Anzahl von Kranken, nicht unter 12, zugeteilt erhält, die er unter der Beihilfe und verantwortlichen Leitung des Hilfsarztes der betreffenden Station (Pavillon, Baracke) ärztlich zu versorgen hat. Hierbei ist zu beachten, daß der Kandidat stets unter der Aufsicht des Direktors oder ärztlichen Leiters verbleiben muß.

§ 17. Dem Kandidaten ist die Möglichkeit zu bieten, sich in der Untersuchung und Behandlung der Kranken, im Verschreiben von Rezepten, in der Abfassung von Krankengeschichten, Zeugnissen und Gutachten, in der Führung der Krankenblätter, in der Abhaltung des ärztlichen Wachtdienstes und in der Ausführung von Leichenöffnungen soviel wie möglich zu betätigen. Gegenstände der Unterweisung sollen ferner sein: die Handhabung der Untersuchungsmethoden, die praktische Ausübung der Krankenpflege, insbesondere das Eingehen auf die Wünsche und Bedürfnisse der einzelnen Kranken und das taktvolle Verhalten gegenüber dem Pflegepersonal. Die wissenschaftliche Bewertung bemerkenswerter Krankheitsfälle, die Anwendung der verschiedenen Heilmethoden und der Arzneiverordnung, die Handhabung der Antisepsis und die Einhaltung der Asepsis, die Mithilfe bei Operationen (Narkose, Assistenz, Nachbehandlung) die Vornahme derselben, überhaupt die Übung in möglichst allen Zweigen der praktischen Medizin, besonders auch auf dem Gebiete der Arbeiterschutzgesetzgebung. Ferner erscheint eine Belehrung angezeigt über die Leitung und Verwaltung der Anstalt, über die Durchführung hygienischer Maßnahmen in der Anstalt, über die Erfüllung der dem Arzt obliegenden gesetzlichen Pflichten, namentlich bezüglich der Anzeigepflicht bei übertragbaren Krankheiten und der Desinfektion sowie über das kollegiale Verhalten anderen Ärzten gegenüber, besonders in der Privatpraxis.

§ 18. Alle einer Anstalt oder Anstaltabteilung überwiesenen Kandidaten haben sich an den täglichen Visiten der dirigierenden Ärzte und der einzelne Kandidat außerdem an den Vormittags- und Nachmittagsbesuchen des Hilfsarztes seiner Station zu beteiligen, wobei am Krankenbette genauere Besprechungen geeigneter Fälle stattzufinden haben. Von großem Nutzen werden auch besondere Referatsstunden sein, welche von den dirigierenden Ärzten in Gegenwart sämtlicher Hilfsärzte und Kandidaten abgehalten werden und in denen die gemachten Beobachtungen ausgetauscht und durch die Erläuterungen der erfahrenen Chefärzte besonders nutzbringend gemacht werden können.

---

[1] Vgl. S. 86.

[2] Vgl. hierzu die Erlasse K.M. 20. 9. 07 — M 19117 — und 24. 12. 10 — M 19101 U I — S. 81.

§ 19. Der Kandidat soll durch den Dienst in der Anstalt voll beschäftigt werden. Denn er hat seine ganze Kraft und Aufmerksamkeit darauf zu richten, seine praktischen Kenntnisse und Fähigkeiten zu vertiefen und fortzubilden, sowie das erforderliche Verständnis für die Aufgaben und Pflichten des ärztlichen Berufs zu gewinnen.

§ 20. Die in den §§ 12—19 enthaltenen Bestimmungen finden auf die Beschäftigung und Ausbildung des Kandidaten in Polikliniken und Instituten sinngemäße Anwendung.

§ 21. Der Kandidat hat sich der Hausordnung und den Anordnungen des ärztlichen Leiters der Anstalt zu fügen. Zuwiderhandlungen können von diesem mit Verweisen, in Wiederholungs- und besonders schweren Fällen mit sofortiger Entlassung aus der Anstalt bestraft werden. Im Falle der sofortigen Entlassung hat der ärztliche Leiter binnen zwei Wochen an die der Universitätsanstalt vorgesetzte Behörde, bei ermächtigten Anstalten an die zuständige Aufsichtsbehörde zu berichten[1]. Dienstliche Stellung des Kandidaten.

§ 22. Die Direktoren der Universitätskliniken und -polikliniken und der Institute sowie die ärztlichen Leiter der Krankenhäuser sind befugt, dem Kandidaten einen kurzen Urlaub zur Erholung oder zu besonderen Gelegenheiten zu erteilen[2]. Eine Anrechnung der Urlaubszeit auf das Praktische Jahr ist nur bis zu höchstens 14 Tagen und nur unter der Voraussetzung zulässig, daß die Tätigkeit des Kandidaten zu Anständen keine Veranlassung gegeben und sich ordnungsmäßig vollzogen hat. Unter der gleichen Voraussetzung kann auch die Zeit der ärztlich zu bescheinigenden Krankheit bis zur Höchstdauer von 4 Wochen auf das Praktische Jahr angerechnet werden. Eine weitere Anrechnung von Krankheitszeit ist nur in besonders gearteten Fällen mit Genehmigung der Zentralbehörde (§ 5) angängig. In jedem Falle der Beurlaubung oder der Erkrankung muß die Dauer der Unterbrechung unter Bezeichnung des Anfangs- und Enddatums in dem Abgangszeugnisse vermerkt werden. Eine Abkürzung der auf die Behandlung von inneren Krankheiten zu verwendeten Zeit (mindestens ein Drittel des Praktischen Jahres) darf durch Urlaub oder Krankheit nur in besonders begründeten Fällen erfolgen. Urlaub und Krankheit.

§ 23. Das Praktische Jahr ist in der Regel ohne Unterbrechung zu erledigen. Eine längere als 14tägige Unterbrechung bedarf der Genehmigung der Zentralbehörde (§ 5). Unterbrechung und Anstaltswechsel.

Es steht dem Kandidaten frei, das an einer Anstalt begonnene Praktische Jahr an einer zweiten und gegebenenfalls noch an einer dritten Anstalt fortzusetzen[3]. Will er noch einen weiteren Wechsel der Anstalt eintreten lassen, so hat er zuvor die Genehmigung der Zentralbehörde (§ 5) einzuholen.

Es ist wünschenswert, daß die Tätigkeit des Kandidaten an einer Anstalt nicht zu kurz bemessen wird. Ein Wechsel der Anstalt darf, vorbehaltlich des § 21, nur nach 14 tägiger Kündigung erfolgen, welche sowohl dem Leiter der Anstalt als dem Kandidaten zusteht[4].

§ 24. Hat der Kandidat es an dem erforderlichen Eifer während der Ableistung des Praktischen Jahres fehlen lassen, so daß die Zentralbehörde (§ 5) nicht die Überzeugung gewinnt, daß er den zu stellenden Anforderungen entsprochen hat, so wird die Zentralbehörde die Dauer des Praktischen Jahres noch darüber hinaus für einen von ihr zu bestimmenden Zeitraum ausdehnen. Verlängerung des Prakt. Jahres.

§ 25. Während der Ableistung des Praktischen Jahres hat der Kandidat mindestens zwei öffentlichen Impfungs- und ebenso vielen Wiederimpfungsterminen, einschließlich der dazu gehörigen Nachschautermine, beizuwohnen. Die Bescheinigung darüber stellt der Impfarzt aus, welcher den Impftermin abgehalten hat. Die erforderlichen Mit- Impftermine.

---

1 Vgl. § 27 der Anweisung S. 80, § 65 Abs. 2 der Bestallungsordnung.

2 Die Kandidaten haben ohne weiteres keinen Urlaubsanspruch. Der Urlaub muß vielmehr von dem zuständigen Anstaltsleiter erteilt und in dem Beschäftigungszeugnis bescheinigt werden, falls eine Anrechnung des Urlaubs auf das Praktische Jahr erfolgen soll. Sonst muß die Unterbrechung nachgeleistet werden.

3 Die Beschäftigung in verschiedenen Abteilungen eines Krankenhauses bedeutet keinen Wechsel der Anstalt im Sinne dieser Vorschrift.

4 Vgl. S. 81.

teilungen über die Impftermine, welche in der Regel im Mai und Juni stattfinden, sind von dem zuständigen beamteten Ärzte einzuholen[1].

V. Erteilung des Abgangszeugnisses.

Abgangszeugnis. § 26. Die Abgangszeugnisse über die Ableistung des Praktischen Jahres sind nach dem der Bestallungsordnung beigegebenen Muster 5[2] durch den Direktor der Universitätsklinik oder -poliklinik oder des wissenschaftlichen Instituts oder den ärztlichen Leiter der Anstalt bzw. der selbständigen Anstaltsabteilung, bei welcher der Kandidat tätig gewesen ist, auszustellen[3]. War der Kandidat an mehreren Abteilungen tätig, so ist für die betreffende Zeit von jedem Abteilungsleiter ein besonderes Zeugnis auszustellen. Alle Zeugnisse müssen eine nähere Würdigung der Art der Beschäftigung, sowie eine Angabe darüber enthalten, welchen Teil der bezeichneten Zeit der Kandidat vorzugsweise der Behandlung von inneren Krankheiten gewidmet, inwieweit er seine praktischen Kenntnisse und Fähigkeiten vertieft und fortgebildet, und ob er ausreichendes Verständnis für die Aufgaben und Pflichten des ärztlichen Berufes gezeigt hat[4].

§ 27. Wird dem Kandidaten die Erteilung des Abgangszeugnisses von dem ärztlichen Leiter der Anstalt versagt, so ist dieser verpflichtet, es dem Kandidaten unter kurzer Angabe der Gründe schriftlich zu eröffnen. Gegen diesen Bescheid ist Beschwerde binnen zwei Wochen an die der Universitätsanstalt vorgesetzte Behörde, bei ermächtigten Anstalten an die Zentralbehörde desjenigen Bundesstaats in dessen Gebiete die Anstalt gelegen ist, zulässig[5].

Berlin, den 7. Juli 1908.

Der Minister der geistlichen, Unterrichts- und Medizinal-Angelegenheiten.

M 18065 U I.

Annahme. Personen, die nicht dazu berechtigt sind[6], haben sich wiederholt zur Annahme als Medizinalpraktikanten oder Famuli usw. bei Anstalten gemeldet und sind dort eingestellt und ausgebildet worden, ohne daß von den Anstaltsleitern die Zeugnisse eingefordert und geprüft worden sind.

Die Leiter der Krankenanstalten usw. werden darauf aufmerksam gemacht, daß in solchen Fällen nicht nur die Anstaltsinsassen, sondern auch die Volksgesundheit gefährdet werden, und es wird ihnen dringend empfohlen, auf die Prüfung der Zeugnisse bei Annahme des medizinischen Personals ihr besonderes Augenmerk zu richten. Die Medizinalpraktikanten können sich durch die amtliche Bescheinigung über die Zulassung zum Praktischen Jahr (vgl. S. 77 Anm. 1 und S. 167) und die Studierenden der Medizin durch die

---

[1] Der Kandidat hat während des Praktischen Jahres auch über einen Krankheitsfall aus dem Gebiete der Versicherungsmedizin oder des Versorgungswesens ein schriftliches Probegutachten selbständig auszuarbeiten, in dem der von dem Kranken erhobene Rechtsanspruch (Unfallrente, Invalidenrente, Versorgungsrente usw.) gewürdigt wird. Hierbei ist von ihm nachzuweisen, daß er die in Frage kommenden Vorschriften der Gesetzgebung über das Versicherungs- und Versorgungswesen beherrscht und es gelernt hat, besonders die Erwerbsfähigkeit eines Kranken nach den Grundsätzen dieser Gesetzgebung zu beurteilen. Die Aufgabe für das Probegutachten hat der Kandidat von einem Arzte zu erbitten, dem derartige Kranke zur Verfügung stehen (ärztlicher Leiter einer Anstalt, an der das Praktische Jahr abgeleistet werden darf, oder beamteter Arzt). Das angefertigte Probegutachten ist dem Arzt, der die Aufgabe erteilt hat, zur Prüfung vorzulegen und von ihm mit einem entsprechenden Urteil zu versehen. Nur ein hierbei als mindestens genügend erachtetes Probegutachten ist unter Beifügung des Urteils mit dem Bestallungsgesuch einzureichen.

[2] Vgl. S. 168. [3] Vgl. § 11 der Anweisung S. 77.

[4] Zeugnisse, die hierüber nichts Näheres enthalten, werden von der obersten Landesbehörde nicht als genügend angesehen (M.J. 4. 1. 13 — M 20834 II).

[5] Vgl. auch § 21 der Anweisung S. 79, § 65 Abs. 2 der Bestallungsordnung.

[6] D. h. die nicht die ordnungsmäßige Bescheinigung über die Zulassung zum Praktischen Jahr (S. 167) erhalten haben. Andere Personen, auch Ausländer mit dem Zeugnis über die Ablegung der deutschen ärztlichen Prüfung, kommen für die Beschäftigung als Medizinalpraktikanten nicht in Betracht, falls sie nicht die vorgenannte Zulassungsbescheinigung besitzen.

Studiennachweise (Universitätsabgangszeugnisse und Anmeldebuch) ausweisen.

(M.V. 20. 6. 25 — I M III 1361 —, K.M. 10. 7. 25 — U I 1382).

Die Krankenanstalten, die im Eigentum oder unter ärztlicher Leitung von Juden (§ 5 der I. V.O. vom 14. 11. 35, R.G.Bl. I S. 1333, zum Reichsbürgergesetz) stehen und in dem Verzeichnis der zur Annahme von Medizinalpraktikanten ermächtigten Anstalten in *Kursiv* gedruckt sind (vgl. S. 91), sind nur zur Annahme von jüdischen Medizinalpraktikanten (§ 5 der vorgenannten V.O.) ermächtigt (R.Pr.J. 12. 8. 36 — IV B 11013/36/3570).

Da der Medizinalpraktikant sich „unter Aufsicht und Anleitung des ärztlichen Leiters" beschäftigen, nicht aber selbständig ärztlich tätig sein soll (§ 63 Abs. 1 der Bestallungsordnung), ist es unzulässig, wenn ein Kandidat während des Praktischen Jahres den Dienst eines Assistenzarztes versieht und dabei zum Teil selbständig ordiniert (K.M. 20. 9. 07 — M 19117 —). Die Praktikanten sollen also nicht als Ersatz für fehlende Assistenten dienen (K.M. 24. 12. 10 — M 19101 U I). Begrenzung der Tätigkeit

Die erfolgreiche Teilnahme an einem Kursus an der Führerschule der Deutschen Ärzteschaft in Alt Rehse wird bis zur Dauer von 4 Wochen auf das Praktische Jahr der Mediziner angerechnet, ohne daß es eines besonderen Antrages im Einzelfalle bedarf. Die Anrechnung erstreckt sich nicht auf die vorzugsweise der Behandlung von inneren Krankheiten zu widmende Zeit des Praktischen Jahres. (R.Pr.J. 14. 2. 36 — IV B 7838/3570). Anrechnung von Kursen.

Die vom Chef des Sanitätswesens der SA. gemeinsam mit dem Chef des Ausbildungswesens der SA. veranstalteten Lagerarztkurse (Dauer 10 bis 12 Wochen) werden bis zu zwei Monaten auf das Praktische Jahr der Mediziner ohne Einholung einer besonderen Genehmigung angerechnet. Die Anrechnung erstreckt sich nicht auf die vorzugsweise der Behandlung innerer Krankheiten zu widmende Zeit des Praktischen Jahres (M. J. 28. 5. 34 — III a IV 1537).

Wegen teilweiser Ableistung des Praktischen Jahres an Gesundheitsämtern vgl. § 64 Abs. 3 der Bestallungsordnung (S. 36).

Der Titel „Medizinalpraktikant" steht nur den Kandidaten der Medizin zu, die nach vollständig bestandener ärztlicher Prüfung regelrecht zur Ableistung des Praktischen Jahres zugelassen worden sind. Die Zulassung (Muster S. 167) wird grundsätzlich nur den Kandidaten erteilt, die Aussicht auf die Erlangung der Bestallung als Arzt haben. Diesen Titel führen die Kandidaten bis zum Empfang dieser Bestallung, durch die ihnen die Bezeichnung Arzt beigelegt wird. Bezeichnung.

Wenn ein Medizinalpraktikant fristlos seine Beschäftigung abbricht oder entlassen wird (vgl. § 65 Abs. 2 der Bestallungsordnung sowie §§ 21 und 27 insbesondere § 23 Abs. 3 der Anweisung über das Praktische Jahr S. 79, kommt in zivilrechtlicher Hinsicht, da ein gewöhnliches Dienstverhältnis im Sinne des § 626 BGB.[1] nicht anzunehmen sein dürfte, weil es sich nicht um Ausscheiden.

[1] § 626 BGB. lautet: „Das Dienstverhältnis kann von jedem Teile ohne Einhaltung einer Kündigungsfrist gekündigt werden, wenn ein wichtiger Grund vorliegt".

Dienste handelt, die wesentlich gegen Entgelt geleistet werden, die Anwendung des § 627 BGB. in Frage, welcher lautet:

„Hat der zur Dienstleistung Verpflichtete ohne in einem dauernden Dienstverhältnisse mit festen Bezügen zu stehen, Dienste höherer Art zu leisten, die auf Grund besonderen Vertrauens übertragen zu werden pflegen, so ist die Kündigung auch ohne die im § 626 bezeichnete Voraussetzung zulässig.

Der Verpflichtete darf nur in der Art kündigen, daß sich der Dienstberechtigte die Dienste anderweit beschaffen kann es sei denn, daß ein wichtiger Grund für die unzeitige Kündigung vorliegt. Kündigt er ohne solchen Grund zur Unzeit, so hat er dem Dienstberechtigten den daraus entstehenden Schaden zu ersetzen."

Verfehlungen.

Bei Verfehlungen der Kandidaten gelegentlich der Ableistung des Praktischen Jahres kann und soll der Klinikleiter das dem Medizinalpraktikanten nach § 65 der Bestallungsordnung für Ärzte auszustellende Zeugnis (Muster S. 168), falls der Praktikant dazu Anlaß gegeben hat, so abfassen, daß ihm die im Zeugnis bescheinigte Beschäftigungszeit auf das Praktische Jahr nicht angerechnet wird. Hat sich ein Praktikant besonders schwere Verfehlungen zuschulden kommen lassen, so soll ihn der Klinikleiter fristlos entlassen, die Ausstellung eines Zeugnisses ablehnen und auf dem Dienstwege an das für die Erteilung der Bestallung zuständige Ministerium berichten, damit dieses in die Lage versetzt wird, dem Medizinalpraktikanten, der sich als ungeeignet für den ärztlichen Beruf erwiesen hat, die Bestallung zu versagen. (R.Pr.E. 4. 9. 35 — W I a 1882 — R.Pr.J. IV e 722/35)[1].

Wegen Unterstellung der Kandidaten unter die Reichsärztekammer und die ärztliche Berufsgerichtsbarkeit vgl. § 83 R.Ä.O. S. 74.

Zeugnisse über das Praktische Jahr.

Die nach der Bestallungsordnung für Ärzte auszustellenden Zeugnisse über die Ableistung des Praktischen Jahres haben den Kandidaten wiederholt zurückgegeben werden müssen, weil dieselben den Bestimmungen der Bestallungsordnung und dem Muster 5 (S. 168) nicht entsprachen. Insbesondere war aus den Zeugnissen nicht zu ersehen, daß die Kandidaten in der bescheinigten Zeit ihre praktischen Kenntnisse und Fähigkeiten vertieft und fortgebildet sowie auch ausreichendes Verständnis für die Aufgaben und Pflichten des ärztlichen Berufs gezeigt haben. Durch die Ergänzung der Zeugnisse entsteht meist große Verzögerung bei der Erteilung der Bestallung als Arzt, die für die betroffenen Kandidaten sehr störend sein kann. Mehrfach haben die Kandidaten Stellungen, die sie an bestimmten Tagen übernehmen sollten, verloren. Die Krankenanstalten sind hierauf aufmerksam zu machen und auf die genaue Beobachtung der erwähnten Vorschriften ist hinzuwirken. Sollten die Leiter einiger Krankenanstalten auch fernerhin noch ungenügende Bescheinigungen über das Praktische Jahr ausstellen, so müßte die Zurück-

[1] Nach § 2 Abs. 3 der Prüfungsordnung für Ärzte von 1924/27/32 ist die Zulassung zu den ärztlichen Prüfungen und zum Praktischen Jahr sowie die Erteilung der Bestallung zu versagen, wenn infolge des Bestehens einer Geisteskrankheit oder einer Sucht die für die Ausübung des künftigen ärztlichen Berufs erforderliche Zuverlässigkeit fehlt. Zwecks Fernhaltung geistig nicht gesunder Personen vom ärztlichen Beruf wird den Leitern der zur Annahme von Medizinalpraktikanten ermächtigten Krankenhäuser zur Pflicht gemacht, Beobachtungen über geistige Störungen der Praktikanten entweder auf den Beschäftigungszeugnissen zu vermerken oder darüber an das Ministerium zu berichten. (M. J. 12. 10. 34 — III a IV 2842).

Die Bestimmung des § 2 Abs. 3 der Bestallungsordnung ist durch die V. O. vom 25. 3. 36 neu gefaßt und ein entsprechender Zusatz in dem neuen Vordruck für das Praktikantenzeugnis (S. 168) vorgesehen worden.

ziehung der Ermächtigung zur Annahme von Kandidaten gegenüber diesen Anstalten in Erwägung gezogen werden. (M.J. 4. 1. 13 — M 20 834/12 II).

Ausbildung der Sanitätsoffiziere.

Anwärter für das aktive Heeres-[1] und Marine-Sanitätsoffizierkorps können abweichend von der Bestimmung des § 63 der Bestallungsordnung wegen ihrer halbjährigen militärischen Ausbildung, falls sie nach Bestehen der ärztlichen Prüfung erfolgt, das Praktische Jahr entsprechend später beginnen bzw. unterbrechen, ohne daß die in § 7 der Anweisung über das Praktische Jahr der Mediziner vom 7. Juli 1908 (S. 77) vorgeschriebene Erlaubnis der für die Erteilung der Bestallung zuständigen obersten Landesbehörde eingeholt wird (R.J. 3. 2. 23, 13. 10. 25, 13. 6. 33 — II 990/23, 7896/25 A, A II 2114/33. 19. 4. II.).

Den Marinelazaretten in Kiel und Wilhelmshaven ist allgemein die Ermächtigung zur Annahme solcher Medizinalpraktikanten erteilt worden, die in das aktive Marine-Sanitätsoffizierkorps übernommen werden sollen. Die Zahl der Praktikanten, die in jedem der genannten beiden Marinelazarette gleichzeitig aufgenommen werden darf, ist so zu bemessen, daß auf jeden Praktikanten bei der durchschnittlichen Belegungsziffer mindestens 40 Kranke entfallen. Die betreffenden Praktikanten werden als aktive Unterärzte von der Marineleitung dorthin kommandiert (R.J. 11. 10. 21 — II A 9582).

Medizinalpraktikanten, die in das aktive Sanitätsoffizierkorps des Heeres und der Luftwaffe eintreten wollen, können das Praktische Jahr in den Heereslazaretten ableisten, die hierzu besonders ermächtigt und in dem Verzeichnis der zur Annahme von Praktikanten ermächtigten Krankenhäuser aufgeführt sind.

C. Zulassung von Anstalten zur Annahme von Medizinal-Praktikanten.

Allgemein.

Im allgemeinen gilt zunächst § 12 der Anweisung über das Praktische Jahr (S. 78).

Universitätsanstalten.

1. Bei Universitätskliniken, einschl. der Spezialkliniken für Augen-, Ohren-, Hals- und Nasen-, Haut- usw. Kranke[2] darf nur dann, wenn die durchschnittliche Krankenzahl wenigstens 40 beträgt, ein und für jede weiteren 40 Kranken ein weiterer Praktikant zugelassen werden.

2. Bei Universitätspolikliniken, einschließlich der Spezialpolikliniken[2], darf nur dann, wenn die durchschnittliche jährliche Krankenzahl 2000 beträgt, ein und für jede weiteren 2000 Kranke ein weiterer Praktikant zugelassen werden.

3. Bei Universitätskliniken, welche mit einer Poliklinik verbunden sind, findet Doppelrechnung statt in der Weise, daß auf jede 40 klinische und jede 2000 poliklinische Kranke je ein Praktikant zugelassen werden darf[3].

---

[1] Das gleiche gilt auch für die Luftwaffe.

[2] Mit Rücksicht darauf, daß die geburtshilflich-gynäkologische Ausbildung der Praktikanten nach Möglichkeit gefördert werden soll, ist auf bindende Vorschriften hinsichtlich der Zahl der an den einzelnen Universitätsfrauenkliniken und -polikliniken zuzulassenden Medizinalpraktikanten verzichtet worden (vgl. K.M. 19. 5. 24 — U I 736 — S. 85.

[3] Bei der Festsetzung der Mindestzahlen zu Ziffer 1 bis 3 ist man davon ausgegangen, einerseits die Zahl der auszubildenden Praktikanten in einem sachdienlichen Verhältnis zu dem vorhandenen Krankenmaterial zu halten, andererseits im Interesse der Kranken die Zahl der zu ihrer Behandlung berufenen Personen auf das richtige Maß zu beschränken.

4. Die bei einem sonstigen medizinisch-wissenschaftlichen Universitätsinstitut[1] nach vollständig bestandener ärztlicher Prüfung absolvierte Zeit darf bis zu einem halben Jahre auf das Praktische Jahr angerechnet werden[2]. Jedoch darf jedes dieser Institute gleichzeitig nicht mehr als einen Praktikanten beschäftigen[3]. Zur Annahme eines weiteren Praktikanten ist die Genehmigung des Ministeriums einzuholen.

5. Selbständige medizinisch-wissenschaftliche Institute[4] können in demselben Umfange, wie die unter 4 genannten Universitätsinstitute, zur Annahme von Praktikanten ermächtigt werden[5].

6. Eine Einziehung von Honorar von den Praktikanten für die ihnen gewährte Unterweisung während des Praktischen Jahres ist nicht zulässig.

Dem Ermessen der Kliniker ist es überlassen, ob sie Praktikanten in dem vorstehend bezeichneten Umfange zur Ablegung des Praktischen Jahres zulassen wollen. In dieser Beziehung wird namentlich in Betracht kommen, ob die Rücksichtnahme auf die Kranken die Annahme einer so großen Zahl gestattet, zumal da ohnehin neben den Assistenten zahlreiche Volontärassistenten, Famuli und fremde Ärzte, welche sich weiterbilden wollen, in den Kliniken zugelassen zu werden pflegen. Die obigen Höchstzahlen dürfen selbstverständlich nicht überschritten werden.

(K.M. 10. 7. 05. — I U 48 M —.)

Bei einer Prüfung der Frage, ob es geboten sei, die Zahl der an den Medizinischen Kliniken zuzulassenden Medizinalpraktikanten zu erhöhen, ist festgestellt worden, daß zurzeit eine zwingende Veranlassung zur Erhöhung der Praktikantenzahl und zu einer Änderung der durch den Erlaß vom 10. 7. 1905 — U I 48 M — aufgestellten Richtlinien für die Zahl der in den einzelnen Anstalten zuzulassenden Medizinalpraktikanten nicht vorliege. Dagegen ist zur Sprache gebracht worden, daß die Anwendung dieser Richtlinien auf die geburthilflichen Kliniken und Polikliniken nicht immer vorteilhaft sei und daß für sie eine Abweichung von der Regel häufig deshalb geboten erscheine, weil die praktische Ausbildung des ärztlichen Nachwuchses in der Geburtshilfe mit allen Mitteln gefördert werden muß. Aus dieser Erwägung sind auch die geburtshilflichen Kliniken und Polikliniken bei der Festlegung der Richtlinien in dem Erlaß vom 10. 7. 1905 im Gegensatz zu den Spezialkliniken für Augen-, Ohren-, Hals-, Nasen-, Haut- usw. Kliniken nicht besonders genannt worden. Die von gynäkologischen Krankenanstalten und Polikliniken in letzter Zeit häufiger gestellten Anträge um Erhöhung der Zahl der Medizinalpraktikanten sind deshalb in weitgehendem Maße berücksichtigt worden, wenn die notwendigen Voraussetzungen erfüllt waren.

---

[1] Gemeint ist ein medizinisches nichtklinisches Universitätsinstitut entsprechend § 1 Abs. 1 Buchst. d der Anweisung über das Praktische Jahr S. 75.

[2] Wegen der Dauer der Beschäftigung vgl. noch § 2 der Anweisung über das Praktische Jahr S. 76.

[3] Diese Bestimmung ist getroffen worden namentlich mit Rücksicht darauf, daß in den Universitätsanstalten auch die Ausbildung von Studierenden zu erfolgen hat.

[4] Hier gilt sinngemäß das S. 75 Anm. 4 Gesagte und die Ausführungen S. 89.

[5] Für die etwa beantragte Ermächtigung zur gleichzeitigen Beschäftigung von mehreren Praktikanten darf neben dem Umfang und der Bedeutung des Instituts noch in Betracht gezogen werden, daß die gleichzeitige Ausbildung von Studierenden den Leitern dieser Institute nicht obliegt. Wegen der Dauer der Beschäftigung vgl. § 2 der Anweisung über das Praktische Jahr S. 76.

Es bestehen keine Bedenken dagegen, daß auch die Zahl der zuzulassenden Medizinalpraktikanten für die Universitätsfrauenkliniken und Polikliniken dem jeweiligen Bedürfnis entsprechend über die in den Richtlinien festgesetzten Höchstzahlen hinaus erhöht wird, wenn eine genügende Beschäftigung der Praktikanten unter sachgemäßer Leitung gewährleistet ist. Von dieser Vergünstigung ist jedoch nur in einem Umfange Gebrauch zu machen, der die gründliche Ausbildung des ärztlichen Nachwuchses gewährleistet und die erforderliche Rücksicht auf die Kranken nicht vermissen läßt.

(K.M. 19. 5. 24. — U I 736.)

Wegen der weiteren Richtlinien für die Auswahl geeigneter Anstalten zur praktischen Weiterbildung der Mediziner in Geburtshilfe und Gynäkologie vgl. S. 86.

Krankenanstalten.

An Krankenanstalten soll die Ermächtigung zur Aufnahme von Medizinalpraktikanten in der Regel nur erteilt werden, wenn dieselben öffentliche sind und mindestens 50 Krankenbetten haben[1]. Die Zahl von Praktikanten welche an jeder einzelnen Krankenanstalt gleichzeitig höchstens aufgenommen werden darf, wird dergestalt festgesetzt, daß auf jeden Praktikanten bei der erfahrungsgemäß normalen Belegungsziffer eine Mindestzahl von Kranken und zwar in städtischen und Kreiskrankenhäusern etwa 40, in Stiftungs- und Vereinskrankenanstalten — Diakonissenhäusern, evangelischen, katholischen und israelitischen Krankenhäusern, Johanniterkrankenhäusern, Krankenanstalten vom Roten Kreuz — etwa 50, in Spezialkrankenanstalten — Augenheilanstalten und dgl. — etwa 60, in Volksheilstätten für Lungenkranke[2] etwa 100, in Provinzial-Irren-Heil- und Pflegeanstalten etwa 120 Kranke entfallen. Idioten- und Privat-Irren- und Nervenheil-Anstalten sind besonders sorgfältig darauf zu prüfen, ob sie sich zur Annahme von Praktikanten eignen. In öffentlichen Entbindungs- sowie in Hebammenlehranstalten wird im allgemeinen nicht mehr als ein Praktikant anzunehmen sein[3]. Bei der Auswahl der Anstalten ist die normalmäßige Belegungsziffer zugrunde zu legen, außerdem aber besonders auf die ganze Einrichtung, die Leitung und den Betrieb der Anstalt Rücksicht zu nehmen.

---

[1] Die versorgungsärztlichen Untersuchungsstellen, die der fachärztlichen Untersuchung und Begutachtung von Kriegsbeschädigten dienen, sind zur Annahme von Medizinalpraktikanten allgemein zugelassen und in dem Verzeichnis der hierzu ermächtigten Anstalten berücksichtigt worden, weil die Praktikanten dort die beste Gelegenheit haben, sich mit den gesetzlichen Vorschriften und den Verwaltungsgrundsätzen des Versorgungs- und zum Teil auch des Versicherungswesens vertraut zu machen (R.J. 10. 11. 25 — II 9868 A).

[2] Den Tuberkulose-Fürsorgestellen kann die allgemeine Ermächtigung zur Annahme von Medizinalpraktikanten nicht erteilt werden, weil die Ableistung des Praktischen Jahres an solcher Beratungsstellen nicht dem Sinne der Einrichtung dieser Ausbildungszeit entspricht. Zur Betätigung des ärztlichen Nachwuchses in der Bekämpfung der Tuberkulose ist während des Praktischen Jahres in einer großen Zahl von Tuberkulose-Heilanstalten, die zur Annahme von Medizinalpraktikanten allgemein ermächtigt sind, Gelegenheit geboten. Die Ausbildung bei den Tuberkulose-Fürsorgestellen muß den Medizinern in der Zeit nach Ableistung des Praktischen Jahres überlassen bleiben (M.V. 23. 2. 27 — I M III 255).

[3] Seit dem allg. Erlaß vom 15.4.02 — M 4855 U I —, wonach mit ministerieller Genehmigung in öffentlichen Entbindungs- sowie in Hebammenlehranstalten im allgemeinen nicht mehr als ein Praktikant angenommen werden soll, ist inzwischen insofern eine Änderung eingetreten, als in den letzten Jahren besonderer Wert darauf gelegt wird, daß die praktische Ausbildung unseres ärztlichen Nachwuchses in der Geburtshilfe mit allen Mitteln gefördert werden muß. Die Gesuche um Zulassung von Medizinalpraktikanten an geburtshilflich-gynäkologischen Krankenanstalten werden daher seit einiger Zeit in sehr weitgehendem Maße berücksichtigt, sofern nur eine genügende Beschäftigung des Praktikanten unter sachgemäßer Leitung dort gewährleistet erscheint (M.V. 31 1. 25 — I M III 93). Vgl. auch M.V. 3. 6. 26 — I M III 1547 — S. 87.

Was die Leitung betrifft, so sind diejenigen Krankenhäuser zu bevorzugen, deren Leiter nach ihrer wissenschaftlichen Stellung und ihrer Persönlichkeit zu der Erwartung berechtigen, daß sie es sich angelegen sein lassen werden, die Praktikanten nach Möglichkeit zu beschäftigen, zu eigener Tätigkeit anzuregen, zu regelmäßiger Untersuchung der Kranken und ihrer Se- und Exkrete anzuhalten und mit den Aufgaben und Pflichten auch des praktischen Arztes eingehend vertraut zu machen[1].

Was die Einrichtung der Anstalten betrifft, so verdienen diejenigen den Vorzug, welche nach hygienischen Grundsätzen erbaut und eingerichtet, mit den zur Durchführung der Asepsis und Antisepsis erforderlichen Geräten und Instrumenten ausgestattet sind und womöglich ein der Größe der Anstalt entsprechendes Laboratorium zur Ausführung einfacherer physiologisch-chemischer, mikroskopischer und bakteriologischer Untersuchungen zur Verfügung haben. Auch wird vor anderen diejenige Krankenanstalt den Vorzug verdienen, bei welcher eine wenn auch bescheidene medizinische Bibliothek mit Lesezimmer vorhanden ist.

Hinsichtlich des Betriebes ist zu bemerken, daß Anstalten, welche bei den regelmäßigen und unvermuteten Revisionen einen unordentlichen und unsauberen Eindruck machen oder sonst zu Ausstellungen Veranlassung geben, von der Annahme von Praktikanten je nach Umständen dauernd oder zeitweise auszuschließen sein werden[2].

Was die Bedingungen für die Annahme von Praktikanten betrifft, so wird daran festzuhalten sein, daß von den Praktikanten in der Regel weder eine Zahlung an die Anstalt noch auch ein Honorar an den ärztlichen Leiter gefordert werden soll, um die Kosten des ärztlichen Studiums nicht unnötig zu erhöhen.

Dagegen wird denjenigen Krankenanstalten, ihre sonstige Geeignetheit vorausgesetzt, der Vorzug zu geben sein, welche den Praktikanten als Äquivalent für die Unterstützung, die sie der Anstalt und deren Ärzten in der Behandlung und Pflege der Kranken und in der Anleitung und Unterweisung des Wärterpersonals leisten, gewisse Erleichterungen in Gestalt von freier Wohnung, freien Bädern, Beköstigung gegen Vorzugspreise usw. gewähren[3].

Daß die Krankenanstalten den Praktikanten auf diese Weise die Ableistung des Praktischen Jahres erleichtern, erscheint nicht unbillig, da sie von diesen durch die Besorgung eines ärztlichen Wachdienstes, die Führung der Krankenblätter, die Instruktion des Wärterpersonals und ähnliche Dienstleistungen eine wesentliche Erleichterung und Förderung des Dienstbetriebes der Anstalt erfahren.

(K.M. 15. 4. 02 — M 4855 U I).

Sonderrichtlinien für geburtshilfl. und gynäk. Anstalten.

Da die praktische Ausbildung des ärztlichen Nachwuchses in Geburtshilfe und Gynäkologie verbessert werden soll, sind im Herbst 1925 Ermittlungen

---

[1] Selbstverständlich wird bei der Auswahl der Krankenhäuser nicht bloß die wissenschaftliche Tüchtigkeit des leitenden Arztes, sondern auch seine Stellung und sein Verhältnis zu seinen Berufsgenossen zu berücksichtigen sein, damit die Unterweisung der Praktikanten nicht etwa nach Grundsätzen erfolgt, die den ärztlichen Standespflichten zuwiderlaufen.

[2] Die Krankenpflege soll bei den in Betracht gezogenen Anstalten auch den neuesten Anforderungen entsprechend geregelt sein.

[3] Vgl. Abschnitt D S. 93.

über die vorhandenen Ausbildungsstätten angestellt worden. Daraufhin sind in dem allg. Erlaß M.V. 3. 6. 26 — I M III 1574 — unter Mitteilung des Ergebnisses der Feststellungen folgende Richtlinien für die Auswahl geeigneter Anstalten zur praktischen Weiterbildung der Mediziner in Geburtshilfe und Gynäkologie aufgestellt worden[1]:

„Allgemeine Krankenanstalten. Bei der vorläufigen Beurteilung der Eignung einer Krankenanstalt für diesen speziellen Zweck muß eine ganze Reihe von Faktoren berücksichtigt werden und eine endgültige Entscheidung darüber ist nur auf Grund genauer Kenntnis der persönlichen und sonstigen Verhältnisse an der betreffenden Anstalt möglich ...

Bei der Zulassung von Medizinalpraktikanten an Anstalten mit geburtshilflich-gynäkologischen Fällen dürfte die Anwendung einschränkender Richtzahlen hinsichtlich der Bettenzahl usw. nicht in Frage kommen. Inwieweit von der Forderung, daß an der betreffenden Anstalt gleichzeitig mit dem Medizinalpraktikanten ein Assistenzarzt tätig ist[2], abgesehen werden kann, muß von Fall zu Fall entschieden werden. Ob ferner die Ausbildung eines Medizinalpraktikanten in der Geburtshilfe an einer allgemeinen Krankenanstalt, die zwar über ein ausreichendes geburtshilfliches Material, aber nicht über einen Facharzt verfügt, als genügend angesehen werden kann, ist gleichfalls eine schwierige Frage. Sie dürfte sich generell jedenfalls nicht bejahen lassen, wenn auch kein Zweifel darüber besteht, daß in einer ganzen Reihe dieser Anstalten die in Betracht kommenden Ärzte über große praktische Erfahrungen in der Geburtshilfe verfügen.

In vielen Kliniken und Krankenhäusern werden die Entbindungen jeweils von demjenigen Arzt geleitet, der die Kreißende der betreffenden Anstalt überwiesen hat, und zwar dürfte manchmal an einer derartigen Regelung im allgemeinen eine ziemlich große Anzahl von Ärzten des betreffenden Ortes beteiligt sein. Es liegt auf der Hand, daß solche Anstalten von vornherein für die Ausbildung von Medizinalpraktikanten in der Geburtshilfe nicht in Betracht kommen. Andere Anstalten melden wiederum, daß in ihnen alle nicht komplizierten Entbindungen nur von Hebammen geleitet werden. In diesen Fällen wird von der Zulassung von Medizinalpraktikanten gleichfalls abzusehen sein ...

Häufig wird von den Krankenhausleitern bei der Annahme eines Medizinalpraktikanten weniger an dessen Ausbildung als an die Einsparung eines Assistenzarztes gedacht. So findet sich oft die Angabe, daß dem Praktikanten nach Ablauf des ersten Vierteljahres seiner Beschäftigung an der betreffenden Anstalt besondere Vergünstigungen gewährt werden. Wenn auch kein Zweifel darüber besteht, daß die Tätigkeit des Praktikanten nach dieser Zeit der Anstalt viel wertvoller sein wird, so entspricht eine derartige Verlängerung des Anstellungsverhältnisses über drei Monate hinaus keineswegs den gerade auf eine Verbesserung der Ausbildung in der Geburtshilfe während des Praktischen Jahres hinzielenden Absichten. Es wird vielmehr Wert darauf gelegt, daß bei der beschränkten Zahl der hierfür zur Verfügung stehenden Ausbildungsstätten ein Praktikant nach etwa dreimonatiger Tätigkeit einem anderen seinen Platz einräumt.

Häufig wird die Unmöglichkeit der Annahme eines Medizinalpraktikanten zur Ausbildung in der Geburtshilfe damit begründet, daß die Anstalt nicht in der Lage sei, dem Praktikanten Wohnung zu gewähren. Wie man sich zu dieser Frage, in der ein Zwang ohnehin nicht ausgeübt werden kann, zu stellen haben wird, dürfte sich nur von Fall zu Fall beurteilen lassen. Im allgemeinen sollte sich in einem Krankenhause, in dem jährlich eine beträchtliche Anzahl von Geburten stattfindet, ein kleines Zimmer für einen oder mehrere Praktikanten verfügbar machen lassen, wie auch in geburtshilflichen Kliniken vielleicht mehr als es bisher schon der Fall ist, dafür Sorge zu tragen wäre, daß für Famuli und Praktikanten Aufenthalts- und Schlafräume vorhanden sind, in denen sie sich jederzeit für Geburtsfälle bereithalten können. Soweit die An-

---

[1] Wegen der Bezeichnung der Anstalten in dem Verzeichnis der zugelassenen Anstalten vgl. S. 91.

[2] Vgl. K.M. 24. 12. 10 — M 19101 U I — S. 89.

stalten auch mit einer geburtshilflich-poliklinischen Tätigkeit verbunden sind, wird es unter Umständen genügen, wenn der Praktikant in ihrer unmittelbaren Nähe wohnt und schnell erreichbar ist.

Was die geburtshilflichen und gynäkologischen Spezialanstalten — mit Ausnahme der Universitätsfrauenkliniken — anlangt, so können die Hebammenlehranstalten entsprechend ihren besonderen Ausbildungszwecken im allgemeinen nur eine verhältnismäßig geringe Zahl von Medizinalpraktikanten annehmen. Bei den privaten geburtshilflich-gynäkologischen Kliniken handelt es sich meistens um ziemlich kleine Unternehmungen mit wenig Entbindungsfällen; trotzdem wurde bei ihrer Ermächtigung zur Annahme eines Medizinalpraktikanten schon bisher großes Entgegenkommen geübt, sofern nur dort die Ausbildung in der Geburtshilfe einigermaßen sichergestellt erschien. Die Schwierigkeit liegt hier aber darin, daß die leitenden Ärzte dieser Privatkliniken sich in der Regel ganz entschieden weigern, einen Medizinalpraktikanten anzunehmen. Wenn auch dieses Verhalten, das mit der Rücksicht auf die Patienten begründet wird, verständlich ist, so ist doch dazu zu bemerken, daß diese Ablehnung gerade aus den Kreisen der Fachärzte kommt, die in erster Linie wegen einer Verbesserung der Ausbildung der Medizinalpraktikanten in der praktischen Geburtshilfe immer wieder vorstellig geworden waren.

Man wird allerdings an der Tatsache nicht vorbeikommen, daß ein Praktikant an einer kleinen Privatklinik mit einer Zahl von beispielsweise jährlich 30 Entbindungen und 20 Aborten während einer Beschäftigung von drei Monaten zwar seine geburtshilflichen Kenntnisse erweitern wird, daß er aber in anderer Hinsicht brach liegt. Die Ermächtigung zur Annahme von Praktikanten wird sich somit im allgemeinen bei solchen Privatkliniken doch auf diejenigen Anstalten beschränken müssen, in denen außer der Beteiligung an den Entbindungen auch sonst eine Gewähr füre eine systematische Weiterbildung auf den praktischen Gebieten der Geburtshilfe und der Frauenkrankheiten besteht. Soweit derartige Kliniken sich vorwiegend mit chirurgisch-gynäkologischen Fällen befassen, dürfte anzunehmen sein, daß den Praktikanten dort im Gegensatz zu dem lehrreichen Betrieb von größeren gynäkologischen Polikliniken verhältnismäßig wenig Gelegenheit geboten ist, gerade die für den zukünftigen praktischen Arzt notwendigen Kenntnisse wesentlich zu fördern.

Hinsichtlich der Universitäts-Frauenkliniken und -polikliniken wird bemerkt, daß deren Heranziehung zur Ausbildung von Medizinalpraktikanten bereits in einem möglichst weiten Umfang erfolgt[1]. Daß dabei die besonderen wissenschaftlichen und Forschungszwecke dieser Anstalten nicht beeinträchtigt werden dürfen, zu denen weniger die Hilfe von Medizinalpraktikanten als diejenige von Assistenz- und Volontärärzten herangezogen werden kann, muß ohne weiteres anerkannt werden. (Es folgt eine Berechnung über die nicht genügende Zahl der vorhandenen geeigneten und bereitwilligen Anstalten.)

Nach allem läßt sich zurzeit noch nicht die Aufnahme einer Vorschrift in die Prüfungsordnung für Ärzte ermöglichen, wonach sich der Praktikant ähnlich, wie es für die Beschäftigung mit inneren Krankheiten bestimmt ist, während mehrerer Monate vorzugsweise einer Betätigung in der praktischen Geburtshilfe zu widmen hätte... Immerhin haben die Erhebungen zu dem erfreulichen Ergebnis geführt, daß die Ausbildungsmöglichkeiten unseres ärztlichen Nachwuchses nicht so gering sind, wie von vielen Seiten angenommen worden war...

Das Ziel der Herbeiführung einer dreimonatigen obligatorischen Ausbildung des ärztlichen Nachwuchses in der praktischen Geburtshilfe wird auf jeden Fall weiter im Auge behalten werden. Schon jetzt sollen diejenigen Anstalten — einschließlich der in Betracht kommenden allgemeinen Krankenhäuser —, die sich für eine geburtshilfliche Ausbildung eignen, in dem Verzeichnis der zur Annahme von Praktikanten ermächtigten Anstalten durch ein besonderes Zeichen kenntlich gemacht werden, wie es seit einiger Zeit hinsichtlich der für die Beschäftigung mit den inneren Krankheiten vorgesehenen Krankenhäuser bereits geschieht. Dadurch wird einerseits der Überblick über die bestehenden Verhältnisse gewahrt, andererseits aber auch angenommen werden können, daß die

[1] Vgl. allg. Erlaß R.M. 19. 5. 24 — U I 736 — S. 85.

Praktikanten bei der Auswahl der von ihnen aufzusuchenden Anstalten ganz von selbst bestrebt sein werden, bei sonst gleichen Bedingungen denjenigen den Vorzug zu geben, an denen sie Gelegenheit haben, ihre Kenntnisse in der praktischen Geburtshilfe zu erweitern ...

Darüber, jedenfalls herrscht wohl allgemeines Einverständnis, daß einer an sich sehr erstrebenswerten Vorschrift zuliebe keine Anstalt zu Ausbildungszwecken heranzuziehen sein wird, zu denen sie sich nicht eignet."

Medizinisch-wissenschaftliche Institute.

An selbständige medizinisch-wissenschaftliche Institute (§ 1 e der Anweisung über das Praktische Jahr vom 7. 7. 08 — S. 75 — und Ziff. 5 des Erlasses K.M. 10. 7. 05 — U I 48 M — S. 84) kann die Ermächtigung zur Aufnahme von Praktikanten nur erteilt werden, wenn dieselben anerkannten wissenschaftlichen Ruf genießen und über die entsprechenden Räumlichkeiten und Apparate sowie über ein genügendes Arbeitsgebiet verfügen, um die Beschäftigung von Praktikanten für diese erfolgreich gestalten zu können (K.M. 26. 7. 01 — M 2916 U I). Bezüglich der Dauer der Beschäftigung der Praktikanten an diesen Instituten vgl. § 2 der vorgenannten Anweisung S. 76.

Assistenzärzte.

Als Bedingung für die Zulassung von Praktikanten an Krankenanstalten (§ 1 c der vorgenannten Anweisung) muß gefordert werden, daß die Zahl der Assistenzärzte[1] mindestens derjenigen der Praktikanten gleichkommt (K.M. 24. 12. 10 — M 19 101 U I) und diese Assistenzärzte in oder dicht bei der Anstalt wohnen.

Aufsicht.

Den vorgesetzten Behörden, insbesondere den Amtsärzten, liegt es ob, darauf zu achten, eventuell durch Besichtigungen festzustellen, daß die Anstalten den Voraussetzungen, unter denen die Ermächtigung erteilt ist, dauernd genügen. Verneinendenfalls sind den obersten Landesbehörden entsprechende Vorschläge einzureichen, die bei der alljährlichen Neuaufstellung des Verzeichnisses der ermächtigten Anstalten berücksichtigt werden können.

Anträge.

Diejenigen preußischen Krankenanstalten und wissenschaftlichen Institute (§ 1 c und e der vorerwähnten Anweisung), welche die Ermächtigung zur Annahme von Medizinalpraktikanten zu erlangen wünschen, haben die Anträge mit einer gutachtlichen Äußerung des Amtsarztes an das Reichs- und Preuß. Ministerium des Innern in Berlin NW. 40, Königspl. 6, durch den zuständigen Regierungspräsidenten (im Polizeibezirk der Stadtgemeinde Berlin: durch den Polizeipräsidenten für Berlin in Berlin O. 27, Magazinstraße 3/5, — bei Anstalten der Provinzialverwaltung: durch den zuständigen Oberpräsidenten — zu richten.

Im Begleitbericht ist bei Einreichung neuer Anträge auf Ermächtigung von Anstalten zur Annahme von Medizinalpraktikanten oder zur Erhöhung

---

[1] Als Assistenzärzte im Sinne dieser Bestimmung gelten sämtliche an der Anstalt hauptberuflich beschäftigte bestallte Ärzte — mit Ausnahme der Leiter —, so daß als solche auch bestallte Volontärärzte in Frage kommen (M.V. 29. 1. 25 — I M III 84).

Der hauptberuflich angestellte Assistenzarzt soll die genügende Beaufsichtigung und gründliche Ausbildung des Praktikanten, für die der leitende Arzt und die nicht hauptberuflich beschäftigten Ärzte in der Regel zu wenig Gelegenheit und Zeit haben, übernehmen. Der Praktikant soll andererseits von dem Assistenten die Kleinarbeit der Untersuchungen am Kranken, die Sorgfalt der Vorbereitungen für die Operationen und besonders auch die sachkundige Hilfe des Assistenzarztes bei Operationen erlernen (vgl. auch K.M. 20. 9. 07 — M 19117 — S. 81). Ferner wird diese Bedingung gestellt, weil es nicht der Zweck des Praktischen Jahres und der Ausbildung von Medizinalpraktikanten ist, den Krankenanstalten billige medizinische Hilfskräfte an Stelle von Assistenzärzten zu verschaffen.

oder Herabsetzung der Praktikantenzahl (Spalte 9 des Verzeichnisses) oder wegen sonstiger Veränderungen über die Verhältnisse in der Anstalt (Einrichtung, Betrieb usw.) möglichst ausführlich zu berichten und stets anzugeben, wieviel Ober- und Assistenzärzte in oder dicht bei der Anstalt wohnen (vgl. S. 89), ob und inwiefern die Bedingungen für die Ausbildung der Praktikanten in der Behandlung von inneren Krankheiten (§ 6 der Anweisung über das Praktische Jahr der Mediziner v. 7. 7. 1908 — M 18 065 U I, MBl. S. 271 ff. — vgl. S. 76), als erfüllt anzusehen sind, und ob, gegebenenfalls weshalb und für wieviele Kandidaten, sich die Anstalten zur Ausbildung in der Geburtshilfe und Gynäkologie oder auch nur in einem dieser Fächer eignen (vgl. auch die allg. Erlasse MB. v. 31. 1. 1925, 17. 9. 1925 und 3. 6. 1926 — I M III 93/25, 2422/25 II u. 1574/26, MBlB. 1925 S. 62 u. 368; 1926 S. 594)[1].

Den Anträgen ist auch stets eine Übersicht über die Verhältnisse in der Anstalt nach dem folgenden Muster D im MBlB. 1925 S. 368/69 beizufügen:

Lfde. Nr.	Ort und Straße	Besondere Kennzeichnung	Name der Anstalt	a) Eigentümer (Staat, Gemeinde, Stiftung, religiöse Genossenschaft, Verein, Privatperson usw.) b) Bezeichnung und Anschrift der leitenden Behörde	Name des ärztlichen Leiters
1	2	3	4	5*	6**

[1] In dem Verzeichnis der zur Annahme von Medizinalpraktikanten ermächtigten Krankenhäuser usw. werden diese und die jüdischen Anstalten besonders kenntlich gemacht (vgl. S. 91).

Krankenhäuser, in denen die Praktikanten nicht zweckmäßig ausgebildet und genügend beaufsichtigt werden oder werden können, oder die seit längerer Zeit keine Praktikanten mehr angenommen haben, obwohl Bewerbungen vorlagen, und Krankenhäuser, bei denen kein Assistenzarzt angestellt ist, sollen zur Streichung vorgeschlagen werden. Auch sollen in der Regel nicht mehr Praktikanten zugelassen sein, als Ober- Assistenz- und Volontärärzte dauernd hauptberuflich angestellt sind (vgl. den allg. Erlaß K.M. 24. 12. 1910 — M 19101 — S. 89). Von dieser Stellenverminderung sollen jedoch medizinisch-wissenschaftliche Institute und Anstalten, in denen eine geburtshilflich-gynäkologische Ausbildung der Praktikanten möglich ist, möglichst unberührt bleiben; die letzteren sollen vorzugsweise bei der Zulassung von Praktikanten berücksichtigt werden, wenn deren zweckentsprechende Ausbildung und genügende Beaufsichtigung gewährleistet ist (vgl. die vorgenannten allg. Erlasse M.B. 31. 1. 1925, 17. 9. 1925 und 3. 6. 1926).

* In Spalte 5 unter a sind die Eigentümer, beonders Vereine, Genossenschaften und Privatpersonen, stets mit dem genauen Namen anzugeben. Sind das Reich, der Staat, die Provinz, der Bezirksverband, der Kreis oder die Stadt Eigentümer, so ist zu ihrer Bezeichnung der Einheitlichkeit halber anzugeben: Deutsches Reich, Land Preußen, Provinzialverband ..., Bezirksverband ..., Kreiskommunalverband ..., Stadt ... Auf einwandfreie Bezeichnung der leitenden Behörde in Spalte 5 unter b ist ebenfalls Wert zu legen, z. B. Oberpräsident (Verwaltung des Provinzialverbandes) in ..., Kreisausschuß in ..., Bürgermeister in ...

** In Spalte 6 sind bei Angabe des ärztlichen Leiters nicht die an der Anstalt tätigen Ärzte aufzuführen, sondern, wenn nicht besondere Gründe vorliegen, nur der Arzt zu benennen, der die Gesamtleitung innehat.

Das Verzeichnis der zur Annahme von Medizinalpraktikanten ermächtigten Krankenanstalten usw. sowie Gesundheitsämter[1] des **Reichsgebiets** wird alljährlich (in der Regel im Mai) im R.M.Bl. i. V. veröffentlicht (vgl. R.M.Bl. i. V. 1936 Nr. 36 S. 1128 i. ff., hier aus Raummangel nicht abgedruckt). Das Verzeichnis ist in ausführlicher Form nach dem in der vorstehenden Übersicht angegebenen Muster Spalten 1 bis 10 aufgestellt, enthält also auch Angaben über die Verhältnisse in der Anstalt und die für die Medizinalpraktikanten vorgesehenen Vergünstigungen. Besonders gekennzeichnet sind in Spalte 3 mit einem Sternchen * die Anstalten, in denen die der Behandlung innerer Krankheiten zu widmende Zeit des Praktischen Jahres abgeleistet werden darf, mit einem Kreis ○ die, in denen in der Geburtshilfe und Gynäkologie, mit einem Kreuz × die, in denen in der Geburtshilfe, und mit einem Dreieck △ die, in denen in der Gynäkologie die praktische Weiterbildung während des Praktischen Jahres möglich ist. Ferner sind durch *Kursiv*druck die im Eigentum oder unter ärztlicher Leitung von Juden (§ 5 der Ersten Durchführungs-V.O. zum Reichsbürger- **Verzeichnis.**

Gesamtzahl der			Vergünstigungen der Praktikanten[2] (Vergütung in Monatsbeträgen)	Falls innere Krankheiten in der Anstalt behandelt werden, Angabe					
Krankenbetten	Ober- u. Assistenzärzte	zugelassenen Praktikanten		ob eine besondere Abteilung[3] eingerichtet ist	wieviele Betten hierfür zur Verfügung stehen	ob und wieviele Fachärzte[3] angestellt sind	ob Absonderungsräume[3] vorhanden sind	bei Kinderkrankenanstalten welche Altersstufen behandelt werden	bei Kinderkrankenanstalten ob alle inneren Krankheiten einschließlich d. übertragbaren behandelt werden
7	8	9	10	11	12	13	14	15	16

gesetz vom 14. 11. 1935, R.G.Bl. I S. 1333) stehenden Anstalten kenntlich gemacht, die nur zur Annahme von jüdischen Medizinalpraktikanten (§ 5 der genannten V.O.) ermächtigt sind[4]. Im Anhang ist dem Verzeichnis eine Übersicht über die Zahl der an den Universitäts- usw. Anstalten zugelassenen Medizinalpraktikanten beigegeben. Abdrucke des Verzeichnisses sind von Carl Heymanns Verlag in Berlin W 8, Mauerstr. 44, käuflich zu beziehen.

Folgende **ausländische** Anstalten haben die allgemeine Ermächtigung zur Annahme von Medizinalpraktikanten erhalten: **Medizinalprat Tätigkeit im Auslande.**

1. Deutsche Heilstätte in Davos (Schweiz) — 2 Praktikanten (R.K. 18. 10. 05 — III B 6186),
2. Deutsches Haus in Agra, Kanton Tessin (Schweiz) — 1 Praktikant (RK. 13. 8. 18 — II 5549),

[1] Vgl. § 64 Abs. 3 der Bestallungsordnung.
[2] Vgl. hierzu Erl. M.J. v. 22. 10. 34 — III a IV 2274 — S. 93 Anm. 3.
[3] Für innere Krankheiten. [4] Vgl. S. 81.

3. Waldsanatorium in Davos-Platz (Schweiz) — 1 Praktikant (R.J. 27. 8. 19 — II 7771),
4. Deutsches Krieger-Kurhaus in Davos-Dorf (Schweiz) — 1 Praktikant (R.J. 23. 8. 24 — II 6412 A) und
5. Deutsches Diakonissen-Hospital in Jerusalem (Palästina)[1] — 1 Praktikant (R.J. 2. 11. 27 — II 9117 A),
6. German-Hospital in London — 2 Praktikanten (R.J. 7. 3. 28 — II A 2118. 22. 2), auch für innere Medizin,
7. Hospital „Victoria" in Kairo — 1 Praktikant (R.J. 18. 8. 30 — II A 2118. 16. 5.),
8. Hospital „Papayoannou" in Kairo, 1 Praktikant (R.J. 4. 5. 31 — II A 2118. 27. 4.).

Die in diesen Anstalten zurückgelegte Praktikantentätigkeit kann bis zur Dauer von sechs Monaten auf das Praktische Jahr angerechnet werden, gilt aber, bei den Anstalten zu 1—5, 7, 8 nicht als Ableistung der vorzugsweise der Behandlung von inneren Krankheiten zu widmenden Zeit des Praktischen Jahres. Hierauf wird die im German-Hospital in London erledigte Praktikantentätigkeit in der inneren Abteilung angerechnet.

Kandidaten der Medizin, die nach Ablegung der ärztlichen Prüfung als Medizinalpraktikanten in diese Anstalten eintreten wollen, haben zuvor die Zustimmung der für die Erteilung der Bestallung als Arzt zuständigen obersten Landesbehörde einzuholen und der Anstalt beim Antritt der Stelle vorzulegen.

Außer an diesen Krankenhäusern können Kandidaten auf besonderen Wunsch mit vorheriger Genehmigung der obersten Landesbehörde (vgl. S. 7 Anm. 3 und 4) und des Reichsministeriums des Innern, die bei ersterer von Fall zu Fall rechtzeitig nachzusuchen ist und eine Prüfung der vorliegenden Verhältnisse erfordert, einen Teil des Praktischen Jahres mit der Aussicht auf Anrechnung einer Zeit bis zu sechs Monaten (ohne den der Behandlung von inneren Krankheiten zu widmenden Teil) ausnahmsweise auch an anderen geeigneten ausländischen Universitäts- und anderen Anstalten ableisten. Auf diese Weise haben Kandidaten in den letzten Jahren die Genehmigung zur Erledigung eines Teils des Praktischen Jahres u. a. an folgenden Anstalten erbeten und erhalten; an einigen früher zur Annahme von Praktikanten allgemein ermächtigt gewesenen Krankenhäusern in den abgetrennten ehemals deutschen Gebieten[2], an den österreichischen Universitätskliniken usw. (vgl. S. 130) und an Universitätsanstalten in Basel, Zürich und Dorpat, am Franklin Hospital (ehemals Deutsches Hospital) in San Franzisko, Kalifornien, am Evangelischen Krankenhaus (Ospedale evangelico) in Neapel (Italien), am Lankenau Hospital in Philadelphia, Pennsylvania, am Reading Hospital in Reading, Pennsylvania (Nordamerika) usw.

---

[1] Das Hospital gehört zusammen mit der Diakonissenanstalt in Kaiserswerth a. Rh. dem Rheinisch-Westfälischen Diakonissenverein.

[2] In Danzig: Städt. Krankenhaus 22, Diakonissen-Krankenhaus 2, Staatliche Frauenklinik 3, St. Marien-Krankenhaus 2, Staatliches hygienisches Institut 1 Medizinalpraktikanten (R.Pr.J. 23. 3. 36 — IV B 8659/3570 a).

D. Vergünstigungen der Medizinalpraktikanten.[1]

Vergünstigungen an Gemeinde- usw. Krankenhäusern.

Die seit dem Ende des Krieges eingetretene Verschiebung der allgemeinen wirtschaftlichen Verhältnisse hat es mit sich gebracht, daß die einzelnen Medizinalpraktikantenstellen von den geprüften Kandidaten der Medizin weniger nach den gebotenen Ausbildungsmöglichkeiten als nach dem Gesichtspunkt bewertet werden, ob an den betreffenden Krankenanstalten bei Ableistung des Praktischen Jahres Geldzuwendungen oder Vergünstigungen hinsichtlich Unterkunft, Verpflegung und Wäsche gewährt werden. Der hieraus sich ergebende starke Andrang zu denjenigen Stellen, die wirtschaftliche Vorteile bieten, hat wiederholt zu der Auffassung geführt, daß die Zahl der zur Annahme von Medizinalpraktikanten ermächtigten Krankenanstalten im Verhältnis zur Zahl der zum Praktischen Jahre zugelassenen Kandidaten der Medizin nicht ausreiche. Das ist jedoch, wie sich aus einem Vergleich zwischen den einschlägigen Unterlagen ergibt, nicht zutreffend. Es wäre allerdings zu bedauern, wenn unter den heutigen Verhältnissen die Besetzung von Stellen, die an sich für Medizinalpraktikanten sehr geeignet wären, lediglich aus dem Grunde auf Schwierigkeiten stoßen würde, weil an den betreffenden Krankenanstalten keinerlei Vergünstigungen gewährt werden. Bei aller Anerkennung der bedrängten Lage, in der sich viele Krankenhäuser befinden, wäre doch darauf hinzuweisen, daß die Bewilligung von Wohnung und Beköstigung an die Praktikanten nicht zuletzt auch der Anstalt zugute kommt, da dann der Medizinalpraktikant länger und schneller zur Verfügung steht und mithin mehr zu leisten vermag. **Vergünstigungen an Gemeinde- usw. Krankenhäusern.**

Bei den zur Annahme von Medizinalpraktikanten ermächtigten Krankenhäusern ist hiernach in geeigneter Weise darauf hinzuwirken, daß den Medizinalpraktikanten entsprechend der im § 14 der Anweisung über das Praktische Jahr der Mediziner vom 7. Juli 1908 — M 18 065 I — (M.Bl. S. 272)[2] enthaltenen Anregung in denjenigen Fällen, in denen dies noch nicht geschieht, Wohnung und Verpflegung bzw. als Ersatz eine ausreichende Geldentschädigung soweit irgend möglich gewährt wird[3].

Gleichzeitig wird bemerkt, daß einzelne Krankenhäuser in den für Medizinalpraktikanten vorgesehenen Stellen Praktikanten über das Praktische Jahr hinaus und bestallte Ärzte beschäftigen. Dadurch werden den Medizinal-

---

[1] Wegen des Honorars vgl. auch die allg. Erlasse K.M. 10. 7. 05. — U I 48 — Ziffer 6 S. 84 und K.M. 15. 4. 02 — M 4855 — S. 86.

[2] S. 78.

[3] Demgemäß ist durch Erl. M.J vom 22. 10. 34 — III a IV 2274 — folgendes bestimmt worden:

„Ich ersuche, die Krankenanstalten Ihres Bezirks darauf hinzuweisen, daß sie die von ihnen für das alljährlich neu aufzustellende Verzeichnis der zur Annahme von Medizinalpraktikanten ermächtigten Krankenhäuser angegebenen Vergünstigungen unter keinen Umständen den von ihnen angenommenen Medizinalpraktikanten vorenthalten dürfen. Die Angaben in dem Verzeichnis sind als Mindestmaß dessen, was die Krankenhäuser den Medizinalpraktikanten an Vergünstigungen gewähren, anzusehen. Dieses Mindestmaß darf nicht unterschritten werden. Dagegen steht es selbstverständlich den Krankenanstalten frei, den von ihnen zur Ausbildung eingestellten Medizinalpraktikanten günstigere Bedingungen als die in dem Verzeichnis in Aussicht gestellten zu gewähren.

Ich ersuche, bei der alljährlich stattfindenden Nachprüfung des Verzeichnisses auch darauf genau zu achten, daß in der Spalte „Vergünstigungen der Praktikanten" keine veralteten oder aus anderen Gründen den Tatsachen nicht entsprechende Angaben aufgenommen werden".

praktikanten sowohl Stellen als auch Vergünstigungen, die evtl. mit diesen verbunden sind, vorenthalten.

In solchen Fällen sind die Anstaltsleitungen auf die Unhaltbarkeit eines solchen Zustandes hinzuweisen.

Ebenso ist darauf zu achten, daß die vorhandenen Praktikantenstellen auch tatsächlich vollzählig besetzt werden.

(M.B. 20. 9. 22 — I M V gen. 401.)

Vergünstigungen an Universitätskliniken usw.

Preußen.

Den Medizinalpraktikanten bei den preußischen Universitätsanstalten (dazu gehört nicht die Medizinische Akademie in Düsseldorf) wird im Falle nachgewiesener Bedürftigkeit freie Beköstigung und soweit als möglich freie Unterkunft, ferner in Erkrankungsfällen kostenlose poliklinische Behandlung und bei stationärer Aufnahme in eine Universitätsklinik für die Dauer der durch die Krankheit bedingten stationären Behandlung freie Behandlung und Verpflegung gewährt. Andere Vergünstigungen, insbesondere bare Entschädigungen werden nicht bewilligt.

Die Medizinalpraktikanten an der der Stadtverwaltung unterstehenden Anstalten der Universitäten in Köln a. Rh. erhalten freie Beköstigung (keine Wohnung), in Frankfurt a. M. keinerlei Vergünstigung außer bei Erkrankung im Dienste kostenlose Aufnahme in der 2. Verpflegungsklasse der Anstalt.

Den Medizinalpraktikanten bei den Anstalten der Medizinischen Akademie in Düsseldorf wird im allgemeinen eine Bar- oder Naturalvergütung nicht gewährt. In besonderen Fällen erhalten sie auf Antrag freie Verpflegung. Bei Erkrankungen wird kostenlose ärztliche Behandlung und freie Verpflegung gewährt.

Bayern.

München: Vergünstigung aus dem Medizinalpraktikanten-Freitisch-Stock.

Würzburg: Vergünstigungen werden den Medizinalpraktikanten an sich nicht gewährt; nur im Fall der Bedürftigkeit können sie auf Antrag, soweit die hierfür vorgesehenen haushaltmäßigen Mittel ausreichen, freie Kost erhalten.

Erlangen: Freie Wohnung kann von den Kliniken nur gewährt werden, soweit die hierfür nötigen Räume zur Verfügung stehen. Bedürftige Medizinalpraktikanten können nach Maßgabe der verfügbaren Mittel einen Zuschuß zur Verpflegung erhalten, der die Kosten hierfür ganz oder doch teilweise deckt.

Sachsen.

Bedürftige Medizinalpraktikanten erhalten eine Barvergütung von zurzeit 120 RM. monatlich, in der Regel jedoch erst nach Ablauf der ersten 6 Monate des Praktischen Jahres. Soweit angängig, ist ihnen in der Anstalt, in der sie tätig sind, oder in einer in der Nähe gelegenen Anstalt Beköstigung sowie Wohnung mit Heizung und Beleuchtung zu gewähren. In diesem Falle sind die hierfür vorgeschriebenen Entschädigungen auf den Unterhaltszuschuß anzurechnen. Diejenigen Medizinalpraktikanten, deren Eltern oder sonst zu ihrem Unterhalt Verpflichteten in Leipzig wohnen, erhalten nur eine Barvergütung von zurzeit 96 RM. monatlich. Die Vergütungen unterliegen den geordneten Gehaltskürzungen. Bei Erkrankungen erfolgt befristete Weiterzahlung der Vergütung und stationäre Behandlung zu verbilligten Sätzen.

Württemberg.

Den Medizinalpraktikanten, die an den Universitätskliniken oder an den nichtklinischen medizinischen Universitätsinstituten ihr Praktisches Jahr ableisten und keine Belohnung als wissenschaftliche Hilfskraft beziehen, kann bis zur Höchstzahl von 20 Praktikanten eine Vergütung von monatlich 75 RM. gewährt werden. Wenn nicht dienstliche Gründe das Wohnen in der Klinik erfordern, ist den Medizinalpraktikanten überlassen, wo sie essen und wohnen wollen. Nehmen sie Klinikkost in Anspruch oder benutzen sie ein Klinikzimmer, so haben sie dafür die festgesetzten Pauschbeträge zu ersetzen. Die Pauschbeträge für Kost und ein Zimmer kommen ungefähr der Vergütung von monatlich 75 RM. gleich.

Baden.

Die Medizinalpraktikanten an den Kliniken und wissenschaftlichen Instituten der Universitäten Freiburg und Heidelberg (von einigen wenigen Stellen abgesehen) erhalten einen Unterhaltszuschuß von monatlich 48 RM.

Thüringen.

Die Medizinalpraktikanten im Rahmen der festgesetzten Anzahl (Höchstzahl) erhalten (soweit nicht nur freie Verpflegung gewährt wird) eine Barvergütung von monatlich 50 RM. und freie Station oder eine entsprechende Entschädigung. Die Bedürftigkeit der Medizinalpraktikanten spielt bei den Vergünstigungen keine Rolle.

Hessen.

Einer Anzahl von Medizinalpraktikanten (bis zu 20) wird unter der Voraussetzung, daß sie vollen Tagesdienst leisten, freie Beköstigung gewährt.

Hamburg.

Die Medizinalpraktikanten erhalten in der Regel einen Unterhaltszuschuß in Form freier Verpflegung. Sonstige Zuschüsse werden nicht gewährt.

Mecklenburg.

Ein Teil der Medizinalpraktikanten an den Kliniken erhält Vergünstigungen, bestehend entweder in freier Station oder in freier Verpflegung.

VI. Bestallung als Arzt.

Voraussetzung für die Bestallung.

Nach Ablauf des Praktischen Jahres hat der reichsdeutsche Kandidat bei derjenigen obersten Landesbehörde, in deren Bezirk er die ärztliche Prüfung bestanden hat, die Erteilung der Bestallung als Arzt zu beantragen (Muster S. 169). Dabei sind einzureichen: die im § 66 der Bestallungsordnung für Ärzte vorgeschriebenen Nachweise, nämlich ein Ausweis über den Besitz der Reichsangehörigkeit[1], die Abstammungsnachweise (§ 6 Abs. 5 der Bestallungsordnung) nebst Fragebogen, das oder die Zeugnisse über die Ableistung des Praktischen Jahres, ein selbstgeschriebener Bericht über die Beschäftigung während desselben, polizeiliche Führungszeugnisse für die Zeit nach Ablegung der ärztlichen Prüfung bis zur Antragstellung und ein Nachweis darüber, daß der Kandidat nach bestandener ärztlicher Prüfung mindestens je zwei öffentlichen Impf- und Wiederimpfterminen beigewohnt hat, ferner ein Zeugnis über den mindestens genügenden Befund eines gemäß § 66 Abs. 1 angefertigten Probegutachtens (vgl. auch S. 80 Anm. 1) und die Urschrift des Probegutachtens. Da die Zeugnisse über das Praktische Jahr bei den Akten der Zentralbehörde verbleiben, empfiehlt es sich, daß der Kandidat vor der Einreichung Abschriften zum eigenen Gebrauch zurückbehält.

Für die Erteilung der Bestallung sind die Vorschriften der §§ 1, 2, 66, 67 der Bestallungsordnung für Ärzte maßgebend.

Für die Erteilung von Bestallungen an Juden und Mischlinge bestehen besondere Grundsätze.

Inkrafttreten. Die Bestallung wird mit Wirkung von demjenigen Tage ab ausgestellt, an dem der Kandidat den Vorschriften über das Praktische Jahr vollständig genügt hat (vgl. jedoch § 66 Abs. 4 der Bestallungsordnung).

Bestallungsabschriften. Die Bestallungsurkunden sind sorgfältig aufzuwahren. Beglaubigte Abschriften können vom Ministerium grundsätzlich nur erteilt werden, wenn die erste Ausfertigung verlorengegangen ist und in glaubhafter Form die näheren Umstände, unter denen es geschehen ist, bezeichnet werden. Dies ist um so notwendiger, als nach den Erfahrungen größte Zurückhaltung in der Aushändigung mehrfacher, im Ministerium ausgestellter Urkunden über eine Bestallung geboten ist (M.J. 22. 6. 18 — M 17 504).

R.Ä.O. Die Vorschriften über die Stellung und Aufgaben der Ärzte und Kandidaten der Medizin, die bisher, soweit eine Regelung überhaupt getroffen war, in mehreren Gesetzen usw. verstreut waren, sind in der neuen Reichsärzteordnung (R.Ä.O.) vom 13. 12. 1935 für das Reichsgebiet einheitlich und umfassend geordnet. Die R.Ä.O., die durch die I. Verordnung zur Durchführung und Ergänzung der R.Ä.O. vom 31. 3. 1936 (I. D.V.O. R.Ä.O.) und die Ausführungsbestimmungen zu der R.Ä.O. und der dazu ergangenen I. D.V.O. vom 2. 7. 1936 (Ausf.Best. R.Ä.O.) ergänzt ist, bildet hiernach die gesetzliche Grundlage für die Entscheidung aller die Ärzteschaft berührenden Fragen. Auf folgende, für den Jungarzt wichtige Vorschriften wird besonders hingewiesen[1]:

Anwendbarkeit der R.Ä.O. auf Kandidaten der Medizin R.Ä.O. § 83, I. D.V.O.R.Ä.O. § 27 (vgl. auch S. 74).
Bedeutung des ärztlichen Berufs R.Ä.O. §§ 1, 12, 19.
Bedeutung der Bestallung R.Ä.O. §§ 2, 84.
Erteilung der Bestallung R.Ä.O. § 3 Abs. 1, §§ 10, 84, 85.
Versagung der Bestallung R.Ä.O. § 3 Abs. 2, 3, 4 (wörtlich aufgenommen im § 2 Abs. 4 der Bestallungsordnung S. 8), §§ 84, 85.
Erlöschen der Bestallung R.Ä.O. §§ 4, 84.
Zurücknahme und Wiedererteilung der Bestallung R.Ä.O. §§ 5, 6, 9, 10, § 74 Abs. 1, §§ 75, 84, 85, I. D.V.O. R.Ä.O. §§ 2—10, 26.
Ruhen und Wiederaufleben der Befugnis zur Ausübung des ärztlichen Berufs R.Ä.O. §§ 7, 9, 10, 84, I. D.V.O.R.Ä.O. §§ 10—12.
Verzicht auf die Bestallung R.Ä.O. §§ 8, 9, 84, I. D.V.O.R.Ä.O. § 14.
Erlaubnis zur Ausübung des ärztlichen Berufs für im Auslande approbierte Ärzte R.Ä.O. § 11, I. D.V.O. R.Ä.O. §§ 15—17.
Schweigepflicht R.Ä.O. §§ 13, 85.
Titelführung R.Ä.O. §§ 16, 17, 85.
Anmeldepflicht der Ärzte R.Ä.O. § 41.
Befugnisse des Reichsärzteführers, der Reichsärztekammer, der Ärztekammern, der ärztlichen Bezirksvereinigungen, der kassenärztlichen Vereinigung Deutschlands, der Schlichtungsausschüsse, der ärztlichen

[1] Ein Abdruck dieser Vorschriften war hier wegen Raummangels nicht möglich.

Bezirksgerichte und des Ärztegerichtshofs R.Ä.O. § 3 Abs. 3, § 5 Abs. 3, 5, § 6, § 7 Abs. 2, §§ 8, 14, 15, 20—90, I. D.V.O.R.Ä.O. §§ 3 ff.

Weiterhin ist noch folgendes zu beachten:

Gemäß § 25 R.Ä.O. unterstehen alle Ärzte, mit Ausnahme der aktiven Sanitätsoffiziere der Wehrmacht, der Reichsärztekammer. Nach § 35 R.Ä.O. gehört jeder Arzt der ärztlichen Bezirksvereinigung an, in deren örtlichen Bereich er seinen Wohnsitz hat. Er hat sich nach § 41 R.Ä.O. bei ihr anzumelden.

VII. Zahnärztliche Berufsausbildung und Approbation.

A. Historisches.

Im Mittelalter wurde das Zahnziehen, die damals gebräuchlichste Behandlung der Zähne, vorwiegend von Unberufenen und nur vereinzelt von Chirurgen (gewöhnlich nebenbei) ausgeübt. Letztere durften diese Kunst unbeschränkt betreiben. Ein Befähigungszeugnis in Gestalt einer Prüfung und eine behördliche Genehmigung wurde von den Personen, die nicht als Arzt approbiert waren, die „Zahnarzneikunst" ausüben wollten und „Zahnbrecher" genannt wurden, zuerst durch das Edikt des Großen Kurfürsten vom 12. November 1685 verlangt. Durch dieses wurde auch den „Quacksalbern" das Kurieren untersagt. Durch das Edikt des Königs Friedrich Wilhelms I vom 27. September 1725 wurde für die Zahnbrecher der Titel „Zahnarzt" eingeführt. Das Allgemeine Landrecht für die Preuß. Staaten vom 5. Februar 1794 bestimmte, daß die „Zahnärzte sich nicht unterfangen sollten, ihr Gewerbe zu treiben, ehe sie dazu die Erlaubnis der Behörde nach vorhergegangener Prüfung ihrer Geschicklichkeit und ihres Verfahrens, erhalten haben".

Nach der Neuordnung der preußischen Gesundheitsgesetzgebung in den Jahren 1825 und 1826 gingen die Zahnärzte aus promovierten Ärzten (Vollärzten), aus Wundärzten erster Klasse, hauptsächlich aber aus Wundärzten zweiter Klasse (über deren Vorbildung usw. vgl. die Ausführungen S. 3) hervor. Die Ausbildung der Zahnärzte war in den deutschen Ländern nicht einheitlich geordnet. In Preußen war sie damals bereits getrennt von den ärztlichen besonders geregelt. Zu jener Zeit wurden besondere Approbationen für Zahnärzte von dem zuständigen Gesundheitsministerium erteilt und die Vereidigung (wegen der Formel vgl. S. 4) eingeführt. Das Prüfungsreglement vom 1. Dezember 1825 bestimmte in § 51 Ziff. 5: „Zur Prüfung als Zahnarzt darf niemand zugelassen werden, der nicht entweder schon Arzt oder Wundarzt ist, und zugleich den nötigen Nachweis über die erlangten, einem Zahnarzt insbesondere nötigen technischen und mechanischen Fertigkeiten beizubringen vermag, oder der, wenn er nicht Arzt oder Wundarzt ist, außer diesem Nachweise nicht wenigstens noch Zeugnisse über den fleißigen Besuch der Vorlesungen über Anatomie, allgemeine und spezielle Chirurgie, Operationslehre, Arzneimittellehre und chirurgische Klinik beibringen kann." Der Kursus für Nichtmediziner wurde an chirurgischen Lehranstalten, nach deren Aufhebung (um 1868) an den Landesuniversitäten durchgeführt, sollte zwei Jahre dauern und sich möglichst auch auf Zahnarzneikunde erstrecken. Als Vorbildung mußte die Reife für Tertia eines Gymnasiums und bei der zahnärztlichen Prüfung, die bei den Medizinal-Kollegien in den Provinzen (vor 1825 bei der Ober-Examinationskommission in Berlin) abgelegt wurde, sollten einige wissenschaftliche Kenntnisse und technische Fertigkeiten vor einem Prüfungsausschuß nachgewiesen werden. Für Ärzte und Wundärzte waren gewisse Erleichterungen vorgesehen. Approbierte Chirurgen, später auch Wundärzte (Ministerialerlaß vom 31. Dezember 1826), konnten, wenn sie nicht zugleich als Zahnärzte approbiert waren, zwar alle Zahnoperationen verrichten, durften aber nicht den Titel Zahnarzt führen, sich auch nicht als Zahnärzte besonders ankündigen und kein Schild als solcher führen.

Durch Ministerialerlaß vom 29. April 1835 — Nr. 1710 —, in dem die Fachbezeichnung Zahnheilkunde zuerst gebraucht wurde, ist bestimmt worden, daß jeder Kandidat außer dem Nachweise über die bei einem approbierten praktischen Zahnarzt erlangten technischen Fertigkeiten in seinem Fache auch entweder über die Approbation als Arzt oder Wundarzt sich ausweisen oder wenigstens dartun muß, daß er als Wundarzt 3 Jahre im Militär gedient hat oder die einem Wundarzt nötigen Kenntnisse und Fertigkeiten durch den regelmäßigen Besuch öffentlicher Unterrichtsanstalten erlangt hat (d. h. im letzteren Falle wenigstens Zeugnisse über die in einem zweijährigen Kursus gehörten Vorlesungen über Anatomie, theoretisch-medizinische Institutionen, allgemeine und spezielle Chirurgie, Operationslehre, chirurgische Klinik und möglichst über Zahnarzneikunde). Weiterhin wurde in einer Instruktion an die Medizinalkollegien vom 15. Juli 1836 angeordnet, daß diese Kollegien zu prüfen hätten, ob der Kandidat genügende Kenntnisse in der deutschen und lateinischen Sprache, in Geschichte, Geographie, Geometrie und Arithmetik aufweise und die Bedingungen für die Zulassung zum chirurgischen Studium und zur zahnärztlichen Prüfung erfülle.

Die Verrichtung zahnärztlicher Operationen (einschl. Einsetzen künstlicher Gebisse und Zähne sowie Herausnehmen kranker Zähne — vgl. Min-Erlaß vom 3. Juli 1840, Min.Bl. S. 310) war nur den approbierten Zahnärzten, aber auch den Ärzten und Wundärzten erlaubt. Den Zahnärzten war damals vorbehalten, auch Zahnpulver, Tinkturen und dergl., die zur Behandlung der Zähne gehören, anzufertigen und zu verkaufen. Die Nichtapprobierten sollten ihre Tätigkeit auf das Anfertigen künstlicher Zähne beschränken und sich Zahnkünstler oder Zahntechniker nennen, das Einsetzen der von ihnen angefertigten Zähne war ihnen untersagt (Ministerialerlaß vom 6. September 1847). Durch die Gewerbeordnung vom 21. Juni 1869 ist auch in der Zahnheilkunde allgemeine Kurierfreiheit eingeführt worden, wobei aber nur denen, die eine entsprechende Prüfung bestanden haben, erlaubt worden ist, den Titel Arzt oder Zahnarzt zu führen.

Die Prüfungsordnung für Zahnärzte vom 25. September 1869 hat das Prüfungsreglement von 1825 wesentlich verbessert und die Ausbildung der Zahnärzte für den Norddeutschen Bund und von 1871 ab für alle deutschen Länder gleichförmig geregelt. Hierdurch wurde die Reife für Prima eines Gymnasiums oder einer Realschule erster Ordnung, zweijähriges zahnärztliches Universitätsstudium und Nachweis praktischer Übungen in den technisch-zahnärztlichen Arbeiten vorgeschrieben. Eine zahnärztliche Vorprüfung war nicht vorgesehen. Auch die Anforderungen bei der zahnärztlichen Prüfung waren wesentlich unverändert geblieben. Nur das Füllen der Zähne war dazu gekommen. Approbierte Ärzte, die die Approbation als Zahnarzt erlangen wollten, wurden nur in den zahnärztlichen Fächern geprüft. Die Zahnheilkunde wurde Spezialfach der Heilkunde, das noch heute ohne vorhergehendes Studium der Gesamtmedizin betreiben wird. Die von einer Zentralbehörde ausgestellte Approbation hatte nicht mehr nur in dem betreffenden Lande, sondern im ganzen Bundesgebiet bzw. im Reichsgebiet Geltung. Die bisher vorgeschriebene Vereidigung der Zahnärzte wurde aufgehoben.

In der folgenden Prüfungsordnung für Zahnärzte vom 5. Juli 1889 wurde von den Kandidaten verlangt, daß sie eine einjährige praktische Tätigkeit bei einem zahnärztlichen Universitätsinstitut oder einem Zahnarzt und anschließend ein vierhalbjähriges zahnärztliches Universitätsstudium nachweisen mußten. Als Schulbildung war die Reife für die Prima eines Gymnasiums oder Realgymnasiums vorgeschrieben. Die Reife für die Prima einer Oberrealschule genügte nicht für die Zulassung zur zahnärztlichen Prüfung, und es hatten die mit einem solchen Bildungsnachweis ausgestatteten Schüler, wenn sie auf die Zulassung zu dieser Prüfung rechnen wollten, die Reife im Lateinischen für die Prima eines Gymnasiums oder Realgymnasiums durch eine besondere Prüfung an einer derartigen Anstalt und zwar in der Regel vor Eintritt in die berufliche Vorbildung darzulegen (Ministerialerlaß vom 26. Juli 1902 — U I 1982). Die zahnärztliche Prüfung umfaßte Chirurgie der Zahn- und Mundkrankheiten, Anatomie, Physiologie, allgemeine Pathologie, Therapie und Heilmittellehre, einschließlich der Toxikologie, spezielle chirurgisch-zahnärztliche Pathologie und Therapie, der praktischen zahnärztlichen Arbeiten, die nicht mehr am skelettierten Kopfe, sondern am Lebenden vorgenommen werden sollten, sowie die besondere mündliche Prüfung. Approbierte Ärzte brauchten die zahnärztliche Prüfung, wie bisher, nur in einzelnen Abschnitten abzulegen, um die Approbation als Zahnarzt zu erhalten.

Wenn auch schon im Jahre 1855 von Albrecht in Berlin die erste und im Jahre 1862 von Bruck in Breslau die zweite deutsche zahnärztliche Klinik gegründet worden ist, so hat sich die Einrichtung einer größeren Zahl solcher Kliniken besonders an den Universitäten doch sehr verzögert (Eröffnung des ältesten deutschen Zahnärztlichen Universitätsinstituts in Berlin im Hause Dorotheenstr. 40 am 20. Oktober 1884, ein weiteres Institut für Zahnheilkunde wurde an der Universität in Leipzig im Winterhalbjahr 1884/85 eröffnet). Nachdem die Universitäten vorwiegend mit derartigen Kliniken bzw. entsprechenden Einrichtungen ausgestattet waren, findet nach der noch jetzt gültigen Prüfungsordnung vom 15. März 1909 die Ausbildung des zahnärztlichen Nachwuchses nur noch an den Universitäten statt. In dieser Prüfungsordnung ist für den Beginn des zahnärztlichen Studiums das Reifezeugnis eines Gymnasiums, Realgymnasiums oder einer Oberrealschule vorgeschrieben, das zahnärztliche Studium auf sieben Halbjahre verlängert, die Beibringung einer Anzahl von Praktikantenscheinen verlangt, eine zahnärztliche Vorprüfung eingeführt und die zahnärztliche Prüfung in ihren Anforderungen verschärft worden. Die zahnärztliche Vorprüfung wird nach drei Halbjahren abgelegt und erstreckt sich auf die Fächer Anatomie, Physiologie, Physik, Chemie und Zahnersatzkunde. Nach vier weiteren Halbjahren kann die zahnärztliche Prüfung abgelegt werden. Sie umfaßt folgende Gebiete: Allgemeine Pathologie und pathologische Anatomie, Zahn- und Mundkrankheiten, konservierende Behandlung der Zähne, Chirurgie, Chirurgie der Zahn- und Mundkrankheiten, Zahnersatzkunde, innere Medizin, Haut- und syphilitische Krankheiten, Pharmakologie und Hygiene. Wer im Reifezeugnis einer Oberrealschule usw. mit wahlfreiem Lateinunterricht nicht ein mindestens genügendes Prädikat im Lateinischen nachweisen kann, hat ein Zeugnis des Leiters eines Gymnasiums oder Realgymnasiums über eine bestandene Prüfung über Kenntnisse in der lateinischen Sprache, die für die Versetzung nach der Obersekunda eines Realgymnasiums erforderlich sind, bei der Meldung zur zahnärztlichen Vorprüfung beizubringen.

Wer die deutsche ärztliche Prüfung bestanden hat oder die deutsche Approbation als Arzt besitzt, kann nach § 53 dieser Prüfungsordnung auch jetzt noch bereits nach einem zweihalbjährigen Fachstudium die zahnärztliche Prüfung ablegen und die Approbation als Zahnarzt erwerben.

Im Jahre 1919 haben die Zahnärzte das Recht erhalten, an den Medizinischen Fakultäten der Universitäten den Doktortitel (Dr. med. dent.) zu erwerben.

Nach der nationalsozialistischen Umwälzung sind auch die Vorschriften über die Erteilung und Versagung der Approbation durch die Verordnungen vom 5. April 1934 und 5. Februar 1935 ebenso wie bei den Medizinern umgestaltet worden (vgl. die näheren Ausführungen S. 6). Eine grundsätzliche Reform der Prüfungsordnung für Zahnärzte ist jedoch noch nicht durchgeführt worden und steht bevor.

Neben den Zahnärzten gibt es im Reichsgebiet noch nicht approbierte Zahnbehandler (Dentisten), die auf Grund des § 123 RVO. unter gewissen Einschränkungen ebenso wie die Zahnärzte zur Behandlung Versicherter zugelassen sind.

Anmerkungen 2—14 zu S. 101:

2 Vgl. S. 7 Anm. 2. 3 Vgl. S. 7 Anm. 3.

4 In Hessen (Universität Gießen) werden zahnärztliche Approbationen jetzt nicht mehr erteilt, da zahnärztliche Studien und Prüfungen dort nicht erledigt werden können (vgl. S. 44).

5 Vgl. S. 7 Anm. 4. 6 Kommt jetzt nicht mehr in Frage. 7 Vgl. S. 8 Anm. 1.

8 Vgl. S. 8 Anm. 3 Abs. 1. 9 Vgl. S. 117 Anm. 9. 10 Vgl. S. 8 Anm. 3 Abs. 2.

11 S. 9 Anm. 1 findet sinngemäß Anwendung.

12 Vgl. hierzu S. 119. 13 Vgl. S. 9 Anm. 3. 14 Vgl. S. 9 Anm. 4.

B. Prüfungsordnung für Zahnärzte
vom 15. März 1909[1].

A. Zentralbehörden, welche Approbationen erteilen.

§ 1. (1) Zur Erteilung der Approbation als Zahnarzt für das Reichsgebiet sind befugt:

1. die Zentralbehörden derjenigen Bundesstaaten, welche eine oder mehrere Landesuniversitäten haben[2], mithin zurzeit die zuständigen Ministerien des Königreichs Preußen[3], des Königreichs Bayern, des Königreichs Sachsen, des Königreichs Württemberg. des Großherzogtums Baden, des Großherzogtums Hessen[4], des Großherzogtums Mecklenburg-Schwerin und in Gemeinschaft die Ministerien des Großherzogtums Sachsen und der sächsischen Herzogtümer[5];
2. das Ministerium für Elsaß-Lothringen[6].

B. Vorschriften über den Nachweis der Befähigung als Zahnarzt.

§ 2. (1) Die Approbation wird dem Reichsangehörigen erteilt, der die zahnärztliche Prüfung vollständig bestanden hat[7].

(2) Der zahnärztlichen Prüfung hat die Ablegung der zahnärztlichen Vorprüfung vorhergehen.

(3) Die Zulassung zu den Prüfungen sowie die Erteilung der Approbation sind zu versagen, wenn berechtigte Zweifel an der nationalen oder moralischen Zuverlässigkeit des Antragstellers gegeben sind, insbesondere wenn schwere strafrechtliche oder sittliche Verfehlungen vorliegen. Die Zulassung zu den Prüfungen sowie die Erteilung der Approbation sind ferner zu versagen, wenn infolge des Bestehens einer Geisteskrankheit oder einer Sucht die für die Ausübung des künftigen zahnärztlichen Berufs erforderliche Zuverlässigkeit fehlt; vor der Versagung ist die Medizinische Fakultät zu hören. Die Entscheidung erfolgt endgültig durch die zuständige Zentralbehörde[8] (§ 3 Abs. 2, § 21 Abs. 2, § 49 Abs. 2), ist bindend für alle anderen Zentralbehörden (§ 1) und diesen durch Vermittlung des Reichskanzlers[9] mitzuteilen[10].

(4) Die Zulassung zu den Prüfungen und die Erteilung der Approbation ist von dem Nachweis der arischen Abstammung (Geburtsurkunde des Kandidaten, Geburtsurkunde und Heiratsurkunden der Eltern und der beiderseitigen Großeltern) abhängig zu machen[11]. Ausnahmen hiervon können nur aus besonderen Gründen gestattet werden (§ 56).

I. Zahnärztliche Vorprüfung[12].

§ 3. (1) Die zahnärztliche Vorprüfung kann nur vor der Prüfungskommission derjenigen Universität[13] des Deutschen Reichs abgelegt werden, an welcher der Studierende dem zahnärztlichen Studium obliegt[14]. Ausnahmen können nur aus besonderen Gründen gestattet werden (§ 56).

---

1 Die für das Gebiet des Deutschen Reiches geltende Prüfungsordnung hat der Reichskanzler durch Bekanntmachung vom 15. 3. 1909 veröffentlicht, nachdem sie der Bundesrat auf Grund des § 29 der Reichsgewerbeordnung beschlossen hatte. In der vorliegenden Fassung sind die nachträglichen Änderungen berücksichtigt.

Anmerkungen 2—14 s. S. 100.

(2) Die Prüfungskommission wird für jedes Prüfungsjahr, das vom 1. Oktober bis 30. September dauert, von der vorgesetzten Zentralbehörde (§ 1) nach Anhörung der Medizinischen Fakultät [1] berufen. In der Regel sind der Vorsitzende und dessen Stellvertreter den ordentlichen Professoren der Medizinischen Fakultät [1], die Mitglieder den Universitätslehrern der Fächer, die Gegenstand der Prüfung sind (§ 11), zu entnehmen.

§ 4. (1) Der Vorsitzende leitet die Prüfung, achtet darauf, daß die Bestimmungen der Prüfungsordnung genau befolgt werden, ordnet bei vorübergehender Behinderung eines Mitglieds dessen Stellvertretung an[2], berichtet unmittelbar nach dem Schlusse jedes Prüfungsjahrs der vorgesetzten Behörde über die Tätigkeit der Kommission und legt Rechnung über die Gebühren.

(2) Es finden in jedem Studienhalbjahre so viele Prüfungen statt [3], wie notwendig sind, um sämtliche eingegangene Gesuche [4] zu erledigen. Gesuche, die nach dem 15. Februar oder 15. Juni eingehen, haben keinen Anspruch auf Berücksichtigung in dem laufenden Halbjahre [5]. Der Vorsitzende setzt die Prüfungstermine fest [6] und ladet die Mitglieder.

(3) Zu einem Prüfungstermin dürfen nicht mehr als vier Kandidaten zugelassen werden [7], mit Ausnahme der praktischen Prüfung in der Zahnersatzkunde, bei der die doppelte Zahl zulässig ist.

§ 5. Die Gesuche [8] um Zulassung zur Prüfung sind an den Vorsitzenden zu richten.

§ 6. (1) Der Meldung ist beizufügen das Zeugnis der Reife von einem deutschen Gymnasium, einem deutschen Realgymnasium[9] oder einer deutschen Oberrealschule[10].

(2) Das Zeugnis der Reife von einem Gymnasium, einem Realgymnasium oder einer Oberealschule außerhalb des Deutschen Reichs darf nur ausnahmsweise als genügend erachtet werden (§ 56)[11].

(3) Inhaber des Reifezeugnisses einer Oberealschule haben nachzuweisen, daß sie in der lateinischen Sprache die Kenntnisse besitzen, die für die Versetzung nach Obersekunda eines Realgymnasiums erforderlich sind[12].

(4) Als Nachweis dient entweder ein mindestens genügendes Prädikat im Lateinischen im Reifezeugnis einer Oberrealschule mit wahlfreiem Lateinunterricht, oder ein auf Grund einer Prüfung[13] ausgestelltes Zeugnis des Leiters eines deutschen Gymnasiums oder Realgymnasiums. Andere Nach-

---

[1] Vgl. S. 9 Anm. 5. [2] Vgl. S. 10 Anm. 3.

[3] Zahnärztliche Vorprüfungen sollen am Anfang und am Ende jedes Studienhalbjahrs frühestens jedoch 10 Tage vor dem 1. 3. und 1. 8. beginnend, abgehalten werden (M.B. 11. 1. 29 — I M V 679/28). Wegen des vorzeitigen Prüfungsbeginns vgl. S. 17 Anm. 2 und wegen des Prüfungsschlusses vgl. § 25 Abs. 2.

[4] Muster S. 170. [5] Vgl. S. 17 Anm. 4. [6] Vgl. S. 10 Anm. 4.

[7] Vgl. S. 10 Anm. 5. [8] Muster S. 170. [9] Vgl. S. 11 Anm. 2.

[10] Vgl. S. 11 Anm. 3. [11] Vgl. S. 11 Anm. 4.

[12] Von den Studierenden der Zahnheilkunde, die sich im Besitze des Reifezeugnisses einer Oberrealschule befinden, ist der Nachweis über die erforderlichen Kenntnisse in der lateinischen Sprache erst bei der Zulassung zur zahnärztlichen Vorprüfung zu erbringen; dieser Nachweis ist also nicht Voraussetzung für den Beginn des Studiums (K.M. 18. 5. 10 — M 17262 U I). Vgl. im übrigen S. 11 Anm. 5.

[13] Vgl. S. 11 Anm. 6.

weise über Kenntnisse in der lateinischen Sprache dürfen ausnahmsweise als genügend erachtet werden (§ 56)[1].

§ 7. (1) Der Meldung ist der Nachweis[2] beizufügen, daß der Studierende nach Erlangung des Reifezeugnisses (§ 6 Abs. 1, 2) mindestens drei Halbjahre[3] dem zahnärztlichen Studium[4] an Universitäten des Deutschen Reichs obgelegen hat.

(2) Ausnahmsweise darf die Studienzeit, die

1. vor oder nach der Erlangung des Reifezeugnisses (§ 6 Abs. 1, 2) einem dem zahnärztlichen verwandten Universitätsstudium oder gleichwertigen Hochschulstudium gewidmet[5] [6].
2. an einer ausländischen Universität zurückgelegt ist[6],

teilweise oder ganz angerechnet werden (§ 56).

§ 8. (1) Der Meldung ist der Nachweis[7] beizufügen, daß der Studierende mindestens ein Halbjahr an den Präparierübungen, mindestens je drei Monate an einem mikroskopisch-anatomischen und an einem chemischen Praktikum, sowie mindestens zwei Halbjahre an einem Kursus in der Zahnersatzkunde[8] regelmäßig[9] teilgenommen hat.

(2) Ausnahmen dürfen nur aus besonderen Gründen gestattet werden (§ 56).

§ 9. (1) Die in den §§ 6 bis 8 bezeichneten Nachweise sind in Urschrift vorzulegen[10].

(2) Der Nachweis zu § 7 wird durch das Anmeldebuch und, soweit das Studium an einer anderen Universität zurückgelegt ist, durch das Abgangszeugnis, der Nachweis zu § 8 Abs. 1 durch besondere, nach dem beigefügten Muster 1[11] auszustellende Zeugnisse geführt[12].

---

[1] Vgl. S. 11 Anm. 7. Wegen Beibringung der Abstammungsurkunden vgl. § 2 Abs. 4. Auch ein gültiger polizeilicher Ausweis über die Staatsangehörigkeit (§ 2 Abs. 1) und ein ausgefüllter Fragebogen über die Abstammung sind beizufügen, vgl. Erlaß M.J. 26. 6. 33 — III a IV 1687 — S. 133 und § 6 Abs. 5 der Bestallungsordnung für Ärzte S. 11.

[2] Vgl. S. 12 Anm. 3. [3] Vgl. S. 108 Anm. 13.

[4] Als zahnärztliches Studium gilt formell nur das nach Einschreibung bei der Medizinischen Fakultät zurückgelegte Fachstudium als Studierender der Zahnheilkunde (nicht etwa auch der Medizin); vgl. im übrigen § 7 Abs. 2 Ziffer 1.

Die Studierenden der Zahnheilkunde werden bei der Medizinischen Fakultät geführt (K.M. 17. 8. 09 — U I 1620/09). Die Unterscheidung zwischen medizinischem und zahnärztlichem Studium wird in den Matrikeln, Anmeldebüchern usw. stets zum Ausdruck gebracht.

Wegen der Anrechnung von Gasthörsemestern oder eines Studiums mit der kleinen Matrikel auf die zahnärztliche Studienzeit vgl S. 57.

[5] Vgl. S. 13 Anm. 6 und 7.

[6] Wegen Anrechnung nichtzahnärztlicher, österreichischer und sonstiger ausländischer Studien auf die zahnärztliche Studienzeit vgl. S. 49, 54, 126 und 121.

[7] Die Nachweise sind durch besondere Praktikantenscheine (Muster 1 S. 171 zu erbringen und müssen während des zahnärztlichen Studiums erworben sein. Falls sie zu anderer Zeit, z. B. während eines naturwissenschaftlichen Studiums, erlangt sind, müssen sie zur ministeriellen Entscheidung vorgelegt werden. Vgl. S. 50.

[8] Vgl. allg. Erlaß M.V. 16. 5. 29 — I M V 1157 — S. 119. Die zwei Kurse in der Zahnersatzkunde dürfen nicht etwa hintereinander in einem Halbjahre, sondern müssen in zwei Halbjahren erledigt werden. Wegen eines Phantomkursus vgl. S. 109 Anm. 6.

[9] In der Prüfungsordnung für Zahnärzte ist nicht, wie in der Bestallungsordnung für Ärzte, auch eine erfolgreiche Teilnahme vorgeschrieben. Sie darf also weder von den Studierenden verlangt, noch in den Praktikantenscheinen zum Ausdruck gebracht werden.

[10] Vgl. S. 13 Anm. 9 (§ 23 Abs. 1 der Prüf.-Ord.). Wegen der Abstammungsurkunden vgl. S. 13 Anm. 9.

[11] Vgl. S. 171. [12] Vgl. S. 12 Anm. 3.

§ 10. (1) Ist der Studierende zugelassen[1], so wird er durch den Vorsitzenden nach Entrichtung der Gebühren[2] zur Prüfung mindestens zwei Tage vor ihrem Beginne schriftlich unter Angabe der für die einzelnen Fächer festgesetzten Prüfungstermine geladen[3].

(2) Wer in einem Prüfungstermin nicht rechtzeitig oder gar nicht erscheint[4], geht der Hälfte der auf das betreffende Prüfungsfach entfallenden Gebühr verlustig[5].

(3) Wer von der begonnenen Prüfung zurücktritt[4], erhält, sofern genügende Entschuldigungsgründe vorliegen, die Gebühren für die noch nicht begonnenen Fächer zurück. Die Gebühren für sächliche und Verwaltungskosten sind dagegen verfallen[5].

(4) Liegt im Falle des Abs. 3 keine genügende Entschuldigung vor[4], so wird nur die Hälfte des Gebührenbetrags für die noch nicht begonnenen Fächer zurückerstattet. Auch kann je nach Umständen durch einen mit Zustimmung des Vorsitzenden gefaßten Beschluß der Prüfungskommission[6] der ganze Gebührenbetrag für verfallen[5] und die Prüfung in allen oder in einzelnen Fächern für nicht bestanden erklärt werden[7]. Gegen den Beschluß ist binnen zwei Wochen Beschwerde bei der Zentralbehörde (§ 3 Abs. 2) zulässig.

§ 11. Die Prüfung[8] umfaßt folgende Fächer:

I. Anatomie, II. Physiologie, III. Physik,
IV. Chemie, V. Zahnersatzkunde.

§ 12. (1) Die Prüfung findet, soweit sie vorwiegend mündlich ist, öffentlich unter dauernder Anwesenheit des Vorsitzenden statt und ist in der Regel in neun aufeinanderfolgenden Wochentagen[9] zu erledigen, und zwar so, daß auf die anatomische Prüfung ein Tag, auf die übrigen theoretischen Prüfungsgegenstände zusammen ein Tag, auf die Prüfung in der Zahnersatzkunde sieben Tage entfallen.

(2) I. In der anatomischen Prüfung hat der Studierende:

1. die in einer der Haupthöhlen des Körpers befindlichen Teile nach Form, Lage und Verbindung (Situs) zu erläutern,
2. ein ihm vorgelegtes anatomisches Nervengefäßpräparat an dem Kopfe oder Halse zu erläutern und im Anschlusse daran in einer mündlichen Prüfung die für den Zahnarzt erforderlichen Kenntnisse in der beschreibenden Anatomie nachzuweisen,
3. ein ihm vorgelegtes mikroskopisch-anatomisches Präparat aus dem Gebiete der Zähne und der Mundhöhle zu erklären und im Anschlusse

---

[1] Die Zulassung zur Vorprüfung ist in den Fällen des § 2 Abs. 3 zu versagen (vgl. auch § 2 Abs. 4)

[2] Gebührenordnung S. 141.

[3] § 10 Abs. 1 Satz 2 („der Ladung ist ein Abdruck der Prüfungsordnung beizufügen") ist fortgefallen. Die Prüfungsordnung wird bei jedem Prüfungsausschuß in einem geeigneten Raum in genügender Zahl zur Einsicht ausgelegt oder ausgehängt (M.V. 30. 7. 21 — I M V gen. 301). Vgl. auch S. 14 Anm. 3 Abs. 2.

[4] Vgl. § 15 Abs. 5. Wegen Berücksichtigung eines solchen Rücktritts vgl. S. 66.

[5] Vgl. § 19 Abs. 5. [6] Vgl. § 16 Abs. 3.

[7] Vgl. S. 14 Anm. 9. Der dort angegebene Grundsatz wird sinngemäß auch hier angewendet. Wegen Mitteilung des Ergebnisses an die Universitätsbehörde und Eintragung eines Vermerks in dem Abgangszeugnis vgl. § 18 Abs. 1 der Prüf.-Ord.

[8] Vgl. S. 10 Anm. 6. Wegen Anrechnung von Teilprüfungen vgl. S. 51.

[9] Vgl. S. 17 Anm. 6.

daran in einer mündlichen Prüfung die für den Zahnarzt erforderlichen Kenntnisse in der Gewebelehre dazutun sowie zu zeigen, daß ihm die Grundzüge der Entwicklungsgeschichte, besonders derjenigen der Zähne und der Mundhöhle, bekannt sind.

(3) II. In der physiologischen Prüfung hat der Studierende den Nachweis zu führen, daß er sie für den Zahnarzt erforderlichen Kenntnisse in der Physiologie besitzt.

(4) III. und IV. Die Prüfungen in der Physik und in der Chemie haben besonders die Bedürfnisse des Zahnarztes zu berücksichtigen.

(5) V. In der Prüfung in der Zahnersatzkunde hat der Studierende

1. drei Phantomarbeiten, unter denen sich mindestens eine Kautschuk- und eine Metallarbeit befinden müssen, auszuführen;
2. in einer mündlichen Prüfung gründliche Kenntnisse über die Materialien und Herstellungsmethoden des künstlichen Zahnersatzes darzutun.

(6) Das zu den in Nr. 1 erwähnten Prüfungsarbeiten erforderliche Material hat der Studierende auf seine Kosten zu stellen[1].

§ 13. (1) Wer an einer Universität[2] des Deutschen Reichs auf Grund einer Prüfung in den Naturwissenschaften die Doktorwürde erworben hat, wird in Physik und Chemie nur dann geprüft, wenn diese Fächer nicht Gegenstand der Promotionsprüfung gewesen sind[3].

(2) Wer die ärztliche Vorprüfung bestanden hat[4], ist nur in der Zahnersatzkunde zu prüfen[5].

(3) Die Anrechnung einer anderweiten Prüfung an deutschen Universitäten oder Hochschulen in naturwissenschaftlichen Fächern der Prüfung auf diese kann ausnahmsweise gestattet werden (§ 56)[6].

§ 14. Die Gegenstände, die Tage und das allgemeine Ergebnis der Prüfung in jedem Fache sowie die für das Fach erteilte Zensur werden von dem Examinator für jeden Geprüften in ein besonderes Protokoll[7] eingetragen, das von dem Vorsitzenden und sämtlichen Mitgliedern der Kommission zu unterzeichnen und bei den Akten[8] aufzubewahren ist.

§ 15. (1) Für jedes Fach wird von dem Examinator nach Benehmen mit dem Vorsitzenden eine Zensur erteilt, für die ausschließlich die Bezeichnungen „sehr gut" (1), „gut" (2), „genügend" (3), „ungenügend" (4), „schlecht" (5) zulässig sind[9].

---

[1] Wegen der Materialkosten bei der zahnärztlichen Prüfung vgl. S. 112 Anm. 1.

[2] Vgl. S. 17 Anm. 8. [3] Vgl. S. 17 Anm. 9.

[4] D. h. vollständig in allen vorgeschriebenen Fächern beider Abschnitte.

Von einer nicht vollständig bestandenen ärztlichen Vorprüfung können nicht etwa einzelne Fächer (auch nicht etwa die Fächer Chemie und Physik des vollständig bestandenen naturwissenschaftlichen Abschnitts der ärztlichen Vorprüfung) auf die zahnärztliche Vorprüfung angerechnet werden. Wegen der Semesteranrechnung im allgemeinen vgl. S. 49, wegen der Studieneinteilung bei gleichzeitigem Studium der Medizin und Zahnheilkunde vgl. S. 54.

[5] Prüfungsgebühren: zahnärztliche Vorprüfung in der Zahnersatzkunde 30 RM., für sächliche und Verwaltungskosten 20 RM., zusammen 50 RM.

[6] Vgl. S. 18 Anm. 1.

[7] Die besonderen Protokolle für jeden Prüfungsabschnitt sind fortgefallen und in einer Prüfungsübersicht vereinigt (vgl. S. 134).

[8] Vgl. § 20.

[9] Vgl. S. 15 Anm. 1. Wegen Mitteilung des Ergebnisses an die Universitätsbehörde und Eintragung eines Vermerks in dem Abgangszeugnis vgl. § 18 Abs. 1 und folgende Anm.

(2) Für diejenigen, welche in allen fünf Fächern mindestens „genügend" erhalten haben, wird nach Beendigung der Prüfung von dem Vorsitzenden die Gesamtzensur[1] ermittelt, indem die Zensur für die Prüfung in der Zahnersatzkunde mit 6, diejenige für die anatomische mit 3 multipliziert, die Zensuren für die physiologische, physikalische und die chemische Prüfung je einfach gerechnet werden und die Summe durch 12 geteilt wird[2]. Ergeben sich bei der Teilung Brüche, so werden sie, wenn sie über 0,50 betragen, als ein Ganzes gerechnet, andernfalls bleiben sie unberücksichtigt.

(3) Ist in einem Prüfungsfache die Zensur „ungenügend" oder „schlecht" erteilt, so gilt es als nicht bestanden und muß wiederholt werden[3].

(4) Die Frist, nach der die Wiederholungsprüfung erfolgen kann, beträgt je nach den Zensuren und der Zahl der nicht bestandenen Prüfungsfächer zwei[4] bis sechs Monate. Sie wird von dem Vorsitzenden für alle zu wiederholenden Fächer nach Benehmen mit den betreffenden Examinatoren einheitlich bestimmt[5]. In gleicher Weise wird, unter Beachtung der Vorschrift im Abs. 6, der Zeitpunkt festgesetzt, bis zu dem spätestens die Meldung zur Wiederholung der Prüfung in allen nicht bestandenen Fächern erfolgen muß[6].

(5) Wer sich ohne genügende Entschuldigung nicht vor Ablauf der Endfrist[7] zur Wiederholung der Prüfung meldet, hat nach Ermessen der Prüfungskommission[8] die Prüfung von Anfang an zu wiederholen[9], wobei auch die bereits erledigten Fächer als nicht bestanden gelten. Gegen den Beschluß ist binnen zwei Wochen Beschwerde bei der Zentralbehörde (§ 3 Abs. 2) zulässig.

(6) Wird die Vorprüfung in einem Zeitraume von einem und einem halben Jahre[10] nach ihrem Beginne[11] nicht vollständig beendet[12], so gilt sie in allen Fächern als nicht bestanden[13]. Ausnahmen können nur aus besonderen Gründen gestattet werden (§ 56)[14].

§ 16. (1) Hat ein Studierender die Vorprüfung vor ihrer Beendigung unterbrochen[15], so darf er sie bei derjenigen Kommission fortsetzen, bei welcher er sie begonnen hat[16]. Ausnahmen können nur aus besonderen Gründen gestattet werden (§ 56).

(2) Die Wiederholungsprüfung muß, sofern der Studierende seine Studien an einer anderen Universität fortsetzt, vor der Kommission dieser Universität abgelegt werden[16]. Diese hat die bei der bisherigen Prüfungskommission entstandenen Prüfungsakten einzufordern.

(3) Die auf Grund des § 10 Abs. 4 Satz 2 und des § 15 Abs. 4, 5 ge-

---

[1] Vgl. S. 20 Anm. 1.

[2] Wegen der Berechnung des Gesamturteils bei Vorprüfungen, in denen einzelne Fächer von früheren Prüfungen angerechnet werden, vgl. S. 51 Anm. 3.

[3] Vgl. S. 15 Anm. 2.

[4] Das ist die Mindestfrist, deren Abkürzung grundsätzlich nicht gestattet ist.

[5] Vgl. § 16 Abs. 3.

[6] S. 15 Anm. 4 findet sinngemäß Anwendung. Wegen Mitteilung des Ergebnisses an die Universitätsbehörde und Eintragung eines Vermerks in dem Abgangszeugnis vgl. § 18 Abs. 1.

[7] Vgl. S. 15 Anm. 5. [8] Vgl. § 16 Abs. 3.

[9] Vgl. S. 15 Anm. 6. Wegen Mitteilung des Ergebnisses an die Universitätsbehörde und Eintragung eines Vermerks in dem Abgangszeugnis vgl. § 18 Abs. 1. Vgl. auch § 19 letzter Absatz.

[10] Vgl. S. 15 Anm. 8. [11] Vgl. S. 15 Anm. 9. [12] Vgl. S. 15 Anm. 10.

[13] Vgl. § 19 Abs. 5. [14] Vgl. S. 16 Anm. 3. [15] Vgl. S. 16 Anm. 4.

[16] Der Prüfling muß bei dieser Universität immatrikuliert sein.

troffenen Entscheidungen haben bindende Kraft für alle Prüfungskommissionen.

§ 17. Wer auch bei der zweiten Wiederholung nicht besteht[1], wird zu einer weiteren Prüfung nicht zugelassen[2]. Ausnahmen dürfen nur aus besonderen Gründen gestattet werden (§ 56)[3].

§ 18. (1) Nach Abschluß jeder Prüfung und Wiederholungsprüfung hat der Vorsitzende binnen drei Tagen das Ergebnis der Prüfung und die gemäß § 10 Abs. 4 Satz 2, § 15 Abs. 4, 5 getroffenen Entscheidungen der Universitätsbehörde mitzuteilen. Diese hat, falls der Studierende vor vollständig bestandener Vorprüfung die Universität verläßt, einen entsprechenden Vermerk in das Abgangszeugnis einzutragen.

(2) Über den Erfolg der Prüfung ist dem Studierenden ein Zeugnis nach dem beigefügten Muster 2[4] auszustellen. Hat er eine Wiederholungsprüfung abzulegen, so werden statt der Gesamtzensur die Fristen nach § 15 Abs. 4 vermerkt. Über die Wiederholung der Prüfung erhält der Studierende ein Zeugnis nach Muster 3[5]. Zugleich werden ihm die mit dem Zulassungsgesuch eingereichten Zeugnisse (§§ 6 und 8) wieder ausgehändigt[6].

§ 19 Abs. 1 bis 3 handelt von den Prüfungsgebühren[7].

(4) Die Entschädigungen für den Vorsitzenden und dessen Stellvertreter werden nach Maßgabe ihrer Mühewaltung von der Zentralbehörde (§ 3 Abs. 2) am Ende jedes Prüfungsjahres festgesetzt und aus dem Betrage für sächliche und Verwaltungskosten bestritten.

(5) Über die Verwendung der bei den sächlichen und Verwaltungskosten erwachsenden Ersparnisse sowie der verfallenen Gebühren (§ 10 Abs. 2 bis 4, § 15 Abs. 5, 6)[8] befindet die Zentralbehörde (§ 3 Abs. 2).

§ 20. Dem Reichskanzler[9] werden von der Zentralbehörde (§ 3 Abs. 2) Verzeichnisse[10] der Kandidaten, welche die Vorprüfung in dem abgelaufenen Prüfungsjahre bestanden haben, mit den auf die Prüfung bezüglichen Akten[11] eingereicht; diese werden der Zentralbehörde zurückgesendet.

II. Zahnärztliche Prüfung[12].

§ 21. (1) Die zahnärztliche Prüfung kann vor jeder zahnärztlichen Prüfungskommission bei einer Universität[13] des Deutschen Reichs abgelegt werden.

(2) Die Kommission, einschließlich des Vorsitzenden und seiner Stell-

---

1 Die Teilnahme des Vorsitzenden an der Wiederholungsprüfung ist, wie dies bei der zahnärztlichen Prüfung durch § 48 Abs. 3 vorgeschrieben ist, bei der zahnärztlichen Vorprüfung nicht vorgesehen.

2 Vgl. S. 16 Anm. 10.

3 Die ministerielle Genehmigung wird nur in seltenen Ausnahmefällen erteilt.

4 Vgl. S. 171. 5 Vgl. S. 172.

6 Die Zeugnisse sind bei der Meldung zur zahnärztlichen Prüfung wieder einzureichen (§ 23 Abs. 1) und deshalb bis dahin aufzubewahren.

7 Gebührenordnung S. 141. 8 Vgl. S. 20 Anm. 8. 9 Vgl. S. 117 Anm. 9.

10 Wegen der Verzeichnisse vgl. S. 152. 11 Vgl. S. 153. 12 Vgl. hierzu S. 120.

13 Vgl. S. 21 Anm. 2. Auch bei der Medizinischen Akademie in Düsseldorf (Beschluß des Reichsrats vom 31. 1. 24).

vertreter, wird von der vorgesetzten Zentralbehörde (§ 1) für jedes Prüfungsjahr, das vom 1. Oktober bis 30. September dauert, nach Anhörung der Medizinischen Fakultät[1] der betreffenden Universität aus geeigneten Fachmännern ernannt.

(3) Der Vorsitzende leitet die Prüfung, ist berechtigt, ihr in allen Abschnitten beizuwohnen, achtet darauf, daß die Bestimmungen der Prüfungsordnung genau befolgt werden, ordnet bei vorübergehender Behinderung eines Mitglieds dessen Stellvertretung[2] an, berichtet unmittelbar nach dem Schlusse jedes Prüfungsjahrs der vorgesetzten Behörde über die Tätigkeit der Kommission und legt Rechnung über die Gebühren.

§ 22. (1) In jedem Jahre finden zweimal (im Sommer- und Winterhalbjahre) Prüfungen statt. Die Prüfungsperioden beginnen Mitte Oktober und Mitte März[3] und sollen nicht über Mitte August ausgedehnt werden[4].

(2) Die Gesuche[5] um Zulassung zur Prüfung sind bei der zuständigen Zentralbehörde (§ 21 Abs. 2) oder bei einer von dieser bezeichneten anderen Dienststelle[6] unter Angabe der Prüfungskommission, vor welcher der Kandidat die Prüfung abzulegen wünscht, bis zum 1. Oktober bzw. 1. März jedes Jahres einzureichen. Verspätete Gesuche können nur aus besonderen Gründen berücksichtigt werden.

§ 23. (1) Der Meldung sind die nach §§ 6 bis 8[7] für die Zulassung zur zahnärztlichen Vorprüfung erforderlichen Nachweise sowie das Zeugnis über die vollständig bestandene zahnärztliche Vorprüfung (§ 18 Abs. 2) beizufügen[8].

(2) Die gemäß §§ 6 bis 8 erteilten Dispensationen gelten auch für die zahnärztliche Prüfung[9].

(3) Eine außerhalb des Deutschen Reichs bestandene Prüfung darf nur ausnahmsweise an Stelle der zahnärztlichen Vorprüfung als genügend erachtet werden (§ 56)[10].

§ 24. (1) Der Meldung ist der durch Universitätsabgangszeugnisse[11] zu erbringende Nachweis beizufügen[12], daß der Kandidat nach Erlangung des Reifezeugnisses (§ 6 Abs. 1, 2) einschließlich der für die zahnärztliche Vorprüfung nachgewiesenen zahnärztlichen Studienzeit mindestens sieben Halbjahre[13] dem zahnärztlichen Studium[14] an Universitäten des Deutschen Reichs obgelegen hat.

(2) Die Bestimmungen des § 7 Abs. 2 finden entsprechende Anwendung.

§ 25. (1) Von der nachzuweisenden Studienzeit müssen mindestens drei

---

[1] Vgl. S. 9 Anm. 5. In Düsseldorf: Akademischer Rat der Medizinischen Akademie.
[2] Vgl. S. 10 Anm. 3.
[3] Wegen des Prüfungsbeginns vgl. S. 17 Anm. 2.
[4] Vgl. S. 21 Anm. 5. [5] Muster S. 172. [6] Vgl. S. 21 Anm. 7 Abs. 2.
[7] Wegen Beibringung der Abstammungsurkunden, des Fragebogens über die Abstammung und eines gültigen polizeilichen Ausweises über die Staatsangehörigkeit vgl. S. 103 Anm. 1.
[8] Wegen Rückgabe der Nachweise vgl. § 51 Abs. 2.
[9] Vgl. S. 22 Anm. 3.
[10] Vgl. S. 22 Anm. 4. Der dort angegebene Grundsatz findet hier sinngemäß Anwendung.
[11] Vgl. S. 22 Anm. 9.
[12] Wegen Rückgabe der Nachweise vgl. § 51 Abs. 2.
[13] Diese Studienzeit kann mit drei Halbjahren vor und mit vier nach der Vorprüfung oder mit vier Halbjahren vor und mit drei nach der Vorprüfung zurückgelegt werden (vgl. § 25 Abs. 1)
[14] Vgl. S. 103 Anm. 4.

Halbjahre[1] nach vollständig bestandener zahnärztlicher Vorprüfung zurückgelegt sein.

(2) Das Halbjahr, in dem die zahnärztliche Vorprüfung bestanden ist, wird nur angerechnet, wenn die Vorprüfung innerhalb der ersten drei Wochen nach dem vorgeschriebenen Semesteranfange vollständig bestanden ist[2].

§ 26. (1) Der Meldung ist der Nachweis beizufügen[3], daß der Kandidat nach vollständig bestandener zahnärztlicher Vorprüfung[4] mindestens

1. je zwei Halbjahre[5] hindurch an einem Kursus der konservierenden Behandlung der Zähne am Kranken[6] und an einem Kursus in der Zahnersatzkunde regelmäßig teilgenommen sowie eine Poliklinik für Zahn- und Mundkrankheiten regelmäßig[7] besucht[8].
2. je drei Monate die Klinik oder Poliklink für Haut- und syphilitische Krankheiten regelmäßig besucht und an einem Kursus der klinischen Untersuchungsmethoden regelmäßig[7] teilgenommen hat[8].

(2) Soweit am Universitätsort eine besondere Klinik oder Poliklinik für Haut- und syphilitische Krankheiten nicht besteht, genügt die Teilnahme an einem Kursus für diese Fächer in der entsprechenden Abteilung eines von der Zentralbehörde ermächtigten größeren Krankenhauses.

(3) Der Nachweis wird durch besondere nach dem beigefügten Muster 4[9] auszustellende Zeugnisse der Kursusleiter und der klinischen oder poliklinischen Dirigenten erbracht.

(4) Ausnahmen dürfen nur aus besonderen Gründen gestattet werden (§ 56).

§ 27. (1) Außerdem sind der Meldung noch beizufügen[10]:

1. ein eigenhändig geschriebener Lebenslauf, in welchem der Gang der Universitätsstudien darzulegen ist,

   sowie,
2. falls der Kandidat sich nicht alsbald nach dem Abgange von der Universität meldet, ein amtliches Zeugnis über seine Führung in der Zwischenzeit[11].

(2) Sämtliche in den §§ 23, 24, 26 aufgeführten Nachweise nebst dem vorstehend zu 2 bezeichneten Zeugnisse sind in Urschrift[12] vorzulegen.

§ 28[13]. Der Kandidat hat sich binnen einer Woche[14] nach Empfang der

---

1 Vgl. S. 108 Anm. 13.

2 Ausnahmen können mit ministerieller Genehmigung ohne Mitwirkung des Reichsrats (jetzt R.J.) zugelassen werden. (Beschluß des Reichsrats vom 10. 11. 21, M.B. 16. 12. 21 — I M V gen. 501.) Vgl. auch S. 23 Anm. 2.

3 Vgl. S. 23 Anm. 3. 4 Vgl. S. 70. (Erl. 22. 8. 96.) 5 Vgl. S. 23 Anm. 5.

6 Ein gleicher Kursus am Phantom ist weder für die Meldung zur zahnärztlichen Vorprüfung noch für die Zulassung zur zahnärztlichen Prüfung nachzuweisen.

7 Vgl. S. 103 Anm. 9.

8 Die Teilnahme ist durch besondere Praktikantenscheine nachzuweisen. Muster 4 S. 174. Wegen Rückgabe der Nachweise vgl. § 51 Abs. 2.

9 S. 174. 10 Wegen Rückgabe der Nachweise vgl. § 51 Abs. 2.

11 Außerdem die Geburtsurkunde (M.B. 24. 12. 21 — I M V gen. 508).

12 Vgl. S. 13 Anm. 9.

13 § 28 Abs. 1 („der Zulassungsverfügung ist ein Abdruck der Prüfungsordnung beizulegen") ist fortgefallen. Die Prüfungsordnung wird bei jedem Prüfungsausschuß in einem geeigneten Raum in genügender Zahl zur Einsicht ausgelegt oder ausgehängt (M.B. 30. 7. 21 — I M V gen. 301). Vgl. hierzu S. 14 Anm. 3 Abs. 2.

14 Vgl. S. 24 Anm. 7.

Zulassungsverfügung[1] unter Vorzeigung derselben sowie der Quittung über die eingezahlten Gebühren[2], bei dem Vorsitzenden der Prüfungskommission ohne besondere Aufforderung persönlich zu melden.

§ 29. (1) Die Prüfung umfaßt folgende Abschnitte[3]:

I. Die Prüfung in der allgemeinen Pathologie und in der pathologischen Anatomie;
II. die Prüfung in den Zahn- und Mundkrankheiten;
III. die Prüfung in der konservierenden Behandlung der Zähne;
IV. die Prüfung in der Chirurgie der Zahn- und Mundkrankheiten;
V. die Prüfung in der Zahnersatzkunde;
VI. die Prüfung in der Hygiene.

(2) Die Examinatoren in den einzelnen Prüfungsabschnitten sind verpflichtet, soweit der Gegenstand dazu Gelegenheit bietet, festzustellen, daß der Kandidat in den mit dem betreffenden Abschnitt in Zusammenhang stehenden Gebieten der Anatomie und Physiologie die in der Vorprüfung nachzuweisenden Kenntnisse festgehalten und während der klinischen Zeit zu verwerten gelernt hat. Die Art und der Erfolg der Prüfung in der Anatomie und Physiologie sind in dem Protokoll (§ 44) der betreffenden Prüfungsabschnitte im einzelnen anzugeben[4].

§ 30. In keinem Prüfungsabschnitte dürfen gleichzeitig mehr als vier Kandidaten geprüft werden[5], mit Ausnahme der praktischen Prüfung in der konservierenden Behandlung der Zähne und in der Zahnersatzkunde (§§ 35,39), bei der die doppelte Zahl zulässig ist.

§ 31. I. Die Prüfung in der allgemeinen Pathologie und in der pathologischen Anatomie wird von einem Examinator abgehalten und ist in einem Tage zu erledigen. In der Prüfung muß der Kandidat zwei ihm vorgelegte pathologisch-anatomische Präparate aus dem Gebiete der Zahn- und Mundkrankheiten, darunter ein mikroskopisches, erläutern und demnächst in einer eingehenden mündlichen Prüfung die für den Zahnarzt erforderlichen Kenntnisse in der allgemeinen Pathologie und in der pathologischen Anatomie dartun.

§ 32. II. Die Prüfung in den Zahn- und Mundkrankheiten umfaßt zwei Teile und ist in der Regel in drei aufeinanderfolgenden Wochentagen zu erledigen.

§ 33. (1) In dem ersten Teile der Prüfung, der in der Regel von zwei Examinatoren[6], [7] in einem Universitätsinstitut abgehalten wird, hat der Kandidat an zwei aufeinanderfolgenden Tagen je einen Kranken in Gegenwart des Examinators zu untersuchen, die Anamnese, Diagnose und Prognose des Falles sowie den Heilplan festzustellen, den Befund sofort in ein von dem Examinator gegenzuzeichnendes Protokoll aufzunehmen und noch an dem-

---

[1] Die Zulassung ist in den Fällen des § 2 Abs. 3 zu versagen (vgl. auch § 2 Abs. 4). S. 24 Anm. 8 findet auch hier Anwendung.

[2] Gebührenordnung S. 141. [3] Vgl. S. 24 Anm. 10 und § 45 Abs. 2.

[4] Diese Angaben fallen in der vorgeschriebenen Prüfungsübersicht fort.

[5] S. 10 Anm. 5 findet sinngemäß Anwendung.

[6] Vgl. § 46 Abs. 2.

[7] Jeder der beiden Prüfer nimmt die Prüfung in vollem Umfange ab. Wegen Auswahl der Prüfer vgl. allg. Erlaß M.J. 17. 3. 16 — M 16028 — S. 120.

selben Tage zu Hause über den Krankheitsfall einen kritischen Bericht anzufertigen, der, mit Datum und Namensunterschrift versehen, am nächsten Morgen dem Examinator zu übergeben ist.

(2) Gelegentlich der Krankenuntersuchungen hat der Kandidat noch an sonstigen Kranken seine Fähigkeiten in der Diagnose und Prognose von Zahn- und Mundkrankheiten nachzuweisen sowie auch die für den Zahnarzt erforderlichen Kenntnisse in der Erkennung der Haut- und syphilitischen Krankheiten darzutun.

(3) Auch ist die Prüfung auf die für den Zahnarzt erforderlichen Kenntnisse in den klinischen Untersuchungsmethoden auszudehnen.

§ 34. (1) In dem zweiten Teile der Prüfung hat der Kandidat in einem besonderen Termin in Gegenwart des Examinators einige Aufgaben zu Arzneiverordnungen schriftlich zu lösen und mündlich darzutun, daß er in der allgemeinen Therapie und in der Pharmakologie und Toxikologie die für den Zahnarzt erforderlichen Kenntnisse besitzt.

(2) Der Prüfungsteil kann einem besonderen Examinator übertragen werden.

§ 35. III. Die Prüfung in der konservierenden Behandlung der Zähne wird in einem zahnärztlichen Universitätsinstitut von einem Examinator abgehalten und ist in der Regel in fünf aufeinanderfolgenden Wochentagen zu erledigen. In der Prüfung hat der Kandidat seine Vertrautheit mit den verschiedenen Methoden der konservierenden Zahnheilkunde am Lebenden praktisch nachzuweisen und dabei mindestens drei verschiedenartige Füllungen sowie eine Wurzelbehandlung und eine Reinigung der Zähne auszuführen.

§ 36. IV. Die Prüfung in der Chirurgie der Zahn- und Mundkrankheiten umfaßt zwei Teile und ist in der Regel in vier aufeinanderfolgenden Wochentagen zu erledigen.

§ 37. (1) In dem ersten Teile der Prüfung, der in der Regel von zwei Examinatoren[1], [2] in einem Universitätsinstitut abgehalten wird, hat der Kandidat

a) an zwei aufeinanderfolgenden Tagen je einen Kranken in Gegenwart des betreffenden Examinators zu untersuchen, die Anamnese, Diagnose und Prognose des Falles sowie den Heilplan festzustellen, den Befund sofort in ein von dem Examinator gegenzuzeichnendes Protokoll aufzunehmen und noch an demselben Tage zu Hause über den Krankheitsfall einen kritischen Bericht anzufertigen, der, mit Datum und Namensunterschrift versehen, am nächsten Morgen dem Examinator zu übergeben ist;

b) die beiden ihm überwiesenen Kranken im Laufe des nächsten Tages noch einmal in Gegenwart des betreffenden Examinators zu untersuchen, und im Anschluß an den ihm vom Examinator zurückgegebenen Bericht den Verlauf der Krankheit mit Angabe der Behandlung zu beschreiben.

[1] Vgl. § 46 Abs. 2.

[2] Jeder der beiden Prüfer nimmt die Prüfung in vollem Umfange ab. Wegen Auswahl der Prüfer vgl. allg. Erlaß M.J. 17. 3. 16 — M 16028 — S. 120.

Steht einer der beiden Kranken am zweiten Tage nicht zur Verfügung, so bestimmt der Examinator, ob der Kandidat einen anderen Kranken zu übernehmen hat.

(2) Gelgentlich der Krankenuntersuchungen (zu a und b) hat der Kandidat noch an sonstigen Kranken seine Fähigkeit in der Diagnose und Prognose der für den Zahnarzt wichtigen chirurgischen Krankheiten, seine Vertrautheit mit den verschiedenen Methoden ihrer Behandlung, unter besonderer Berücksichtigung der Antisepsis und Asepsis, sowie seine Fertigkeiten in der Ausführung kleiner chirurgischer Operationen nachzuweisen.

§ 38. In dem zweiten Teile der Prüfung, der von einem Examinator abgehalten wird, hat der Kandidat in der zahnärztlichen Operationslehre und in der Würdigung der Operationsmethoden sich einer mündlichen Prüfung zu unterziehen und die für den Zahnarzt erforderlichen Kenntnisse in der zahnärztlichen Instrumentenlehre darzulegen.

§ 39. (1) V. Die Prüfung in der Zahnersatzkunde ist in der Regel in acht aufeinanderfolgenden Wochentagen zu erledigen. Sie wird von einem Examinator abgehalten.

(2) Der Kandidat hat seine praktischen Kenntnisse in der Ausführung von Zahnersatzstücken oder Regulierungsapparaten nachzuweisen und dabei Arbeiten aus den Gebieten des Plattenersatzes, der Kronen- und Brückenarbeit, der chirurgischen Prothese oder der Orthodontie für den Mund eines Lebenden zu liefern[1].

§ 40. (1) VI. Die Prüfung in der Hygiene ist mündlich, sie wird von einem Examinator abgehalten und ist in einem Tage zu erledigen.

(2) Der Kandidat hat nachzuweisen, daß er sich die für den Zahnarzt erforderlichen Kenntnisse in der Hygiene einschließlich der Bakteriologie erworben hat.

§ 41. Bei den einzelnen Prüfungsfächern sind die Geschichte und, soweit solche vorhanden, ihre Beziehungen zur gerichtlichen Medizin nicht unberücksichtigt zu lassen. Auch ist darauf zu achten, daß der Kandidat sprachliches Verständnis für die zahnärztlichen Kunstausdrücke besitzt.

§ 42. (1) Zu dem ersten und sechsten Prüfungsabschnitt ist den Studierenden der Zahnheilkunde, zu den übrigen Abschnitten mit Ausnahme der praktischen Prüfungen (§§ 35, 39) nur denjenigen Studierenden der Zutritt gestattet, welche als Praktikanten an den Kursen der betreffenden Abteilung des zahnärztlichen Universitätsinstituts teilnehmen.

(2) Außerdem steht jedem Lehrer der Medizin und der Zahnheilkunde an einer Universität des Deutschen Reichs der Zutritt frei.

§ 43. Die zu den klinischen Prüfungen erforderlichen Kranken (§§ 33, 35, 37, 39) sind von dem Examinator dem Kandidaten für jeden Abschnitt erst bei

---

[1] Die Materialkosten bei der zahnärztlichen Prüfung in der Zahnersatzkunde sind im allgemeinen von den Kranken einzuziehen. Den Prüflingen kann nicht zugemutet werden, diese Kosten selbst zu bestreiten (M.J. III a IV 203/34). Wegen der Materialkosten bei der zahnärztlichen Vorprüfung vgl. § 12 Abs. 2.

dessen Beginne zu überweisen. Die Überweisung desselben Kranken für mehrere Kandidaten im Laufe der Prüfungsperiode ist nur ausnahmsweise gestattet.

§ 44. Für jeden Kandidaten wird über jeden Prüfungsabschnitt ein besonderes Protokoll[1] unter Anführung der Prüfungsgegenstände und der erteilten Zensuren, bei der Zensur „ungenügend" oder „schlecht" unter kurzer Angabe der Gründe aufgenommen.

§ 45. (1) Nach Beendigung eines jeden Prüfungsabschnitts sind die Examinatoren verpflichtet, dem Vorsitzenden die Prüfungsakten unverweilt zuzusenden. Der Kandidat hat sich nach Beendigung des Abschnitts behufs Entgegennahme der Mitteilung des Ergebnisses ohne besondere Aufforderung binnen drei Tagen bei dem Vorsitzenden der Prüfungskommission oder gemäß dessen Bestimmung im Bureau der letzteren und, sofern er bestanden hat, binnen weiteren 24 Stunden bei dem Examinator (oder den Examinatoren) für den nächstfolgenden Prüfungsabschnitt behufs Anberaumung ferneren Termins persönlich zu melden. Bei der Anberaumung des Termins ist darauf zu achten, daß in der Regel zwischen den einzelnen Prüfungsabschnitten nur ein Zeitraum von acht Tagen liegt.

(2) Die Reihenfolge, in der die einzelnen Abschnitte zurückzulegen sind, bestimmt der Vorsitzende.

(3) Ist ein Abschnitt nicht vollständig bestanden, so entscheidet der Vorsitzende nach Anhörung des Kandidaten, ob dieser sich der Prüfung in einem anderen Abschnitt oder dem späteren Teile desselben Abschnitts sogleich oder erst nach Wiederholung des nicht bestandenen zu unterziehen hat. Ist die Prüfung fortzusetzen, so gilt wegen der Meldung zur Anberaumung ferneren Termins das im Abs. 1 Gesagte.

§ 46. (1) Über den Ausfall der Prüfung in den Abschnitten I, III, V und VI sowie in jedem Teile der übrigen Abschnitte wird eine besondere Zensur unter ausschließlicher Anwendung der Bezeichnungen „sehr gut" (1), „gut" (2), „genügend" (3), „ungenügend" (4) und „schlecht" (5) erteilt[2].

(2) Erteilt von zwei an einer Prüfung beteiligten Examinatoren einer die Zensur „ungenügend" oder „schlecht", so entscheidet seine Stimme[3]. Andernfalls wird die Summe der Zahlenwerte der beiden Einzelzensuren durch 2 geteilt. Ergeben sich bei der Teilung Brüche, so werden sie, wenn sie über 0,50 betragen, als ein Ganzes gerechnet, andernfalls bleiben sie unberücksichtigt.

§ 47. (1) Ist ein Prüfungsabschnitt vollständig bestanden, so wird für den ganzen Abschnitt von dem Vorsitzenden die Gesamtzensur ermittelt. Hierbei werden die Zahlenwerte der Einzelzensuren (§ 46 Abs. 1)

a) für Abschnitt II Teil 1 zweifach, Teil 2 einfach,

b) für Abschnitt IV Teil 1 zweifach, Teil 2 einfach

---

[1] Die besonderen Protokolle für jeden Prüfungsabschnitt sind fortgefallen und in einer Prüfungsübersicht vereinigt (vgl. S. 134).

[2] Wegen Eintragung eines Vermerks in dem Abgangszeugnis usw. vgl. § 51 Abs. 2 und wegen Mitteilung des Ergebnisses der Prüfung an die Kandidaten vgl. S. 20 Anm. 1.

[3] Vgl. S. 31 Anm. 3.

gerechnet und die für die beiden Abschnitte sich ergebenden Summen der Zahlenwerte je durch 3 geteilt.

(2) Ergeben sich Brüche, so findet die Bestimmung des § 46 Abs. 2 Satz 3 entsprechende Anwendung.

§ 48. (1) Ist in einem Prüfungsabschnitt oder in einem Teile eines Prüfungsabschnitts die Zensur „ungenügend" oder „schlecht" erteilt, so gilt er als nicht bestanden[1] und muß wiederholt werden[2].

(2) Die Frist, nach der die Wiederholungsprüfung erfolgen kann, beträgt je nach den Zensuren zwei bis sechs Monate[3]. Sie wird von dem Vorsitzenden nach Benehmen mit den betreffenden Examinatoren für jeden Abschnitt einheitlich bestimmt[4]. In gleicher Weise wird, unter Beachtung der Vorschrift im § 50 Abs. 6, der Zeitpunkt festgesetzt, bis zu dem spätestens die Meldung zur Widerholungsprüfung in dem Abschnitte, soweit er nicht bestanden ist, erfolgen muß. Wiederholungsfristen verschiedener Abschnitte laufen gleichzeitig nebeneinander.

(3) Die zweite Wiederholung eines Prüfungsabschnitts oder eines Teiles derselben findet, soweit sie mündlich ist, in Anwesenheit des Vorsitzenden, im übrigen unter dessen besonderer Aufsicht statt[5].

(4) Wer auch bei der zweiten Wiederholung nicht besteht, wird zu einer weiteren Prüfung nicht zugelassen[6]. Ausnahmen dürfen nur aus besonderen Gründen gestattet werden (§ 56)[7].

§ 49. (1) Hat der Kandidat sämtliche Prüfungsabschnitte bestanden[8], so wird aus den für die Prüfungsabschnitte erteilten Zensuren die Gesamtzensur ermittelt, indem die Zensuren für die Abschnitte I und VI einfach gerechnet, für die übrigen Abschnitte je mit 2 multipliziert werden und die sich ergebende Summe durch 10 geteilt wird. Mit den sich hierbei ergebenden Brüchen wird in der im § 46 Abs. 2 Satz 3 angegebenen Weise verfahren.

(2) Der Vorsitzende überreicht binnen einer Woche die Prüfungsakten[9] der Zentralbehörde (§ 21 Abs. 2) zur Erteilung der Approbation[10].

§ 50. (1) Wer sich nicht rechtzeitig gemäß der Vorschriften im § 28 Abs. 2, § 45 Abs. 1, 3 persönlich meldet, kann auf Antrag des Vorsitzenden von der Zentralbehörde (§ 21 Abs. 2) bis zur folgenden Prüfungsperiode zurückgestellt werden. In diesem Falle wird die Hälfte des Gebührenbetrags für die noch nicht begonnenen Prüfungsabschnitte zurückerstattet, die Gebühren für sächliche und Verwaltungskosten sind ganz verfallen[11].

(2) Wer in einem Prüfungstermin nicht rechtzeitig oder gar nicht erscheint[12], geht der Hälfte der auf den betreffenden Prüfungsabschnitt entfallenden Gebühr verlustig[11].

---

[1] Vgl. § 46 Abs. 2. [2] Vgl. S. 15 Anm. 2.
[3] Vgl. S. 32 Anm. 1. [4] Vgl. S. 32 Anm. 2. [5] Vgl. S. 32 Anm. 3.
[6] Wegen des Unterschiedes des § 48 Abs. 4 gegenüber dem § 50 Abs. 6 vgl. S. 33 Anm. 8.
[7] Vgl. S. 32 Anm. 5.
[8] Zu der Frage, wann Teile von Prüfungsabschnitten als bestanden gelten, vgl. § 48 Abs. 1, und wie gegebenenfalls das Urteil zu berechnen ist, vgl. § 46 Abs. 2.
[9] Vgl. S. 34 Anm. 8.
[10] Ausländern wird nach vollständig bestandener Prüfung in der Regel vom Ministerium eine Prüfungsbescheinigung (vgl. S. 124) ausgehändigt.
[11] Vgl. § 52 Absatz 5 und die Ausführungsanweisung K.M. 28. 1. 07 — M 19696 — S. 146.
[12] Vgl. § 50 Abs. 5. Wegen Berücksichtigung eines solchen Rücktritts vgl. S. 66.

(3) Wer von der begonnenen Prüfung zurücktritt[1], erhält, sofern genügende Entschuldigungsgründe vorliegen, die Gebühr für die noch nicht begonnenen Prüfungsabschnitte zurück; die Gebühr für sächliche und Verwaltungskosten ist dagegen verfallen[2].

(4) Liegt im Falle des Abs. 3 keine genügende Entschuldigung[1] vor, so finden die Vorschriften im Abs. 1 Satz 2 Anwendung[3]; auch kann je nach Umständen durch einen mit Zustimmung des Vorsitzenden gefaßten Beschluß der Prüfungskommission der ganze eingezahlte Betrag für verfallen[2] und in besonderen Fällen die Prüfung in allen oder in einzelnen Abschnitten für nicht bestanden erklärt werden[4]. Gegen den Beschluß ist binnen zwei Wochen Beschwerde bei der Zentralbehörde (§ 21 Abs. 2) zulässig.

(5) Wer sich ohne genügende Entschuldigung nicht vor Ablauf der Endfrist (§ 48 Abs. 2)[5] zur Wiederholungsprüfung meldet, hat die Prüfung nach Ermessen der Prüfungskommission von Anfang an zu wiederholen, wobei auch die bereits erledigten Abschnitte oder Teile als nicht bestanden gelten[6]. Gegen den Beschluß ist binnen zwei Wochen Beschwerde bei der Zentralbehörde (§ 21 Abs. 2) zulässig.

(6) Wird die Prüfung in einem Zeitraume von zwei Jahren[7] nach ihrem Beginne[8] nicht vollständig beendet[9], so gilt sie in allen Abschnitten als nicht bestanden[10]. Ausnahmen können nur aus besonderen Gründen gestattet werden (§ 56)[11].

§ 51. (1) Die Prüfung darf nur bei der Kommission fortgesetzt oder wiederholt werden, bei der sie begonnen ist[12]. Ausnahmen können nur aus besonderen Gründen gestattet werden (§ 56). Mit dem Dispensationsgesuch ist zugleich eine Erklärung der bisherigen Prüfungskommission wegen etwaiger dem Wechsel der Kommission entgegenstehender Bedenken vorzulegen[13].

(2) Die mit dem Zulassungsgesuch eingereichten Zeugnisse (§§ 23, 24, 26, § 27 Nr. 2) sind dem Kandidaten erst nach vollständig bestandener Prüfung zurückzugeben[14]. Verlangt er sie früher zurück, so sind sämtliche Zentralbehörden (§ 1) durch Vermittlung des Reichskanzlers[15] zu benachrichtigen, daß der Kandidat die Prüfung begonnen, aber nicht beendigt hat, und daß ihm auf seinen Antrag die Zeugnisse zurückgegeben worden sind; in die Urschrift des letzten Universitäts-Abgangszeugnisses ist ein Vermerk über den Ausfall der bisherigen Prüfung einzutragen[16].

(3) In den Fällen des § 48 Abs. 4 und des § 50 Abs. 4 Satz 1 kann die Zentralbehörde (§ 21 Abs. 2) die Rückgabe der Zeugnisse anordnen[17]. In

---

1 Vgl. § 50 Abs. 5. Wegen Berücksichtigung eines solchen Rücktritts vgl. S. 66.

2 Vgl. § 52 Absatz 5 und die Ausführungsanweisung K.M. 28. 1. 07 — M 19696 — S. 146.

3 Wegen der Berichterstattung und des Verfahrens vgl. § 51.

4 S. 14 Anm. 9 findet sinngemäß Anwendung. 5 Vgl. S. 33 Anm. 4.

6 Die folgende Wiederholung gilt nicht als neubegonnene Prüfung, sondern als Fortsetzung der Prüfung, muß also innerhalb der Gesamtfrist (§ 50 Abs. 6) beendet sein.

7 S. 15 Anm. 8 findet sinngemäß Anwendung.

8 Vgl. S. 33 Anm. 7. 9 Vgl. S. 33 Anm. 8, vgl. auch § 48 Abs. 4.

10 In solchen Fällen hat der Vorsitzende des Prüfungsausschusses dem Ministerium die Prüfungsakten mit einem entsprechenden Bericht vorzulegen (vgl. auch S. 34 Anm. 8). Ein Vermerk in den Zeugnissen, wie in den Fällen des § 48 Abs. 4 und des § 50 Abs. 4 Satz 1 durch § 51 Abs. 3 vorgeschrieben ist, wird nicht eingetragen.

11 Vgl. S. 33 Anm. 10 Abs. 1. 12 Vgl. S. 34 Anm. 1. 13 Vgl. S. 34 Anm. 2.

14 Über das Verfahren in Preußen vgl. S. 121.

15 Vgl. S. 117 Anm. 9. 16 Vgl. S. 34 Anm. 4. 17 Vgl. S. 34 Anm. 5.

diesem Falle finden die Vorschriften im Abs. 2 Satz 2 entsprechende Anwendung.

§ 52 Abs. 1 bis 3 handelt von den Prüfungsgebühren[1].

(4) Die Entschädigungen für den Vorsitzenden und dessen Stellvertreter werden nach Maßgabe ihrer Mühewaltung von der Zentralbehörde (§ 21 Abs. 2) am Ende jedes Prüfungsjahrs festgesetzt und aus dem Betrage für sächliche und Verwaltungskosten bestritten.

(5) Über die Verwendung der bei diesem Betrag erwachsenen Ersparnisse sowie der verfallenen Gebühren (§ 50)[2] entscheidet die Zentralbehörde (§ 21 Abs. 2).

§ 53[3]. (1) Wer die ärztliche Prüfung im Deutschen Reiche vollständig bestanden hat oder die Approbation[4] als Arzt für das Gebiet des Deutschen Reichs besitzt[5], hat dem Gesuch um Zulassung zur zahnärztlichen Prüfung die Bescheinigung über die bestandene ärztliche Prüfung oder die Approbation[4] als Arzt beizufügen, im übrigen aber nur den Nachweis zu führen, daß er mindestens je zwei Halbjahre an einem Kursus in der Zahnersatzkunde und an einem Kursus in der konservierenden Behandlung der Zähne am Kranken regelmäßig teilgenommen und eine Poliklinik für Zahn- und Mundkrankheiten regelmäßig besucht hat[6].

(2) Er hat die zahnärztliche Prüfung nur im Abschnitte II Teil 1, ausschließlich der Prüfung in der Erkennung der Haut- und syphilitischen Krankheiten und in den klinischen Untersuchungsmethoden[7], sowie in den Abschnitten III bis V, außerdem aber noch die für die zahnärztliche Vorprüfung vorgeschriebene Prüfung in der Zahnersatzkunde abzulegen[8].

---

[1] Gebührenordnung S. 141. [2] Vgl. S. 20 Anm. 8.

[3] Vgl. auch S. 56. Diese Bestimmung findet nicht auf Kandidaten Anwendung, die im Auslande die ärztliche Prüfung bestanden oder dort ein medizinisches Abschlußdiplom erworben haben. Diese Kandidaten haben vielmehr das regelrechte zahnärztliche Studium zu erledigen (vorklinisches Studium, Vorprüfung, klinisches Studium usw.). Ob und inwieweit solchen Kandidaten Vergünstigungen für die Studienzeit und die zahnärztliche Vorprüfung bewilligt werden können, wird von der obersten Landesbehörde im Einvernehmen mit dem Reichsministerium des Innern von Fall zu Fall entschieden (vgl. hierzu S. 49). Die zahnärztliche Prüfung muß, falls der Kandidat diese abzulegen wünscht und die Voraussetzungen für die Zulassung nach der Prüfungsordnung für Zahnärzte erfüllt, in allen Fächern (nicht nach obigem § 53) erledigt werden. Hierbei werden Vergünstigungen nicht gewährt.

[4] Jetzt Bestallung als Arzt.

[5] Die ärztliche Prüfung und die Bestallung als Arzt einerseits sowie die zahnärztliche Ausbildung im Sinne dieser Vorschrift andererseits brauchen nicht etwa zeitlich unmittelbar aufeinander zu folgen; auch für diese Ausbildung ist die Vollimmatrikulation notwendig (vgl. M.V. 8. 4. 27 — I M III 298/27 — S. 58).

[6] Eine bestimmte Anzahl von Studienhalbjahren ist nicht vorgeschrieben. Es können daher der Kursus in der Zahnersatzkunde und derjenige in der konservierenden Behandlung der Zähne am Kranken sowie die Poliklinik für Zahn- und Mundkrankheiten in demselben Studienhalbjahr abgeleistet werden, so daß bei dieser Erledigung im ganzen zwei Studienhalbjahre genügen (M.J. 19. 10. 11 — M 19958).

[7] Die Prüfung im Abschnitt II Teil 1 wird im vorliegenden Falle nur vom rein zahnärztlichen Standpunkt von einem Prüfer (Zahnarzt) abgehalten.

[8] Wer die zahnärztliche Prüfung auf Grund des § 53 der Prüfungsordnung für Zahnärzte ablegen will, ist zwar in dem für die zahnärztliche Vorprüfung vorgeschriebenen Prüfungsfach „Zahnersatzkunde" zu prüfen; es erscheint jedoch nicht angezeigt, den Prüfling zur Ablegung dieses Faches dem Ausschuß für die zahnärztliche Vorprüfung zu überweisen. Zweckmäßig ist es vielmehr, in solchen Fällen die Prüfung in diesem Fach beim Ausschuß für die zahnärztliche Prüfung vor dem bei der zahnärztlichen Vorprüfung bestellten Prüfer zu veranlassen, zumal dies ohne weiteres durchführbar ist und die Prüfungszeiten bei der zahnärztlichen Vorprüfung und Prüfung nicht immer zusammenfallen. Die Prüfungsgebühren kommen in diesen Fällen ungeteilt dem Ausschuß für die zahnärztliche Prüfung zu. Gegebenenfalls ist das für die zahnärztliche Vorprüfung vorge-

(3) Die Ermittlung der Gesamtzensur erfolgt in der Weise, daß die Zensuren für die Abschnitte II bis V und für die Prüfung in der Zahnersatzkunde zusammenzählt werden und die sich ergebende Summe durch 5 geteilt wird. Mit den sich etwa ergebenden Brüchen wird gemäß § 46 Abs. 2 Satz 3 verfahren[1].

C. Erteilung der Approbation[2].

§ 54. (1) Kandidaten, die auf Grund der Prüfung die Approbation nachsuchen[3], haben einen Nachweis über den Besitz der Reichsangehörigkeit vorzulegen[4].

(2) Die Approbation wird nach dem beigefügten Muster 5[5] ausgestellt[6].

§ 55. Dem Reichskanzler[7] werden von der Zentralbehörde (§ 49 Abs. 2) Verzeichnisse der in dem abgelaufenen Prüfungsjahr Approbierten mit den auf die zahnärztliche Prüfung bezüglichen Akten eingereicht; diese werden der Zentralbehörde zurückgesendet.

D. Ausnahmen.

§ 56[8]. Über die Zulassung der im § 2 Abs. 4, § 3 Abs. 1, § 6 Abs. 2, § 6 Abs. 3, § 7 Abs. 2, § 8 Abs. 2, § 13 Abs. 3, § 15 Abs. 6, § 16 Abs. 1, § 17, § 23 Abs. 3, § 24 Abs. 2 § 26 Abs. 4, § 48 Abs. 4, § 50 Abs. 6, § 51 Abs. 1 und 59 Abs. 2 vorgesehenen Ausnahmen entscheidet der Reichskanzler[9] in Übereinstimmung mit der zuständigen Zentralbehörde (§ 3 Abs. 2, § 21 Abs. 2)[10].

---

schriebene Fach Zahnersatzkunde in der Übersicht über die zahnärztliche Prüfung an Stelle eines nichtabzulegenden Prüfungsabschnitts handschriftlich einzutragen (M.B. 10. 6. 26 — I M III 1471).

Wegen dieses Faches wird in den betreffenden Fällen folgende Änderung des Vordrucks der Prüfungsübersicht über die zahnärztliche Prüfung beim Abschnitt V empfohlen:

V a) Zahnersatzkunde (vorklinisch)
b) Zahnersatzkunde (klinisch).

1 In den Fällen des § 53 der Prüfungsordnung betragen die Gebührenanteile für sächliche und Verwaltungskosten 30 RM. Außerdem werden die Gebührenanteile für diejenigen Fächer erhoben, in denen geprüft wird. Bei der Wiederholung oder Fortsetzung von Prüfungen finden die für die Fälle des § 19, § 48 Abs. 3 und § 52 der Prüfungsordnung festgesetzten Gebühren Anwendung (M.B. 28. 1. 27 — I M III 251 — S. 141).

Die Gebühren für Prüfungen gemäß § 53 der Prüfungsordnung für Zahnärzte betragen mithin

für die	zahnärztliche Vorprüfung in der Zahnersatzkunde		30	RM.
	„ Prüfung Abschnitt	II Teil 1	10	„
	„ „ „	III	20	„
	„ „ „	IV Teil 1	20	„
	„ „ „	IV Teil 2	10	„
	„ „ „	V	25	„
	Sächliche und Verwaltungskosten		30	„
		zusammen	145	RM.

2 Vgl. hierzu S. 121.

3 Reichsdeutsche Kandidaten, die den Approbationsbedingungen des § 2 Abs. 3, 4 entsprechen, erhalten nach bestandener zahnärztlicher Prüfung von der Zentralbehörde ohne weiteres die Approbation als Zahnarzt, brauchen also ein besonderes Approbationsgesuch nicht einzureichen.

4 Der Nachweis über den Besitz der Reichsangehörigkeit ist bereits bei der Meldung zu den zahnärztlichen Prüfungen beizubringen (vgl. S. 103 Anm. 1 und S. 108 Anm. 7).

5 Vgl. S. 174.

6 Die Approbation wird nur deutschen Reichsangehörigen erteilt (§ 2 Abs. 1) und in den Fällen des § 2 Abs. 3, 4 versagt.

7 Vgl. S. 117 Anm. 9. 8 Vgl. S. 39 Anm. 3.

9 Die Befugnisse sind vom Reichskanzler (Reichsamt des Innern), der sie gemäß Verordnung vom 24. 12. 1879 (RGBl. S. 321) ausgeübt hat, auf Grund des Reichsgesetzes vom 4. 3. 1919 (RGBl. S. 285) auf den Reichsminister des Innern übergegangen.

10 Vgl. S. 39 Anm. 4.

E. Schluß- und Übergangsbestimmungen.

§ 57. Auf die vorgeschriebene Studienzeit ist die Militärdienstzeit nicht anzurechnen.

§ 58. Vorstehende Bestimmungen treten am 1. Oktober 1909 in Kraft.

§ 59[1]. (1) Die Studierenden, die vor dem 1. Dezember 1909 ihre zahnärztliche Ausbildung begonnen haben, dürfen, sofern sie sich spätestens am 1. Oktober 1913 zur Ablegung der zahnärztlichen Prüfung melden, auf Antrag diese Prüfung (einschließlich etwaiger Wiederholungsprüfungen) unbeschadet der Bestimmung des § 60 nach den bisherigen Vorschriften ablegen.

(2) Andernfalls sind sie zwar von der Erbringung des Vorbildungsnachweises nach § 6 befreit, haben sich aber der zahnärztlichen Vorprüfung sowie der zahnärztlichen Prüfung nach den vorstehenden Bestimmungen zu unterziehen. Ausnahmen können nur aus besonderen Gründen und nicht über den 1. Oktober 1914 gestattet werden (§ 56).

§ 60. Die Bestimmungen des § 2 Abs. 3, § 22, § 48 Abs. 4, § 50 Abs. 6 gelten für alle seit dem 1. Oktober 1909 begonnenen Prüfungen.

C. Studienplan für Studierende der Zahnheilkunde[2].

Beginn Ostern	Beginn Michaelis
I. Halbjahr (Sommer)	**I. Halbjahr** (Winter)
Zahnärztliche Materialkunde. Herstellungsmethoden des Zahnersatzes. Anorganische Chemie. Zahntechnisch-propädeutischer Kursus. Praktikum der zahnärztlichen Materialkunde.	Zahnärztliche Materialkunde. Anatomie. Physik (Ausgewählte Kapitel). Praktikum der zahnärztlichen Materialkunde. Anatomische Präparierübungen.
II. Halbjahr (Winter)	**II. Halbjahr** (Sommer)
Zahnärztliche Materialkunde. Anatomie. Physik (Ausgewählte Kapitel.) Organische Chemie. Chemisches Praktikum. Anatomische Präparierübungen.	Zahnärztliche Materialkunde. Herstellungsmethoden des Zahnersatzes. Anorganische Chemie. Physiologie. Allgemeine Histologie und Entwickelungsgeschichte. Zahntechnisch-propädeutischer Kursus. Mikroskopisch-anatomischer Kursus.
III. Halbjahr (Sommer)	**III. Halbjahr** (Winter)
Allgemeine Histologie und Entwickelungsgeschichte. Physiologie. Zahntechnisch-propädeutischer Kursus. Konservierende Zahnheilkunde am Phantom. Mikroskopisch-anatomischer Kursus.	Organische Chemie. Chemisches Praktikum. Zahntechnisch-propädeutischer Kursus. Konservierende Zahnheilkunde am Phantom.
IV. Halbjahr	**V. Halbjahr**
Allgemeine Chirurgie für Zahnärzte. Zahn- und Mundkrankheiten. 1. Teil. Allgemeine pathologische Anatomie. Arzneimittel- und Giftlehre. Pathologie und konservierende Therapie der Zähne (allg. Teil). Allgemeine Bakteriologie. Röntgenphotographie und Diagnostik. Pathologisch-anatomischer Kursus. Kursus der klinischen Untersuchungsmethoden. Konservierende Zahnheilkunde am Kranken.	Zahn- und Mundkrankheiten (2. Teil). Spezielle zahnärztlich-chirurgische Operations- und Instrumentenlehre. Pathologie und konservierende Therapie der Zähne (spezieller Teil). Klinische Zahnersatzkunde (1. Teil). Zahnärztlich-chirurgische Propädeutik. Konservierende Zahnheilkunde am Kranken (Fortsetzung). Poliklinik für Zahn- und Mundkrankheiten. Klinisches Praktikum der Zahnersatzkunde (1. Halbjahr).

[1] Diese Bestimmung ist inzwischen außer Kraft getreten.

[2] Vgl. S. 63 Anm. 2. Die für die Zulassung zu den zahnärztlichen Prüfungen nachzuweisenden Übungen (Praktikantenscheine) sind in §§ 8 und 26 der Prüfungsordnung für Zahnärzte aufgeführt.

VI. Halbjahr	VII. Halbjahr
Spezielle Entwicklung und Histologie der Zähne.	Klinische Zahnersatzkunde 3. Teil.
Klinische Zahnersatzkunde (2. Teil).	Gerichtliche und soziale Zahnheilkunde.
Konservierende Zahnheilkunde am Kranken (Fortsetzung).	Parasitäre Erkrankungen und Hygiene der Mundhöhle.
Klinisches Praktikum der Zahnersatzkunde (2. Halbjahr).	Konservierende Zahnheilkunde am Kranken (Fortsetzung).
Poliklinik für Zahn- und Mundkrankheiten.	Klinisches Praktikum der Zahnersatzkunde (3. Halbjahr).
Klinik für Hals- Nasen- und Ohrenkrankheiten.	Kursus der Orthodontie.
	Poliklinik für Zahn- und Mundkrankheiten.
	Klinik der Haut- und syphilitischen Krankheiten.
	Röntgenverfahren in der Zahnheilkunde mit Demonstrationen.

D. Zahnärztliche Vorprüfung.

Voraussetzung für die Zulassung.

Der Studierende der Zahnheilkunde wird nach Zurücklegung von drei Halbjahren[1] zahnärztlichen Studiums und Beibringung der in den §§ 6—9 der Prüfungsordnung vorgeschriebenen Nachweise[2] zur zahnärztlichen Vorprüfung (§§ 11—12) vom Vorsitzenden des Ausschusses für diese Prüfung zugelassen (Muster für das Zulassungsgesuch S. 170). Die S. 64 ff. angegebenen Grundsätze gelten sinngemäß auch für die zahnärztliche Vorprüfung. Auch hierbei bestehen für Juden und Mischlinge besondere Grundsätze. Wegen Anrechnung eines dem zahnärztlichen verwandten Universitätsstudiums oder gleichwertigen Hochschulstudiums (§ 7 Abs. 2) auf die zahnärztliche Studienzeit und wegen Anrechnung anderweitiger Prüfungen vgl. S. 49. Bezüglich des Verfahrens bei einer Unterbrechung der Vorprüfung vgl. S. 66. Wegen der Ausländer und Anrechnung ausländischer Vorbildung wird auf S. 121 verwiesen und wegen der zweckmäßigen Einteilung des gleichzeitigen Studiums der Medizin und der Zahnheilkunde auf S. 54 ff.

Kurse in der Zahnersatzkunde.

Nach § 8 der Prüfungsordnung für Zahnärzte haben die Studierenden der Zahnheilkunde bei der Meldung zur zahnärztlichen Vorprüfung Nachweise darüber beizubringen, daß sie mindestens zwei Halbjahre an einem Kursus in der Zahnersatzkunde regelmäßig teilgenommen haben. Ausnahmen dürfen nur aus besonderen Gründen gestattet werden. Hierzu bedarf es der ministeriellen Genehmigung.

Um den Studierenden das zahnärztliche Studium nicht unnötig zu erschweren und beim Wechsel der Universität nicht Schwierigkeiten zu bereiten, wird der Lehrstoff des Kursus in der Zahnersatzkunde grundsätzlich auf zwei Halbjahre verteilt. Die Verteilung des Lehrstoffes auf weitere Halbjahre vermag ich nicht gutzuheißen. Auch gilt die Teilnahme an Ferienkursen nicht als ausreichender Ersatz für die Semesterarbeit oder gar als Erledigung eines der im § 8 der Prüfungsordnung für Zahnärzte vorgeschriebenen Kurse in der Zahnersatzkunde. Zeugnisse über die Teilnahme an solchen Ferienkursen gelten deshalb auch nicht als Nachweise im Sinne dieser Vorschrift der Prüfungsordnung. Beide Kurse in der Zahnersatzkunde sind von den Studierenden ordnungsmäßig zu belegen. Sie dürfen auch nicht etwa hintereinander in einem Halbjahr erledigt werden.

Zur Ablegung der zahnärztlichen Vorprüfung haben die Studierenden nach §§ 8 und 9 der Prüfungsordnung für Zahnärzte dem Vorsitzenden des Prüfungsausschusses ordnungsmäßige Nachweise über die vollständige Erledigung der beiden Kurse in der Zahnersatzkunde beizubringen. Nach dem allg. Erlaß vom 14. 2. 06 — U I 2979 — S. 69 ist für die ärztliche Vorprüfung von dem Erlaß einer besonderen Bestimmung wegen vorzeitiger Ausstellung von Praktikantenscheinen für Studierende, die sich am

1 Vgl. S. 108 Anm. 13. 2 Vgl. auch S. 103 Anm. 1.

Schlusse des letzten vorklinischen Studienhalbjahres zur Vorprüfung melden, abgesehen, vielmehr empfohlen worden, daß die betreffenden Universitätslehrer den Vorsitzenden der Prüfungsausschüsse diejenigen Kandidaten rechtzeitig bezeichnen, die nach Beendigung der Kurse die Praktikantenscheine erhalten werden. Diese Anregung kann sinngemäß auch für die Durchführung der zahnärztlichen Vorprüfung zur Anwendung kommen. — Sogenannte „Interimsscheine" können wohl für den zweiten Kursus in der Zahnersatzkunde bei der Meldung zur zahnärztlichen Vorprüfung vor Schluß des Lehrganges, sofern die Vorprüfung in demselben Studienhalbjahr abgelegt wird, in dem die zweite Übung erledigt wird, angenommen werden, müssen aber spätestens vor Beginn der Vorprüfung durch die endgültigen Praktikantenscheine ersetzt werden, da sonst die Voraussetzungen des § 8 der Prüfungsordnung für Zahnärzte nicht als erfüllt angesehen werden können und die Ablegung der Vorprüfung nicht in Frage kommt. Für den ersten Kursus in der Zahnersatzkunde und, falls die Meldung zur Vorprüfung später erfolgt, auch für den zweiten Kursus sind nicht Interimsscheine, sondern nur endgültige Praktikantenscheine über die erledigten Übungen beizubringen.

Berlin, den 16. 5. 29.

Der Preuß. Minister für Volkswohlfahrt.

I M V 1157.

E. Zahnärztliche Prüfung.

Voraussetzung für die Zulassung.

Nach Erwerbung der in § 26 genannten Zeugnisse und Zurücklegung weiterer vier Halbjahre[1] ist die Meldung zur zahnärztlichen Prüfung (§§ 29 bis 41) unter Beifügung der in den §§ 23 bis 27 vorgeschriebenen Nachweise[2] beim Vorsitzenden des zahnärztlichen Prüfungsausschusses zulässig.

Das Zulassungsgesuch ist bereits im Laufe des letzten Halbjahrs dem Prüfungsausschuß vorzulegen. An Stelle des Universitätsabgangszeugnisses ist das Studienbuch beizubringen, da die Exmatrikulation nicht erforderlich ist (vgl. S. 136). Über fehlende Unterlagen und Praktikantenscheine, die erst am Schlusse des letzten Studienhalbjahrs erworben werden, ist ein entsprechender Vermerk im Zulassungsgesuch aufzunehmen (vgl. Muster S. 172).

Wegen der übrigen Formalitäten finden die S. 70 ff. angegebenen Vorschriften sinngemäß Anwendung. Vgl. im übrigen Teil VIII, S. 121 betr. Ausländer und Anrechnung ausländischer Vorbildung. Über die zweckmäßige Einteilung des gleichzeitigen medizinischen und zahnärztlichen Studiums vgl. S. 54.

Der Vorsitzende des Prüfungsausschusses ist in Preußen in bestimmten Fällen ermächtigt, Kandidaten selbständig zur zahnärztlichen Prüfung zuzulassen (vgl. S. 136). Wegen der Juden und Mischlinge gelten besondere Grundsätze.

Prüfungs-Ausschuß.

Bei der Zusammensetzung des zahnärztlichen Prüfungsausschusses soll als Prüfer für den ersten Teil des Abschnittes II (Prüfung in den Zahn- und Mundkrankheiten) ein Zahnarzt und der Fachvertreter für Haut- und syphilitische Krankheiten, dieser im Wechsel mit dem Vertreter für innere Medizin und für den ersten Teil des Abschnittes IV (Prüfung in der Chirurgie der Zahn- und Mundkrankheiten) ein Zahnarzt und ein Chirurg ernannt werden (K.M. 11. 2. 16 — U I 94 —, M. J. 17. 3. 16 — M 16 028 —). Vgl. im übrigen S. 154.

---

[1] Vgl. S. 108 Anm. 13. [2] Vgl. auch S. 108 Anm. 7.

F. Approbation als Zahnarzt.

Voraussetzung für die Approbation.

Nach Beendigung der zahnärztlichen Prüfung reicht der Vorsitzende des Prüfungsausschusses die Prüfungsübersicht und in den Fällen, in denen er den Kandidaten nach den geltenden Vorschriften selbständig zur zahnärztlichen Prüfung zugelassen hat (vgl. S. 136), das Zulassungsgesuch mit den vorgeschriebenen Zeugnissen der obersten Landesbehörde ein. Diese befindet darauf über die Erteilung der Approbation als Zahnarzt.

Die Approbation als Zahnarzt unter Befreiung von den zahnärztlichen Prüfungen kann auch auf Grund wissenschaftlich erprobter Leistungen erteilt werden (§ 29 Abs. 4 R.G.O.)[1].

VIII. Ausländer und ausländische Studien.

A. Behandlung von ausländischen Studierenden und Studiennachweisen.

Zulassung zum Studium.

Gesuche von Ausländern um Zulassung zu den Hochschulen sollen unmittelbar bei den Hochschulen eingereicht werden[2]. Entsprechend den diesen bekannt gegebenen Richtlinien erteilen sie die Zulassungsgenehmigung im

---

[1] Diese Vorschrift lautet:

„Dem Bundesrat bleibt vorbehalten zu bestimmen, unter welchen Voraussetzungen Personen wegen wissenschaftlich erprobter Leistungen von der vorgeschriebenen Prüfung ausnahmsweise zu entbinden sind:

Hierzu hat der Bundeskanzler mit Zustimmung des Bundesrats die nachstehende Bekanntmachung vom 9. 12. 69 (BGBl. S. 687) erlassen:

1. Die Entbindung von den im § 29 der Gewerbeordnung vorgeschriebenen Prüfungen auf Grund wissenschaftlich erprobter Leistungen ist nur dann zulässig, wenn der Nachsuchende nachweist, daß ihm von seiten eines Staates oder einer Gemeinde amtliche Funktionen übertragen werden sollen.

2. Über Gesuche um Entbindung von der vorgeschriebenen Prüfung entscheiden die in der Bekanntmachung vom 25. 9. 69 betr. die Prüfung der Ärzte usw. (BGBl. S. 635) unter Nr. 1 und 2 genannten Zentralbehörden.

3. Diese Entscheidung erfolgt ohne vorgängiges Gutachten der in der Bekanntmachung vom 25. 9. 69 angeordneten Prüfungsbehörde, wenn es sich um die Dispensation eines als Lehrer an eine Universität zu berufenden Gelehrten handelt. In allen anderen Fällen wird zuvor ein Gutachten der gedachten Prüfungsbehörden eingeholt. Den letzteren bleibt es überlassen, ihre Information für das Gutachten durch ein mit dem Nachsuchenden abzuhaltenden Kolloquium zu ergänzen.

4. Die Zentralbehörde stellt über die Erteilung der Dispensation eine Bescheinigung aus und zeigt den Namen des Dispensierten dem Bundesrate zum Zweck der Veröffentlichung an.

[2] Den Gesuchen sind folgende Zeugnisse beizufügen:

1. Ein Zeugnis, das im Heimatstaate des Ausländers zum Hochschulstudium berechtigt und außerdem dem Reifezeugnis einer deutschen neunstufigen höheren Lehranstalt (Gymnasium, Realgymnasium, Oberrealschule usw.) gleichwertig ist. Es ist in Urschrift und in amtlich beglaubigter deutscher Übersetzung vorzulegen; kann die Urschrift ausnahmsweise nicht vorgelegt werden, ist eine eingehende Begründung erforderlich.
2. Der Nachweis über den Besitz ausreichender Kenntnisse in der deutschen Sprache. Dieser Nachweis kann auch durch Ablegung einer besonderen Prüfung erbracht werden.
3. Die Abgangszeugnisse der etwa schon besuchten anderen Universitäten und Hochschulen sowie die Zeugnisse über etwa erlangte akademische Grade.
4. Ein selbstgeschriebener Lebenslauf, in dem der Bildungsgang eingehend dargelegt ist.
5. Unaufgezogenes Lichtbild für die Studentenkarte in Paßgröße.

   Auf Verlangen
6. von der Polizeibehörde des letzten Aufenthaltsortes ausgestellte Führungszeugnisse.

In dem Gesuch ist die Staatsangehörigkeit und das Studienfach anzugeben. Abstammungsurkunden werden von Ausländern nicht verlangt.

Rahmen ihrer Zuständigkeit oder legen die Gesuche der „Reichszentralstelle für das Studium der Ausländer[1] vor.

Von der Bewertung der ausländischen Reifezeugnisse hängt es ab, ob die Zulassung zum vollen Studium ohne Einschränkung erfolgt, oder ob ein Probestudium von 2 Semestern mit anschließender Bewährungsprüfung[2] gestattet wird, oder ob vor der Vollimmatrikulation erst eine Immatrikulationsprüfung[2] abgelegt werden muß, oder ob nur ein Studium als Hörer oder mit kleiner Matrikel zugelassen wird. Die beiden Probesemester werden im Studienbuch besonders kenntlich gemacht und auf die nach der Prüfungsvorschrift geforderte Studienzeit im allgemeinen nur angerechnet, wenn besonders hochwertige Leistungen nachgewiesen werden. Bei den Ausländern, die nicht ein deutsches Reifezeugnis oder das Reifezeugnis einer Schule mit deutscher Unterrichtssprache erworben haben, soll vor der Immatrikulation darauf geachtet werden, ob ein Verständnis der deutschen Sprache vorhanden ist. Gegebenenfalls sind sie als Hörer zuzulassen, bis sie sich ausreichende Kenntnisse verschafft haben.

Zu den ärztlichen oder zahnärztlichen Prüfungen können solche Ausländer aber nur zugelassen werden, wenn sie — evtl. nach Ablegung einer Ergänzungsprüfung (Immatrikulationsprüfung)[2] — vollimmatrikuliert sind. Über die Anrechnung eines Studiums mit der kleinen Matrikel oder von Hörsemestern auf die für die Zulassung zu den Prüfungen nachzuweisende Studienzeit vgl. S. 49 und über die Zulassung zum klinischen Studium vgl. S. 123.

Mit Rücksicht darauf, daß ausländische Studierende nicht besser gestellt werden dürfen, als Inländer, und diese bei der Dauer des Lehrganges der deutschen höheren Schulen (nach Durchführung des Grundschulgesetzes) erst mit 19 Jahren die Universität beziehen können, werden im Reich, wie in anderen Ländern, z. B. in der Schweiz, Ausländer auch erst frühestens mit diesem Lebensalter zum Studium zugelassen. Eine vor Vollendung dieses Alters liegende Studienzeit wird auch für die Zulassung zu Prüfungen nicht angerechnet (M.V. I M Pr. 1086/25 —).

Anerkennung von Reifezeugnissen.

Reifezeugnisse aus den vom Deutschen Reich abgetrennten Gebieten werden auf besonderen Antrag der Inhaber vom R.Pr.E. für die Zulassung zum Studium durch einen unter das Zeugnis gesetzten Vermerk „als deutsches Reifezeugnis einer ... (Anstalt) anerkannt“[3]. Zur Anerkennung eines derartigen Reifezeugnisses als genügend im Sinne des § 6 Abs. 3 der Bestallungsordnung für Ärzte und des § 6 Abs. 2 der Prüfungsordnung für Zahnärzte bedarf es der Genehmigung der nach diesen Prüfungsbestimmungen

---

[1] Die frühere Zentralstelle für das Studium der Ausländer in Preußen ist zu einer „Reichszentralstelle für das Studium der Ausländer“ im R.Pr.E. erweitert worden. Die gleichfalls dort bestehende von vornherein für Reichszwecke bestimmte Auskunftsstelle in Immatrikulationsangelegenheiten von Ausländern führt jetzt die Bezeichnung „Prüfungsstelle für Auslandszeugnisse“ (R.E. 1. 8. 34 — R.U. I 120). Mit der Leitung beider Reichsstellen ist der bisherige Leiter der preuß. Stellen Prof. Dr. Remme beauftragt worden.

[2] Solche Prüfungen sind nicht gleichwertig einer reichsdeutschen Reifeprüfung, sondern gelten als Ergänzungsprüfung zu einem ausländischen Reifezeugnis.

[3] An Stelle der Urschrift wird auf Wunsch eine in deutscher Sprache ausgefertigte amtlich beglaubigte Übersetzung mit dem Anerkennungsvermerk versehen.

zuständigen obersten Landesbehörden (in Preußen R.Pr.J. und in den andern deutschen Ländern die zuständige oberste Landesbehörde mit Zustimmung des R.Pr.J.). Bei Erteilung der letzteren Genehmigung wird auch die Frage, ob der Betreffende auf die deutsche Bestallung als Arzt bzw. Approbation als Zahnarzt rechnen kann, geregelt. Es empfiehlt sich deshalb, bei Einholung dieser Genehmigung entsprechende Anträge zu stellen.

Die im Auslande bestehenden zur Hochschulreife führenden deutschen höheren Lehranstalten werden jeweils im R.M.Bl. veröffentlicht[1].

Das von einem deutschen Reichsangehörigen im Ausland erworbene Reifezeugnis kann nur dann anerkannt werden, wenn der Nachweis geführt wird, daß der Bewerber durch zwingende äußere Verhältnisse (Wohnort der Eltern, Krankheit u. a.) veranlaßt wurde, seine Schulbildung im Auslande zu erwerben. Falls ein ausreichender Grund zur Ablegung der Reifeprüfung im Auslande vom R.Pr.J. nicht anerkannt werden kann, kann die Zulassung des Reichsangehörigen zu den ärztlichen und zahnärztlichen Prüfungen erst nach Erlangung des Reifezeugnisses einer inländischen höheren Lehranstalt und nach Erfüllung der übrigen Bedingungen erfolgen.

Zulassung zum klinischen Studium.

Unter Bezugnahme auf den Erlaß vom 22. 8. 96 — U I 1211 M[2] bestimme ich im Einvernehmen mit dem Herrn Minister für Volkswohlfahrt hinsichtlich der Zulassung von medizinstudierenden Ausländern zu klinischen Vorlesungen und Übungen auf Grund einer im Auslande abgelegten Vorprüfung das Folgende:

Die Bestimmung, wonach Studierende zum Praktizieren in den Universitätskliniken und Polikliniken erst dann zugelassen werden dürfen, wenn sie die ärztliche Vorprüfung innerhalb des Deutschen Reiches oder eine entsprechende Prüfung im Auslande vollständig, d. h. in Anatomie, Physiologie, Physik, Chemie, Zoologie und Botanik bestanden haben, bleibt bestehen. Alle Anträge auf Zulassung zum klinischen Studiums seitens der Studierenden, die die ärztliche Vorprüfung nicht in Deutschland abgelegt haben, sind mir unter Beifügung des Reifezeugnisses und der Studiennachweise, insbesondere der Universitätsabgangszeugnisse, des Anmeldebuchs und des Nachweises über die im Auslande bestandene Vorprüfung, vorzulegen. Die Entscheidung wird von mir im Einvernehmen mit dem Herrn Minister für Volkswohlfahrt[3] getroffen. Ausgenommen von dieser Vorschrift sind die Anträge der **Ausländer**, die das erste medizinische Rigorosum in **Österreich vollständig**, d. h. in Anatomie, Histologie, Physiologie, Physik, Chemie und Biologie, bestanden haben[4]. Über diese Anträge entscheidet die Immatrikulationskommission selbständig. Gegen die Zulassung dieser Studierenden bestehen keine Bedenken, wenn sie das klinische Studium an ausländischen Universitäten bereits begonnen haben und durch Bescheinungen der Laboratoriumsvorstände bzw. Übungsleiter nachweisen, daß sie sich auch praktisch ausreichend mit Chemie, Physiologie, Mikroskopie, Zoologie und Botanik beschäftigt haben. Die Zulassung zum klinischen Studium hat jedoch jedesmal unter der Voraussetzung zu erfolgen, daß hierdurch ein Anrecht auf spätere Zulassung zur ärztlichen Prüfung und zum Praktischen Jahr sowie auf Erteilung der Approbation als Arzt für das Gebiet des Deutschen Reiches nicht erworben wird. Bei den Entscheidungen

---

1 Die Reifezeugnisse der deutschen höheren Lehranstalten im Auslande, die im Jahre 1928 anerkannt waren, sind allgemein als ausreichende Nachweise im Sinne der §§ 6 der Prüfungsvorschriften erachtet worden (M.V. 7. 6. 28 — I M III 1192). Diese Anstalten werden hier nicht angegeben, weil einige davon inzwischen fortgefallen bzw. andere hinzugekommen sind und im übrigen solche Reifezeugnisse nur vereinzelt auftauchen.

Außer diesen allgemein anerkannten Schulen werden gelegentlich noch einzelne Auslandsschulen zur Abhaltung einer Reife- oder Schlußprüfung ausnahmsweise ermächtigt. In solchen Fällen werden die Zeugnisse von einem deutschen Reichsbeauftragten unterzeichnet, von der zuständigen diplomatischen oder konsularischen Vertretung des Reichs gestempelt und mit einem Vermerk versehen. Derartige Zeugnisse haben dieselbe Geltung, wie die entsprechenden Zeugnisse der anerkannten Schulen (K.M. 4. 4. 31 — U II 17458/29).

2 Vgl. S. 70. 3 Jetzt R.Pr.J. 4 Vgl. hierzu die Ausführungen S. 126 ff.

ist dem Vorsitzenden des ärztlichen Vorprüfungsausschusses Gelegenheit zur vorherigen Stellungsnahme zu geben. Falls einzelne Fächer des österreichischen ersten medizinischen Rigorosums nicht bestanden sind, ist vor Zulassung des Studierenden zum klinischen Studium unter Einreichung des Reifezeugnisses sowie der vorerwähnten Studiennachweise (Universitätsabgangszeugnisse usw.) und Bescheinigungen der Laboratoriumsvorstände usw. meine Entscheidung herbeizuführen.

Berlin, den 22. Juni 1923.

Der Preußische Minister für Wissenschaft, Kunst und Volksbildung.

U I 1564.

Ausländer, welche zum Praktizieren in den Universitätskliniken und -polikliniken zugelassen werden sollen, haben — ebenso wie die Inländer (vgl. S. 70) — durch einen Vermerk im Studienbuch den Nachweis zu führen, daß sie die ärztliche Vorprüfung bestanden haben. Ist diese an einer deutschen Universität abgelegt, so regelt sich die Eintragung des Vermerks im Anmeldebuch nach den Bestimmungen des Erlasses K.M. vom 4. 9. 03 — U I 2077/02M — (S. 71). Handelt es sich dagegen um ein ausländisches Examen, so hat der Dekan zu prüfen, ob dessen Gleichwertigkeit mit der Vorprüfung nachgewiesen ist, und den Vermerk im Studienbuch einzutragen (K.M. 13. 9. 13 — U I 1291).

Zulassung zu den Prüfungen.

Für die Ausländer ist nach der nationalsozialistischen Umwälzung durch Erl. M.J. vom 29. 3. 33 — III a IV 804 — folgende Regelung getroffen worden:

Die große Überfüllung der Berufe der Ärzte und Zahnärzte im Deutschen Reich läßt es geboten erscheinen, den Zustrom zu diesen Berufen soweit als möglich einzuschränken. Es werden deshalb Ausnahmen von den Prüfungsordnungen für Ärzte und Zahnärzte nur noch in ganz besonderen Fällen bewilligt werden. Ausländer. können auf die Erteilung deutscher Approbationen künftig nicht mehr rechnen[1]. Dies gilt auch für Ausländer mit reichsdeutscher Vorbildung (Schulreifezeugnis, Studium und Prüfungen). Ausnahmen kommen nur bei Ausländern deutscher Volkszugehörigkeit in besonderen Fällen in Frage.

Die Gesuche von Ausländern um Zulassung zu den ärztlichen und zahnärztlichen Prüfungen[2] sowie um Zulassung zum Praktischen Jahr der Mediziner sind dem Ministerium mit den erforderlichen Nachweisen zur Entscheidung vorzulegen. Gegebenenfalls erfolgt bei Ausländern die Zulassung zu den Prüfungen unter dem ausdrücklichen Vorbehalt, daß dadurch ein Anspruch auf Erteilung der Approbation nicht erworben wird.

Nach vollständig bestandener Prüfung wird den Ausländern eine Bescheinigung hierüber erteilt[3].

Anrechnung ausl. Studien u. Prüfungen.

Für die Anrechnung von ausländischen Studien und Prüfungen bei Ablegung der deutschen ärztlichen und zahnärztlichen Prüfungen gilt in der Regel folgendes:

[1] Vgl. auch § 2 Abs. 1 der Bestallungsordnung für Ärzte und Prüfungsordnung für Zahnärzte.

[2] Diesen Gesuchen, die rechtzeitig — möglichst zwei Monate vor der betr. Prüfung — beim Ministerium (in Preußen R.Pr.J.) einzureichen sind, sind beizufügen (und zwar in Urschrift sowie — bei fremdsprachigen Zeugnissen — in beglaubigter deutscher Übersetzung):

1. Das Schulreifezeugnis nebst Lateinnachweis (vgl. die besondere Bestimmung S. 125),
2. sämtliche Studiennachweise (Universitätsabgangszeugnisse, Studienbuch und die bisher erworbenen Praktikantenscheine),
3. Lebenslauf,
4. — bei der Meldung zur ärztlichen oder zahnärztlichen Prüfung — die sonstigen vorgeschriebenen Unterlagen (vgl. die Vordrucke S. 163 und 172).

[3] An Stelle der Bescheinigung über die bestandene Prüfung wird Ausländern auf besonderen Antrag ein Prüfungszeugnis unter Aufführung der in den einzelnen Prüfungsabschnitten erzielten Urteile vom Ministerium ausgestellt.

Kandidaten, die auf die deutsche Bestallung (Approbation) rechnen, haben ihre vollständigen Studien und Prüfungen in der Regel an reichsdeutschen Universitäten zu erledigen[1]. Kandidaten, die ein Anrecht auf die deutsche Bestallung (Approbation) nicht besitzen, wird von einem ausländischen Studium an einer der deutschen gleichwertigen Hochschule die vorklinische Studienzeit (einschließlich der Praktikantenscheine) und die klinische Studienzeit auf das inländische Studium soweit als möglich angerechnet[2]. Die für die Meldung zur ärztlichen oder zahnärztlichen Prüfung vorgeschriebenen klinischen Praktikantenscheine sind von solchen Kandidaten bei einer Meldung zur ärztlichen oder zahnärztlichen Prüfung aber möglichst von reichsdeutschen Universitäten beizubringen. Wegen Anrechnung einer ausländischen ärztlichen oder zahnärztlichen Vorprüfung vgl. § 23 Abs. 3 B II der Bestallungsordn. für Ärzte, § 23 Abs. 3 der Prüf.-Ord. für Zahnärzte und S. 22 Anm. 4 und S. 108 Anm. 10. Auf die ärztliche und zahnärztliche Prüfung werden anderweitige oder ausländische Prüfungen ganz oder teilweise nicht angerechnet. (Vgl. im übrigen den besonderen Abschnitt S. 49).

Wegen des Lateinnachweises bei der Meldung zur ärztlichen oder zahnärztlichen Vorprüfung und Prüfung vgl. § 6 der Bestallungsordnung für Ärzte und Prüfungsordnung für Zahnärzte. Lateinnachweis.

Studierende der Medizin und der Zahnheilkunde, die auf Grund von ausländischen Schulreifezeugnissen immatrikuliert worden sind, welche einen Lateinnachweis nicht enthalten, sind ebenso zu behandeln, wie Inhaber von Reifezeugnissen deutscher Oberrealschulen[3]. Diese Studierenden müssen den

[1] Im allgemeinen ist es bedenklich, ein an einer Universität mit fremder Unterrichtssprache zurückgelegtes Studium Deutschen, die diese Sprache nicht vollkommen beherrschen, anzurechnen, weil sie mindestens zu Anfang mit Sprachschwierigkeiten zu kämpfen haben und deshalb die Studienzeit nicht in der gewünschten Weise ausnutzen können. Wenn der Studierende jedoch einen amtlichen Nachweis darüber beibringt, daß er die betreffende Sprache beherrscht, und wenn das Studium an der fraglichen ausländischen Universität ebenso geregelt ist, wie im Deutschen Reich, wird ein ordnungsmäßiges Studium an dieser Universität in der Regel als ein Halbjahr auf die für die Zulassung zu den Prüfungen nachzuweisende Studienzeit angerechnet.

Von einem medizinischen oder zahnärztlichen Studium an ausländischen Universitäten mit deutscher Unterrichtssprache werden Reichsdeutschen in der Regel bis zu zwei Halbjahre auf das deutsche Studium angerechnet.

Es ist jedoch nicht angängig, ein Fachstudium, das an ausländischen Hochschulen zwischen 2 deutschen Semestern durchgeführt werden kann (z. B. an der Universität Dorpat im Herbst zwischen dem deutschen Sommer- und Winterhalbjahr) als besonderes Halbjahr auf die für die Zulassung zu den deutschen Prüfungen vorgeschriebene Studienzeit anzurechnen, weil grundsätzlich in einem Zeitraum von einem Jahr (vom 1. April bis 31. März) nicht mehr als zwei Halbjahre auf das medizinische Studium angerechnet werden und ein Zeitgewinn gegenüber dem regelrechten Verlauf der medizinischen Ausbildung nicht erzielt werden darf.

[2] Die Entscheidung über die Anrechnung steht der obersten Landesbehörde zu und erfolgt in der Regel erst, wenn sich der Studienverlauf bis zur Prüfung übersehen läßt, also in der Regel erst kurz vor der Meldung zur Prüfung.

Für die Anrechnung von Zeugnissen von Lehranstalten der Vereinigten Staaten von Nordamerika ist folgendes bestimmt:

Die an einem amerikanischen College (meistens vierjähriger Lehrgang im Anschluß an den Besuch der High School) vor Erlangung des Abschlußdiploms als Bachelor of Science oder of Arts zurückgelegte Ausbildung (auch eine anatomische, physiologische oder naturwissenschaftliche Vorlesung) kann nicht auf die für die Zulassung zur deutschen ärztlichen Vorprüfung nachzuweisende Studienzeit angerechnet werden. Ebenso ist es nicht möglich, etwaige während dieser Ausbildung erworbene Nachweise über die Teilnahme an Übungen aus dem Gebiete des medizinischen Studiums (z. B. an einem chemischen Praktikum) als genügend im Sinne der deutschen Bestallungsordnung für Ärzte anzuerkennen (M.V. 27. 10. 32 — I M V 1848).

[3] Für den Lateinnachweis bei Reifezeugnissen von Lehranstalten der Vereinigten Staaten von Nordamerika gilt folgendes:

Soweit ein Nachweis über einen wenigstens dreijährigen erfolgreichen Lateinunterricht an einer amerikanischen Lehranstalt (High School oder College) nicht beigebracht werden kann, ist das in der Bestallungsordnung für Ärzte vorgeschriebene Zeugnis des Leiters eines deutschen Gymnasiums oder Realgymnasiums über eine bestandene Prüfung in der lateinischen Sprache

Lateinnachweis **vor** der Meldung zur ärztlichen oder zahnärztlichen Vorprüfung durch eine Lateinprüfung an einem Gymnasium oder Realgymnasium innerhalb des Deutschen Reiches (bei Reichsausländern evtl. auch an einer gleichwertigen Lehranstalt in ihrer Heimat) erwerben[1].

Zeugnisse über die Teilnahme an Lateinkursen an den Universitäten gelten nicht als ausreichende Lateinnachweise im Sinne des § 6 der Prüfungsvorschriften. Ausnahmen hiervon sind nur Kriegsteilnehmern gestattet worden[2].

Ausländische Kandidaten der Medizin und der Zahnheilkunde, die bereits außerhalb des Deutschen Reiches eine ärztliche oder zahnärztliche Vorprüfung bestanden haben und zu klinischen Vorlesungen an preußischen Universitäten zugelassen werden möchten, haben den Lateinnachweis ihrem Immatrikulationsgesuch beizufügen (K.M. 4. 8. 23 — U I 1451, M.V. 28. 8. 23 — I M V 2448).

B. Medizinisches und zahnärztliches Studium in Österreich.

Aufnahmebestimmungen für die Hörer der österr. med. Fakultäten[3].

Die Normalschule, deren Reifezeugnis ohne weitere Prüfungen den Zutritt zu allen an den österr. Universitäten zulässigen Studien und Prüfungen gestattet, ist das achtklassige humanistische Gymnasium. Die Reifeprüfungen der anderen österr. Mittelschulen und zwar a) des achtklassigen österr. Realgymnasiums, b) der achtklassigen österr. Realschule und c) der achtklassigen österr. Frauenoberschule geben folgende Berechtigungen hinsichtlich des Studiums an der medizinischen Fakultät:

a) Die Reifezeugnisse der Realgymnasien berechtigen ihre Inhaber ohne weiteres zur Inskription an der medizinischen Fakultät.

b) Die Abgänger der achtklassigen Realschule haben vor Zulassung zur Immatrikulation an der medizinischen Fakultät die Ablegung einer Ergänzungsprüfung aus dem Lateinischen nachzuweisen (Umfang: ausreichende Geübtheit im Lesen, Verstehen und Übersetzen nicht zu schwerer Prosatexte aus dem Kreise der in der Mittelschule gelesenen Schriftsteller [Cäsar, Livius, Sallust und Cicero] sowie Kenntnis der Formenlehre und Syntax, soweit sie für dieses Verstehen und Übersetzen notwendig sind).

c) Dasselbe gilt von den Abgängern der Frauenoberschule.

d) Die Inhaber von Lehrbefähigungszeugnissen für allgemeine Volks- und Bürgerschulen und von Reifezeugnissen der österr. Lehrer-(innen)bildungsanstalten werden nach Ablegung einer an der verschiedenen Arten der Mittelschulen verschieden gestalteten Ergänzungs-Reifeprüfung den Abgängern der betreffenden Mittelschule gleichgehalten. Von dieser Ergänzungsreifeprüfung kann das Professorenkollegium der Fakultät bei Vorliegen guter wissenschaftlicher Arbeiten Personen, welche die Lehrbefähigung für allgemeine Volks- und Bürgerschulen nachweisen, Nachsicht erteilen.

Gegenseitige Gültigkeit der Vorbildungs- und Studiennachweise.

Zwischen dem österreichischen Bundesministerium für Inneres und Unterricht und den Unterrichtsverwaltungen der deutschen Länder sind folgende Erklärungen ausgetauscht worden:

„In der Österreichischen Republik gewähren hinsichtlich der Zulassung zu den Hochschulstudien als ordentliche Studierende die Reifezeugnisse der deutschen Gymnasien und Realgymnasien dieselben Berechtigungen, wie die der gleichartigen österreichischen Anstalten (Gymnasien und Realgymnasien) und die Reifezeugnisse der deutschen Oberrealschulen dieselben Berechtigungen wie die der österreichischen Realschulen. Wer das Reifezeugnis einer deutschen Oberrealschule mit dem Nachweis über eine Prüfung aus Latein oder einen sonstigen Ausweis über gleichartige Kenntnisse aus Latein erbringt, erhält die Berechtigungen, die mit dem Reifezeugnis eines österrei-

---

nach den Anforderungen, die für die Versetzung nach Obersekunda eines deutschen Realgymnasiums gelten, zu erwerben. Dieser Nachweis ist bei der Meldung zur deutschen ärztlichen Vorprüfung vorzulegen und kann weder erlassen noch gestundet werden (M.V. 27. 10. 32 — I M V 1848).

[1] Der Lateinnachweis wird in Preußen nicht gestundet. Als genügender Lateinnachweis gilt in der Regel auch ein Zeugnis des deutschen Instituts für Ausländer an der Universität in Berlin über eine bestandene Prüfung über Kenntnisse in Latein, die für die Versetzung nach Obersekunda eines reichsdeutschen Realgymnasiums erforderlich sind.

[2] Vgl. S. 11 Anm. 7.

[3] Aus der Schrift „Das Studium reichsdeutscher Hörer an den österreichischen Universitäten" von Dr. Heinsheimer in Innsbruck (erschienen 1930, nach Mitteilung des Verfassers zurzeit noch gültig).

chischen Realgymnasiums verbunden sind. Wer das Reifezeugnis einer deutschen Oberrealschule ohne einen Nachweis über Kenntnisse aus Latein besitzt, erhält die Berechtigungen, die mit dem Reifezeugnis eines österreichischen Realgymnasiums verbunden sind, zwar hinsichtlich der Zulassung als ordentlicher Hörer, kann aber zu den Prüfungen erst zugelassen werden, wenn er den entsprechenden Nachweis über Kenntnisse aus Latein erbringt[1].

Als Gymnasien, Realgymnasien und Oberrealschulen im Sinne dieser Bestimmungen gelten auch die gleichartigen deutschen Lehranstalten für die weibliche Jugend."

„In Deutschland werden hinsichtlich der Zulassung zu den Hochschulstudien als vollberechtigte Studierende die Reifezeugnisse der staatlichen und der mit dem Öffentlichkeitsrechte beliehenen nichtstaatlichen österreichischen Gymnasien und Realgymnasien (Reformrealgymnasien) für Knaben und Mädchen ebenso bewertet, wie der deutschen Gymnasien und Realgymnasien. Reifezeugnisse der österreichischen Realschulen gewähren in Deutschland dieselben Berechtigungen wie in der österreichischen Republik. Soweit in Deutschland besondere Prüfungen eingerichtet sind, durch deren Bestehen die Inhaber des Reifezeugnisses eines Realgymnasiums oder einer Oberrealschule die mit dem Reifezeugnis eines Gymnasiums oder Realgymnasiums verbundenen Rechte erwerben, hat der Inhaber eines Reifezeugnisses eines österreichischen Realgymnasiums oder einer österreichischen Realschule sich gegebenenfalls einer solchen Prüfung zu unterziehen.

Die Bestimmung im Absatz 5 der Vereinbarung der Bundesregierungen über die gegenseitige Anerkennung der Reifezeugnisse vom Jahre 1909[2] findet entsprechende Anwendung."

Diese Vereinbarung bezieht sich nur auf die Zulassung zu den Hochschulstudien, nicht auf die Zulassung zu den Prüfungen. Für ihre Durchführung ist folgendes zu beachten:

1. Die Zulassung zur Immatrikulation von österreichischen Studierenden an den Universitäten erfolgt wie bei den Deutschen von nun an unmittelbar durch die Hochschulen. Die Genehmigung des Ministeriums im einzelnen Falle ist nicht mehr erforderlich.

2. Als Österreicher im Sinne der Vereinbarung gelten alle, die das Reifezeugnis einer staatlichen oder mit dem Öffentlichkeitsrecht beliehenen privaten Mittelschule (Gymnasium, Realgymnasium, Reformrealgymnasium, Realschule) des gegenwärtigen österreichischen Bundesgebietes besitzen und sich über den Besitz des österreichischen Bürgerrechts ausweisen können. Die einseitige Staatsbürgerschaftserklärung genügt nicht, ebensowenig die Option, solange sie nicht ausdrücklich von seiten des Staates angenommen ist.

3. Das Reifezeugnis eines Gymnasiums berechtigt in Österreich zum Besuche der Universität in allen Fakultäten als ordentlicher Hörer (vollimmatrikulierter Studierender). Die Reifezeugnisse der Realgymnasien und Reformrealgymnasien berechtigen zum Studium in den weltlichen Fakultäten der Universitäten und zum Besuch der anderen Hochschulen. Die Reifezeugnisse der Realschulen gewähren

---

[1] Die Immatrikulation von Abiturienten der Deutschen Oberschulen und der Aufbauschulen zum Medizinstudium an den österreichischen Universitäten unterliegt von Fall zu Fall der Entscheidung des österr. Bundesministeriums für Unterricht, da über die Anerkennung dieser Reifezeugnisse in Österreich noch keine derartige Vereinbarung besteht. Wenn solchen Abiturienten bei der Aufnahme als ordentlicher Hörer an österreichischen Universitäten Schwierigkeiten entstehen, können sie sich als außerordentliche Hörer einschreiben lassen und Vorlesungen und Übungen aus dem Gebiete des medizinischen Studiums belegen.

Die Abgangszeugnisse (große Matrikel) der reichsdeutschen Universitäten berechtigen zwar zur Aufnahme als ordentlicher Hörer bei den österr. medizinischen Fakultäten, nicht aber ohne weiteres zur Zulassung zu Prüfungen und zur Erlangung der akademischen Grade. Diese können erst gewährt werden, wenn bezüglich der Vorbildung die den Österreichern gestellten Bedingungen erfüllt werden. Die Abgangszeugnisse anderer reichsdeutscher Hochschulen (große Matrikel) werden wie die Abgangszeugnisse der reichsdeutschen Universitäten behandelt, wenn sie das Reifezeugnis eines Gymnasiums, Realgymnasiums oder einer neunklassigen Oberrealschule nachweisen.

(Aus der S. 126 Anm. 3 genannten Schrift).

[2] Jetzt gilt die Vereinbarung der Länder vom 25. 3. 31 (RMBl. S. 291).

nicht vorstehende Berechtigung; durch eine Ergänzungsprüfung in Latein, Griechisch und philosophischer Propädeutik können Realschulabiturienten aber die Berechtigung eines Gymnasialreifezeugnisses, durch eine Ergänzungsprüfung in Latein[1] und philosophischer Propädeutik die Berechtigungen eines Realgymnasialreifezeugnisses erlangen; diese im Umfange der gymnasialen Anforderungen abzuhaltenden Ergänzungsprüfungen können nicht vor Ablauf eines Jahres nach Erlangung des Reifezeugnisses der siebenklassigen Realschule abgelegt werden; die etwa früher als außerordentlicher Hörer zurückgelegten Halbjahre sind für das Studium nicht anrechenbar.

In Preußen können Inhaber des Reifezeugnisses der siebenklassigen Realschule den Zutritt zur Universität erst dann erhalten, wenn sie die in ihrer Heimat geltenden Bedingungen erfüllt haben. Wird die Ergänzungsprüfung in Preußen abgelegt, so kann von der Prüfung in philosophischer Propädeutik abgsehen werden. Bis zur Ablegung der Ergänzungsprüfung sind Realschulabiturienten wie in Österreich (außerordentliche Hörer) nur auf vier Halbjahre (kleine Matrikel) in der philosophischen, naturwissenschaftlichen, wirtschafts- und sozialwissenschaftlichen Fakultät zuzulassen.

4. Für die Immatrikulation von Absolventen anderer österreichischer Lehranstalten wie der Handelsakademien, der Gewerbeakademien usw. ist wie bisher meine Genehmigung einzuholen.

Berlin, den 8. April 1922.

Der Preußische Minister für Wissenschaft, Kunst und Volksbildung.

U I 21 713.

Für die Zulassung zu den ärztlichen und zahnärztlichen Vorprüfungen und Prüfungen in Preußen können Reifezeugnisse der österreichischen höheren Lehranstalten, die nach den geltenden Bestimmungen zum Vollstudium an reichsdeutschen Universitäten berechtigen, künftig von mir von Fall zu Fall als genügend im Sinne der Bestimmungen der Bestallungsordnung für Ärzte und Prüfungsordnung für Zahnärzte angesehen werden, ohne daß jedesmal die Mitentschließung des R.Pr.J. herbeigeführt wird.

Bei der Durchführung dieser Maßnahme werde ich

1. Ausländer mit österreichischen Reifezeugnissen darauf hinweisen, daß sie durch die Ablegung der Prüfungen ein Anrecht auf spätere Erteilung der Bestallung bzw. Approbation für das Gebiet des Deutschen Reiches nicht erwerben und
2. die Zulassung Reichsdeutscher mit österreichischen Reifezeugnissen zu Prüfungen von der Beibringung eines Nachweises darüber abhängig machen, daß sie durch zwingende äußere Gründe veranlaßt waren, ihre schulwissenschaftliche Vorbildung in Österreich zu erwerben[2].

Hiernach ersuche ich, mir, wie bisher, die entsprechenden Anträge zur Genehmigung einzureichen.

Berlin, den 4. November 1922.

Der Preußische Minister für Volkswohlfahrt.

I M V gen. 370 II.

---

[1] Die Ergänzungsprüfung in Latein ist im Umfange der Anforderungen wie bei der Reifeprüfung eines Gymnasiums abzulegen. In solchen Fällen genügt also nicht ein Nachweis über lateinische Sprachkenntnisse im Umfange der Anforderungen wie für die Versetzung nach Obersekunda eines Realgymnasiums (§ 6 der Bestallungsordnung für Ärzte und Prüfungsordnung für Zahnärzte). Mit einem solchen Zeugnis würde man auch nicht an einer österreichischen Universität zum medizinischen Studium zugelassen werden. Dort wird vielmehr in solchen Fällen zum Ausgleich des Abgangszeugnisses der siebenklassigen Realschule eine Prüfung in Latein, wie bei der Reifeprüfung des Realgymnasiums verlangt. Bevor dieser Nachweis nicht erbracht werden kann, kommt eine Vollimmatrikulation und Einschreibung bei der Medizinischen Fakultät einer reichsdeutschen Hochschule gemäß der Vereinbarung mit der österreichischen Regierung nicht in Betracht. Der Betreffende kann vielmehr bis dahin nur als Gasthörer oder durch Einschreibung bei der Philosophischen Fakultät auf 4 Semester (kleine Matrikel) Vorlesungen (eventuell auch aus dem Gebiete des medizinischen und zahnärztlichen Studiums) belegen.

[2] Wenn ein Reichsdeutscher das Reifezeugnis an einer österreichischen Lehranstalt erwerben will, so ist davon abzuraten, weil ein Reichsdeutscher zur späteren Erlangung der deutschen Bestallung als Arzt ein Reifezeugnis von einer reichsdeutschen höheren Lehranstalt beibringen muß und ein im Auslande erworbenes Schulreifezeugnis nur dann anerkannt werden kann, wenn der Nachweis geführt wird, daß der Bewerber durch zwingende äußere Verhältnisse (Wohnort der

Das medizinische Studium an den österreichischen Universitäten umfaßt 10 Halbjahre, und zwar 5 vorklinische und 5 klinische (kein Praktisches Jahr). Das Winterhalbjahr beginnt in der Regel in der zweiten Oktoberwoche und endet kurz vor Ostern. Das Sommerhalbjahr fängt gewöhnlich in der zweiten Woche nach Ostern an und schließt gegen Ende Juli. Inskriptionstermine sind im allgemeinen im Winterhalbjahr vom 23. 9. ab und im Sommerhalbjahr kurz nach Ostern. Die Vorlesungen sind in der Regel nicht obligatorisch. Von den Kollegien und praktischen Übungen sind diejenigen obligatorisch, die bei der Meldung zu den medizinischen Prüfungen (Rigorosen) nachzuweisen sind. Die praktische Betätigung des Studierenden in den Kollegien wird im Meldungsbuch im allgemeinen durch die Beifügung des Wortes „praktiziert" und die über die beiden letzten Spalten des betreffenden Meldungsbuchblattes gehende Unterschrift des Dozenten bestätigt (Endtestur). Es werden jedoch auf Wunsch des Studierenden auch besondere Praktikantenscheine von den Kursusleitern ausgestellt. Hinsichtlich der Zahlung des Kollegiengeldes sind Reichsdeutsche den Österreichern grundsätzlich gleichgestellt.

Das zahnärztliche Abschlußdiplom kann in Österreich erst nach Erledigung des medizinischen Studiums durch Ergänzungsstudium und -Prüfung erworben werden.

Anrechnung eines österr. Studiums.

1. Von dem an einer österreichischen Universität ordnungsmäßig zurückgelegten medizinischen Studium werden nach wie vor in der Regel bis zu zwei Halbjahre auf die medizinische Mindeststudienzeit angerechnet, ohne daß im einzelnen Falle meine jedesmalige Genehmigung zu beantragen ist.

Diese beiden Studienhalbjahre können zu einer beliebigen Zeit des medizinischen Studiums entweder beide oder je eins vor oder nach der ärztlichen Vorprüfung erledigt werden. Es können also in der vorklinischen Studienzeit ein Halbjahr vor dem I. Abschnitt und ein weiteres Halbjahr vor dem II. Abschnitt oder beide Halbjahre vor dem I. oder vor dem II. Abschnitt der ärztlichen Vorprüfung zurückgelegt werden. Soweit die Anrechnung eines österreichischen vorklinischen Studiums auf die medizinische Studienzeit nicht in Anspruch genommen worden ist, kann ein klinisches Studium an österreichischen Universitäten bis zu zwei Halbjahren auf die nach vollständig bestandener ärztlicher Vorprüfung vorgeschriebene Studienzeit angerechnet werden (vgl. den Erl. d. M.V. v. 30. 5. 1931 — I M V 1211-31, — S. 137).

Weiter gehende Wünsche bedürfen auch künftig meiner Genehmigung, die aber nur in seltenen, eingehend begründeten Ausnahmefällen in Aussicht gestellt werden kann.

2. Die während des vorgenannten österreichischen medizinischen Studiums ordnungsmäßig erledigten, durch Praktikantenscheine oder Eintragungen in das Studienbuch der österreichischen Universität nachgewiesenen Vorlesungen[1] und Übungen werden ohne weiteres als genügend im Sinne der Bestallungsordnung für Ärzte angesehen, wenn die Übungen in dem an den reichsdeutschen Universitäten verlangten Umfange abgehalten worden sind[2].

Der bei der Meldung zur ärztlichen Prüfung beizubringende Nachweis über die Teilnahme am praktischen Unterricht in der Impftechnik ist jedoch an einer reichsdeutschen Universität zu erwerben, da es notwendig ist, daß sich der Kandidat eingehend mit den Vorschriften des Reichsimpfgesetzes und seinen Ausführungsbestimmungen vertraut macht.

Berlin, den 10. Juni 1933.

Der Preußische Minister des Innern.

III a IV 1524.

Für die Zulassung eines **Mediziners**, der nach einem zehnhalbjährigen Studium das österreichische medizinische Abschlußdiplom erworben hat, zu den reichsdeutschen **zahnärztlichen** Prüfungen gilt folgendes:

Eltern, Krankheit usw.) veranlaßt wurde, seine Schulbildung im Auslande zu erwerben. Wenn ein ausreichender Grund zu einer in Österreich abgelegten Reifeprüfung nicht anerkannt werden kann, wie das bereits geschehen ist, muß noch vor der Zulassung zur ärztlichen Vorprüfung das Reifezeugnis einer reichsdeutschen höheren Lehranstalt erworben werden.

[1] Eine an einer österreichischen Universität gehörte Vorlesung über allgemeine Biologie kann als ausreichender Nachweis im Sinne des § 7 Ab. 1 und § 69 der Bestallungsordnung für Ärzte an Stelle der beiden Vorlesungen über Zoologie und Botanik erachtet werden (R.J. 1. 12. 33 — II 2111. 6. 11.).

[2] In einem früheren Falle, in dem diese Anforderungen nicht erfüllt wurden, ist durch Erl. M.V. 9. 1. 29 — I M V 715 — die Anerkennung solcher Praktikantenscheine abgelehnt worden.

Auf die zahnärztlich-vorklinische Studienzeit werden ausnahmsweise ein Halbjahr des österreichischen medizinischen Studiums und die während desselben erledigten Übungen (Präparierkursus, mikroskopisch-anatomisches und chemisches Praktikum) angerechnet[1]. Die Anwendung des § 53 der Prüfungsordnung für Zahnärzte kommt in diesem Falle nicht in Betracht (vgl. S. 116 Anm. 3). Der Kandidat hat also für die Meldung zur zahnärztlichen Vorprüfung, die in allen Fächern abzulegen ist, mindestens die beiden vorklinischen Kurse in der Zahnersatzkunde, für die zwei Halbjahre erforderlich sind, zu erledigen. Wenn er im Anschluß hieran die zahnärztliche Vorprüfung ohne Semesterverlust vollständig bestanden hat, kann ihm von seinem früheren medizinischen Studium noch ein Halbjahr auf die zahnärztliche Gesamtstudienzeit angerechnet werden, so daß er nach drei zahnärztlich-klinischen Studienhalbjahren zur zahnärztlichen Prüfung zugelassen werden kann.

Die ärztliche Vorprüfung und Prüfung haben die Studierenden, die die deutsche Bestallung als Arzt erstreben, nicht etwa ganz oder teilweise an einer österreichischen, sondern in allen Fächern an einer reichsdeutschen Universität abzulegen (M.J. 10. 6. 33 — III a IV 1524). Dasselbe gilt von der zahnärztlichen Vorprüfung und Prüfung[2].

Praktisches Jahr. Das Praktische Jahr kann, obgleich es für die österreichische medizinische Ausbildung nicht vorgeschrieben ist, teilweise, in besonderen Fällen auch ganz, ausnahmsweise an österreichischen Universitätskliniken und größeren Krankenanstalten abgeleistet werden, falls der Kandidat dem Zweck des Praktischen

---

[1] Dies gilt auch für Studierende der Zahnheilkunde, die einen Teil ihrer Studienzeit an österreichischen Universitäten verbringen. Diesen kann außer obigem Halbjahr ausnahmsweise noch ein zweites Halbjahr, evtl. auch ein ordnungsmäßiger Nachweis über die Teilnahme an einem Kursus in der Zahnersatzkunde usw. als genügend im Sinne der Prüfungsordnung für Zahnärzte anerkannt werden.

[2] Das österreichische erste medizinische Rigorosum kann Inländern bei der Zulassung zur ärztlichen Prüfung mit ministerieller Genehmigung in Übereinstimmung mit dem R.Pr.J. bis auf weiteres ausnahmsweise an Stelle der ärztlichen Vorprüfung anerkannt werden, wobei gegebenenfalls vor Eintritt in die ärztliche Prüfung eine Nachholung der Vorprüfung in den Fächern Zoologie und Botanik in Betracht kommt. Die Entscheidung über derartige Gesuche kann jedoch nur von Fall zu Fall getroffen werden (R.J. 15. 5. 22 — II 2963 A). Vgl. hierzu den Erl. K.M. vom 22. 6. 1923 — U I 1564 —, betr. Zulassung von medizinstudierenden Ausländern zu klinischen Vorlesungen und Übungen auf Grund einer im Auslande abgelegten Vorprüfung S. 123.

In Österreich gilt für die Anrechnung reichsdeutscher Studien usw. nach der S. 126 Anm. 3 genannten Schrift folgendes:

Anrechnung von Semestern.

An den medizinischen Fakultäten der reichsdeutschen Universitäten zugebrachte gültige Semester können in die Studiendauer eingerechnet werden, und zwar beim ersten Studienabschnitt höchstens zwei, beim zweiten Studienabschnitt höchstens drei Semester vom Professorenkollegium. Über die ausnahmsweise Anrechnung weiterer medizinischer oder an anderen als medizinischen Fakultäten zugebrachter Semester entscheidet das österr. Bundesministerium für Unterricht.

Die Semesteranrechnung enthebt nicht vom Nachweis des Besuches der vorgeschriebenen Obligatkollegien und Übungen.

Anerkennung der Prüfungen und akademischen Grade.

Der Dekan überprüft auf Grund der von den Anwärtern vorzulegenden Urkunden, ob den für die Erwerbung des österreichischen Doktorates bestehenden Anordnungen über Vorstudien, Dauer und Verwendung der Universitätszeit entsprochen ist. Sodann bestimmt das Professorenkollegium die Bedingungen, von deren Erfüllung die Gewährung des Ansuchens abhängig gemacht wird. Soll von dem Nachtrag jener Prüfungen, die für das österreichische Doktorat vorgeschrieben sind, an der reichsdeutschen Universität aber nicht abgelegt wurden, ganz oder teilweise abgesehen werden, so ist hiefür die Genehmigung des österr. Bundesministeriums für Unterricht einzuholen.

Den zu Doktoren der Medizin promovierten Ausländern ist das Doktordiplom nur gegen einen Revers auszufolgen, in welchem sie zu erklären haben, daß sie die Praxis in Österreich ohne frühere Erfüllung der gesetzlichen Bedingungen und Genehmigung des österr. Bundesministeriums für Inneres nicht ausüben werden.

Im Falle der nachträglichen Erwerbung der österreichischen Bundesbürgerschaft wird die Berechtigung zur Ausübung der ärztlichen Praxis sofort erlangt.

Jahres entsprechend unter Aufsicht und Anleitung des Anstaltsleiters die praktischen Kenntnisse und Fähigkeiten vertieft und fortbildet, ausreichendes Verständnis für die Aufgaben und Pflichten des ärztlichen Berufs erwirbt und sich mindestens 4 Monate vorzugsweise der Behandlung von inneren Krankheiten widmet. Eine allgemeine Ermächtigung zur Annahme von Medizinalpraktikanten ist österreichischen Anstalten bisher noch nicht erteilt worden. Kandidaten der Medizin, die nach Ablegung der deutschen ärztlichen Prüfung als Medizinalpraktikanten in österreichische Anstalten eintreten wollen, haben vorher die Genehmigung der für die Erteilung der Bestallung als Arzt zuständigen obersten Landesbehörde (in Preußen: R.Pr.J.) einzuholen.

C. Behandlung von im Auslande erworbenen medizinischen Diplomen.

Zur Ausübung des ärztlichen Berufs ist im Deutschen Reich nur befugt, wer von der zuständigen deutschen Behörde[1] als Arzt bestellt ist (§ 2 R.Ä.O.).

Ein im Auslande erworbenes medizinisches oder zahnärztliches Diplom gilt im Deutschen Reich nicht als Bestallung als Arzt oder Approbation als Zahnarzt. Für im Auslande approbierte Ärzte besteht jedoch die Möglichkeit, eine Erlaubnis zur Ausübung des ärztlichen Berufs zu erhalten (§ 11 R.Ä.O.[2]). Für entsprechende Zahnärzte besteht eine derartige Regelung zur Zeit nicht.

IX. Geschäftliches für die preußischen Prüfungsausschüsse.

A. Zuständigkeitsverhältnisse.

Die Obliegenheiten der Prüfungsausschüsse im allgemeinen regelt — Aufgaben.

1. die Bestallungsordnung für Ärzte
   a) für den Vorprüfungsausschuß in §§ 3 ff.
   b) für den Prüfungsausschuß in B II §§ 21 ff.
2. die Prüfungsordnung für Zahnärzte
   a) für den Vorprüfungsausschuß in §§ 3 ff.;
   b) für den Prüfungsausschuß in § 21 ff.

Die Vorsitzenden der Ausschüsse für die ärztliche und die zahnärztliche Vorprüfung entscheiden selbständig: — Selbständige Entscheidung.

1. in den Fällen, in denen ihnen die Entscheidung in der Bestallungsordnung für Ärzte und Prüfungsordnung für Zahnärzte ausdrücklich übertragen ist, z. B. nach § 4 Abs. 1 dieser Ordnungen;

---

1 Vgl. § 1 der Bestallungsordnung für Ärzte.

2 Eine derartige Erlaubnis berechtigt und verpflichtet den im Ausland approbierten Arzt, sich bei der Ausübung seines Berufs innerhalb des Deutschen Reiches als Arzt zu bezeichnen. Die Beifügung der in der Approbationsurkunde enthaltenen ausländischen ärztlichen Bezeichnung oder eines Zusatzes, aus dem hervorgeht, daß die Approbation im Ausland erworben wurde, ist nicht zulässig (§ 15 I. B.O.R.Ä.O.).

Gesuche um Erteilung einer solchen Erlaubnis sind an das R.Pr.J. zu richten.

2. über die Zulassung von Studierenden zur Vorprüfung (soweit Ausnahmen von den Prüfungsbestimmungen in Frage kommen und die Entscheidung hierüber nicht dem Vorsitzenden zusteht, ist die Zulassung erst nach Bewilligung der Ausnahmen statthaft),

   ferner, wenn

3. ein von reichsdeutschen Studierenden bei der Medizinischen Fakultät einer reichsdeutschen Universität ordnungsmäßig zurückgelegtes
   a) medizinisches Studium auf die für die Zulassung zur zahnärztlichen Vorprüfung nachzuweisende Studienzeit,
   b) zahnärztliches Studium auf die für die Zulassung zur ärztlichen Vorprüfung (I. oder II. Abschnitt) nachzuweisende Studienzeit

   bis zu einem Halbjahr anzurechnen ist (vgl. S. 55 Anm. 1),
4. die Anerkennung der während des Studiums zu 3 erworbenen, nach § 7 der Bestallungsordnung für Ärzte und § 8 der Prüfungsordnung für Zahnärzte erforderlichen Nachweise in Frage kommt (zu 3 und 4 M.V. 23. 7. 20 — I M V 5336) (vgl. S. 55 Anm. 1),
5. zwei medizinische Studienhalbjahre, die an einer österreichischen Universität ordnungsgemäß zurückgelegt sind, auf die für die Zulassung zur ärztlichen Vorprüfung (I. oder II. Abschnitt) nachzuweisende Studienzeit anzurechnen sind (vgl. S. 129),
6. die Anerkennung der während des Studiums zu 5 erworbenen, nach § 7 der Bestallungsordnung für Ärzte erforderlichen Nachweise (Praktikantenscheine oder Eintragungen in dem Anmeldebuch der österreichischen Universität) in Betracht kommt (zu 5 und 6 M.F. 10. 6. 33 — III a IV 1524 — S. 129).
7. über Ausnahmebewilligungen betr. den Verfall des nicht verwendeten Gebührenrestes in Fällen des § 12 letzter Absatz der Bestallungsordnung für Ärzte (M.V. 30. 11. 32 — I M IV 2675 S. 147 Anm. 2).

Die Vorsitzenden der ärztlichen und zahnärztlichen Prüfungsausschüsse entscheiden selbständig in den Fällen, in denen ihnen die Entscheidung in den Prüfungsordnungen ausdrücklich übertragen ist, z. B. nach § 21 Abs. 3 B II der Bestallungsordnung für Ärzte und dürfen selbständig die Gesuche um Zulassung zur ärztlichen und zahnärztlichen Prüfung von solchen Kandidaten genehmigen, die den Vorschriften der Erlasse M.V. vom 12. 1. 24 I M V 73 I (S. 135) und 30. 5. 31 — I M V 1211 (S. 137) entsprechen, und ebensolchen Medizinern nach bestandener Prüfung die Bescheinigung über die Zulassung zum Praktischen Jahr erteilen (M.V. 30. 5. 31 — I M V 1211 — S. 137).

Den Vorsitzenden der ärztlichen Prüfungsausschüsse ist auch die selbständige Entscheidung über Ausnahmebewilligungen betr. den Verfall des nicht verwendeten Gebührenrestes in Fällen des § 59 letzter Absatz der Bestallungsordnung für Ärzte übertragen (M.V. 30. 11. 32 — I M IV 2675 — S. 147 Anm. 2).

Bekanntgabe der Ministerialerlasse. Vom 1. 1. 33 ab werden die allgemeinen Erlasse in den Prüfungsangelegenheiten den Prüfungsausschüssen in der Regel nicht mehr zugestellt, sondern ohne besondere schriftliche Mitteilung in dem wöchentlich einmal erscheinenden R.M.Bl.i.V. bekanntgegeben. Damit den Prüfungsausschüssen diese Erlasse rechtzeitig zur Kenntnis gelangen, ist es notwendig, daß sie das genannte Ministerialblatt regelmäßig beziehen und sorgfältig durchsehen. Hiernach sollen für ihren Gebrauch ein Stück und, soweit für die Bürogeschäfte eine besondere Hilfskraft beschäftigt ist, ein weiteres Stück des R.M.Bl.i.V. bestellt, die Stücke sorgfältig gesammelt und am Jahresschlusse eingebunden, inventarisiert und in geeigneter Weise aufbewahrt werden. Die entstehenden Kosten sind aus den Prüfungsgebühren zu bestreiten (M.J. 13. 12. 32 — III a IV 2674 — R.M. U I 2000).

B. Zulassung zu den Prüfungen und zum Praktischen Jahr.

Bei Einreichung der Gesuche um Zulassung zu den ärztlichen und zahnärztlichen **Prüfungen** (auch **Vorprüfung**) haben die Kandidaten (Reichsdeutsche und Ausländer) künftig folgendes zu beachten: Zulassungsgesuche.

1. Am Kopf ist außer dem Namen und der Staatsangehörigkeit noch anzugeben
   Volkszugehörigkeit,
   Konfession.

2. Außer den in den Prüfungsordnungen vorgeschriebenen Nachweisen sind noch beizufügen[1]
   eine pfarramtliche Bescheinigung über die Konfession (nur für Christen)[2],
   ein gültiger polizeilicher Ausweis über die Staatsangehörigkeit[3],
   ein ausgefüllter Fragebogen über die Abstammung[4].

Auf die sorgfältige und vollständige Ausfüllung der Fragebogen ist besonders zu achten[4]. — Den Fragebogen können die Bewerber bei dem Prüfungsausschuß, bei dem sie die Prüfung ablegen, unentgeltlich beziehen.

---

1 Diese Unterlagen bleiben lose, sind also bei der Meldung zur ärztlichen oder zahnärztlichen Prüfung nicht in das Zeugnisheft einzuheften. Von deren Beibringung sind die Reichsausländer befreit.

2 Für den Abstammungsnachweis sind jetzt beizubringen: Eigene Geburtsurkunde des Prüflings sowie Heirats- oder Geburts- oder Taufurkunden der Eltern und beiderseitigen Großeltern oder an Stelle dieser Urkunden der Ahnenpaß. Die Urkunden müssen den Tag der Geburt, die Abstammung und die Religion nachweisen. Die entsprechenden Urkunden sind gegebenenfalls auch für die Ehefrau beizubringen.

3 Von der Beibringung eines gültigen polizeilichen Ausweises über die Reichsangehörigkeit kann nicht abgesehen werden. Dieser ist bei dem für den Wohnsitz des Kandidaten zuständigen Regierungspräsidenten (in Berlin beim Polizeipräsidenten) in größeren Städten beim Polizeipräsidenten (R.M.Bl.i.V. 1936 S. 799) zu beantragen und wird von ihm nach Prüfung der Verhältnisse in einer besonderen **Urkunde** ausgefertigt. Ein Reisepaß oder eine sonstige Bescheinigung einer Ortspolizeibehörde (gestützt auf die Eintragungen im Melderegister) werden nicht als genügend angesehen. Ein Reisepaß gilt nur bei Reichsausländern als ausreichend. Diesem ist aber abzuraten, den Reisepaß als Staatsangehörigkeitsausweis bei der Meldung zu den Prüfungen einzureichen, da er beim Zulassungsgesuch bis zur Beendigung der Prüfung verbleiben muß. Reichsausländer können deshalb auch eine Bescheinigung der zuständigen inländischen diplomatischen Vertretung über ihre Staatsangehörigkeit beibringen.

4 Muster hier nicht abgedruckt vgl. S. 150. Die Fragebogen bleiben bei den Prüfungsakten. Die eingereichten Fragebogen über den Abstammungsnachweis geben wiederholt zu Beanstandungen Anlaß, weil die Erklärung am Schlusse des Fragebogens garnicht oder nicht vollständig ausgefüllt war. Es wird auf die sorgfältige und richtige Ausfüllung dieser Erklärung der größte Wert gelegt. Die Fragebogen müssen in dieser Beziehung sorgfältig und vollständig ausgefüllt werden, besonders ist auch darauf zu achten, daß die zweite Lücke in dieser Erklärung nicht gestrichen, sondern entsprechend der Anmerkung 3 ausgefüllt wird. Auch ist es unbedingt erforderlich, daß

(M.J. 26. 6. 33 — III a IV 1687). Vgl. auch die Vorschriften des § 6 Abs. 5, B II § 23 Abs. 1 der Bestallungsordnung für Ärzte und § 2 Abs. 4 der Prüfungsordnung für Zahnärzte.

Für die Zulassung zur ärztlichen oder zahnärztlichen Vorprüfung benötigte Ausnahmebewilligungen, soweit sie nicht der Entscheidung des Vorsitzenden des Prüfungsausschusses unterliegen (vgl. S. 131), und sämtliche Zulassungsgesuche der Reichsausländer (vgl. S. 124) haben die Studierenden möglichst schon am Anfang des letzten Studienhalbjahrs vor der Meldung zur Vorprüfung, nachdem die Vorlesungen und Übungen für dieses Halbjahr belegt sind, mit dem Reifezeugnis, sämtlichen Studiennachweisen und obigen Unterlagen (diese sollen nicht geheftet sein) dem Vorsitzenden zur Weitergabe an das Ministerium vorzulegen. Vor Beginn jedes neuen Studienhalbjahrs sollen die Studierenden hierauf aufmerksam gemacht werden (M.V. 28. 3. 25 — I M III 779).

An Stelle der früheren Prüfungsprotokolle ist die Prüfungsübersicht als Niederschrift über das Ergebnis der Prüfung getreten (M.V. 12. 1. 24 — I M V 73 II). Wegen Beschaffung der Prüfungsübersichten vgl. S. 150.

Die Gesuche um Zulassung zur ärztlichen Prüfung[1] sind von dem Vorsitzenden des ärztlichen Prüfungsausschusses mit dem Eingangsdatum zu versehen und auf Vollständigkeit der Zeugnisse nach Zahl und Inhalt zu prüfen. Etwaige Mängel sind, soweit möglich, zu beseitigen. Die Zeugnisse sind in der Reihenfolge: Reifezeugnis, Studienzeugnisse, Zeugnis über die bestandene Vorprüfung, Nachweise über die Teilnahme an den Präparierübungen usw. (§ 7 der Bestallungsordnung für Ärzte), Praktikantenscheine in der in B II § 26 der Bestallungsordnung für Ärzte angegebenen Folge, Sittenzeugnis, zu ordnen und zu einem Hefte zu vereinigen. Die Vorlesungen über topographische Anatomie usw. (B II § 26 Nr. 3 der Bestallungsordnung für Ärzte) sind in den Studienzeugnissen durch Anstreichen kenntlich zu machen. Zur Erleichterung der Durchsicht sind die Zeugnisse einzeln hintereinander, nicht ineinander zu heften. Mitteilungen über etwaige Genehmigungen von Ausnahmen (§ 68 der Bestallungsordnung für Ärzte) sind den Zeugnissen vorzuheften. Zulassungsgesuch, Lebenslauf, Staatsangehörigkeitsausweis, Fragebogen und Abstammungsurkunden sind lose zu lassen[2].

Die Gesuche sind mit einem kurzen, unterschriftlich zu vollziehenden Vermerke über die erfolgte Prüfung und etwa noch verbliebene Anstände zu versehen[3]. (K.M. 15. 7. 08 — M 18244 U I).

---

nicht nur bei den Eltern, sondern auch bei den Großeltern die Konfession angegeben, und der Fragebogen von dem Kandidaten mit Datum und Unterschrift versehen wird.

Bei Reichsausländern wird auf den Nachweis der Abstammung verzichtet (R.Pr.J. 23. 4. 35 — IV e 135 II).

[1] Für die Gesuche um Zulassung zur zahnärztlichen Prüfung gilt sinngemäß dasselbe (K.M. 4. 5. 09 — M 17139). Vordrucke S. 163 und 172.

[2] Gesuche um Zulassung zu den Prüfungen, Zeugnisse der Kandidaten, Prüfungsprotokolle, Prüfungsarbeiten usw. sind dem Ministerium nicht mit einzelnen Aktendeckeln vorzulegen. Es genügt, wenn diese Gesuche usw. auf einem ganzen Bogen gefertigt und dieser als Umschlag für die Anlagen verwendet wird. Letztere brauchen im übrigen nicht geheftet zu werden. Nur die bei der Meldung zu den Prüfungen einzureichenden Zeugnisse sind in der Reihenfolge, die in der vorgeschriebenen Meldung (vgl. S. 163 und 172 angegeben ist, von den Kandidaten auf deren Kosten zu heften. (M.V. 22. 6. 22 — I M V gen. 269). Wegen der lose zu lassenden Unterlagen s. oben.

[3] Wegen der gutachtlichen Äußerung des Vorsitzenden des Prüfungsausschusses zu den Zulassungsgesuchen vgl. den allg. Erlaß M.V. 12. 1. 24 — I M V 73 I — Ziff. 3 S. 136.

In der Prüfungsübersicht[1] ist der letzte Prüfungstag durch Eintragung oder Unterstreichung mit roter Tinte hervorzuheben. (K.M. 25. 6. 03 — M 1480 U I).

Die Prüfungsarbeiten sind bei der Einreichung an das Ministerium gesammelt in einem besonderen Bogen, der mit dem Namen des Kandidaten und dem Stempel des Prüfungsausschusses zu versehen ist, mit der Prüfungsübersicht vorzulegen[2]. Bei Einreichung der Prüfungsübersicht ist die Tagebuchnummer der Zulassungsgenehmigung und die demnächstige Anschrift des Kandidaten anzugeben (M.V. 22. 6. 22 — I M V gen. 269).

Von einzelnen Prüfungsausschüssen werden dem Ministerium die dessen Genehmigung bedürfenden Meldungen zu den ärztlichen und zahnärztlichen Prüfungen erst spät, meist erst einige Tage vor Beginn der Prüfungen, vorgelegt. Infolgedessen hat in den Fällen, in denen noch Rückfragen erfolgen oder andere Ministerien an der Entscheidung beteiligt werden mußten, die Zulassung zu den Prüfungen nicht rechtzeitig ausgesprochen werden können. Um dies zu vermeiden, sollen sich die Prüfungsausschüsse die Meldungen zu den Prüfungen ohne Exmatrikel bereits am Anfang des letzten Studienhalbjahres (allg. Erlaß vom 12. 1. 24 — I M V 73 I — S. 135 unten), nachdem die Vorlesungen und Übungen für dieses Halbjahr belegt sind, vorlegen lassen und die Anträge, für deren Erledigung das Ministerium zuständig ist, diesem alsbald einreichen[3]. Dabei ist darauf zu achten, daß die in dem Erlaß angegebenen Unterlagen — Praktikantenscheine nur, soweit sie bereits erworben sind — vollständig beigebracht und die Zeugnisse in der bestimmten Reihenfolge geheftet sind (evtl. mit Schnellhefter).

Vor Beginn jedes neuen Studienhalbjahres sind die Studierenden in geeigneter Weise auf die rechtzeitige Einreichung der Meldungen zu den Prüfungen aufmerksam zu machen.

(M.V. 28. 3. 25 — I M III 779).

1. Gesuche um Zulassung zur ärztlichen und zahnärztlichen Prüfung sind, um eine zweckmäßigere Bearbeitung zu ermöglichen und Anhäufungen oder Verzögerungen zu vermeiden, nicht mehr erst nach Erlangung des Universitätsabgangszeugnisses, sondern bereits im Laufe des letzten Halbjahrs nach Belegung der Vorlesungen seitens der Kandidaten den Prüfungsausschüssen vorzulegen. Den Gesuchen (Muster S. 163, 172) sind der Lebenslauf, die nach den Prüfungsvorschriften erforderlichen Zeugnisse — in der vorgeschriebenen Reihenfolge geheftet — die Geburtsurkunde usw. (lose) beizufügen. Über fehlende Unterlagen und Praktikantenscheine, die erst am Schluß des letzten Halbjahrs erworben werden, ist ein entsprechender Vermerk im Zulassungsgesuch aufzunehmen[4].

---

[1] Wegen Beschaffung der Prüfungsübersichten (M.V. 12. 1. 24 — I M V 73 I) vgl. S. 150.

[2] Vgl. vorstehende Anm. 1.

[3] Diese Bestimmung stellt insofern eine Vereinfachung dar, als sich die Kandidaten schon im Laufe des letzten Studienhalbjahres zu den Prüfungen melden können und für die Prüfung der Zulassungsgesuche ein längerer Zeitraum und nicht die kurze Zeit zwischen dem Empfang der Abgangszeugnisse und dem Beginn der Prüfungen zur Verfügung steht. Ferner bedeutet die Vorschrift insofern einen Vorteil für die Kandidaten, als sie auch während der Zeit der Prüfung immatrikuliert bleiben und die Vergünstigungen der Studierenden genießen (vgl. allg. Erlaß M.V. 11. 10. 27 — I M III 2223 — S. 138). Die Vorschriften über den Beginn der Prüfungen werden hierdurch nicht berührt.

Dem Ministerium sind die in Betracht kommenden Zulassungsgesuche von den Vorsitzenden der Prüfungsausschüsse nicht gesammelt, sondern einzeln möglichst bald nach dem Eingang sowie nach Prüfung und Erledigung etwaiger Bemerkungen zur Entscheidung einzureichen.

[4] In den Vordrucken vorgesehen.

2. Kandidaten

A. der Medizin, welche..... (maßgebend ist jetzt der nachfolgende allg. Erl. M.V. 30. 5. 31 — I M V 1211/31 — S. 137),

B. der Zahnheilkunde, welche

a) sieben[1] regelmäßige zahnärztliche Studienhalbjahre, davon mindestens drei Halbjahre nach vollständig bestandener zahnärztlicher Vorprüfung, nachweisen[2],

b) im übrigen sämtliche Bedingungen der Prüfungsordnung für Zahnärzte erfüllen (reichsdeutsches Reifezeugnis[3], reichsdeutsches Studium, reichsdeutsche zahnärztliche Vorprüfung usw.)[4] sowie

c) die deutsche Reichsangehörigkeit besitzen,

dürfen vom Beginn der Frühjahrsprüfungsperiode 1924 ab ohne Einholung meiner vorherigen Genehmigung von den Vorsitzenden der ärztlichen und zahnärztlichen Prüfungsausschüsse selbständig zur ärztlichen bzw. zahnärztlichen Prüfung zugelassen werden. Der Zulassung ist eine Aufstellung nach dem Muster a[5] zugrunde zu legen. Die Zulassungsgesuche nebst dieser ausgefüllten Aufstellung, Lebenslauf, dem Heft Zeugnisse mit Geburtsurkunde usw. sind mir bei diesen Kandidaten erst nach Beendigung der ärztlichen bzw. zahnärztlichen Prüfung zusammen mit den Prüfungsergebnissen vorzulegen.

3. Zulassungsgesuche, die Abweichungen von Ziffer 2 A und B enthalten (z. B. Ausländer, Zwischensemester, deren Anrechnung nötig ist, anderweitiges oder ausländisches — auch österreichisches — Studium usw.), sind mir auch in Zukunft möglichst bald nach der Einreichung mit einer gutachtlichen Äußerung des Vorsitzenden und der ausgefüllten Aufstellung (Muster a) zur Entscheidung einzureichen (wegen der beizufügenden Unterlagen vgl. Ziffer 1). Im Falle der ministeriellen Genehmigung solcher Gesuche hat der Vorsitzende mit der Prüfung dieser Kandidaten nicht eher zu beginnen, bis die fehlenden Unterlagen (Praktikantenscheine, welche bei der Meldung noch nicht beigebracht werden konnten) von den Kandidaten vorgelegt worden sind. Andernfalls sind solche Kandidaten nicht zur Prüfung zuzulassen.

4. Von der Exmatrikulation der Kandidaten und der Beibringung des Universitätsabgangszeugnisses wird für die Ablegung der ärztlichen und zahnärztlichen Prüfung in Zukunft Abstand genommen, so daß die Kandidaten auch während der Prüfungszeit immatrikuliert bleiben und die Vergünstigungen der Studierenden genießen können[6]. An Stelle des Universitätsabgangszeugnisses ist bei der Meldung zur ärztlichen bzw. zahnärztlichen Prüfung das letzte Anmeldebuch für die Vorlesungen (Testierbuch) beizubringen)[7].

5. Betrifft die Zulassungsgesuche der Ausländer und ist überholt[8].

6. Die Bestimmungen des § 21 Abs. 1 der Prüfungsordnung für Ärzte vom 28. 5. 01[9] und § 22 Abs. 1 der Prüfungsordnung für Zahnärzte vom 15. 3. 09 über den allgemeinen Beginn der Prüfungen werden hierdurch nicht berührt.

Berlin, den 12. Januar 1924.

Der Preußische Minister für Volkswohlfahrt.

I M V 73 I.

---

[1] Dies ist die Mindestzahl.

[2] Wegen des Nachweises einwandfreier sittlicher Führung vgl. allg. Erl. M.V. 17. 5. 27 — I M III 1294 I S. 138.

[3] Entsprechend dem § 6 der Prüfungsordnung für Zahnärzte.

[4] Ausnahmebewilligungen von preußischen oder außerpreußischen Stellen sind nicht einbegriffen.

[5] Die Aufstellung ist jetzt im Zulassungsgesuch vorgedruckt. Ihre Ausfüllung und Nachprüfung ist nach wie vor erforderlich (M.V. 10. 12. 24 — I M III 2941).

[6] Wegen der Beurlaubung während der Prüfung vgl. M.V. 11. 10. 27 — I M III 2223 — S. 138.

[7] Dies gilt nur für den Nachweis über das Studium an der zuletzt besuchten Universität. Wenn der Studierende vorher bereits andere Universitäten besucht hat, so sind die Abgangszeugnisse der Letzteren in Urschrift der Meldung beizufügen.

[8] Maßgebend ist jetzt der Erl. des M.J. vom 29. 3. 33 — III a IV 804 — S. 124.

[9] Jetzt B II § 22 Abs. 1 der Bestallungsordnung für Ärzte.

Kandidaten der Medizin, welche

a) elf[1] **regelmäßige medizinische** Studienhalbjahre, davon mindestens fünf Halbjahre nach vollständig bestandener ärztlicher Vorprüfung, nachweisen,

b) im übrigen sämtliche Bedingungen der Prüfungsordnung[2] erfüllen (reichsdeutsches Reifezeugnis[3], reichsdeutsches Studium, reichsdeutsche ärztliche Vorprüfung usw.[4]),

c) die deutsche Reichsangehörigkeit besitzen und

d) in den beigebrachten Abgangszeugnissen oder im Sittenzeugnis der zuletzt besuchten Universität oder, soweit ein polizeiliches Führungszeugnis einzureichen ist, in diesem eine einwandfreie Führung nachweisen (vgl. allg. Erlaß vom 17. 5. 27 — I M III 1294 I — S. 138)

dürfen vom Beginn der Herbstprüfungsperiode 1931 ab ohne Einholung meiner vorherigen Genehmigung von den Vorsitzenden der Ausschüsse für die ärztliche Prüfung selbständig zur ärztlichen Prüfung zugelassen werden. Im übrigen verbleibt es bei dem vorstehenden allg. Erlaß v. 12. 1. 24 — I M V 73 I —.

Die selbständige Zulassung von reichsdeutschen Kandidaten der Medizin zur ärztlichen Prüfung bleibt dem Vorsitzenden auch dann noch überlassen, wenn

a) von der Gesamtstudienzeit bis zu zwei medizinische Studienhalbjahre (beide oder je eins vor oder nach der ärztlichen Vorprüfung) an einer der österreichischen Universitäten in Wien, Innsbruck oder Graz ordnungsmäßig zurückgelegt sind,

b) über die Teilnahme an den in den §§ 8 und 26 der Prüfungsordnung[5] vorgeschriebenen Vorlesungen und Übungen ordnungsmäßige Nachweise, die während des medizinischen Studiums an einer österreichischen Universität erworben sind (Praktikantenscheine oder Eintragungen in dem Anmeldebuch der österreichischen Universität) beigebracht werden[6].

Zulassung zum Praktischen Jahr

An Kandidaten der Medizin, die hiernach von den Vorsitzenden der ärztlichen Prüfungsausschüsse selbständig zur ärztlichen Prüfung zugelassen worden sind, ist, wenn sie die ärztliche Prüfung bestanden und die Prüfungsgebühren bezahlt haben, auch gegen ihre Persönlichkeit Bedenken nicht vorliegen (vgl. den allg. Erlaß v. 17. 5. 27 I M III 1294 I — S. 138), von den Vorsitzenden der ärztlichen Prüfungsausschüsse nicht die vorgeschriebene Bescheinigung über die bestandene Prüfung[7], sondern in meinem Auftrage gleich die Bescheinigung über die Zulassung zum Praktischen Jahr nach dem üblichen Vordruck[8] auszufertigen und auszuhändigen. Im übrigen ist nach dem allgemeinen Erlaß vom 20. 2. 24 — I M V 471 — zu verfahren[9].

Berlin, den 30. Mai 1931.

Der Preußische Minister für Volkswohlfahrt.

I M V 1211/31.

---

1 Dies ist die Mindestzahl. 2 Jetzt Bestallungsordnung für Ärzte.

3 Entsprechend dem § 6 der Bestallungsordnung für Ärzte.

4 Ausnahmebewilligungen von preußischen oder außerpreußischen Stellen sind nicht einbegriffen.

5 Jetzt § 7 und B II § 26 der Bestallungsordnung für Ärzte.

6 Vgl. M.J. 10. 6. 33 – III a IV 1524 – S. 129.

7 Vgl. S. 77 Anm. 1. 8 Muster k S. 167.

9 In dem genannten Erl. heißt es: Bei allen anderen Kandidaten behält sich das Ministerium die Entscheidung über deren Zulassung zum Praktischen Jahr vor. Diesen Kandidaten ist von den Vorsitzenden der Prüfungsausschüsse die übliche Bescheinigung über die bestandene Prüfung (S. 77 Anm. 1) auszustellen. – Nach Beendigung jeder Prüfung sind dem Ministerium die Prüfungsergebnisse und Arbeiten sowie in denjenigen Fällen, in denen vom Vorsitzenden des Prüfungsausschusses die Zulassung zur Prüfung gemäß obigem Erlaß genehmigt und die Zulassung zum Praktischen Jahr erteilt worden ist, auch die Zulassungsgesuche, Lebenslauf, Studienaufstellung, Zeugnisse nebst Geburtsurkunde usw. einzureichen. Gleichzeitig ist zu berichten, ob die Zulassung zum Praktischen Jahr dem Kandidaten ausgehändigt ist, ob die Prüfungsgebühren bezahlt sind, und wie die künftige Anschrift des Kandidaten lautet. Diese Angaben sind auf S. 3 der Übersicht über die ärztliche Prüfung vorgesehen. Die Zeugnisse werden den Kandidaten in solchen Fällen nach Prüfung der Unterlagen vom Ministerium unmittelbar zurückgesandt (M.V. 20. 2. 24 – I M V 471).

Die für die Zulassung zur Prüfung eingereichten Zeugnisse werden den Kandidaten nach bestandener Prüfung unmittelbar nur ausgehändigt, wenn sie bereits ein Abgangszeugnis von der zuletzt besuchten Universität beigebracht haben. Falls eine Abmeldung jedoch noch nicht nach-

Zeugnis über die sittliche Führung.

Über die sittliche Führung der Kandidaten, die sich zur ärztlichen oder zahnärztlichen Prüfung melden und von der zuletzt besuchten Universität nicht das Abgangszeugnis, sondern das Anmeldebuch beibringen (vgl. allg. Erlaß M.V. 12. 1. 24 — I M V 73 I — S. 136), ist von diesen Kandidaten ein Sittenzeugnis von der zuletzt besuchten Universität dem Zulassungsgesuch beizufügen.

Gleichzeitig ist in Ergänzung des genannten Erlasses Ziff. 2 bestimmt worden, daß nur solche Kandidaten der Medizin und der Zahnheilkunde, die in den beigebrachten Abgangszeugnissen oder im Sittenzeugnis der zuletzt besuchten Universität oder, soweit sie ein polizeiliches Führungszeugnis einzureichen haben, in diesem eine einwandfreie Führung nachzuweisen vermögen, künftig ohne Einholung der vorherigen ministeriellen Genehmigung von den Vorsitzenden der Prüfungsausschüsse selbständig zur ärztlichen oder zahnärztlichen Prüfung zugelassen werden dürfen. Zulassungsgesuche von Kandidaten, deren Unterlagen Verfehlungen ergeben, sind dem Ministerium mit einer Stellungnahme zu den Vorgängen zwecks Prüfung und Entscheidung nebst den für die Meldung zur Prüfung vorgeschriebenen Zeugnissen vorzulegen. Über Verfehlungen von Prüfungskandidaten, die erst nachträglich bekannt werden, ist dem Ministerium umgehend zu berichten.

(M.V. 17. 5. 27 — I M III 1294 I).

Beurlaubung während der Prüfung.

Während der ärztlichen und zahnärztlichen Prüfung können die Kandidaten weiter immatrikuliert bleiben und von der Verpflichtung, Vorlesungen zu belegen, befreit werden, also als beurlaubt gelten, und die Vergünstigungen der Studierenden genießen, haben aber für die Beurlaubung während der nicht mehr belegten Prüfungszeit die Gebühren und Beiträge nach der Gebührenordnung für die preußischen Universitäten zu zahlen.

Falls ein Kandidat, der sich ohne Exmatrikulation zur Prüfung gemeldet hat, nicht rechtzeitig die Beurlaubung beantragt, wird er von der Universität wegen Nichtbelegens von Vorlesungen gestrichen und erhält später einen entsprechenden Vermerk im Abgangszeugnis.

Wenn ein Nachweis über die Exmatrikulation bis zur Beendigung der Prüfung noch nicht beigebracht sein sollte, werden nach bestandener Prüfung die mit der Meldung zu dieser eingereichten Zeugnisse wegen der Exmatrikulation vom Ministerium an den Rektor der zuletzt besuchten Universität gesandt, bei dem der Kandidat, sobald er die entsprechende Nachricht vom Ministerium erhält, das Abgangszeugnis zu beantragen hat[1].

---

gewiesen ist, werden sämtliche Zeugnisse nach Beendigung der Prüfung dem Rektor der zuletzt besuchten Universität unter Angabe der künftigen Anschrift des Kandidaten übersandt (M.V. 22. 4. 25 — I M III 256, U I 862). Vgl. auch M.V. 11. 10. 27 — I M III 2223. S. 138.

[1] Kandidaten, die an Stelle des Universitätsabgangszeugnisses bei der Meldung zur Prüfung das letzte Anmeldebuch für die Vorlesungen (Studienbuch) beigebracht haben, haben die Zeugnisse nach Beendigung der Prüfung früher vom Ministerium in der Erwartung zurückerhalten, daß sie ihre Abmeldepflichten der Universität gegenüber erfüllen würden. Es hat sich jedoch herausgestellt, daß es die Kandidaten nach Ablegung der Prüfung in den meisten Fällen unterlassen haben, sich ordnungsmäßig bei der Universität abzumelden usw. Hierdurch sind der Universität sehr viele Weiterungen entstanden. Den Kandidaten werden deshalb jetzt die für die Zulassung zur Prüfung eingereichten Zeugnisse nach bestandener Prüfung unmittelbar nur ausgehändigt, wenn sie bereits ein Abgangszeugnis von der zuletzt besuchten Universität beigebracht haben. Falls eine Abmeldung jedoch noch nicht nachgewiesen ist, werden sämtliche Zeugnisse nach Beendigung der Prüfung vom Ministerium dem Rektor der zuletzt besuchten Universität unter Angabe der künftigen Anschrift des Kandidaten übersandt (M.V. 22. 4. 25 — I M III 256, U I 862).

Im übrigen werden den Kandidaten, die sich zu Beginn ihres letzten Studienhalbjahres zur ärztlichen und zahnärztlichen Prüfung zu melden beabsichtigen, die dafür erforderlichen Zeugnisse, soweit sie sich bei der zuletzt besuchten Universität befinden, von dieser, wie bisher, ohne weiteres ausgehändigt.

(M.V. 11. 10. 27 — I M III 2223).

C. Prüfungsgebühren.

Gemäß Erl. des M.V. vom 28. 1. 27 — I M III 251 und vom 20. 8. 32 — I M V 1432 — sind an Prüfungsgebühren[1] zu entrichten:

A. Für die ärztliche Vorprüfung (Abschnitte I und II):

Anatomische Prüfung	18 RM.
Physiologische Prüfung	9 "
Physiologisch-chemische Prüfung	9 "
Chemische Prüfung	6 "
Physikalische Prüfung	6 "
Zoologische Prüfung	5 "
Botanische Prüfung	5 "
Biologische Prüfung (tritt an den Universitäten, die Lehrstühle für Biologie haben, an Stelle von Botanik und Zoologie).	6 "
Außerdem für sächliche und Verwaltungskosten eines jeden Prüfungsabschnittes	15 "

Hiernach betragen die Prüfungsgebühren (einschließlich der Gebühren für sächliche und Verwaltungskosten)

a) für den I. Abschnitt in Chemie, Physik, Zoologie und Botanik 37 RM. oder in Physik, Chemie und Biologie 33 RM.[2],

b) für den II. Abschnitt in Anatomie, allgemeiner Physiologie und physiologischer Chemie 51 RM.

Doktoren der Philosophie oder der Naturwissenschaften haben im Falle des § 18 Abs. 3 der Bestallungsordnung für Ärzte nur die Gebührenanteile für diejenigen Mitglieder des Ausschusses, von denen sie geprüft werden, sowie für sächliche und Verwaltungskosten 15 RM. zu entrichten.

Bei Wiederholungsprüfungen sind die Gebührenanteile für die Fachvertreter, von denen die Wiederholungsprüfung abgehalten wird, nach den obigen Sätzen aufs neue zu entrichten. Ferner ist für jedes zu wiederholende Fach für den Vorsitzenden des Prüfungsausschusses oder, wenn dieser selbst

[1] Inländer und Ausländer zahlen dieselben Prüfungsgebühren. Diese sind von den Prüflingen grundsätzlich an die zuständige Kasse unmittelbar abzuführen. Den Beamten der Prüfungsausschüsse ist die Annahme von Prüfungsgebühren, sei es auch nur zur Übermittlung an die Kasse, nicht gestattet (M.V. 26. 6. 28 — I M III 1461).

[2] In den Fällen des § 18 Abs. 4 der Bestallungsordnung für Ärzte werden nur die Gebührenanteile für die Fächer erhoben, in denen geprüft wird, die sächlichen und Verwaltungskosten werden aber in der vollen festgesetzten Höhe in Ansatz gebracht.

Prüfer ist, für den stellvertretenden Vorsitzenden und für die etwa hinzugezogenen Mitglieder des Prüfungsausschusses (§ 14) eine besondere Gebühr von je 3 RM. zu entrichten.

B. Für die ärztliche Prüfung:

Abschnitt I,	1. Teil	6	RM.
	2. Teil	10	„
„ II,	1. Prüfer	6	„
	2. Prüfer	6	„
„ III,	1. Prüfer	6	„
	2. Prüfer	6	„
IV		10	„
„ V,	1. Prüfer	12	„
	2. Prüfer	12	„
„ VI,	1. Teil, 1. Prüfer	12	„
	2. Prüfer	12	„
	2. Teil, 1. Prüfer	5	„
	2. Prüfer	5	„
	3. Teil, 1. Prüfer	5	„
	2. Prüfer	5	„
„ VII,	1. Teil	12	„
	2. Teil, 1. Prüfer	6	„
	2. Prüfer	6	„
„ VIII		12	„
„ IX		10	„
„ X		10	„
„ XI		10	„
„ XII		12	„
„ XIII		12	„[1]
„ XIV		10	„
Sächliche und Verwaltungskosten		34	„
	zusammen	252	RM.

Bei Wiederholungen kommen für den betreffenden Abschnitt oder Teil eines Abschnitts außer den anzusetzenden Gebühren jedesmal 4 RM. für sächliche und Verwaltungskosten zur nochmaligen Erhebung. Für die bei Wiederholungsprüfungen vorgeschriebene Anwesenheit des Vorsitzenden[2] und der hinzugezogenen Mitglieder des Prüfungsausschusses ist in jedem zu wiederholenden Abschnitt oder Teile eines Abschnitts für den Vorsitzenden und jedes an der Wiederholungsprüfung teilnehmende Mitglied des Prüfungsausschusses (§ 57 Abs. 3) eine besondere Gebühr von je 3 RM. zu entrichten.

[1] Wird auch in Rassenhygiene (XIII a) geprüft, so wird die für Abschnitt XIII vorgesehene Gebühr von 12 RM. geteilt.

[2] Falls bei der Wiederholung der Vorsitzende selbst Prüfer ist, so ist an seiner Stelle der stellvertretende Vorsitzende heranzuziehen und ihm die dem Vorsitzenden zustehende Gebühr zu gewähren (M.B. 16. 7. 24 — I M III 1495).

C. Für die zahnärztliche Vorprüfung:

Anatomische Prüfung	15 RM.
Physiologische Prüfung.	5 „
Physikalische Prüfung	5 „
Chemische Prüfung	5 „
Prüfung in der Zahnersatzkunde . .	30 „
Sächliche und Verwaltungskosten . .	20 „
zusammen:	80 RM.

In den Fällen des § 13 der Prüfungsordnung für Zahnärzte werden neben 20 RM. für sächliche und Verwaltungskosten nur die Gebührenanteile für die Fächer erhoben, in denen geprüft wird[1].

Vor der Wiederholungsprüfung (§ 19 Abs. 3) sind außer dem Betrage von 10 RM. für sächliche und Verwaltungskosten die Gebührenanteile für die Fächer, in denen die Prüfung noch nicht bestanden ist, aufs neue zu entrichten. Diese Bestimmung findet für den Fall der Fortsetzung einer unterbrochenen Vorprüfung sinngemäß Anwendung.

D. Für die zahnärztliche Prüfung:

Prüfungsabschnitt I	10 RM.
„ II, Teil 1	20 „
„ 2	10 „
„ III	20 „
„ IV, Teil 1	20 „
Teil 2	10 „
„ V	25 „
„ VI	10 „
Sächliche und Verwaltungskosten . .	30 „
zusammen:	155 RM.

Bei Wiederholungen (§ 52 Abs. 3) kommen für den betreffenden Abschnitt oder Teil eines Abschnitts außer den anzusetzenden Gebühren jedesmal 4 RM. für sächliche und Verwaltungskosten zur nochmaligen Erhebung. Diese Bestimmung findet für den Fall der Fortsetzung einer unterbrochenen Prüfung sinngemäße Anwendung. Ist bei einer zweiten Wiederholungsprüfung gemäß § 48 Abs. 3 die Anwesenheit des Vorsitzenden vorgeschrieben, so ist außerdem für dessen Teilnahme eine besondere Gebühr von je 3 RM. für jeden zu wiederholenden Abschnitt oder Teil eines Abschnitts zu entrichten[2].

In den Fällen des § 53 betragen die sächlichen und Verwaltungskosten 30 RM. Außerdem werden die Gebührenanteile für diejenigen Fächer erhoben, in denen geprüft wird[3]. Bei der Wiederholung oder Fortsetzung von Prüfungen finden die für die Fälle des § 19 Abs. 3, § 48 Abs. 3 und § 52 Abs. 3 festgesetzten Gebühren Anwendung.

---

1 Genaue Berechnung der Gebühren in den Fällen des § 13 Abs. 2 S. 105 Anm. 5.

2 Vgl. S. 140 Anm. 2 Genaue Berechnung der Gebühren S. 117 Anm. 1.

In Ergänzung hierzu hat der Erl. M.V. vom 28. 1. 27 — I M III 251 — noch folgendes bestimmt:

a) für die Ausschüsse für die ärztliche und die zahnärztliche Vorprüfung:

Erlaß, Ermäßigung oder Teilzahlung der Prüfungsgebühren kommen bei der ärztlichen und der zahnärztlichen Vorprüfung nicht in Frage. Solche Vergünstigungen erscheinen nur bei längeren, in mehrere Abschnitte zerfallenden und sich über eine große Reihe von Wochen hinaus erstreckenden Prüfungen, wie bei den ärztlichen Prüfungen, dagegen nicht bei kurzdauernden Prüfungen (ärztliche oder zahnärztliche Vorprüfung) zweckmäßig und angezeigt, zumal bei diesen die Prüfungsgebühren im ganzen ohnehin niedriger sind und von den Prüflingen leichter getragen werden können.

b) für die Ausschüsse für die ärztliche und die zahnärztliche Prüfung:

Mit Rücksicht auf die allgemeine wirtschaftliche Notlage ist nichts dagegen einzuwenden, daß bei der ärztlichen und der zahnärztlichen Prüfung in einzelnen besonderen Fällen die Gebührenanteile für die Prüfer erlassen, ermäßigt oder in Teilzahlungen erhoben werden. Voraussetzung für die Gewährung solcher Vergünstigungen ist das Einverständnis sämtlicher Mitglieder des Prüfungsausschusses. Soweit dieses Einverständnis erteilt ist, sind grundsätzlich nur solche Kandidaten zu berücksichtigen, die ihre Bedürftigkeit durch amtliche Unterlagen nachweisen oder in den letzten Studienhalbjahren Vergünstigungen bei der Zahlung der Vorlesungsgebühren genossen haben und dies durch Beibringung des Anmeldebuchs oder einer Bescheinigung der Universitätskasse belegen. Bei Bewilligung von Teilzahlungen empfiehlt es sich, als erste Rate den vollen Gebührenanteil für sächliche und Verwaltungskosten und etwa die Hälfte der Gesamtgebühren für die Prüfer zu erheben. Der Rest dürfte in angemessener, dem Verlauf der Prüfung entsprechender Frist auf einmal, höchstens jedoch in zwei Teilbeträgen einzuziehen sein (allg. Erlaß vom 8. 6. 25 — I M III 1426/25)[1].

Erlaß, Ermäßigung oder Teilzahlungen der Gebührenanteile für sächliche und Verwaltungskosten kommen auf keinen Fall in Frage. Diese sind vielmehr vor Beginn der Prüfung in einer Summe zu entrichten.

Das Zeugnis über die bestandene Prüfung bzw. die Zulassung zum Praktischen Jahr der Mediziner darf in allen Fällen erst ausgehändigt werden, wenn die festgesetzten oder ermäßigten Gebühren vollständig bezahlt sind.

D. Rechnungslegung über die Prüfungsgebühren.

Rechnung. Am Schlusse jedes Prüfungsjahres, das vom 1. 10. bis 30. 9. j. Js. läuft, haben die Ausschüsse für die ärztliche und zahnärztliche Vorprüfung und

[1] Der allg. Erlaß M.V. vom 8. 6. 25 — I M III 1426/25 — lautet:

Aus Ihren Ausführungen ersehe ich, daß den Kandidaten dort hinsichtlich der Zahlung der Prüfungsgebühren zu weitgehende Erleichterungen gewährt werden und die Prüfungsgebühren sogar über die Prüfungsdauer hinaus gestundet werden, so daß die gestundeten Gebühren nachträglich sehr schwer einzuziehen sind. Dies ist mit den Vorschriften über eine ordnungsmäßige Verteilung und Verrechnung der Gebühren nicht vereinbar.

Die Prüfungsgebühren müssen im allgemeinen im Voraus in einer Summe gezahlt werden (B II § 28 der Bestallungsordnung für Ärzte, § 28 der Prüfungsordnung für Zahnärzte).

Nach dem allgemeinen Erlaß dürfen die Gebührenanteile für die Prüfer nur ausnahmsweise erlassen, ermäßigt oder gestundet werden, falls sich sämtliche Mitglieder hiermit allgemein einverstanden erklärt haben. Bei Bewilligung von Teilzahlungen habe ich in diesen Fällen empfohlen, als erste Rate den vollen Gebührenanteil für sächliche und Verwaltungskosten und etwa die Hälfte der Gesamtgebühren für die Prüfer zu erheben. Der Rest soll in angemessener, dem Verlauf der Prüfung entsprechender Frist auf einmal höchstens jedoch in zwei Teilbeträgen eingezogen werden. Dabei müssen die Gebühren selbstverständlich mindestens so weit vorher erhoben werden, daß jeweils Deckung für die bevorstehenden Prüfungsabschnitte oder -teile vorhanden ist.

Bei Überreichung der Prüfungsübersicht ist, wie im Vordruck bereits vorgesehen, zu bescheinigen, daß die Prüfungsgebühren bezahlt sind.

[2] Vordrucke für die Verteilungsübersichten und Quittungen werden den preußischen Prüfungsausschüssen von den Ausschüssen für die ärztliche und die zahnärztliche Vorprüfung in Berlin C 2, Universität, oder von den Ausschüssen für die ärztliche und die zahnärztliche Prüfung in Berlin NW 40, Königsplatz 6, unentgeltlich abgegeben (vgl. S. 150).

Prüfung je eine ordnungsmäßig belegte Rechnung[2] über die Vereinnahmung und Verwendung der im verflossenen Prüfungsjahre aufgekommenen Prüfungsgebühren Anfang Oktober j. Js. durch die Hand des Universitätskurators (Universitätskuratoriums, in Düsseldorf des Regierungspräsidenten) dem R.Pr.J. einzureichen[1].

Die Rechnung für den I. und II. Abschnitt der ärztlichen Vorprüfung ist nach Vordruck A (vgl. S. 150) gemeinsam zu legen die Unterlagen nach den Vordrucken C, D, E jedoch für jeden Abschnitt besonders aufzustellen und beizufügen (M.V. 27. 8. 32 — I M V 1535).

Falls Prüfungen vorbezeichneter Art nicht stattgefunden haben, ist Fehlanzeige zu erstatten (K.M. 16. 6. 04 — U I 645 —, 18. 5. 11 — U I 965 —).

Die Rechnung ist von dem Vorsitzenden des Prüfungsausschusses und von dem Rechnungsführer zu vollziehen und muß eine Bescheinigung über die Richtigkeit der nachgewiesenen Einnahmen und über das Vorhandensein der verbliebenen Bestände enthalten (K.M. 14. 10. 92 — M 9139).

Die Portoliquidation ist mit dem Attest der Richtigkeit, einer Zahlungsanweisung und der Bescheinigung zu versehen, daß die in Rechnung gestellten Portoausgaben lediglich im Interesse des betreffenden Prüfungsausschusses entstanden und sonach von anderen Personen weder ganz noch teilweise zu tragen gewesen sind (K.M. 30. 11. 93 — M 12344 —). Portodienstmarken können vom Prüfungsausschuß wie bei jeder anderen Behörde unmittelbar von der Post beschafft werden.

Die jeweiligen Ausgaben, die auf Veranlassung oder im Interesse der Prüflinge entstehen (Porto, Heften der Zulassungspapiere usw.), sind nicht aus den Prüfungsgebühren zu decken, sondern von den Prüflingen zu tragen (M.V. 10. 2. 22 — I M V gen. 53)[2].

Neue persönliche Ausgaben und besondere Anschaffungen der Prüfungsausschüsse, die einen größeren Kostenaufwand verursachen, bedürfen der ministeriellen Genehmigung, die stets rechtzeitig vorher einzuholen ist (M.V. 22. 6. 22 — I M V gen. 269).

Die Anschaffung von Siegelmarken für die Prüfungsausschüsse ist in einem Einzelfalle abgelehnt worden, da derartige Marken entbehrlich sind und gegebenenfalls überall durch Stempelaufdruck ersetzt werden können (M.V. 12. 4. 30 — I M V 949).

Als Einnahmebeleg dient eine Übersicht über die eingegangenen Prüfungsgebühren und deren Verteilung auf die einzelnen Prüfungsabschnitte und auf die Verwaltungskosten[3]. Es brauchen deshalb Kassenquittungen über die vereinnahmten Gebühren[3] nicht beigebracht, auch die geprüften Kandidaten

---

[1] Für die Herstellung der Rechnung stehen die Universitätsherbstferien zur Verfügung.

[2] Falls die Kosten (auch für Beschaffung der Vordrucke für die Gesuche der Kandidaten um Zulassung zu den Prüfungen) von den Prüfungsausschüssen verauslagt sind, sind sie von den Prüflingen wiedereinzuziehen und die Beträge sowohl einzeln in der bei der Gebührenabrechnung aufzustellenden Übersicht über die Verteilung der Prüfungsgebühren in einer besonderen Spalte als auch in einer Summe in der Rechnung bei Einnahmetitel III nachzuweisen.

[3] Vordrucke werden den preußischen Prüfungsausschüssen von den Ausschüssen für die ärztliche und die zahnärztliche Vorprüfung in Berlin C 2, Universität, oder von den Ausschüssen für die ärztliche und die zahnärztliche Prüfung in Berlin NW 40, Königsplatz 6, unentgeltlich abgegeben (vgl. S. 150, 151).

in der Rechnung nicht aufgeführt zu werden. Die Quittungen über die geleisteten Ausgaben sind für die ärztlichen und die zahnärztlichen Ausschüsse je besonders auszustellen und in Urschrift vorzulegen. Von den Prüfern sind Jahresquittungen beizubringen. In der Rechnung, für die Vordrucke bestehen (vgl. S. 150), ist auf die Belege, die mit fortlaufenden Nummern zu versehen und zu einem Heft zu vereinigen sind, zu verweisen. Ungeheftet in Bündeln sind Belege an das Ministerium nicht einzusenden.

Der nach der Vorrechnung verbliebene Bestand ist in der folgenden Rechnung als Einnahme vorzutragen und gemäß den Bestimmungen über seine Verwendung in Ausgabe nachzuweisen. Auch sind Belege über die erfolgte Verwendung beizubringen.

Rechnerische Feststellung.

Auf dem Titelblatt ist das vorgeschriebene Kalkulaturattest von einem bei der Rechnungslegung nichtbeteiligten Beamten auszustellen (K.M. 14. 10. 92 — M 9139).

Nach § 5 der Rechnungsordnung muß der Anweisung der Einnahmen und Ausgaben eine rechnerische Prüfung und Feststellung vorhergehen. Zur Bestätigung dieser Voraussetzung sind die Anweisungen mit dem Feststellungsvermerk des betreffenden Rechnungsbeamten zu versehen.

Die Oberrechnungskammer hat wiederholt erinnert, daß auf zahlreichen Rechnungsbelegen die Feststellungsbescheinigungen fehlen. Die erwähnte Bestimmung ist ebenso wie die übrigen Vorschriften der Rechnungsordnung von allgemeiner Bedeutung (§§ 1 bis 7), die im wesentlichen noch heute gelten, und zu beachten. Der Feststellungsvermerk ist im Entwurf und in der Reinschrift eigenhändig abzugeben; er ist auch dann erforderlich, wenn Einnahme- und Ausgabebeträge nicht besonders ermittelt sind (vgl. Anl. 62 S. 155 der Rechnungsordnung).

Nach § 5 der Rechnungsordnung sind als befähigt zur rechnerischen Prüfung und Feststellung von Rechnungen und Rechnungsbelegen anzusehen:

a) Alle Beamten, die einer Beamtenklasse angehören, der nach der von dem zuständigen Verwaltungschef im Einvernehmen mit der Oberrechnungskammer getroffenen Bestimmung die Befähigung zur Abgabe rechnerischer Bescheinigungen beiwohnt[1]

b) diejenigen Beamten, die für ihre Person von der Verwaltung nach Grundsätzen die mit der Oberrechnungskammer vereinbart sind, als befähigt anerkannt sind.

Rechnerische Bescheinigungen können nicht erteilen:

a) Beamte, die bei der Kassen- und Materialienverwaltung einer Amtsstelle unmittelbar beteiligt sind, zu den ihre eigene Verwaltung berührenden Rechnungsbelegen usw. und

b) alle Beamte zu den von ihnen selbst aufgestellten Rechnungsbelegen usw.

Hiernach ist zur Feststellung der Rechnungen der Ausschüsse für die ärztliche und zahnärztliche Vorprüfung nebst Belegen ein nicht bei der Rechnungslegung beteiligter geeignetenfalls der mit der rechnerischen Prüfung der Abschlüsse der Universitätskasse betraute Beamte zu beauftragen.

---

[1] Durch Staatsministerialbeschluß vom 6. 6. 11 betr. die rechnerische Prüfung und Bescheinigung der Rechnungsbelege und Rechnungen ist bestimmt worden, daß grundsätzlich nur Beamte des mittleren Dienstes, die ihre Befähigung zur selbständigen Bearbeitung von Rechnungssachen nachgewiesen haben, zur Abgabe rechnerischer Bescheinigungen für befähigt zu erachten sind (Ausführungsbestimmung Fin.-Min. 22. 7. 11 — I 8880 MBl.i.V. S. 281). Bei den durch den Krieg geschaffenen außerordentlichen Verhältnissen hat es sich nicht vermeiden lassen, daß während des Krieges und in der Nachkriegszeit auch anderen Personen die volle oder beschränkte Befähigung zur Abgabe rechnerischer Bescheinigungen erteilt worden ist. Künftig wird bei Zuerkennung der rechnerischen Prüfungsbefähigung wieder streng nach den Vorschriften von 1911 verfahren werden. Den zur Ruhe gesetzten Rechnungsbeamten, die ihre dienstliche Tätigkeit noch nach ihrem Ausscheiden als Staatsbeamte im Angestelltenverhältnis fortsetzen, und denjenigen Angestellten, denen die Befähigung zur selbständigen Bearbeitung von Rechnungssachen einmal beigelegt worden ist, darf die rechnerische Prüfungsbefugnis jedoch bis auf weiteres belassen werden (Fin.-Min. 29. 9. 25 — I A 2. 3171, III 6. 203 — Auszugsweise).

Mit der Vollziehung der Bescheinigung über die rechnerische Prüfung und Feststellung wird die Verantwortung für die Richtigkeit aller zahlenmäßig zu ermittelnden Angaben übernommen. Die rechnerische Prüfung hat sich hiernach nicht auf die eigentliche rechnerische Feststellung der Belege zu beschränken, sondern auf eine Prüfung der den Berechnungen zugrunde liegenden Zahlenangaben nach den maßgebenden Vorschriften usw. mitzuerstrecken.

Für die Rechnungslegung gelten die Vorschriften der Rechnungsordnung und der Prüfungsordnungen für Ärzte und Zahnärzte.

Die vorgenannten Rechnungen nebst Unterlagen werden von den Vorsitzenden der betreffenden Ausschüsse dem Universitätkuratorium zugesandt und sind von diesem nach Prüfung, Erledigung etwaiger Ausstellungen und rechnerischer Feststellung dem Minister vorzulegen.

(M.V. 31. 10. 20 — I M V 8411, U I 3100).

Die sämtlichen Einnahmen und Ausgaben der Ausschüsse für die ärztliche und zahnärztliche Vorprüfung sind in den Büchern der Universitätskasse als Verwahrgelder in Einnahme und Ausgabe nachzuweisen (K.M. 15. 12. 13 — U I 2685 —). **Gebühren-verwaltung.**

Bei der ärztlichen und zahnärztlichen Vorprüfung ist eine von der zuständigen Kasse angefertigte Zusammenstellung[1] der in jedem Prüfungsjahr in den Kassenbüchern eingetragenen einzelnen Einnahmen und Ausgaben (für die ärztliche und zahnärztliche Vorprüfung getrennt) mit jeder Abrechnung über die Prüfungsgebühren einzureichen. Der in dieser Zusammenstellung von der Kasse aufzustellende und mit der Richtigkeitsbescheinigung zu versehende Abschluß über die Einnahmen und Ausgaben und den verbleibenden Bestand muß mit der Abrechnung des Prüfungsausschusses übereinstimmen. (M.V. 26. 6. 28 — I M III 1461).

Für die ärztliche und zahnärztliche Prüfung gilt folgendes:

Um die ärztlichen und zahnärztlichen Prüfungsausschüsse vom baren Geldverkehr zu befreien, sind die Einnahmen, im wesentlichen also die Prüfungsgebühren, nicht mehr dem Prüfungsausschuß oder der von ihr bisher bestimmten Dienststelle, sondern der Regierungshauptkasse zuzuführen und von dieser auch die erforderlichen Zahlungen (Gebühren der Prüfer, sächliche Ausgaben u. a.) zu leisten.

Die Prüflinge haben die von ihnen zu entrichtenden Gebühren mit Zahlkarte, auf deren linkem Abschnitt die Art der Gebühren zu bezeichnen ist, bei der Post auf das Postscheckkonto der Regierungshauptkasse einzuzahlen, Die Annahme von Geldern, sei es auch nur zur Übermittlung an die Regierungshauptkasse, haben der Prüfungsausschuß und seine Beamten abzulehnen[2]. Die Posteinlieferungsscheine gelten als Nachweise über die Zahlung der Gebühren durch die Prüflinge.

Die Anweisungen an die Regierungshauptkasse zur Leistung von Ausgaben sind schriftlich zu erteilen und von dem Vorsitzenden des Prüfungsausschusses zu vollziehen. Es wird sich empfehlen, zu den etwa erforderlichen Quittungen, namentlich denjenigen der Prüfer über Prüfungsgebühren, einheitliche Vordrucke verwenden zu lassen; die Quittungen sind, den allgemeinen Vorschriften entsprechend auf die „Staatskasse" auszustellen.

Die Rechnungslegung verbleibt wie bisher dem Prüfungsausschuß.

---

1 Die Zusammenstellung ist rechnerisch feststellen zu lassen.

2 Vgl. M.V. 26. 6. 28 — I M III 1461 — S. 146.

Die Regierungshauptkasse wird dem Ausschuß Ende August j. Js. eine Zusammenstellung[1] der bis dahin seit 1. Oktober des vorhergehenden Jahres entstandenen Ausgaben nebst den Belegen, desgleichen eine Nachweisung der in der gleichen Zeit vereinnahmten Prüfungsgebühren nebst den darüber vorhandenen Zahlkartenabschnitten zustellen, die der Rechnung als Unterlagen mit beizufügen sind. In den nach bisheriger Weise von dem Prüfungsausschuß aufzustellenden Nachweisungen über die Verteilung der Prüfungsgebühren sind die Namen der Prüflinge in alphabetischer Reihenfolge aufzuführen.

Die Regierungshauptkassen sind angewiesen, die Einnahmen und Ausgaben bei den Verwahrgeldern nachzuweisen. Ausgaben sind soweit nicht etwa von einzelnen Empfängern ein anderes Verfahren ausdrücklich gewünscht wird im Postscheckwege zu leisten.

Gleichzeitig ist den Regierungshauptkassen mitgeteilt worden daß das Prüfungsjahr zwar erst Ende September ablaufe, die vorbezeichneten Zusammenstellungen usw. jedoch bereits Ende August übersandt werden könnten, da von da ab bis zum Schlusse des Prüfungsjahres erfahrungsgemäß Einnahmen und Ausgaben nicht mehr zu erwarten sind. Einnahmen und Ausgaben sind von den Regierungshauptkassen für die ärztlichen und die zahnärztlichen Prüfungen getrennt aufzuführen. Die Übereinstimmung der Zusammenstellungen usw. mit den Kassenbüchern und die Richtigkeit des durch Gegenüberstellung von Einnahme und Ausgabe sich ergebenden Bestandes sind von der Kassenrevisionskommission der Regierungshauptkasse zu bescheinigen.

(M.J. 17. 9. 14 — M 17414, F. M. I 11649 —).

Gebühren-erhebung. Es wird daran erinnert, daß die Prüfungsgebühren von den Prüflingen grundsätzlich unmittelbar bei der zuständigen staatlichen Kasse einzuzahlen oder an diese zu überweisen sind. Dem Prüfungsausschuß ist die Annahme von Prüfungsgebühren, sei es auch nur zur Übermittlung an die Kasse, nicht gestattet (M.V. 26. 6. 28 — I M III 1461).

Nach § 58 der Prüfungsordnung für Ärzte vom 28. 5. 01[1] sind vorbehaltlich der Bestimmung in § 56 Abs. 2[2] die Gebühren für sächliche und Verwaltungskosten bei dem Rücktritt oder der Zurückstellung des Kandidaten von der Prüfung nach Verhältnis zurückzuzahlen.

In Ergänzung dieser Vorschrift wird folgendes bestimmt:

Von dem Betrage für sächliche und Verwaltungskosten sind, sobald der Kandidat in die Prüfung eintritt, so viel für den Prüfungsausschuß vorweg zu verrechnen, um die Vergütungen für Kassen- und Rechnungsführung, Sekretariats- usw. Geschäfte und Botendienste zu bestreiten und anteilig die sächlichen Ausgaben für Bureaubedürfnisse, Formulare usw. zu decken.

Der verbleibende Rest ist dem Kandidaten bei dem Rücktritt usw. von der Prüfung für die noch nicht begonnenen Prüfungsabschnitte anteilig zurückzuzahlen[3].

---

[1] Jetzt § 59 der Bestallungsordnung für Ärzte.

[2] Jetzt § 59 Abs. 1 bis 4 und 6 der Bestallungsordnung für Ärzte.

[3] Dies kommt nicht in Betracht, wenn nach der Bestallungsordnung der ganze Betrag als verfallen gilt.

Tritt der Kandidat von der ärztlichen Prüfung zurück, bevor er sie überhaupt begonnen hat, so ist der ganze Betrag der eingezahlten Prüfungsgebühren nach Abzug der bestimmungsmäßigen Vergütung für die Kassen- und Rechnungsführung zurückzuzahlen. Entschädigungen für Sekretariats- usw. Geschäfte und Botendienste sind in diesem Falle nicht in Ansatz zu bringen.

Wird der Kandidat auf seinen Antrag einem anderen Prüfungsausschuß zur Beendigung der Prüfung überwiesen, so dürfen die Vergütungen für die Beamten und Diener des neuen Ausschusses, falls die noch ausstehenden Prüfungsabschnitte erledigt werden, in der zulässigen Höhe, keinesfalls aber in höherem Betrage gewährt werden, als für sächliche Ausgaben und Verwaltungskosten noch zur Verfügung steht. Findet eine Prüfung in den noch ausstehenden Abschnitten nicht statt, so sind bei dem Rücktritt des Kandidaten von der Prüfung die Bestimmungen des vorstehenden Absatzes sinngemäß anzuwenden.

(K.M. 28. 1. 07 — M 19696 —)[1].

Bei den ärztlichen und den zahnärztlichen Prüfungen verfallen in der Regel die Prüfungsgebühren beim Rücktritt des Kandidaten von der Prüfung (§ 10 Abs. 2 bis 4, § 12 Abs. 5, 6, § 59 der Bestallungsordnung für Ärzte, § 10 Abs. 2 bis 4, § 15 Abs. 5, 6, § 50 der Prüfungsordnung für Zahnärzte)[2].

In einem Einzelfalle ist folgende Ausführungsbestimmung erlassen worden:

Von den verfallenen Prüfungsgebühren (§ 59 der Bestallungsordnung für Ärzte und § 50 der Prüfungsordnung für Zahnärzte) werden die Anteile für Prüfungsabschnitte und -teile nicht den Prüfern ausgezahlt, sondern einbehalten, während die Gebührenanteile für sächliche und Verwaltungskosten für diese Kosten zur Verfügung stehen.

Sämtliche verfallenen und einbehaltenen Gebührenanteile werden in der Abrechnung dadurch, daß sie zwar vereinnahmt, aber nicht verausgabt werden, in dem Bestande nachgewiesen.

Wenn ein Kandidat die Prüfung nicht beginnt oder die begonnene Prüfung abbricht, sowie Ermahnungen und Vorladungen nicht Folge leistet, kommen die Vorschriften des § 59 Abs. 1 bis 5 der Bestallungsordnung für Ärzte und des § 50 Abs. 1 bis 5 der Prüfungsordnung für Zahnärzte zur Anwendung. Die endgültige Abrechnung der Prüfung und Einreichung der Prüfungsübersicht kommt in solchen Fällen erst nach Ablauf der vorgeschriebenen Frist für die Beendigung der Prüfung (§ 59 Abs. 6 der Bestallungsordnung für Ärzte, § 50 Abs. 6 der Prüfungsordnung für Zahnärzte) in Frage.

Rückständige Prüfungsgebühren können nicht im Verwaltungszwangsverfahren beigetrieben, sondern müssen im ordentlichen Rechtswege be-

---

[1] In der Gebührenabrechnung müssen die Kandidaten solange geführt werden, bis über die Restgebühren endgültig entschieden ist.

[2] Durch Erl. M.V. vom 30. 11. 32 — I M IV 2675 — ist folgendes bestimmt worden: Nach § 12 letzter Absatz und § 59 letzter Absatz der Bestallungsordnung für Ärzte gilt unter den dort angegebenen Voraussetzungen bei der ärztlichen Vorprüfung und Prüfung der nicht verwendete Gebührenrest als verfallen. Ausnahmen können nur aus besonderen Gründen gestattet werden. Die Entscheidung ist in diesen Fällen den Vorsitzenden der Prüfungsausschüsse übertragen (vgl. S. 132).

ansprucht werden. Derartige Weiterungen können jedoch vermieden werden, wenn die Prüfungsgebühren bei Teilzahlungen mindestens so weit vorher von den Kandidaten eingezogen werden, daß jeweils Deckung für die bevorstehenden Prüfungsabschnitte oder -teile vorhanden ist. Im übrigen wird auf den allg. Erlaß vom 28. 2. 24 — I M V 562 I — Ziff. 8 letzter Absatz[1] betr. Einbehaltung von Zeugnissen verwiesen.

(M.B. 6. 6. 25 — I M III 1333).

Kürzung der Vergütungen. Für die Kürzung der Vergütungen bei der ärztlichen und zahnärztlichen Vorprüfung und Prüfung gilt folgendes:

1. Die Prüfungsgebühren sind in der bisherigen Höhe zu erheben.

2. Die Vergütungen für den Vorsitzenden, die Mitglieder und das Personal der Prüfungsausschüsse sind um 50 v.H. zu kürzen. Hierbei ist es unwesentlich, ob die Vergütungen einem Staats- oder sonstigen Beamten oder einem Angehörigen der freien Berufe oder einem Privatdozenten[2] zufließen, und ob er außerdem Bezüge aus der Staatskasse erhält oder nicht.

3. Als Dienstaufwandsentschädigung bleibt ein Betrag von 20 v.H. der vollen Vergütungen kürzungsfrei. Damit sind etwaige bare Auslagen der Prüfer (für Material usw.) als abgegolten anzusehen. Bei den mit den Prüfungsgeschäften zusammenhängenden Werbungskosten der Hochschullehrer (vgl. den allg. Erl. M.B. 2. 11. 1931 — I M V 1937/31 — letzter Absatz[3], ist diese Dienstaufwandsentschädigung in Anrechnung zu bringen.

4. Durch die Kürzung der Vergütungen wird den Gehaltskürzungsvorschriften genügt. Demgemäß bleiben obige Vergütungen der in Betracht kommenden Personen auch bei der Kürzung etwaiger sonstiger Bezüge außer Betracht.

5. Die vorgeschriebene Kürzung und der kürzungsfreie Betrag sind bei Anweisung der Vergütungen und Ausfertigung der Empfangsbescheinigungen zu berücksichtigen, so daß sowohl aus den Kassenanweisungen als auch aus den Empfangsbescheinigungen die vollen Vergütungen, die kürzungsfreien Beträge und die Kürzungsbeträge ersichtlich sind. Wegen der Rechnungslegung ergeht demnächst noch besondere Verfügung[4].

6. Die Kürzungsbeträge sind von den zahlenden Kassen zunächst bei den Verwahrgeldern zu verrechnen und am Jahresschluß wie bisher mit den Prüfungsgebühren zusammen auf das nächste Rechnungsjahr zu übertragen. Wegen Abführung der Kürzungsbeträge werde ich bei Abnahme der Gebührenabrechnung besondere Anweisung treffen.

7. Vorstehende Regelung erstreckt sich auf die Vergütungen, die vom 1 4. 1933 ab fällig sind, also auch auf Prüfungs-Abschnitte oder -Teile, die zu diesem Zeitpunkt oder später abgehalten worden sind und noch abgehalten werden. Der allgemeine Erl. M.B. 11. 7. 1932 — I M V 751/32 1. Ang.[5] wird hiermit außer Kraft gesetzt.

8. Von dieser Vorschrift bleiben die sächlichen Ausgaben unberührt. Sie dürfen in dem bisherigen Umfange ungekürzt weiter bezahlt werden.

Berlin, den 10. 7. 1933.

Der Pr. Minister des Innern.

III a IV 1728.

---

[1] Jetzt M.B. 28. 1. 27 — I M III 251 — letzter Absatz, S. 142.

[2] Die frühere Befreiung der Vergütungen der Privatdozenten von der Kürzung ist aufgehoben (M.B. 2. 11. 31 — I M V 1937).

[3] Diese Bestimmung lautet: Etwaige mit den Prüfungsgeschäften zusammenhängende Werbungskosten der Hochschullehrer sind mit dem diesen Dozenten schon früher gewährten Pauschsatz von 25% der gesamten Dienstbezüge, zu denen auch die Prüfungsgebühren rechnen, als abgegolten anzusehen, mithin bei den Kürzungen der Vergütungen solcher Hochschullehrer für die Erledigung von Prüfungsgeschäften nicht zu berücksichtigen.

[4] Vgl. M.J. 9. 9. 33 — III a IV 2494 (nachstehend abgedruckt).

[5] Hier nicht abgedruckt.

Wegen der Verrechnung der Kürzungsbeträge usw. ist durch Erl. des M.J. vom 9. 9. 33 — III a IV 2494 — noch folgendes bestimmt worden:

1. Zum Nachweis der Kürzungen und tatsächlichen Zahlungen ist der Rechnung eine besondere Übersicht[1] beizufügen. Darin sind sämtliche im abgelaufenen Prüfungsjahr ausgezahlten Vergütungen für alle Mühewaltungen (auch Schreibarbeiten u. dgl.) aufzunehmen und nur die Aufwendungen für etwaige sächliche Zwecke (Anschaffungen u. dgl.) nicht zu berücksichtigen.

2. In der Rechnung sind die Einnahmen und Ausgaben in der tatsächlichen Höhe (also die Ausgaben unter Berücksichtigung der Kürzungen) anzugeben. Beim Abschluß (Seite 2 der Rechnung) ist unter „Bestand" zu vermerken:

„Davon Kürzungsbeträge nach der Anlage.............RM.......Rpf.

Mithin verbleiben als Ersparnisse ....RM.......Rpf."

3. Die vorgeschriebene Übersicht über die Verteilung der Gebühren ist ohne Berücksichtigung der Kürzungen auszufüllen.

4. In der jeder Rechnung beizufügenden Übersicht der Kasse über die einzelnen Einnahmen und Ausgaben und den verbliebenen Bestand sind die Zahlungen in der tatsächlichen Höhe zu berücksichtigen.

5. Die Abzüge an Einkommensteuern und Abgaben zur Arbeitslosenhilfe (vgl. Erl. M.J. v. 23. 6. 1933 — III a IV 1601/33[2], bleiben bei den vorgenannten Aufstellungen außer Betracht.

Über die Abführung der Kürzungsbeträge und Ersparnisse wird nach Einreichung und Entlassung jeder Rechnung durch das Ministerium besondere Anweisung erteilt.

E. Vordrucke, Statistik und Prüfungsakten.

I. Für Gesuche der Prüfungskandidaten sind folgende Vordrucke eingeführt (M.V. 10. 12. 24 — I M III 2941 — und 27. 8. 32 — I M V 1535): Vordrucke.

1. Gesuch um Zulassung zum I. Abschnitt der ärztlichen Vorprüfung (Form. 3 a), Muster S. 156.
2. Gesuch um Zulassung zum II. Abschnitt der ärztlichen Vorprüfung (Form. 3 b) Muster S. 158.
3. Gesuch um Zulassung zur zahnärztlichen Vorprüfung (Form. 4), Muster S. 170.
4. Gesuch um Zulassung zur ärztlichen Prüfung (Form. 1), Muster S. 163.
5. Gesuch um Zulassung zur zahnärztlichen Prüfung (Form. 2), Muster S. 172.
6. Gesuch um Erteilung der Bestallung als Arzt (Form. 5), Muster S. 169.

Diese Vordrucke werden bei der Hirschwaldschen Buchhandlung in Berlin NW 7. Unter den Linden 68, vorrätig gehalten[3], von der sie den Kandidaten zu einem geringen Preise abgegeben werden. Die Prüfungsausschüsse können die Vordrucke auch gesammelt beziehen, haben die Kosten aber nicht aus den Prüfungsgebühren zu bezahlen, sondern von den Prüflingen einzuziehen. Wegen Verrechnung der wieder eingehenden Kosten vgl. S. 143 Anm. 2. Die Kandidaten in Berlin können sich obige Vordrucke unmittelbar von der Buchhandlung selbst besorgen.

---

[1] Die Übersicht (hier nicht abgedruckt) ist den Prüfungsausschüssen unmittelbar übersandt worden und für die Gebührenabrechnungen handschriftlich herzustellen (M.J. 11. 9. 34 — III a IV 2476).

[2] Diese Bestimmung lautet: Die persönlichen Vergütungen bei den Prüfungen auf dem Gebiete der Medizinalverwaltung unterliegen auch der Abgabe zur Arbeitslosenhilfe.

[3] Der Text wird im R.Pr.J. vor jeder Neuauflage durchgesehen und geprüft.

II. Für die Durchführung der Prüfungen bestehen folgende Vordrucke (M.V. 12. 1. 24 — I M V 73 —, 10. 12. 24 — I M III 2941 —, 25. 6. 27 — I M III 2033 — 27. 8. 32 — I M V 1535):

I a Übersicht über den I. Abschnitt der ärztlichen Vorprüfung.
I b Übersicht über den II. Abschnitt der ärztlichen Vorprüfung.
II. Übersicht über die zahnärztliche Vorprüfung.
III. Übersicht über die ärztliche Prüfung.
IV. Übersicht über die zahnärztliche Prüfung.
V 1 a Zeugnis über den I. Abschnitt der ärztlichen Vorprüfung (für Vorprüfungen, die beim ersten Versuch bestanden sind).
V 1 b Zeugnis über den I. Abschnitt der ärztlichen Vorprüfung (für Vorprüfungen, die beim ersten Versuch nicht bestanden sind — mit Vermerk über die Frist zur Wiederholung) Muster S. 160.
V 1 c Zeugnis über den I. Abschnitt der ärztlichen Vorprüfung (für Wiederholungsprüfungen) Muster S. 161.
V 2 a Zeugnis über den II. Abschnitt der ärztlichen Vorprüfung (wie zu V 1 a).
V 2 b Zeugnis über den II. Abschnitt der ärztlichen Vorprüfung (wie zu V 1 b) Muster S. 161.
V 2 c Zeugnis über den II. Abschnitt der ärztlichen Vorprüfung (wie zu V 1 c) Muster S. 162.
VI. Zeugnis über die zahnärztliche Vorprüfung (Muster S. 171, 172) in denselben drei Ausfertigungen wie bei V.
VII. Bescheinigung über die Zulassung zum Praktischen Jahr durch die Prüfungsausschüsse (Erlaß M.V. 30. 5. 31 — I M V 1211 — S. 137, Muster S. 167).
VIII. Fragebogen über die Abstammung des Prüflings (Muster hier nicht abgedruckt) — gemäß § 6 Abs. 5 der Bestallungsordnung.

Diese Vordrucke werden den preußischen Prüfungsausschüssen kostenfrei zur Verfügung gestellt und können von diesen angefordert werden und zwar die

Vordrucke I a, I b, V 1 a, b, c, V 2 a, b, c, VI a, b, c, VIII bei den Ausschüssen für die ärztliche und zahnärztliche Vorprüfung in Berlin C 2, Universität,

Vordrucke III, IV, VII, VIII bei den Ausschüssen für die ärztliche und zahnärztliche Prüfung in Berlin NW 40, Königspl. 6.

III. Für die Gebührenerhebung, Buchführung, Rechnungslegung und Statistik sind folgende Vordrucke vorgesehen (M.V. 3. 8. 27 — I M III 2471 — 27. 8. 32 — I M V 1535):

Vordruck A Rechnung über die Prüfungsgebühren,
„ B Kassenanweisung und Quittung über die Prüfungsgebühren,
„ C Verzeichnis der Kandidaten, welche die Prüfung bestanden haben (Erlaß M.V. 5. 7. 24 — I M III 1335/24 — S. 152),
„ D Statistik über den Ausfall der Prüfungen (Erlaß M.V. 5. 7. 24 — I M III 1335 — S. 153),

Vordruck E 1 Übersicht über die Verteilung der Gebühren für den I. Abschnitt der ärztlichen Vorprüfung,
„ E 2 Übersicht über die Verteilung der Gebühren für den II. Abschnitt der ärztlichen Vorprüfung,
„ F Übersicht über die Verteilung der Gebühren für die zahnärztliche Vorprüfung,
„ G Übersicht über die Verteilung der Gebühren für die ärztliche Prüfung,
„ H Übersicht über die Verteilung der Gebühren für die zahnärztliche Prüfung,
„ K Liste über die Gebühren für die ärztliche Vorprüfung und zwar K 1 für den I. Abschnitt, K 2 für den II. Abschnitt,
„ L Liste über die Gebühren für die zahnärztliche Vorprüfung,
„ M Liste über die ärztlichen Prüfungen,
„ N Liste über die zahnärztlichen Prüfungen,

Auch diese Vordrucke werden von den Berliner Ausschüssen für die entsprechende Prüfung kostenfrei abgegeben (Anschriften der Ausschüsse für die ärztliche und die zahnärztliche Vorprüfung, Berlin C 2, Universität, sowie für die ärztliche und die zahnärztliche Prüfung, Berlin NW 40, Königspl. 6).[1]

Hierzu ist in dem Erlaß M.V. 3. 8. 27 — I M III 2471 — folgendes bemerkt worden:

Falls bei einzelnen Prüfungsausschüssen noch Vordrucke für andere Zwecke z. B. für Vorladungen zur Vorprüfung usw. benutzt werden, ist gegen ihre Weiterverwendung nichts zu erinnern. Hierfür sollen gegebenenfalls nach Möglichkeit Stempel angeschafft werden. Auch können Stempel zur Ausfüllung oder Ergänzung der Vordrucke verwendet werden. So läßt sich z. B. der Vordruck B auf der Rückseite für die Vorprüfung durch Aufdruck sämtlicher Prüfungsfächer und der auf sie entfallenden Gebühren ergänzen, falls solche Angaben bei einzelnen Prüfungsausschüssen eingeführt sind und sich bewährt haben.

Wenn die Prüfungsgebühren durch Zahlkarten eingezahlt werden, erübrigt sich die Benutzung des Vordrucks B; denn der Posteinlieferungsschein gilt wie bisher als Nachweis über die Zahlung der Gebühren. Diese sind von den Prüflingen grundsätzlich an die zuständige Kasse unmittelbar abzuführen. Ihre Annahme, sei es auch nur zur Übermittlung an die Kasse, haben der Prüfungsausschuß und seine Beamten nach wie vor unter allen Umständen abzulehnen[2].

Im übrigen verbleibt es bei den für die Rechnungslegung usw. erlassenen Bestimmungen (vgl. S. 142 ff.).

---

[1] Die Vordrucke C, D, E 1, E 2, F, G, H sind als Anlagen zur Gebührenabrechnung bestimmt. Die Vordrucke K, L, M, N sollen für die Kontrolle über die Gebührenzahlung und den Prüfungsverlauf (Niederschrift über die Prüfungsübersicht) sowie als Grundlage für die Rechnungslegung dienen und sind nach Gebrauch bei den Prüfungsausschüssen aufzubewahren, nicht etwa mit der Gebührenabrechnung dem Ministerium einzureichen. In den Vordrucken M, N können die Namen der Prüfer abgekürzt und die Abschnittsurteile für mehrteilige Prüfungsabschnitte in den betreffenden Spalten unter einer Klammer eingetragen werden.

Von den Vordrucken werden C zwei- und vierseitig sowie als Einlagebogen, E 1, E 2, F, G, H als Titel- und Einlagebogen sowie K, L, M, N nur als Einlagebogen geführt.

[2] Vgl. auch Erlaß M.V. vom 26. 6. 28 — I M III 1461 — S. 146.

IV. Für das Zeugnis für Kandidaten der Medizin über die Ableistung des Praktischen Jahres an den zugelassenen Anstalten (§ 65 Abs. 1 der Bestallungsordnung für Ärzte) — Muster S. 168 — sind Vordrucke bei der Hirschwaldschen Buchhandlung in Berlin NW 7, Unter den Linden 68, hergestellt worden — Form. 6 —. Sie werden dort vorrätig gehalten und zu einem mäßigen Preise abgegeben (M.V. 16. 12. 26 — I M III 3999).

V. Die Zeugnisse über die Teilnahme an Übungen (Praktikantenscheine) werden in der durch die Prüfungsvorschriften bestimmten Fassung (Muster S. 160, 166, 171, 174) von den Universitätsanstalten selbst hergestellt.

VI. Weitere Vorschriften für die Durchführung der ärztlichen und zahnärztlichen Vorprüfung bzw. Prüfung:

Hilfsformulare für die Prüfung selbst, z. B. das pharmakologische Extemporale u. a., die Benachrichtigung der Kandidaten und die Aktenvermerke bei Wiederholungsprüfungen usw. dürfen auf Kosten der Prüfungsausschüsse nicht gedruckt werden. Die Benachrichtigung der Kandidaten bei Wiederholungsprüfungen kann mündlich erfolgen. Der entsprechende Aktenvermerk ist in den neuen Prüfungsübersichten vorgesehen.

Für Bescheinigungen über die bestandene Prüfung sind nach Möglichkeit Durchschläge mit der Schreibmaschine auf Quartblättern zu verwenden.

Gegen die Anschaffung und Verwendung von Gummistempeln für geeignete Fälle ist nichts einzuwenden.

Papier darf nur für den Gebrauch des Vorsitzenden und dessen Büro, dagegen nicht für die Prüfung selbst, auf Kosten des Prüfungsausschusses angeschafft werden. (M.V. 12. 1. 24. — I M V 73).

Statistik. Die Ausschüsse für die ärztliche und zahnärztliche Vorprüfung und Prüfung haben am Schlusse eines jeden Prüfungsjahres, spätestens bis zum 1. Oktober jeden Jahres, evtl. mit den Gebührenrechnungen (vgl. S. 142), je ein alphabetisches Verzeichnis der von jedem Ausschuß in dem jeweils abgelaufenen Prüfungsjahre mit Erfolg geprüften Kandidaten der Medizin bzw. der Zahnheilkunde — für die ärztliche und zahnärztliche Vorprüfung je in doppelter Ausfertigung[1] — nach folgendem Muster vorzulegen:

Verzeichnis[2] [3]

derjenigen Kandidaten der........................, welche die ....prüfung im Prüfungsjahre 19..../.... nach der Bestallungs—Prüfungsordnung vom .... bestanden haben.

---

[1] In den Verzeichnissen der Kandidaten, die die Vorprüfung bestanden haben, sind in Spalte 2 die Namen der weiblichen Studierenden mit einem Kreuz (×) zu versehen (M.V. 18. 8. 31 — I M V 1824).

[2] Da die Verzeichnisse im Ministerium weiterverarbeitet werden, wird auf sorgfältige Aufstellung und deutliche Schreibweise besonderer Wert gelegt. Es empfiehlt sich deshalb, die Verzeichnisse mit der Schreibmaschine (mit einem Durchschlag) herzustellen.

Für Kandidaten der Medizin, die die ärztliche Vorprüfung ablegen, sind für den I. und II. Abschnitt besondere alphabetische Verzeichnisse aufzustellen (M.V. 4. 4. 25 — I M III 858/25).

[3] Vordrucke werden den preußischen Prüfungsausschüssen von den Ausschüssen für die ärztliche und die zahnärztliche Vorprüfung in Berlin C 2, Universität, oder von den Ausschüssen für die ärztliche und die zahnärztliche Prüfung in Berlin NW 40, Königsplatz 6, unentgeltlich abgegeben (vgl. S. 150).

Lfd. Nr.	Zuname	Vor-(Ruf-)name	Geburtsort	Provinz (für preuß. Orte), Land (für außerpreußische Orte) zu 4	Staatsangehörigkeit	Prüfungsausschuß	Gesamturteil
1	2	3	4	5	6	7	8

Die erforderlichen Angaben sind aus den vorschriftsmäßigen Zulassungsgesuchen (vgl. S. 149) ersichtlich.

Außerdem ist in dem Begleitbericht je besonders anzugeben[1], wieviel Prüflinge (getrennt nach Reichsdeutschen und Reichsausländern) die Vorprüfung und Prüfung in dem jeweils abgelaufenen Prüfungsjahr:

1. bestanden haben zusammen?
2. bestanden haben sehr gut?
3. bestanden haben gut?
4. bestanden haben genügend?
5. nicht beendet haben?[2]

(M.V. 5. 7. 24 — I M III 1335 und 18. 8. 31 — I M V 1824).

Prüfungsakten.

Von der Vorlage der Prüfungsakten[3] für die ärztliche und zahnärztliche Vorprüfung hat das Ministerium bis auf weiteres abgesehen und sich vorbehalten, in Einzelfällen die Vorprüfungsakten zur Einsicht anzufordern (R.Pr.F. 28. 2. 36 — IV B 8320/3590).

F. Zusammensetzung der Prüfungsausschüsse.

Zusammensetzung der Ausschüsse.

Die Vorschläge über die Zusammensetzung der Ausschüsse für die ärztliche und die zahnärztliche Vorprüfung sowie die ärztliche und die zahnärztliche Prüfung sind von den Medizinischen Fakultäten[4] für jeden Prüfungsausschuß besonders aufzustellen[5] und durch die Universitätskuratoren usw. am Ende des Sommerhalbjahres bis spätestens zum 1. August j. Js. der Zentralbehörde einzureichen (wegen der ärztlichen Vorprüfung K.M. 22. 8. 84 — U I 3503 M — der zahnärztlichen Vorprüfung K.M. 1. 11. 10 — U I

[1] Für diese Angaben, die je in einfacher Ausfertigung einzureichen sind, bestehen Vordrucke, die von den preuß. Prüfungsausschüssen wie S. 152 Anm. 3 angegeben zu beziehen sind.

[2] Es sind nur solche Kandidaten zu berücksichtigen, die nach den Prüfungsvorschriften für die Ablegung der Prüfung noch in Frage kommen.

[3] Unter den auf die Prüfung bezüglichen Akten sind das Gesuch des Studierenden und die auf die Prüfung bezüglichen Niederschriften sowie alle sonstigen den einzelnen Studierenden betreffenden, beim Prüfungsausschuß einlaufenden Schriftstücke zu verstehen. Ausgenommen sind nur die Zeugnisse des Studierenden, die ihm nach beendeter Prüfung zurückzugeben sind (K.M. 3. 7. 05 — U I 1324).

[4] In Düsseldorf ist der Akademische Rat der Medizinischen Akademie zuständig.

[5] Die Vorschläge gelten den Prüfungsvorschriften entsprechend nur als Gutachten, haben aber für die entscheidenden Stellen keine bindende Wirkung.

Bei allen Vorschlägen sind die Prüfer namentlich anzugeben, auch wenn Veränderungen gegenüber dem Vorjahr nicht vorgesehen sind.

Die Vorschläge sollen nicht zu zweien oder zu dreien vereinigt, sondern für jeden einzelnen Prüfungsausschuß getrennt eingereicht werden (K.M. 25. 8. 92 — U I 1682, M. 7425).

Die Vorschläge der Prüfer für die Abschnitte I und II der ärztlichen Vorprüfung sind entsprechend der neuen Einteilung der Prüfungsfächer aufzustellen (M.V. 19. 7. 32 — I M V 1323).

1811 —, der ärztlichen Prüfung — K.M. 19. 7. 83 — M 4628 —, und der zahnärztlichen Prüfung K.M. 4. 5. 09 — M 17139).

Diese Vorschläge sind an das R.Pr.E. und R.Pr.J. — mit Umschlag an das R.Pr.E. — zu richten (M.V. 26. 11. 19 — M 25067 —, U I 20027 —, K.M. 20. 8. 21 — U I 2307 — M.J. 13. 12. 32 — III a IV 2674).

Die Ernennung der Mitglieder erfolgt auf Widerruf und auf eine Prüfungsperiode (= 1 Jahr).

Die Prüfungsausschüsse haben auch über den bei der Ernennung ihrer Mitglieder bezeichneten Zeitpunkt hinaus so lange zu fungieren, bis die Zusammensetzung der Ausschüsse für das folgende Jahr erfolgt ist (K.M. 1. 2. 01 — U I 2437, M 3159 —).

Die während der Prüfungsperiode zur Emeritierung gelangenden Professoren scheiden mit dem Zeitpunkt der Emeritierung aus den Prüfungsausschüssen aus (M.V. 28. 4. 21 — I M V gen. 111).

Wegen Auswahl der Prüfer für die ärztliche Vorprüfung in Anatomie und Physiologie bei Trennung dieser Fächer vgl. S. 68, für Abschnitt III (pathologische Physiologie) bei der ärztlichen Prüfung vgl. S. 73 und für Abschnitt II Teil 1 und Abschnitt IV Teil 1 bei der zahnärztlichen Prüfung vgl. S. 120.

Vertretung der Prüfer.

Zur Durchführung der Bestimmungen des § 4 Abs. 1 und § 21 Abs. 3 B II der Bestallungsordnung für Ärzte vom 25. 3. 36 sowie des § 4 Abs. 1 und § 21 Abs. 3 der Prüfungsordnung für Zahnärzte vom 15. 3. 09 ist folgendes bestimmt worden:

Bei vorübergehender Behinderung eines Prüfers innerhalb oder außerhalb der Universitätsferien ordnet der Vorsitzende des Prüfungsausschusses dessen Stellvertretung an, ohne daß es hierzu der Zustimmung des betreffenden Prüfers bedarf.

Für die Regelung der Stellvertretung bei längerer Abwesenheit oder beim Ausscheiden eines Prüfers hat der Vorsitzende des Prüfungsausschusses die ministerielle Genehmigung nachzusuchen.

Eine längere Unterbrechung der Prüfung infolge Behinderung eines Prüfers ist mit Rücksicht auf die Notlage der meisten Prüflinge nicht angängig.

Die Prüfer haben daher gegebenenfalls von ihrer Behinderung den Vorsitzenden des Prüfungsausschusses zwecks Regelung der Stellvertretung rechtzeitig zu benachrichtigen und können dabei einen Vertreter in Vorschlag bringen. (M.V. 24. 5. 23 — I M V 1159).

Wegen der Prüfungen in den Universitätsferien vgl. S. 21 Anm. 5.

Anhang.

A. Preußische Prüfungsordnung für Kreisärzte.

Vom 13. 2. 34 (M.Bl. i. V. S. 259).

— Auszug —

§ 1. Das Befähigungszeugnis für die Anstellung als Kreisarzt wird von dem Minister des Innern dem erteilt, der die Prüfung für Kreisärzte bestanden hat.

§ 2. Die Prüfung wird vor dem Prüfungsausschuß für Kreisärzte im Landesgesundheitsrat in Berlin abgelegt.

§ 3. (1) Das Gesuch um Zulassung zur Prüfung ist an den für den Wohnsitz des Bewerbers zuständigen Regierungspräsidenten, in Berlin an den Polizeipräsidenten, bei Bewerbern, die außerhalb Preußens ihren Wohnsitz haben, unmittelbar an den Minister des Innern zu richten. Der Regierungspräsident (Polizeipräsident) prüft die Vorlagen und gibt sie mit seinem Bericht an den Minister weiter.

(2) Der Minister entscheidet über die Zulassung.

(3) Voraussetzung für die Zulassung zur Prüfung ist, daß der Bewerber nach Erlangung der Approbation als Arzt eine mindestens dreijährige Beschäftigung in der ärztlichen Praxis nachgewiesen hat. Der Minister kann im Einzelfalle auch eine andere ärztliche Tätigkeit anerkennen.

§ 4. (1) Dem Zulassungsgesuche sind in Urschrift beizufügen:

1. die Approbation als Arzt;

2. der Nachweis über den Erwerb der medizinischen Doktorwürde bei einer Universität des Deutschen Reiches. Das Doktordiplom ist in einem Abdruck beizufügen;

3. der Nachweis, daß der Bewerber während oder nach Ablauf seiner Studienzeit an einer Universität des Deutschen Reiches

a) eine Vorlesung über gerichtliche Medizin besucht,

b) mindestens ein Halbjahr lang an der psychiatrischen Klinik als Praktikant mit Erfolg teilgenommen hat;

4. der Nachweis, daß der Bewerber einen abgeschlossenen Lehrgang an der Staatsmedizinischen Akademie in Berlin-Charlottenburg mit Erfolg abgeleistet hat;

5. (1) der Nachweis, daß der Bewerber einen pathologischen-anatomischen, einen hygienisch-bakteriologischen, einen gerichtlich-medizinischen Kursus, jeden von mindestens dreimonatiger Dauer, in einem Universitätsinstitut des Deutschen Reiches durchgemacht sowie eine wenigstens dreimonatige Tätigkeit als Hilfsassistent an einer psychiatrischen Klinik abgeleistet hat. Der pathologisch-anatomische, hygienisch-bakteriologische und der gerichtlich-medizinische Kursus können auch an der Staatsmedizinischen Akademie in Berlin-Charlottenburg, der hygienisch-bakterilogische Kursus auch im Institut für Infektionskrankheiten „Robert Koch" in Berlin abgeleistet werden.

(2) Die Nachweise werden durch die Zeugnisse der Fachlehrer des Akademievorstandes und der Leiter der Kurse erbracht.

(3) Ausnahmsweise kann auch der Nachweis einer auf anderem Wege erlangten Ausbildung zu 4 und 5 als vorschriftsmäßig erachtet werden, wenn der Prüfungsausschuß diese Ausbildung als gleichwertig und die Gründe für den anderweitigen Bildungsgang als triftig anerkannt hat;

6. ein eigenhändig geschriebener Lebenslauf, in dem der Gang der Universitätsstudien und die Beschäftigung nach Erlangung der Approbation (siehe § 3 Absatz 3) darzulegen ist. Dem Lebenslauf ist ein Nachweis der arischen Abstammung beizufügen.

(2) Der Zulassungsverfügung wird ein Abdruck dieser Prüfungsordnung beigegeben.

§ 5. Die Prüfung besteht aus einem schriftlichen und einem praktisch-mündlichen Teil.

§§ **6** bis **25** betr. Umfang und Durchführung der Prüfung.

B. Muster[1].

a) Muster (zu § 6 Abs. 1 und § 17 der Bestallungsordnung für Ärzte).

Gesuch um Zulassung zum I. Abschnitt der ärztlichen Vorprüfung[2]

..............., den .... 193...

Name: ....

Staatsangehörigkeit: ....

Volkszugehörigkeit[3] ....

Konfession: ....

Auf Grund der in Urschrift beigefügten Nachweise:

1. des Zeugnisses der Reife von de..............................
in .... vom .... 19...
sowie des Zeugnisses über die für die Versetzung nach der Obersekunda eines Realgymnasiums notwendigen Kenntnisse in der lateinischen Sprache von de..............................
in .... vom .... 19...[4],

(Universitätsabgangszeugnisse, Anmeldebücher)

2. des Nachweises eines medizinischen Studiums von ..... Halbjahren, nämlich an der Universität
in .... im .... Halbjahr 193...,
" .... " .... " 193...,
" .... " .... " 193...,
" .... " .... " 193...,

(Praktikantenzeugnis)

3. des Zeugnisses darüber, daß ich im .... Halbjahr 193... an einem chemischen Praktikum in .... regelmäßig und mit Erfolg teilgenommen habe,

(Ausweislich meiner Studiennachweise (vgl. Ziffer 2), dort unterstrichen.)

4. der Nachweise, daß ich
   a) im .... Halbjahr 193.... eine Vorlesung über anorganische Chemie in ....,
   b) im .... Halbjahr 193.... eine Vorlesung über organische Chemie in ....,
   c) im .... Halbjahr 193.... eine Vorlesung über Physik in...................,

An den

Herrn Vorsitzenden des Ausschusses für die ärztliche Vorprüfung

in ....

---

[1] Hier sind nur die für die Prüflinge besonders in Betracht kommenden Vordrucke abgedruckt (weitere Angaben S. 149 ff.).

[2] Vordrucke können die Prüflinge von der Hirschwaldschen Buchhandlung in Berlin NW 7, Unter den Linden 68, beziehen (vgl. S. 149).

[3] Z. B. deutscher, jüdischer oder sonst fremdländischer Herkunft.

[4] Nur von Studierenden auszufüllen, die im Besitze des Reifezeugnisses einer Lehranstalt mit wahlfreiem oder ohne Lateinunterricht (Oberrealschule usw.) sind und in dem Reifezeugnis einer Anstalt mit wahlfreiem Lateinunterricht nicht ein mindestens genügendes Urteil im Lateinischen nachweisen.

Ausweislich meiner Studiennachweise (vgl. Ziffer 2), dort unterstrichen.

d) im .... Halbjahr 193.... eine Vorlesung über Zoologie[1] in...................,
e) im .... Halbjahr 193.... eine Vorlesung über Botanik[1] in...................,
f) im .... Halbjahr 193.... eine Vorlesung über Biologie[1] in...................,

gehört habe,

5. eines gültigen polizeilichen Ausweises über meine Staatsangehörigkeit[2],
6. eines ausgefüllten Fragebogens über meine Abstammung[3],
7. der Urkunden über meine arische Abstammung[4]

bitte ich, mich zur Ablegung des I. (naturwissenschaftlichen) Abschnitts der ärztlichen Vorprüfung vor dem Prüfungsausschuß in.......... im Frühjahr/Herbst 193.... zuzulassen.

Vor- und Zuname: ....

Gegenwärtige Wohnung nebst Postamt: ....

....

Heimatsanschrift: ....

....

Geburtstag, -monat und -jahr: ....

Geburtsort: ....

Provinz — bei preuß. Orten: ....

Land — bei außerpreuß. Orten: ....

Aufstellung

Ordentliches Reifezeugnis (Tag): ....

Besonderer Lateinnachweis (Art und Tag): ....

Studienhalbjahre

in ....S. H. 193....

in ....W. H. 193..../....

in ....S. H. 193....

in ....W. H. 193..../....

Zusammen Halbjahre.................

1 Es sind Vorlesungen entweder über Zoologie (4 d) und Botanik (4 e) oder über Biologie (4 f) nachzuweisen.

2 Als genügend kann bei Inländern nicht ein Reisepaß oder eine sonstige Bescheinigung einer Ortspolizeibehörde, sondern nur ein vom Regierungspräsidenten usw. als förmliche Urkunde ausgestellter Ausweis angesehen werden. Bei Reichsausländern gilt der Reisepaß oder eine besondere Bescheinigung der zuständigen inländischen diplomatischen Vertretung über die Staatsangehörigkeit als ausreichend.

3 Der Fragebogen ist bei dem Vorprüfungsausschuß unentgeltlich zu beziehen.

4 Eigene Geburtsurkunde sowie die Heirats- oder Geburtsurkunden der Eltern und beiderseitigen Großeltern; die Urkunden müssen den Tag der Geburt, die Abstammung und die Religion nachweisen. Die entsprechenden Urkunden sind gegebenenfalls auch für die Ehefrau beizufügen. Diese und die Unterlagen zu vorstehenden Anm. 2 und 3 werden nach der Prüfung zurückgegeben.

b) Muster (zu § 6 Abs. 1 und § 22 der Bestallungsordnung für Ärzte).

Gesuch um Zulassung zum II. Abschnitt der ärztlichen Vorprüfung[1] ...., den.............. 193...

Name: ....

Staatsangehörigkeit: ....

Volkszugehörigkeit[2]: ....

Konfession: ....

Auf Grund der in Urschrift beigefügten Nachweise:

1. des Zeugnisses der Reife von de.................................
in .... vom .... 19...
sowie des Zeugnisses über die für die Versetzung nach der Obersekunda eines Realgymnasiums notwendigen Kenntnisse in der lateinischen Sprache von de ....
in .... vom .... 19...[3],

Universitätsabgangszeugnisse, Anmeldebücher

2. des Nachweises eines medizinischen Studiums von .... Halbjahren[4], nämlich an der Universität

in	im	Halbjahr	193....
„	„	„	193....
„	„	„	193....
„	„	„	193....
„	„	„	193....
„	„	„	193....
„	„	„	193....

3. der Bescheinigung über den am.............19... in...........
vollständig bestandenen I. (naturwissenschaftlichen) Abschnitt der ärztlichen Vorprüfung,

Praktikantenzeugnisse

4. der Zeugnisse darüber, daß ich
   a) im........Halbjahr 193... in.............und im.......
   Halbjahr 193... in................. an den anatomischen Präparierübungen,
   b) im........Halbjahr 193... in............. an den mikroskopisch-anatomischen Übungen,
   c) im........Halbjahr 193... in............. an einem allgemein-physiologischen Praktikum,
   d) im........Halbjahr 193... in............. an einem physiologisch-chemischen Praktikum

   regelmäßig und mit Erfolg teilgenommen habe,

An den

Herrn Vorsitzenden des Ausschusses für die ärztliche Vorprüfung

in.......................

---

[1] Vgl. S. 156 Anm. 2. [2] Vgl. S. 156 Anm. 3. [3] Vgl. S. 156 Anm. 4.
[4] Nachzuweisen ist das gesamte bisherige medizinische Studium einschließlich der für die Ablegung des I. Abschnitts zurückgelegten Studienzeit.

(Ausweislich meiner Studiennachweise (vgl. Ziffer 2), dort unterstrichen.)

5. der Nachweise, daß ich
   a) im........Halbjahr 193... in............ und im....... Halbjahr 193... in.............. je eine Vorlesung über Anatomie,
   b) im........Halbjahr 193... in............ und im....... Halbjahr 193... in.............. je eine Vorlesung über allgemeine Physiologie,
   c) im........Halbjahr 193... in............ eine Vorlesung über physiologische Chemie

gehört habe,

(Fällt fort, falls die Nachweise bereits bei der Meldung zum 1. Abschnitt der ärztlichen Vorprüfung vorgelegt worden sind.)

6. eines gültigen polizeilichen Ausweises über meine Staatsangehörigkeit[1]
7. eines ausgefüllten Fragebogens über meine Abstammung[2]
8. der Urkunden über meine arische Abstammung[3]

bitte ich, mich zur Ablegung des II. (anatomisch-physiologischen) Abschnitts der ärztlichen Vorprüfung vor dem Prüfungsausschuß in .... im Frühjahr/Herbst 193... zuzulassen.

(Unterschrift und weitere Angaben wie beim vorangehenden Muster a S. 157).

Aufstellung

Ordentliches Reifezeugnis (Tag): ....

Besonderer Lateinnachweis (Art und Tag): ....

Studienhalbjahre

I.

Bis zu dem am .... 193...
in ....
vollständig bestandenen I. Abschnitt der Vorprüfung:

in .... S. H. 193........
„ .... W. H. 193..../...
„ .... S. H. 193........
„ .... W. H. 193..../...

Zus. Halbjahre ....

II.

Nach dem I. Abschnitt der Vorprüfung:
(unter Berücksichtigung des § 7 Abs. 4 der Bestallungsordnung für Ärzte)

in .... S. H. 193........
„ .... W. H. 193..../...
„ .... S. H. 193........
„ .... W. H. 193..../...

Zus. Halbjahre ....

Dazu I ....

Ges.-Zahl d. Halbj. ....

Staatliche Verwaltungsgebühr in Preußen für jede Ausnahmebewilligung zwecks Zulassung zur Vorprüfung durch den Minister 3 RM., sonst 2 RM. für Reichsdeutsche, dasselbe für Reichsausländer. Die Zulassung zur Vorprüfung ohne Ausnahmebewilligung ist verwaltungsgebührenfrei.

[1] Vgl. S. 157 Anm. 2. [2] Vgl. S. 157 Anm. 3. [3] Vgl. S. 157 Anm. 4.

c) Muster 1 (zu § 9 Abs. 2 der Bestallungsordnung für Ärzte).

Zeugnis[1]

über die Teilnahme an

den anatomischen Präparierübungen
dem chemischen Praktikum
dem allgemein-physiologischen Praktikum
dem physiologisch-chemischen Praktikum

bei der Universität in ....

Dem Studierenden der Medizin ....
geboren in ...., wird hiermit bescheinigt, daß er im ....
Halbjahr 19.... vom .... bis ....
an .... regelmäßig und mit Erfolg teilgenommen hat.

........................., den .... 19....

....

(Unterschrift des Leiters der Übungen
mit Angabe seiner akademischen Stellung)

....

(Beglaubigung durch den Vorsteher des Instituts,
falls er nicht selbst Leiter der Übungen gewesen ist)

d) Muster 2 (zu § 20 Abs. 1 Satz 1 der Bestallungsordnung für Ärzte).

Vorläufige Bescheinigung[2]

des Prüfungsausschusses in ....
über das Ergebnis des naturwissenschaftlichen Abschnitts der ärztlichen Vorprüfung.

Der Studierende der Medizin ....,
geboren am .... 19.... in ....
hat in dem naturwissenschaftlichen Abschnitt der ärztlichen Vorprüfung

1. in der Chemie das Urteil ....
2. in der Physik das Urteil ....
3. in der Zoologie das Urteil .... } zusammengefaßt: ....
4. in der Botanik das Urteil .... }

erhalten.

(Falls der Studierende eine Wiederholungsprüfung abzulegen hat:
Die Prüfung in .... darf frühestens nach ....
wiederholt werden, jedoch hat die Meldung zur Wiederholungsprüfung spätestens bis zum .... zu erfolgen).

........................., den .... 19....

Der Vorsitzende des Prüfungsausschusses

....

(Name)

(Siegel des Prüfungsausschusses)

---

[1] Vgl. hierzu den Erlaß M.B. 3. 5. 26 — I M III 1099 — S. 69.

[2] Vordrucke werden den preußischen Prüfungsausschüssen von dem Ausschuß für die ärztliche Vorprüfung in Berlin C 2, Universität, unentgeltlich abgegeben (vgl. S. 150). Für vorläufige Bescheinigungen und Prüfungszeugnisse werden in Preußen staatliche Verwaltungsgebühren nicht erhoben.

e) Muster 3 (zu § 20 Abs. 1 Satz 2 der Bestallungsordnung für Ärzte).

Vorläufige Bescheinigung[1]

des Prüfungsausschusses in .... über die Wiederholung des naturwissenschaftlichen Abschnitts der ärztlichen Vorprüfung des Studierenden der Medizin ....

Der Studierende der Medizin ...., geboren am .... 19.... in .... hat bei der mit ihm abgehaltenen

(das frühere Prüfungszeugnis ist anzuheften)	Vorprüfung im naturwissenschaftlichen Abschnitt in .... am	Wiederholungsprüfung in .... am ....

ausweislich der beigefügten Bescheinigung

1. in der Chemie das Urteil	....
2. in der Physik das Urteil	....
3. in der Zoologie das Urteil .... } zusammen-	.... } zusammen-
4. in der Botanik das Urteil .... } gefaßt	.... } gefaßt ....

erhalten.

(Falls der Studierende nicht in allen Fächern bestanden hat, wird er gemäß § 15 der Bestallungsordnung zu einer weiteren Prüfung nicht zugelassen).

........................, den .... 19....

Der Vorsitzende des Prüfungsausschusses

(Siegel des Prüfungsausschusses) .... (Name)

f) Muster 4 (zu § 27 Abs. 1 Satz 1 B I der Bestallungsordnung für Ärzte).

Zeugnis[1]

des Prüfungsausschusses in .... über die ärztliche Vorprüfung des Studierenden der Medizin ....

Der Studierende der Medizin ...., geboren am .... 19.... in .... hat bei der mit ihm abgehaltenen ärztlichen Vorprüfung ausweislich der beigefügten Bescheinigung (oder wenn eine Wiederholung nötig war: Bescheinigungen)

1. in der Chemie das Urteil ....
2. in der Physik das Urteil ....
3. in der Zoologie das Urteil .... } zusammen-
4. in der Botanik das Urteil .... } gefaßt............
5. in der Anatomie das Urteil..................
6. in der allgemeinen Physiologie das Urteil .... } zusammen-
7. in der physiologischen Chemie das Urteil............. } gefaßt ....

[somit das Gesamturteil..................] erhalten.

(Falls der Studierende eine Wiederholungsprüfung abzulegen hat, unter Fortfall von [..............]:

Die Prüfung in .... darf frühestens nach .... wiederholt werden; jedoch hat die Meldung zur Wiederholung spätestens bis zum ....zu erfolgen).

....................., den .... 19....

Der Vorsitzende des Prüfungsausschusses

(Siegel des Prüfungsausschusses) .... (Name)

1 Vgl. S. 160 Anm. 2.

g) Muster 5 (zu § 27 Abs. 1 Satz 2 B I der Bestallungsordnung für Ärzte).

Zeugnis[1]

des Prüfungsausschusses in .... über die Wiederholung des anatomisch-physiologischen Abschnitts der ärztlichen Vorprüfung des Studierenden der Medizin ....

Der Studierende der Medizin ...., geboren am .... 19.... in ....
hat bei der mit ihm abgehaltenen

(die früheren Prüfungsbescheinigungen und Zeugnisse sind beizufügen)	Vorprüfung im naturwissenschaftlichen Abschnitt in .... am	Vorprüfung im anatomisch-physiologischen Abschnitt in .... am	Wiederholungsprüfung im anatomisch-physiologischen Abschnitt in .... am ....

ausweislich der beigefügten Bescheinigungen und Zeugnisse

1. in der Chemie das Urteil	....		
2. in der Physik das Urteil	....		
3. in der Zoologie das Urteil .... } zusammen-			
4. in der Botanik das Urteil .... } gefaßt	....		
5. in der Anatomie das Urteil	....	....	....
6. in der allgemeinen Physiologie das Urteil	....	.... } zusammen-	.... } zusammen-
7. in der physiologischen Chemie das Urteil	....	.... } gefaßt	.... } gefaßt .....

[somit das Gesamturteil............................] erhalten.

(Falls der Studierende nicht in allen Fächern bestanden hat, unter Fortfall von [............]: Gemäß § 15 der Bestallungsordnung wird der Studierende zu einer weiteren Prüfung nicht zugelassen).

.............................., den .... 19....

Der Vorsitzende des Prüfungsausschusses

(Siegel des Prüfungsausschusses) ....

(Name)

[1] Vgl. S. 160 Anm. 2.

h) Muster (zu § 22 Abs. 2 B II der Bestallungsordnung für Ärzte).

Gesuch um Zulassung zur ärztlichen Prüfung[1] ...., den .... 193...

Vor- und Zuname: ....

Staatsangehörigkeit: ....

Volkszugehörigkeit[2]: ....

Konfession: ....

Auf Grund der in Urschrift beigefügten Nachweise:

1. des Zeugnisses der Reife von de.............................. in .... vom .... 193... sowie des Zeugnisses über die für die Versetzung nach der Obersekunda eines Realgymnasiums notwendigen Kenntnisse in der lateinischen Sprache von de.............................. in .... vom .... 193...[3],

Universitätsabgangszeugnisse, Studienbuch.

2. des Nachweises eines medizinischen Studiums von .... Halbjahren, nämlich an der Universität in .... vom ....193.... bis .... 193.... an der Universität in ....
....
....
....
....
....

ausweislich meiner Studiennachweise (vgl. Ziffer 2), dort unterstrichen.

3. der Nachweise, daß ich vor Beginn der ärztlichen Vorprüfung
   a) im .... Halbjahr 193.... eine Vorlesung über Anatomie in ....,
   b) im .... Halbjahr 193.... eine Vorlesung über Physiologie in ....,
   c) im .... Halbjahr 193.... eine Vorlesung über Physik in ....,
   d) im .... Halbjahr 193.... eine Vorlesung über Chemie in ....,
   e) im .... Halbjahr 193.... eine Vorlesung über Zoologie in ....,
   f) im .... Halbjahr 193.... eine Vorlesung über Botanik in ....

gehört.

Praktikantenzeugnisse

   g) im .... Halbjahr 193.... und im .... Halbjahr 193.... an den Präparierübungen in ....
   h) im .... Halbjahr 193.... an den mikroskopisch-anatomischen Übungen in ....
   i) im .... Halbjahr 193.... an einem physiologischen Praktikum (unter / ohne Berücksichtigung der physiologischen Chemie) in ....

An den

Herrn Vorsitzenden des Ausschusses für die ärztliche Prüfung

in ....

[1] Vgl. S. 156 Anm. 2. [2] Vgl. S. 156 Anm. 3. [3] Vgl. S. 156 Anm. 4.

Praktikantenzeugnisse

k) im .... Halbjahr 193.... an einem physiologisch-chemischen Praktikum in..............................[1]

l) im .... Halbjahr 193.... an einem chemischen Praktikum in ....

regelmäßig und mit Erfolg teilgenommen habe,

4. des Zeugnisses über die am .... in .... vollständig bestandene ärztliche Vorprüfung,

Praktikantenzeugnisse

5. der Nachweise, daß ich nach vollständig bestandener Vorprüfung

a) im .... Halbjahr 193.. und im .... Halbjahr 193.... an de... medizinischen Klinik .... in. ....

b) im .... Halbjahr 193.... und im .... Halbjahr 193.... an de.... chirurgischen Klinik .... in ....

c) im .... Halbjahr 193.... und im .... Halbjahr 193.... an de...... geburtshilflichen Klinik .... in ....

als Praktikant regelmäßig und mit Erfolg teilgenommen,

d) ...... Kreißende in Gegenwart des Lehrers oder Assistenzarztes selbständig entbunden,

e) im .... Halbjahr 193.... die Klinik für Augenkrankheiten in ....

f) im .... Halbjahr 193.... die medizinische Poliklinik in ....

g) im .... Halbjahr 193.... die chirurgische Poliklinik in ....

h) im .... Halbjahr 193.... die Kinder $\frac{\text{klinik}}{\text{poliklinik}}$ in ....

i) im .... Halbjahr 193.... die psychiatrische Klinik in ....

k) im .... Halbjahr 193.... die Spezial $\frac{\text{klinik}}{\text{poliklinik}}$ für Hals- u. Nasenkrankheiten in ....

l) im .... Halbjahr 193.... die Spezial $\frac{\text{klinik}}{\text{poliklinik}}$ für Ohrenkrankheiten in ....

m) im .... Halbjahr 193.... die Spezial $\frac{\text{klinik}}{\text{poliklinik}}$ für Haut- und syphilitische Krankheiten in ....

als Praktikant regelmäßig und mit Erfolg besucht,

n) im .... Halbjahr 193.... in ....

am praktischen Unterricht in der Impftechnik teilgenommen und die zur Ausübung der Impfung erforderlichen technischen Fähigkeiten und Kenntnisse über Gewinnung und Erhaltung der Lymphe erworben,

ausweislich meiner Studiennachweise (vgl. Ziff. 2), dort unterstrichen.

o) im ...... Halbjahr 193.... eine Vorlesung über allgemeine Pathologie und pathologische Anatomie in ....

p) im ...... Halbjahr 193.... eine Vorlesung über spezielle Pathologie in ....

q) im ...... Halbjahr 193.... eine Vorlesung über topographische Anatomie in ....

[1] Dieser Nachweis ist nur beizubringen, wenn aus dem Zeugnis zu 3 i hervorgeht, daß die physiologische Chemie beim physiologischen Praktikum nicht berücksichtigt ist.

ausweislich meiner Studiennachweise (vgl. Ziff. 2), dort unterstrichen.

r) im ...... Halbjahr 193....[1] eine Vorlesung über Pharmakologie der organischen Heilmittel in ....

s) im .... Halbjahr 193....[1] eine Vorlesung über Pharmakologie der anorganischen Heilmittel in ....

t) im ...... Halbjahr 193.... eine Vorlesung über Hygiene in ....

u) im ...... Halbjahr 193.... eine Vorlesung über Orthopädie in ....

v) im ...... Halbjahr 193.... eine Vorlesung über gerichtliche Medizin in ....

gehört,

Praktikantenzeugnisse

w) im ...... Halbjahr 193.... an einem pathologisch-anatomischen Demonstrationskursus in ....

x) im ...... Halbjahr 193.... an einem Sektionskursus in ....

y) im ...... Halbjahr 193.... an einem bakteriologischen Kursus in ....

regelmäßig und mit Erfolg teilgenommen habe,

falls die Meldung vor der Exmatrikulation erfolgt.

6. eines eigenhändig geschriebenen Lebenslaufs, in dem der Gang der Universitätsstudien dargelegt ist,
7. eines Sittenzeugnisses der zuletzt besuchten Universität in ....

falls die Meldung nicht alsbald nach dem Abschluß des medizinischen Studiums erfolgt.

8. de... polizeilichen Zeugnisse ... über die Führung während der Zeit zwischen dem Abschluß der Universitätsstudien und der Meldung zur ärztlichen Prüfung,
9. eines gültigen polizeilichen Ausweises über meine Staatsangehörigkeit[2].
10. eines ausgefüllten Fragebogens über meine Abstammung[3]
11. der Urkunden über meine arische Abstammung[4]

bitte ich, mich zur Ablegung der ärztlichen Prüfung vor dem Prüfungsausschuß in .... in der im Frühjahr/Herbst d. J. beginnenden Prüfungsperiode zuzulassen.

falls einzelne der vorstehenden Nachweise noch nicht im Besitz sind.

Die Nachweise zu .... können erst nach Ablauf des .... Halbjahres 193... beigebracht werden.

(Unterschrift und weitere Angaben wie beim vorangehenden Muster a S. 157).

Die Zeugnisse sind genau in der im Gesuch angegebenen Reihenfolge zu ordnen, zu heften (gebunden) und beizufügen. Mitteilungen über Ausnahmebewilligungen sind den Zeugnissen vorzuheften.

Gesuch, Lebenslauf, Staatsangehörigkeitsausweis, Fragebogen und Abstammungsurkunden bleiben lose.

Staatliche Verwaltungsgebühren werden in Preußen für die Zulassung zur Prüfung nicht erhoben.

---

1 Zu 5 r und 5 s genügt der Nachweis über nur eine Vorlesung, wenn aus den Studiennachweisen hervorgeht, daß in dieser Vorlesung die organischen und anorganischen Heilmittel berücksichtigt worden sind.

2 Vgl. S. 157 Anm. 2.

3 Der Fragebogen ist bei dem Prüfungsausschuß unentgeltlich zu beziehen.

4 Eigene Geburtsurkunde sowie die Heirats- oder Geburtsurkunden der Eltern und beiderseitigen Großeltern; die Urkunden müssen den Tag der Geburt, die Abstammung und die Religion nachweisen. Die entsprechenden Urkunden sind gegebenenfalls auch für die Ehefrau beizufügen.

Die Gesuche sind in Preußen an den Vorsitzenden des Prüfungsausschusses zu richten, der die beigefügten Ausweise und Bescheinigungen zu prüfen und die Ergänzung der fehlenden oder die Abänderung der unvorschriftsmäßigen Stücke zu veranlassen hat, ehe die Gesuche in den vorgeschriebenen Fällen (vgl. S. 136) an das Ministerium weiterzugeben sind (K.M. 24. 3. 11 — B 567 M U I).

Muster für die bei der Meldung zur Prüfung auszufüllende, am Schlusse der Zulassungsgesuche vorgedruckte (vgl. S. 136)

Aufstellung

Ordentliches Reifezeugnis (Tag): ....

Besonderer Lateinnachweis (Art und Tag): ....

Studienhalbjahre

I.	II.
Bis zu der am .... 193... in .... mit dem Gesamturteil .... vollständig bestandenen Vorprüfung:	Nach der Vorprüfung: (unter Berücksichtigung des § 25 Abs. 2 B II der Bestallungsordnung für Ärzte)
(Univ.) .... S. H. 193........	(Univ.) .... S. H. 193........
„ .... W. H. 193..../...	„ .... W. H. 193..../...
„ .... S. H. 193........	„ .... S. H. 193........
„ .... W. H. 193..../...	„ .... W. H. 193..../...
„ .... S. H. 193........	„ .... S. H. 193........
„ .... W. H. 193..../...	„ .... W. H. 193..../...
„ .... S. H. 193........	„ .... S. H. 193........
„ .... W. H. 193..../...	„ .... W. H. 193..../...
Zus. Halbjahre	Zus. Halbjahre ....
	Dazu I ....
	Ges.-zahl d. Halbj. ....

i) Muster 4 (zu § 26 Abs. 3 B II der Bestallungsordnung für Ärzte).

Praktikantenschein[1]

Dem Kandidaten der Medizin ...., geb. in ...., wird hiermit bescheinigt, daß er nach vollständig bestandener ärztlicher Vorprüfung im .... Halbjahr 19.... vom .... 19.... bis zum .... 19.... an der Klinik (Poliklinik) (an dem Kursus für .... in der .... Abteilung des .... Krankenhauses) als Praktikant regelmäßig und mit Erfolg[2] teilgenommen hat.

.........................., den .... 19....

Der Direktor der/des .... Klinik (Poliklinik) / Krankenhauses / Instituts

(Professor)

[1] Vgl. hierzu S. 160 Anm. 1.

[2] Bei den Praktikantenscheinen über den Besuch der geburtshilflichen Klinik ist noch hinzuzufügen: „und .... Kreißende in Gegenwart des Lehrers oder Assistenzarztes selbständig entbunden“.

k) Muster (zu § 62 der Bestallungsordnung für Ärzte)

für die durch Erlasse MV. 20. 2. 24 — I M V 471 — und 30. 5. 31 — I M V 1211 — bestimmten Fälle (vgl. S. 137).

Bescheinigung über die Zulassung zum Praktischen Jahr[1] [3].

D.... Kandidat .... der Medizin .... geb. am .... in .... hat am .... 193..[2] die ärztliche Prüfung vor dem Prüfungsausschuß in .... mit dem Urteil .... bestanden.

Im Auftrage des Herrn Reichs- und Preußischen Ministers des Innern wird d...... Kandidat ..... hiermit die Genehmigung erteilt, in das vorgeschriebene Praktische Jahr einzutreten.

......................, den .... 192...

Der Vorsitzende des Ausschusses für die ärztliche Prüfung.

(Siegel) (Unterschrift)

l) Muster (zu § 62 der Bestallungsordnung für Ärzte)

für die Fälle, bei denen das vorangehende Muster k nicht zutrifft.

Bescheinigung über die Zulassung zum Praktischen Jahr[3].

Nachdem der Kandidat der Medizin .... geboren am .... in .... am ....[2] die ärztliche Prüfung vor dem Prüfungsausschuß in.......... mit dem Urteil..... .... bestanden hat, wird ihm hierdurch die Genehmigung erteilt, in das vorgeschriebene Praktische Jahr einzutreten.

............................., den .... 19...

Der Minister usw.

Auf der Rückseite der Bescheinigung k und l folgen die Bestimmungen der Bestallungsordnung für Ärzte über die Ableistung des Praktischen Jahres (vgl. auch § 62 der Bestallungsordnung für Ärzte).

---

1 Vgl. hierzu S. 77 Anm. 1. Für diese Bescheinigungen sind nur die hier abgedruckten Muster zu verwenden (R.Pr.J. 31. 3. 36 — IV B 8793/3565). Vordrucke werden den preußischen Prüfungsausschüssen von dem Ausschuß für die ärztliche Prüfung in Berlin NW 40, Königsplatz 6, unentgeltlich abgegeben (vgl. S. 150).

2 Tag der Beendigung der Prüfung.

3 Für die Bescheinigung werden in Preußen staatliche Verwaltungsgebühren nicht erhoben.

m) Muster 5 (zu § 65 Abs. 1 — vgl. auch § 66 Abs. 1 — der Bestallungsordnung für Ärzte).

Zeugnis[1] über die Ableistung des Praktischen Jahres

für d.... Kandidat.... der Medizin ....

Dem/Der Kandidat... der Medizin ...., geb. am .... in ...., wird hiermit bescheinigt, daß er/sie nach vollständig bestandener ärztlicher Prüfung vom .... 19.... bis zum .... 19.... an der/dem unten bezeichneten Universitätsklinik (-poliklinik) / Krankenhause — Gesundheitsamt unter meiner Aufsicht und Anleitung als Praktikant beschäftigt gewesen ist.

Während dieser Zeit hat sich der/die Kandidat.... vom ....19.... bis zum .... 19.... vorzugsweise der Behandlung von inneren Krankheiten gewidmet. Er/Sie hat seine/ihre praktischen Kenntnisse und Fähigkeiten .... vertieft und fortgebildet und .... Verständnis für die Aufgaben und Pflichten des ärztlichen Berufs gezeigt.
(Würdigung der Art der Beschäftigung)..
....
....

Ein Anhaltspunkt dafür, daß dem/der Kandidat.... die nationale oder sittliche Zuverlässigkeit oder infolge eines körperlichen Gebrechens oder wegen Schwäche seiner geistigen oder körperlichen Kräfte oder wegen einer Sucht die für die Ausübung des ärztlichen Berufs erforderliche Eignung und Zuverlässigkeit fehlt, hat sich nicht ergeben — hat sich in folgender Beziehung ergeben:
....
....

....................., den .... 19....

(Siegel der Anstalt | .... | ....

In Ermangelung eines solchen, polizeiliche Beglaubigung der Unterschrift). | (Unterschrift des ärztlichen Leiters) / Amtsarztes | (Bezeichnung der Universitätsklinik (-poliklinik) / des Krankenhauses — Gesundheitsamts)

[1] Vordrucke können die Anstalten und die Kandidaten von der Hirschwaldschen Buchhandlung in Berlin NW 7, Unter den Linden 68, beziehen (vgl. S. 152). Da dieses der obersten Landesbehörde vorzulegende Zeugnis von dieser nicht zurückgegeben wird, auch Abschriften im allgemeinen nicht erteilt werden, empfiehlt es sich, vor Einreichung des Zeugnisses eine beglaubigte Abschrift davon für den künftigen Gebrauch zurückzubehalten.

n) Muster (zu § 66 Abs. 1 der Bestallungsordnung für Ärzte).

Gesuch um Erteilung der Bestallung als Arzt[1] ...., den .... 19....

Vor- und Zuname: ....

Auf Grund der am .... in .... bestandenen ärztlichen Prüfung und der in Urschrift beigefügten Nachweise:

1. de.... Zeugnisse .... über die Ableistung des Praktischen Jahres[2]
   im ....
   in der Zeit vom .... 19.... bis
   .... 19....,
   im ....
   in der Zeit vom .... 19.... bis
   .... 19....,
   im ....
   ....
   ....
   ....
   ....
   ....
2. eines selbstgeschriebenen Berichts über meine Beschäftigung während des Praktischen Jahres,
3. de.... polizeilichen Führungszeugnisse.... für die Zeit seit Ablegung der ärztlichen Prüfung,
4. des Nachweises, daß ich zwei öffentlichen Impf- und zwei öffentlichen Wiederimpfterminen nebst den dazugehörigen Nachschauterminen am .... beigewohnt habe,
5. des Zeugnisses des ....
   in ....
   vom ....19...., daß er das von mir während des Praktischen Jahres ausgearbeitete schriftliche Probegutachten über einen Krankheitsfall aus dem Gebiete der Versicherungsmedizin oder des Versorgungswesens als genügend befunden hat,
6. des vorgenannten Probegutachtens,
7. des Reichsangehörigkeitsausweises,
8. des Fragebogens und der Urkunden über meine Abstammung[3] oder des Ahnenpasses,
9. gegebenenfalls des Nachweises über den geleisteten einjährigen Heeresdienst[4]

(Randvermerk zu 5.–9.: nur vorzulegen, wenn noch nicht bei der Meldung zur ärztlichen Prüfung beigebracht.)

bitte ich, mir die Bestallung als Arzt zu erteilen.

(Unterschrift und weitere Angaben wie beim vorangehenden Muster a S. 157).

An

....

---

1 Vordrucke können die Kandidaten von der Hirschwaldschen Buchhandlung in Berlin NW 7, Unter den Linden 60, beziehen (vgl. S. 149).

2 Muster S. 168. Wegen Einbehaltung der Praktikantenzeugnisse und der übrigen Anlagen des Bestallungsgesuchs vgl. S. 38 Anm. 2.

3 Eigene Geburtsurkunde sowie die Heirats- oder Geburtsurkunden der Eltern und beiderseitigen Großeltern; die Urkunden müssen den Tag der Geburt, die Abstammung und die Religionszugehörigkeit nachweisen. Verheiratete haben auch für den Ehegatten die für den Abstammungsnachweis erforderlichen Unterlagen beizubringen.

4 Die Bestallung wird um ein halbes Jahr vordatiert, sofern mindestens ein Jahr Heeresdienst geleistet worden ist.

o) Muster 6 (zu § 66 Abs. 3 der Bestallungsordnung für Ärzte)[1].

Nachdem der Kandidat der Medizin .... geb. am .... in .... am ....19.... die ärztliche Prüfung vor dem Prüfungsausschuß in .... mit dem Urteil „............" bestanden und den Bestimmungen über das Praktische Jahr mit dem .... 19.... entsprochen hat, wird ihm hierdurch die Bestallung als Arzt[2] mit der Geltung vom .... ab für das Gebiet des Deutschen Reichs gemäß §§ 2 und 3 der Reichsärzteordnung erteilt.

......................., den .... 19....

(Siegel und Unterschrift der die Bestallung erteilenden Behörde).

Bestallung als Arzt

für........................

p) Muster (zu § 5 der Prüfungsordnung für Zahnärzte).

Gesuch um Zulassung zur zahnärztlichen Vorprüfung[3] ...., den .... 193...

Name: ....

Staatsangehörigkeit: ....

Volkszugehörigkeit[4]: ....

Konfession: ....

Auf Grund der in Urschrift beigefügten Nachweise:

1. des Zeugnisses der Reife von de.............................
   in .... vom .... 19....
   sowie des Zeugnisses über die für die Versetzung nach der Obersekunda eines Realgymnasiums notwendigen Kenntnisse in der lateinischen Sprache von de............................
   in .... vom .... 19....[5],
2. des Nachweises eines zahnärztlichen Studiums von .... Halbjahren, nämlich an der Universität
   in .... im .... Halbjahr 193....
   „ .... „ .... „ 193....
   „ .... „ .... „ 193....
   „ .... „ .... „ 193....

(Universitätsabgangszeugnisse, Anmeldebuch)

An den

Herrn Vorsitzenden des Ausschusses für die zahnärztliche Vorprüfung

in ....

[1] Für die Bestallung wird in Preußen eine staatliche Verwaltungsgebühr von 10 RM. erhoben.
[2] Auch Frauen wird die Bestallung als „Arzt", nicht als „Ärztin" ausgestellt.
[3] Vgl. S. 156 Anm. 2. [4] Vgl. S. 156 Anm. 3. [5] Vgl. S. 156 Anm. 4.

Praktikantenzeugnisse

3. der Nachweise, daß ich

a) im .... Halbjahr 193.... an den Präparierübungen in ....,

b) im .... Halbjahr 193.... an einem mikroskopisch-anatomischen Praktikum in ....

c) im .... Halbjahr 193.... an einem chemischen Praktikum in ....

d) im .... Halbjahr 193.... und im .... Halbjahr 193.... an je einem Kursus in der Zahnersatzkunde in ....

regelmäßig teilgenommen habe,

4. eines gültigen polizeilichen Ausweises über meine Staatsangehörigkeit[1],

5. eines ausgefüllten Fragebogens über meine Abstammung[2],

6. der Urkunden über meine arische Abstammung[3],

bitte ich, mich zur Ablegung der zahnärztlichen Vorprüfung vor dem Prüfungsausschuß in .... am Anfang/Ende des .... Halbjahrs 193.... zuzulassen.

(Unterschrift und weitere Angaben wie beim vorangehenden Muster a S. 157).

Staatliche Verwaltungsgebühr in Preußen für jede Ausnahmebewilligung zwecks Zulassung zur Vorprüfung durch den Minister 3 RM., sonst 2 RM. für Reichsdeutsche, dasselbe für Reichsausländer. Die Zulassung zur Vorprüfung ohne Ausnahmebewilligung ist verwaltungsgebührenfrei.

Es folgt eine im Vordruck vorgesehene Studienaufstellung wie bei der ärztlichen Vorprüfung, vgl. Muster a S. 157.

q) Muster 1 (zu § 9 Abs. 2 der Prüfungsordnung für Zahnärzte)

betr. das Zeugnis über die Teilnahme an den Übungen usw., ähnelt dem vorangehenden Vordruck c (Muster 1 zu § 9 der Bestallungsordnung für Ärzte) S. 160.

r) Muster 2 (zu § 18 Abs. 2 Satz 1 der Prüfungsordnung für Zahnärzte).

Zeugnis[4]
des

Prüfungsausschusses in .... über die zahnärztliche Vorprüfung des Studierenden der Zahnheilkunde ....

Dem Studierenden der Zahnheilkunde .... geb. am .... in .... ist bei der mit ihm am ....[5] abgehaltenen Vorprüfung

1. in der Anatomie .... das Urteil: ....
2. „ „ Physiologie .... „ „ ....
3. „ „ Physik .... „ „ ....
4. „ „ Chemie .... „ „ ....
5. „ „ Zahnersatzkunde .... „ „ ....

(somit das Gesamturteil ....) erteilt worden.

(Falls der Studierende eine Wiederholungsprüfung abzulegen hat, unter Fortfall von [ ]: Die Prüfung in .... darf frühestens nach .... Monaten wiederholt werden, jedoch hat die Meldung zur Wiederholungsprüfung spätestens bis zum .... zu erfolgen).

........................., den.................... 19...

Der Vorsitzende des Ausschusses für die zahnärztliche Vorprüfung

(Siegel des Prüfungsausschusses). (Name).

Für Prüfungs-Zeugnisse werden in Preußen staatliche Verwaltungsgebühren nicht erhoben.

---

1 Vgl. S. 157 Anm. 2. 2 Vgl. S. 157 Anm. 3. 3 Vgl. S. 157 Anm. 4.
4 Vgl. S. 160 Anm. 2. 5 Tag der Beendigung der Prüfung.

s) Muster 3 (zu § 18 Abs. 2 Satz 3 der Prüfungsordnung für Zahnärzte)

betr. das Zeugnis über die Wiederholungsprüfung ist ähnlich einzurichten wie vorangehender Vordruck e (Muster 3 zu § 20 der Bestallungsordnung für Ärzte) S. 161; wegen der staatlichen Verwaltungsgebühren wie vor.

t) Muster (zu § 22 Abs. 1 der Prüfungsordnung für Zahnärzte).

Gesuch um Zulassung zur zahnärztlichen Prüfung[1] . . . ., den . . . . 193. . .

Vor- und Zuname. . . . .

Staatsangehörigkeit: . . . .

Volkszugehörigkeit[2]: . . . .

Konfession: . . . .

Auf Grund der in Urschrift beigefügten Nachweise:

1. des Zeugnisses der Reife von de. . . . .
   in . . . . vom . . . . 193. . . .
   sowie des Zeugnisses über die für die Versetzung nach der Obersekunda eines Realgymnasiums notwendigen Kenntnisse in der lateinischen Sprache von de . . . .
   in . . . . vom . . . . 193. . . .[3],
2. des Nachweises eines zahnärztlichen Studiums von . . . . Halbjahren, nämlich an der Universität

Universitätsabgangszeugnisse, Studienbuch.

in . . . . im . . . . Halbjahr 193. . . .
„ . . . . „ . . . . „ 193. . . .
„ . . . . „ . . . . „ 193. . . .
„ . . . . „ . . . . „ 193. . . .
„ . . . . „ . . . . „ 193. . . .
„ . . . . „ . . . . „ 193. . . .
„ . . . . „ . . . . „ 193. . . .
„ . . . . „ . . . . „ 193. . . .
„ . . . . „ . . . . „ 193. . . .
„ . . . . „ . . . . „ 193. . . .

3. der Nachweise, daß ich vor Beginn der zahnärztlichen Vorprüfung

Praktikantenzeugnisse.

   a) im. . . . . Halbjahr 193. . . . an den Präparierübungen in. . . . . ,
   b) im. . . . . Halbjahr 193. . . . an einem mikroskopisch-anatomischen Praktikum in . . . . ,
   c) im. . . . . Halbjahr 193. . . . an einem chemischen Praktikum in . . . . ,
   d) im. . . . . Halbjahr 193. . . und im . . . . Halbjahr 193. . . . an je einem Kursus in der Zahnersatzkunde in . . . .

regelmäßig teilgenommen habe,

An den

Herrn Vorsitzenden des Ausschusses für die zahnärztliche Prüfung

in . . . .

---

[1] Vgl. S. 156 Anm. 2. [2] Vgl. S. 156 Anm. 3. [3] Vgl. S. 156 Anm. 4.

4. des Zeugnisses über die am ....193....
in .... vollständig bestandene zahnärztliche Vorprüfung,

5. der Nachweise, daß ich nach vollständig bestandener Vorprüfung

(Praktikantenzeugnisse.)

a) im....... Halbjahr 193.... und im....... Halbjahr 193....
an je einem Kursus der konservierenden Behandlung der Zähne am Kranken, in ....,

b) im....... Halbjahr 193.... und im....... Halbjahr 193....
an je einem Kursus in der Zahnersatzkunde
in...................,

c) im....... Halbjahr 193.... an einem Kursus der klinischen Untersuchungsmethoden in....................,

regelmäßig teilgenommen,

d) im....... Halbjahr 193.... und im....... Halbjahr 193....
die Poliklinik für Zahn- und Mundkrankheiten
in...................,

e) im....... Halbjahr 193.... die Klinik/Poliklinik für Haut- und syphilitische Krankheiten in ....

regelmäßig besucht habe,

6. eines eigenhändig geschriebenen Lebenslaufs, in dem der Gang der Universitätsstudien dargelegt ist,

7. eines Sittenzeugnisses der zuletzt besuchten Universität in .... (falls die Meldung vor der Exmatrikulation erfolgt.)

8. de.... polizeilichen Zeugnisse.... über die Führung während der Zeit zwischen dem Abschluß der Universitätsstudien und der Meldung zur zahnärztlichen Prüfung, (falls die Meldung nicht alsbald nach dem Abschluß des zahnärztlichen Studiums erfolgt.)

9. eines gültigen polizeilichen Ausweises über meine Staatsangehörigkeit[1]

10. eines ausgefüllten Fragebogens über meine Abstammung[2]

11. der Urkunden über meine arische Abstammung[3]

bitte ich, mich zur Ablegung der zahnärztlichen Prüfung vor dem Prüfungsausschuß in .... in der im Frühjahr/Herbst d. J. beginnenden Prüfungsperiode zuzulassen.

(falls einzelne der vorstehenden Nachweise noch nicht im Besitz sind.) Die Nachweise zu .... können erst nach Ablauf des .... Halbjahres 193.... beigebracht werden.

(Unterschrift und weitere Angaben, wie beim vorangehenden Muster a S. 157).

Bei der Meldung zur zahnärztlichen Prüfung ist dieselbe Studienaufstellung auszufüllen, wie sie für die Meldung zur ärztlichen Prüfung vorgeschrieben ist — (vgl. vorangehendes Muster h S. 166).

Staatliche Verwaltungsgebühren werden in Preußen für die Zulassung zur Prüfung nicht erhoben.

Wegen der Ordnung der Zeugnisse usw. sowie deren Prüfung durch den Prüfungsausschuß (vgl. den Zusatz zu dem vorangehenden Muster h S. 166).

---

1 Vgl. S. 157 Anm. 2. 2 Vgl. S. 165 Anm. 3. 3 Vgl. S. 165 Anm. 4 Abs. 1 und 2.

u) Muster 4 (zu § 26 Abs. 3 der Prüfungsordnung für Zahnärzte)

betr. den Praktikantenschein ähnelt dem vorangehenden Vordruck i (Muster 4 zu § 26 B II der Bestallungsordnung für Ärzte) S. 166.

v) Muster 5 (zu § 54 Abs. 2 der Prüfungsordnung für Zahnärzte)[1].

Nachdem der Kandidat der Zahnheilkunde .... geb. am .... in .... am .... 19.... die zahnärztliche Prüfung vor dem Prüfungsausschuß in .... mit dem Urteil „...........“ bestanden hat, wird ihm hierdurch die Approbation als Zahnarzt[2] mit der Geltung vom letztbezeichneten Tage ab für das Gebiet des Deutschen Reichs gemäß § 29 der Reichsgewerbeordnung erteilt.

...................., den .... 19....

(Siegel und Unterschrift der approbierenden Behörde).

Approbation

für

....

als Zahnarzt.

---

[1] Vgl. S. 170 Anm. 1.

[2] Vgl. S. 170 Anm. 2.

Sachverzeichnis.

Es verweisen

1. auf die **Paragraphen**
   a) der Bestallungsordnung für Ärzte (S. 7 ff.) die geraden einfachen Ziffern,
   b) der Prüfungsordnung für Zahnärzte (S. 101 ff.) die schrägen einfachen Ziffern,
2. auf die **Seiten** für den übrigen Text die fetten Ziffern.

Zu 1 wolle man die den einzelnen Paragraphen beigefügten Anmerkungen beachten, auf die hier nicht besonders hingewiesen ist.

GPSR Compliance

The European Union's (EU) General Product Safety Regulation (GPSR) is a set of rules that requires consumer products to be safe and our obligations to ensure this.

If you have any concerns about our products, you can contact us on ProductSafety@springernature.com

In case Publisher is established outside the EU, the EU authorized representative is:

Springer Nature Customer Service Center GmbH
Europaplatz 3
69115 Heidelberg, Germany

Batch number: 10844623

Printed by Printforce, the Netherlands